ES

GRUNDLAGEN DER GERMANISTIK

Herausgegeben von Werner Besch und Hartmut Steinecke

39

Deutsche Antikenromane des Mittelalters

von

Elisabeth Lienert

ERICH SCHMIDT VERLAG

Die Deutsche Bibliothek – CIP-Einheitsaufnahme

Lienert, Elisabeth:
Deutsche Antikenromane des Mittelalters / von Elisabeth Lienert. – Berlin :
Erich Schmidt, 2001
(Grundlagen der Germanistik ; 39)
ISBN 3-503-06116-9

ISBN 3 503 06116 9

Internet. www.erich schmidt-verlag.de

Druck: Danuvia Druckhaus Neuburg, Neuburg/Donau
Printed in Germany ·

Dieses Papier erfüllt die Frankfurter Forderungen der Deutschen Bibliothek und der Gesellschaft für das Buch bezüglich der Alterungsbeständigkeit und entspricht sowohl den strengen Bestimmungen der US Norm Ansi/Niso Z 39.48-1992 als auch der ISO-Norm 9706

Vorwort

Der vorliegende Band stellt die Textgruppe der mittelhochdeutschen und frühneuhochdeutschen Antikenromane (Mitte 12. bis Ende 15. Jahrhundert) erstmals im Zusammenhang dar. Nicht einbezogen ist die humanistische Antikerezeption – die humanistische Erzählliteratur mit antiken Stoffen, die durch ein grundsätzlich anderes Rezeptionsverhalten geprägt ist, wäre ein eigenes Thema. Entsprechendes gilt für die Rezeption antiker Romane (Apuleius, Heliodor, Longos) im 16. und 17. Jahrhundert.

Ein einleitendes Kapitel skizziert die Merkmale des Texttyps und die Position der Antikenromane im Kontext mittelalterlicher Antikerezeption. Zentrale Kapitel gelten den wichtigsten Stoffkreisen – Alexander-, Eneas-, Troja- und Apolloniusroman – und stellen die zugehörigen Texte vor; „Hauptwerke“ werden eingehend interpretiert. Die Reihenfolge dieser Kapitel beruht nicht auf der Chronologie des Stoffs, sondern auf der Chronologie des jeweils ersten erhaltenen deutschsprachigen Romans: der ‘Alexander’ des Pfaffen Lambrecht ist wohl um 1150/60 entstanden, der ‘Eneas’ Heinrichs von Veldeke nach 1170 und um 1185, das ‘Liet von Troye’ Herborts von Fritzlar nach 1195, der ‘Apollonius von Tyrland’ des Heinrich von Neustadt um 1300/1312. Ein abschließendes Kapitel ergänzt diese systematische durch eine historische Perspektive: die Fragen nach der literarhistorischen Bedeutung und nach dem Gattungszusammenhang der Antikenromane.

Das Buch kann sich auf eine breite Forschung stützen, die die Auswahlbibliographie – notwendig selektiv – dokumentiert (Nummern beziehen sich auf diese Auswahlbibliographie). Knappe Literaturhinweise am Ende jedes Kapitels eröffnen erste Zugänge zur Forschung; auf Anmerkungen wird dagegen um der Lesbarkeit willen soweit irgend möglich verzichtet.

Für Auskünfte über laufende Forschungen danke ich Ricarda Bauschke, Joachim Hamm, Ralf Schlechtweg-Jahn, Stefanie Schmitt und Silvia Schmitz, für die Aufnahme in die „Grundlagen der Germanistik“ den Reihenherausgebern, für Ratschläge für die Drucklegung Frau Dr. Carina Lehnen und Frau Sabine Valipour vom Erich Schmidt Verlag, für Unterstützung beim Bibliographieren, Korrekturlesen und der technischen Einrichtung des Manuskripts Sonja Kettler, Sonja Kerth, Viola Meyer und Martina Staack. Besonderer Dank für vielerlei Rat und Hilfe gebührt Horst Brunner.

Bremen, im Juni 2001 Elisabeth Lienert

Inhalt

1. Einführung

1.1. Was sind Antikenromane?

Antikenromane sind mittelalterliche Romane mit Stoffen aus der Antike (d.h. dem griechisch-römischen Altertum von etwa 1200 v. Chr. bis zur Völkerwanderungszeit, 4./6. Jh. n. Chr.). Es handelt sich in erster Linie um Romane mit historischen bzw. pseudohistorischen Stoffen aus dem antiken Epos (Troja- und Eneasroman) und der antiken Geschichte (Alexanderroman), daneben um Romane in der Tradition des hellenistischen Liebes- und Abenteuerromans (Apolloniusroman).[1] „Antikenroman" bezeichnet damit einen Subtypus des mittelalterlichen Romans (im 12./13. Jahrhundert des höfischen Versromans, im 14./15. Jahrhundert des Prosaromans), der sich durch den antiken Stoff von anderen Subtypen unterscheidet.[2]

Beide Komponenten des Begriffs „Antikenroman" sind klärungsbedürftig: Die Antike liefert die Stoffe, wird aber – das ist der Hauptunterschied gegenüber humanistischer Übersetzungsliteratur und frühneuzeitlichen Bearbeitungen antiker Liebes- und Reiseromane, auf die der Begriff „Antikenroman" in der Regel nicht angewendet wird – mediaevalisiert, d.h. an mittelalterliche Verhältnisse angepaßt. Erzählt wird in den Antikenromanen von Trojas Herrlichkeit und Untergang, aber auch von den Kämpfen und Liebesbeziehungen der beteiligten Helden; von der Flucht des Aeneas aus Troja, seiner Beziehung zur karthagischen Königin Dido, die ihn liebt und die er verläßt, seinen Kämpfen in Latium und der glücklichen Liebe zur latinischen Königstochter Lavinia; von Alexanders des Großen Eroberungszügen und Vorstößen an die Grenzen des Menschlichen; von Schiffbruch und Irrfahrten, Trennung und Wiedervereinigung des Apollonius und seiner Familie. Erzählt wird indes fast wie von Rittern, Liebenden, Herrschern der eigenen höfisch-mittelalterlichen Zeit, deren Merkmale in die Antike zurückprojiziert sind.

---

1 Geistliche Erzählstoffe der christlichen Spätantike – aufgeführt wird bisweilen die romanhaft ausgestaltete Geschichte des heiligen Eraclius, ein Stoff allerdings erst des 7. Jahrhunderts – werden üblicherweise nicht einbezogen; der 'Eraclius' des Otte (wohl Anf. 13. Jh.) gilt als Legende (FEISTNER, Nr. 40, bes. S. 208f.). Ebenso bleibt die antikisierende Erzählung von 'Athis und Prophilias' (wohl um 1210) ausgeschlossen, die nicht auf einen Stoff aus der Antike zurückgeht, sondern lediglich Personen und Ereignisse in einem antiken Ambiente situiert.

2 Freilich sind nicht alle Bearbeitungen antiker epischer Stoffe Antikenromane im engeren Sinn – die altnordischen Übersetzungen antiker Quellen etwa weisen keine höfisch-romanhaften Züge auf (WÜRTH, Nr. 104).

Fiktionale „Romane“ sind alle Antikenromane nicht – ihre Stoffe sind nicht frei erfunden, sondern gelten als historisch. Diese grundsätzliche Historizität der antiken Stoffe steht für das Mittelalter (und noch sehr weitgehend für den Humanismus) außer Frage; das gilt nicht nur für den historisch belegten Herrscher Alexander, auch für die Stoffe, die heute eher als Mythen bezeichnet würden, für den Trojanischen Krieg und den Aeneasstoff. Deshalb in diesem Kontext auf den Romanbegriff zu verzichten, wäre indes nicht angebracht:[3] Das Kriterium der Fiktionalität ist zum einen ahistorisch: mittelalterliches Erzählen beharrt auf seiner „Wahrheit“, die zumeist auch als Faktenwahrheit begriffen wird, und selbst die Fiktionalität des scheinbar wirklichkeits- und geschichtsenthobenen Artusromans ist nicht unumstritten. Zum anderen ist die Unterscheidung fragwürdig geworden: Der *linguistic turn* der neueren Geschichtswissenschaft hat gezeigt, daß Historizität und Fiktionalität nicht eindeutig zu trennen sind. So wie auch „Klio dichtet“ (HAYDEN WHITE), d.h. wie auch Geschichtsschreibung nicht ohne fiktionale Elemente zu denken ist, können Romane sehr wohl historische Themen haben. Vor allem für das Mittelalter wäre die Grenze von Roman und Geschichtsschreibung bzw. Geschichtsdichtung ohnehin neu zu definieren, womöglich sogar grundsätzlich in Frage zu stellen.

Antikenromane gibt es in den volkssprachlichen Literaturen des europäischen Mittelalters etwa vom 12. bis zum 15. Jahrhundert. Eine Schlüsselstellung und Vorreiterrolle nehmen, wie bei allen Gattungen der mittelalterlichen höfischen Literatur, die altfranzösischen Antikenromane (ab Anfang des 12. Jahrhunderts) ein; bereits im 10./11. Jahrhundert geht diesen ein nur fragmentarisch erhaltener altenglischer Prosa-‘Apollonius’ voran. Die humanistische Antikerezeption, die auf dem Bewußtsein historischer Distanz zur Antike beruht, setzt dem Typus des Antikenromans mit seiner hybriden Mischung antiker und mittelalterlicher, historiographischer und romanhafter Elemente ein Ende. Die Erfolgsgeschichte des hellenistischen Liebesromans freilich beginnt richtig erst in der Frühen Neuzeit.

„Antikenroman“ ist ein Begriff der modernen Forschung, entsprechend dem französischen *roman antique*; der Begriff ist dem gelegentlich verwendeten mißverständlichen Begriff „antiker Roman“ vorzuziehen (dieser sollte Romanen aus der Antike vorbehalten sein), ebenso dem Begriff „antikisierender Roman“: Antikenromane antikisieren nicht, sie mediaevalisieren einen antiken Stoff. Einen mittelalterlichen Gattungsbegriff für die Textgruppe gibt es nicht; wohl aber läßt sich ein rudimentäres Gattungsbewußtsein erschließen: Der französische Dichter Jean Bodel (um 1165-1210) unterscheidet in seiner ‘Chanson de Saisnes’ (‘Sachsenlied’, um 1200) drei epische Stoffkreise: *matière de France* (Erzählungen um Karl den Großen, seine Vasallen und Nachfolger), *matière de Bretagne* (keltische

---

3 HOLZBERG (Nr. 61, S. 19-32) grenzt dagegen bei den Romanen aus der Antike pseudohistorische Erzählliteratur – auch Alexander- und Apolloniusroman – aus.

Sagenstoffe) und *matière de Rome* (Erzählungen mit antiken Stoffen, für die *pars pro toto* das Stichwort *Rome* steht). Bezeichnet ist damit zugleich der kleinste gemeinsame Nenner und das konstitutive Element der Textgruppe: der antike Stoff. Mit der Unterscheidung nach Stoffkreisen ist eine nach narrativen Großgattungen gekoppelt: Die *matière de France* liefert die Stoffe der altfranzösischen Heldenepik, der *Chansons de geste* ('Lieder von Taten'), die *matière de Bretagne* die Stoffe des Artus-, Gral- und Tristanromans, die *matière de Rome* die des Antikenromans. Deutlich wird die *matière de Rome* von Heldenepik und Artusroman unterschieden; Antikenroman und Artusroman sind nicht (wie heute üblich) zu einer Gattung „höfischer Roman" zusammengefaßt.

Die Grenzziehungen moderner Gattungstheorie verlaufen anders: zwischen „Epos" und „Roman", bei mittelalterlichen Erzähltexten zwischen „Heldenepos" und „höfischem Roman". Gattungskonstitutiv für Heldenepik aller Literaturen ist der Bezug auf Stoffe aus dem *heroic age* (BOWRA), der kriegerisch bewegten heroischen Frühzeit der jeweiligen Gemeinschaft. (Das *heroic age* der Griechen etwa ist die Zeit des Trojanischen Kriegs, das der Germania die Völkerwanderungszeit, das der Romania die Zeit Karls des Großen und seiner Nachfolger.) Heldenepik erzählt von den außerordentlichen Taten von Helden, durch Stärke und Tapferkeit besonders ausgezeichneter Menschen, deren Lebensnorm die Ehre, deren Lebensform die Tat ist, in der Regel die kriegerische Tat; diese Taten der Helden sind von historischer Bedeutung für ihre Gemeinschaft. Der Begriff „Roman", von altfranzösisch *romanz* (lat. *romanice* 'in der romanischen Volkssprache'), bezieht sich etymologisch auf die Vermittlung von Bildungsinhalten, die nicht mehr auf Latein, sondern in der Volkssprache stattfindet. Zur Gattungsbezeichnung für einen Typus der mittelalterlichen Großerzählung wird „Roman" durch Rückübertragung des neuzeitlichen Romanbegriffs auf die Texte, die „romanhafte" Kriterien wie die Thematik von Liebe und Abenteuer, das Erzählen vom (einzelnen) Helden her, (vielleicht) Ansätze zur Fiktionalität erfüllen (dieses letzte Kriterium ist allerdings, wie angedeutet, problematisch). Der mittelalterliche höfische Roman erzählt vom repräsentativen Einzelhelden her; seine Themen sind *militia et amor*, *minne* und *âventiure*: Liebe und Abenteuer, d.h. Kampf nicht mehr als Kollektivkampf im Krieg, sondern als Bewährung des einzelnen Ritters in Auseinandersetzungen mit einzelnen Gegnern oder anderen Gefahrensituationen. Anders als die Heldenepik, die ihre Wurzeln in einer illiteraten Kriegeradelsgesellschaft hat und über Jahrhunderte hin mündlich weitergegeben wurde, bevor sie ab dem 12. Jahrhundert (in Frankreich um 1100, in Deutschland um 1200) aufs Pergament gelangte, ist der höfische Roman von vornherein eine schriftliterarische Form: Romane benutzen schriftliche Quellen und orientieren sich poetologisch an der lateinisch-gelehrten Schriftkultur.

Vor allem aus diesem poetologischen Grund, wegen seiner essentiell schriftliterarischen Qualität, ist der Antikenroman Roman, nicht Heldenepos. Von Troja- oder Alexanderepen sollte man im Zusammenhang mit den volkssprachlichen

Antikenromanen des Mittelalters nicht sprechen. Antikenromane stehen am Beginn der Gattungsentwicklung des höfischen Romans: Als wichtigster Vorläufer gilt das Alexander-Fragment des Alberic de Pisançon (um 1100[4]/um 1120?). Wirkungsmächtig werden drei um 1150/60 vermutlich am englischen Königshof Heinrichs II. Plantagenet und Eleonores von Poitou entstandene Antikenromane: 'Roman de Thèbes', 'Roman d'Eneas' (beide anonym) und Benoîts de Sainte-Maure 'Roman de Troie'. Diese entfalten erstmals die gattungskonstitutive Minnethematik – vor allem in dieser Hinsicht fungieren sie als „Geburtshelfer" (ERICH KÖHLER) des höfischen Romans. Mit der Theorie der *translatio studii et militiae*, der Weitergabe von Bildung und Ritterschaft aus der Antike in die höfische Gegenwart, an die nicht lateinkundige adlige Elite, konstituieren sie ein neues höfisch-ritterliches Kulturbewußtsein. „Höfischer Roman" ist der Antikenroman zudem durch Ansätze zu einer Stilisierung der Kämpfe in Richtung auf Ritterschaft und durch eine ausgeprägte Vorliebe für die ausführliche Darstellung höfischer Lebensformen und Verhaltensweisen: Zeremoniell und Etikette, Redeformen und Beratungen, vornehme Kleidung und ritterliche Rüstungen. Inwieweit hinter den altfranzösischen Antikenromanen konkretere politische Interessen stehen, ist umstritten.

Zunächst lehnt sich die Gestaltung antiker Stoffe in der Volkssprache an verfügbare Traditionen volkssprachlichen Erzählens an, d.h. im französischen Sprachbereich an den Stil der *Chansons de geste*; literaturgeschichtlich stehen die altfranzösischen Antikenromane zwischen Epos und höfischem Roman: Romanhafte Neuerungen sind die Liebesthematik (die in ihrer antikisierenden Ausprägung als zerstörerische Macht dem Tristanroman nahe-, dem Minneehe-Konzept des Artusromans fernsteht) und als bevorzugte metrische Form der paargereimte Achtsilber (der im Mittelhochdeutschen der paargereimte Vierheber entspricht; Heldenepik hat strophische oder – im französischen Bereich – strophenartige Formen, *laissen*). An die Heldenepik binden den Antikenroman, bedingt durch die stofflichen Vorgaben, vor allem die geglaubte Historizität der Stoffe und die Kampfthematik: Kampf ist im Antikenroman wie im Heldenepos zumeist kollektiver Kampf, Krieg.

Aufgrund der (pseudo-)historischen Qualität der antiken Stoffe ist ihre Gestaltung nicht der Romanform vorbehalten: Troja, Aeneas, Alexander der Große erscheinen auch in historiographischem Kontext. Antikenroman und Geschichtsschreibung bzw. Geschichtsdichtung stehen in Wechselwirkung. Die christliche Universalchronistik der Spätantike und des Mittelalters (sie setzt ein mit den Kirchenvätern Eusebius, um 260/264 - um 339/340, und Hieronymus, 347/348 - 419/420) gibt in erster Linie Heilsgeschichte wieder, d.h. die Ereignisse der Bibel, die als zentraler Bestandteil der Weltgeschichte galten. Vom Beginn der abendländischen Weltgeschichtsschreibung an werden jedoch die wesentlichen

4 MÖLK (Nr. 190), S. 21.

Ereignisse der antiken Geschichte – Trojas Untergang, die Gründung Roms durch Aeneas, die Eroberungen Alexanders des Großen – als *incidentia* (den biblischen Ereignissen zeitgleiche Einschübe) in die Heilsgeschichte integriert; in der Bibel selbst ist nur Alexander erwähnt. Dieses Interesse der mittelalterlichen Weltchronistik an antiker Geschichte bahnt von langer Hand der Entstehung volkssprachlichen weltlichen Erzählens den Weg. Umgekehrt stammt das, was im Mittelalter (seit dem 12. Jahrhundert) einem lateinunkundigen adligen Laienpublikum an Wissen über die antike Geschichte geläufig war, fast ausschließlich aus den Antikenromanen, die mehrfach beinahe wörtlich in Auszügen in volkssprachliche Weltchroniken integriert werden – ab dem Ende des 13. Jahrhunderts; zuvor scheint das primäre Interesse volkssprachlicher Literatur nicht dem weltgeschichtlichen Zusammenhang, sondern der romanhaften Isolierung einzelner antiker Helden und Ereignisse zu gelten. Freilich ist Geschichtswissen – also auch Wissen von antiker Geschichte – dem Mittelalter nie Selbstzweck: Geschichte stellt Modelle exemplarischen Verhaltens bereit.

Die altfranzösischen Antikenromane werden – mit Ausnahme des Thebenromans – relativ bald ins Mittelhochdeutsche übertragen. Heinrichs von Veldeke 'Eneas' hat rhetorisch eine ähnliche Musterfunktion für die folgenden Romane wie die altfranzösische Antikenroman-Trias. Die Gattungsentwicklung des höfischen Romans führt indes zunächst von den frühen Antikenromanen zum Artusroman, der um 1200 die Literaturlandschaft dominiert. Bedeutung erlangen Antikenromane in der deutschen Literaturgeschichte wieder im Zusammenhang mit der Historisierung des spāthöfischen Romans seit dem fortgeschrittenen 13. Jahrhundert und bei der Entstehung des Prosaromans seit dem Ende des 14. Jahrhunderts (siehe unten 6.1.). Antikenromane fungieren als Experimentierfeld für höfisches Leben, Ritterschaft und Minne oder auch als Quellen für historisches Wissen von der Antike. Sie sind polyfunktional, und mit ihren Funktionen ändern sich auch ihre Merkmale: Über den antiken Stoff hinaus haben z.B. höfische Versromane wie Konrads von Würzburg 'Trojanerkrieg' und (vor-)humanistische Übersetzungsprosen wie der 'Leipziger Apollonius' wenig gemeinsam. Ob sich dennoch ein gattungshafter Zusammenhang herstellt, soll abschließend diskutiert werden. Konstanten jedenfalls sind der antike Stoff, seine geglaubte Historizität und mediaevalisierende Anverwandlung.

1.2. Antikenroman und Antikerezeption

1.2.1. Grundzüge mittelalterlicher Antikerezeption

Mittelalterliche Antikerezeption ist grundsätzlich „Mediaevalisierung", Anverwandlung der Antike, Anpassung an mittelalterliche Verhältnisse, an den christlichen Glauben, an die Lebensgewohnheiten der jeweiligen Jetztzeit. Dem Mittelalter war die Antike nicht tot. Problematisch ist von daher auch die Anwendung des Renaissance-Begriffs auf Epochen besonders intensiver Auseinandersetzung mit der Antike: die „Karolingische Renaissance" (um 780 - spätes 9. Jh.) und die sogenannte „Renaissance des 12. Jahrhunderts" (Wiederentdeckung antiker Philosophie in der Schule von Chartres und Anlehnung an antike Formen bei einigen mittellateinischen Dichtern in Nordfrankreich). Renaissance, programmatische „Wiedergeburt" der Antike, setzt eine vorangegangene Periode radikaler Diskontinuität und das Bewußtsein nicht aufhebbarer Distanz zur Antike als einer in sich geschlossenen vergangenen Epoche voraus. Im kulturellen Kontinuum der vorwiegend vom Klerus getragenen lateinischen Schriftkultur des Mittelalters indes leben antike Elemente weiter. Sprache und Schrift des gebildeten Europa sind aus der lateinischen Antike übernommen. Vor allem der Schulunterricht vermittelt antikes Wissen und antike Texte. Unterrichtet wird im Mittelalter nach dem antiken Lehrplan der *septem artes liberales*, der Sieben freien Künste; der Lateinunterricht orientiert sich an den Normen spätantiker Grammatik und Rhetorik (Quintilian, Donat, Priscian). Zum Kanon der Schullektüre zählten u.a. Statius (um 45 - um 96 n. Ch., Verfasser eines Achill- und eines Theben-Epos: 'Thebais', um 90/91, und 'Achilleis', 96, unvollendet), Horaz (65-8 v. Chr.), Lukan (39-65 n. Chr.), insbesondere Vergil (70-19 v. Chr., in erster Linie die 'Aeneis', um 29-19 v. Chr.) und – verstärkt seit dem 12. Jahrhundert – Ovid (43 v. Chr.-17 n. Chr.). Freilich wurden vielfach nicht die Originale gelesen, sondern kommentierte Texte, oft nur Auszüge. Die Überlieferung antiker Texte reißt nie ab: Antike Handschriften werden gesammelt, antike Texte abgeschrieben, kommentiert, zitiert, exzerpiert und in Florilegien („Blütenlesen" wichtiger Auszüge), Enzyklopädien oder Sammlungen mythologischer Erzählungen (den sogenannten „Mythographen") zusammengestellt. Rezipiert wird fast ausschließlich die römische Antike, nicht zuletzt die christliche Spätantike. Seit dem 12. Jahrhundert gibt es auch lateinische Übertragungen griechischer Texte; Griechisch-Kenntnisse jedoch waren im Mittelalter kaum verbreitet; Autoren und Werke wie Homer und den hellenistischen Alexanderroman kannte man nur in lateinischen (meist kürzenden) Bearbeitungen.

Das Verhältnis von Kontinuität oder Diskontinuität des Mittelalters zur Antike ist komplex; grundsätzlich schwanken die Haltungen des Mittelalters zur Antike – synchron je nach Diskurszusammenhang, diachron je nach Epoche – zwischen Distanzierung und Annäherung, die bis zur Übernahme gehen kann. Distanzierung ist dabei vor allem in der christlichen Perspektive des Mittelalters begründet: Die vorchristliche Antike wird als heidnische *historia ante gratiam* begriffen, als Geschichte vor der jüdisch-christlichen Heilsgeschichte, und vor dem Hintergrund eines heilsgeschichtlich begründeten Überlegenheitsgefühls relativiert. Der Annäherung liegt die geradezu normative Vorbildhaftigkeit der Antike insbesondere im Bereich von Bildung und Gelehrsamkeit, aber auch in Angelegenheiten weltlicher Herrschaft zugrunde: die Antike gilt als Wurzel der eigenen

Kultur und der eigenen Macht. Das Verhältnis des Mittelalters zur Antike ist daher nicht historistisch, nicht interesselos. Es geht nicht darum, der Antike in ihrer historischen Besonderheit gerecht zu werden, sondern um die Bedürfnisse der jeweiligen Gegenwart. Die antike Vergangenheit wird dabei vielfach als Mittel der eigenen Legitimation und Identitätsbildung vereinnahmt, ja geradezu zum Konstrukt aus der Perspektive der jeweiligen Gegenwart.

Antike Heroen und Herrscher gelten häufig als vorbildhaft. Herrschaft im Mittelalter legitimiert sich bevorzugt in Anlehnung an die Antike: sei es durch Anbindung an die antiken Weltreiche, sei es durch genealogische Ansippung. Im Anschluß an die Daniel-Prophezeiung im Alten Testament (Dn 7,1-28) liegt mittelalterlichem Geschichtsdenken seit dem Kirchenvater Hieronymus als ein wichtiges Gliederungsmodell für den Ablauf der Weltgeschichte das Modell der Abfolge von vier Weltreichen zugrunde (ein zweites Gliederungsmodell – nach sechs Weltaltern – orientiert sich an biblischen Personen). Das erste Weltreich ist Babylon, das zweite das Reich der Meder und Perser, das dritte das griechische Reich (Alexander der Große), schließlich als viertes und letztes das Imperium Romanum; danach erwartete man das Kommen des Antichrist und das Weltende. Im Konzept der *translatio imperii*, der Übertragung, Weitergabe und Fortführung der Herrschaft vom Römischen an das Fränkische bzw. Deutsche Reich, seit Karl dem Großen politisches Programm, ist das mittelalterliche Reich an Rom als das letzte der vier biblischen Weltreiche geknüpft; die römische Weltreichsidee bleibt politisch aktuell. Ergänzt wird das Konzept der *translatio* durch genealogische Modelle: Herleitung der eigenen Dynastie, des eigenen Volks, der eigenen Stadt von angeblichen antiken Vorfahren, die an der Spitze der eigenen Genealogie stehen. Urbild ist der Romgründer Aeneas. Analog leiten sich Franken (seit der Fredegar-Chronik, um 658/860, und dem 'Liber historiae Francorum', 726/727) und Briten (etwa in der 'Historia regum Britanniae' des Geoffrey von Monmouth, um 1138, und Waces 'Roman de Brut', 1155) von angeblichen Troja-Flüchtlingen namens Franco und Brutus ab. Otfrid von Weißenburg schreibt in seinem 'Evangelienbuch' (863/871) den Franken und Alexanders des Großen Makedonen eine gemeinsame (trojanische) Abstammung zu (I,1,87-92); auf die trojanische Herkunft der Franken berufen sich unter anderem auch 'Annolied' (um 1080) und 'Kaiserchronik' (um 1140/50). Noch im 16. Jahrhundert läßt Kaiser Maximilian I. durch humanistische Gelehrte die habsburgische Genealogie auf angebliche trojanische Vorfahren zurückführen. Trojanische Städtegründungssagen haben unter anderem Padua, Paris, Augsburg, Xanthen und Solothurn.

Kontinuitätsbewußtsein im Bereich von Bildung und Literatur äußert sich im Konzept der *translatio artium* bzw. *translatio studii*, der Vorstellung eines Kulturtransfers von Griechenland nach Rom und dann nach Frankreich und Deutschland. Das vielzitierte, Bernhard von Chartres (1. H. 12. Jh.) zugeschriebene Bild von den Zwergen, die auf den Schultern von Riesen stehen und dadurch weiter sehen als diese, bezeichnet zugleich den Respekt vor der Leistung der antiken Autoritäten und das Bewußtsein, diese zu überbieten. Begründet ist dieser Überbietungsgestus vor allem in christlicher Glaubensgewißheit.

Aus christlicher Perspektive wird die heidnische Antike ambivalent gesehen: formal vorbildlich, inhaltlich bedenklich, vielfach gar anrüchig. Über weite Strecken ist mittelalterliche Antikerezeption Auseinandersetzung mit antikem Götterapparat und antiker Mythologie. Die antiken Götter werden entweder dämonisiert (Herbort von Fritzlar etwa deutet das delphische Orakel als Teufelswerk) oder rational umgedeutet. Die gängigen Deutungsmuster sind bereits durch antike Mythentheorien vorgegeben: Die Götter werden erklärt als Menschen von besonderen Kräften und Fähigkeiten (Euhemerismus, so benannt nach dem griechischen Autor Euhemeros, um 300 v. Chr.), als Umschreibungen von Naturgewalten bzw. Sternbildern („physikalische" Erklärung), oder sie werden allegorisch bzw. moralisierend umgedeutet. In der christlichen Mythenallegorese stehen etwa die am Parisurteil beteiligten Göttinnen Juno, Pallas und Venus allegorisch für die Werte Reichtum, Weisheit und Liebe. Die Allegorisierung antiker Mythologie bestimmt vor allem die mittelalterliche Ovid-Rezeption, von der Formel von den „verborgenen Wahrheiten" der antiken Dichter, die der karolingische Hofdichter Theodulf von Orléans prägte, bis zu den allegorisierenden Summen des 'Ovide moralisé' (nach 1309) und 'Ovidius moralizatus' (um 1340). Omnipräsent bleiben vor allem Venus und Amor als Personifikationen der Liebe.

Die antike Literatur stellt für das Mittelalter ein Bildungsreservoir dar, aus dem ohne Rücksicht auf geistige Zusammenhänge selektiv in einer „Atomisierung der Antike" (RICHARD NEWALD) Einzelheiten herausgegriffen werden: enzyklopädisches (auch naturkundliches) Wissen; Stoffe und Exempla (Beispielfiguren oder Beispielerzählungen); literarische Techniken und formale Muster: Elemente der Poetik der mittellateinischen und der volkssprachlichen Dichtung (Prolog, Epilog, Techniken der *amplificatio* und anderes) gehen auf die antike Rhetorik zurück. Liebesdarstellung und Affektschilderung des höfischen Romans beruhen auf Ovids Konzeption der Liebe als Naturgewalt und Krankheit einerseits, als erlernbare Kunst (*ars*) andererseits. Ohne Vergil wären die großepischen Dichtungen des Mittelalters, vom altenglischen 'Beowulf' (wohl 8. Jh.) bis zum 'Nibelungenlied' (um 1200), undenkbar.

In volkssprachlicher Literatur liefert die Antike zunächst in erster Linie Exempla für die sich im 12. Jahrhundert neu formierende höfische Adelsgesellschaft – das dürfte ein zentrales Movens für die Entstehung des mittelalterlichen Antikenromans sein, obwohl gerade die Antikenromane selbst dies nicht programmatisch formulieren. Trotz aller Versuche, antike Texte christlich-moralisierend auszudeuten, bleibt die Antike wesentlich weltliche Kultur. Sie bietet sich daher als Experimentierfeld für neue, weltliche Identifikationsmuster an. Zugleich wird die Antike zum Ursprungsmythos höfisch-ritterlicher Existenz, zur Wiege von Ritterschaft und Frauendienst: Die höfische Gesellschaft stellt sich selbst dar, indem sie ihre Ideale auf die Antike zurückprojiziert und umgekehrt ihrerseits aus dieser mediaevalisierten Antike ihre Legitimation bezieht. In programmatischer Deutlichkeit formulieren das Chrétiens de Troyes Roman 'Cligès' (um 1176) und die Verserzählung 'Mauricius von Craûn' (wohl um 1210/20): In der Antike (konkret: im Trojanischen Krieg) sei die Lebensform des Ritters entstanden und von den Griechen über die Römer an Franzosen und Deutsche weitergegeben worden. So wie die antike Vergangenheit „verrittert" wird, wird umgekehrt der Ritterschaft ihre (antike) Geschichte zugewiesen – auch das eine Historisierungs- und damit Legitimationsstrategie. Die im Konzept der *translatio militiae* inszenierte Vorgeschichte des Rittertums verbindet die Artusritter mit den antiken Heroen. Dieser Aspekt der Vor- und Frühgeschichte idealer Ritterschaft, der Artusroman und höfische Antikerezeption verbindet, dürfte ein Anknüpfungspunkt sein für Hybridformen von Artus- und Antikenroman wie 'Göttweiger Trojanerkrieg' und Heinrichs von Neustadt 'Apollonius von Tyrland'. Im Spektrum mittelalterlicher Antikerezeption zwischen Distanz und Übernahme markieren die Antikenromane jedenfalls die Position größtmöglicher Annäherung; zugleich wird die Antike assimiliert und mediaevalisiert bis hin zur Rückprojektion der hochmittelalterlichen Konzeptualisierungen von Ritterschaft und Minne auf die Antike als fiktiven Ursprung dieser neuen Adelsideale.

1.2.2. Zur Rezeption epischer Stoffe der Antike in mittelalterlicher Erzählliteratur: Stoffkreise, Texte, Vermittlungswege und Quellenlage

Zum Bildungsreservoir, das die Antike für das Mittelalter darstellt, zählen außer formalen Errungenschaften nicht zuletzt zahlreiche Erzählstoffe und -motive: die großepischen Stoffkreise um Theben, Troja, Aeneas, Alexander, Apollonius, aber auch kleinere Erzähl- und mythologische Motive (in erster Linie die Geschichte von Pyramus und Thisbe), auch Fabelmotive (die mittelalterlichen Fabeln – in deutscher Sprache etwa die des Strickers, 1. Hälfte 13. Jh., und Ulrich Boners Fabelsammlung 'Der Edelstein', nach 1350/51 – gehen weitgehend auf Äsop zurück). Hinzu kommt das Repertoire internationaler Wandermotive, das dem Mittelalter durch antike Quellen vermittelt und zumeist in Sammlungen von Exempelerzählungen (etwa den 'Gesta Romanorum') verbreitet wird.

Außerhalb der Epen, Romane und Erzählungen mit antiken Stoffen im engeren Sinn existiert das ganze Mittelalter hindurch, im Lateinischen wie in den Volkssprachen, eine vielgestaltige, facettenreiche Anspielungsrezeption antiker Motive. In den verschiedensten Texten, Romanen (auch Artus- und Tristanroman), Dramen, Kurzerzählungen, Liedern, didaktischen und geistlichen Dichtungen, wird anspielungsweise verwiesen auf antike Erzählmotive, insbesondere auf antike Exempelfiguren. Die wichtigsten Figuren der großen Stoffkreise um Troja, Aeneas, Alexander den Großen führen so ein „Doppelleben": innerhalb narrativer Zusammenhänge und als isolierte Einzelmotive. Sie stehen dabei unter anderem als Exempel für vorbildliche Schönheit (Helena) oder Tapferkeit (Hector und Alexander etwa gehören seit dem 14. Jahrhundert zur Reihe der *neuf preux*, neun exemplarischer Kämpfer- und Herrscherfiguren, die in bildender Kunst häufig dargestellt sind).

Vermittelt wurden antike epische Stoffe – wie alles Wissen aus der Antike – über die Schule, über die Tradition des Abschreibens, Exzerpierens, Kommentierens antiker Texte, über die Sammlung antiker Erzählmotive in Enzyklopädien und Mythographen, nicht zuletzt über die weit verbreiteten Werke kanonischer Autoren: Vergil, Ovid und Statius. An Erzählstoffen war nur das bekannt, was lateinische Quellen tradieren. Hauptquelle für antike Mythologie, insbesondere für die zahlreichen mythologischen Einzelmotive, die in verschiedensten Kontexten kursierten, sind Ovids 'Metamorphosen' (vollendet etwa 8 n. Chr.), daneben Schultexte wie die 'Fabulae' des (Pseudo-)Hyginus (wohl 2. Jh. n. Chr.) und die 'Mitologiae' des Mythographen Fulgentius (2. H. 5. Jh.), beides Handbücher der antiken Mythologie. Bei den großen Stoffkreisen waren oftmals (mit der einen Ausnahme von Vergils 'Aeneis') nicht kanonische Fassungen eines Erzählstoffs verbreitet, sondern „trübe" Quellen, spätantike lateinische Übersetzungen griechischer Originale, Kurz- und Zusammenfassungen, kommentierte Auszüge, historiographische oder pseudohistoriographische Darstellungen, z.B. nicht Homers Epen (die erst ab dem 16. Jahrhundert wieder rezipiert wurden), sondern eine lateinische Kurzfassung, die 'Ilias latina', und spätantike pseudohistorische Darstellungen des Trojanischen Kriegs, lateinische Bearbeitungen des griechischen Alexanderromans (siehe unten). In erster Linie rezipiert wurde das epische Rohmaterial, der Stoff, weniger strukturelle oder poetologische Aspekte der antiken Kunstwerke. Antike Erzählungen wurden immer wieder erzählt und kommentiert, immer wieder neu kompiliert – Kompilation ist das wichtigste Verfahren produktiver Aneignung der Antike. Methodisch ist zu beachten, daß nur in seltenen Ausnahmefällen die genauen handschriftlichen Quellen der mittelalterlichen Bearbeitungen bekannt sind; neben den Quellentexten selbst flossen in der Regel konkret nicht faßbare Anregungen und ergänzende Informationen aus Kommentaren, Scholien, Glossen, mythologischen Handbüchern ein.

Bekannt waren (und in Romanform dargestellt wurden) im Mittelalter vor allem folgende Stoffkomplexe[5] (von den mythologischen Einzelmotiven sei hier abgesehen):

1. der Thebenstoff, die Geschichten um Ödipus und den Bruderkampf seiner Söhne Eteokles und Polineikes: Hauptquelle für das Mittelalter ist die 'Thebais' des Publius Papinius Statius. In Frankreich eröffnet der 'Roman de Thèbes' um 1150/55 die Trias der großen Antikenromane; in Deutschland spielt der Thebenstoff dagegen aus unbekannten Gründen keine Rolle;

5 Vgl. EBENBAUER (Nr. 36).

2. der Trojastoff, die Geschichte vom Raub der Helena, vom Trojanischen Krieg und der Zerstörung Trojas: Homers 'Ilias' ist nur in der Kurzfassung der 'Ilias latina' (vor 68 n. Chr.) bekannt. Das Mittelalter beruft sich hauptsächlich auf die spätantiken pseudohistoriographischen Kriegsberichte zweier angeblicher Augenzeugen des Trojanischen Kriegs, Dares Phrygius und Dictys Cretensis. Auf ihnen beruht der um 1165 entstandene altfranzösische 'Roman de Troie' des Benoît de Sainte-Maure, der in fast alle Volkssprachen und (um 1287 durch Guido de Columnis) ins Lateinische übertragen wird. In Deutschland gibt es zwei Bearbeitungen des 'Roman de Troie': Herborts von Fritzlar 'Liet von Troye' (nach 1195) und Konrads von Würzburg 'Trojanerkrieg' (1281-1287, unvollendet), der seinerseits zur neben Guido wichtigsten Quelle der deutschen Trojaliteratur des späten Mittelalters wird. Dem Trojastoff angelagert sind bereits ab dem 8. Jahrhundert v. Chr. die Stoffe des sogenannten 'Epischen Zyklus': Geschichten vom Minotaurusbezwinger Theseus, von den Argonauten und ihrer Suche nach dem Goldenen Vlies, von Hercules' Taten, von den Schicksalen der griechischen Sieger des Trojanischen Kriegs, etwa den Irrfahrten des Odysseus/Ulixes, der Ermordung Agamemnons und der Rache Orests. Diese Stoffe sind im Mittelalter bekannt, zumeist durch die Anspielungen in Ovids 'Metamorphosen' und dadurch, daß die Argonautensage als Vorgeschichte des Trojanischen Sieges bei Dares, die Schicksale der griechischen Sieger als Nachgeschichte des Trojanischen Krieges bei Dictys erzählt sind. Für die Geschichte des Antikenromans spielen sie nur insofern eine Rolle, als sie dem Trojastoff subsumiert werden – die breite Anspielungsrezeption ist davon freilich unberührt;
3. der Aeneasstoff, die Geschichte von der Flucht des Aeneas aus dem untergehenden Troja, seinen Irrfahrten, seiner Affäre mit der karthagischen Königin Dido, seinen Kämpfen in Latium, seiner Verbindung mit der latinischen Königstochter Lavinia und der Gründung einer neuen Herrscherdynastie, aus der das römische Reich hervorgeht. Der anonyme altfranzösische 'Roman d'Enéas' (um 1160) wird durch Heinrich von Veldeke ins Deutsche übertragen ('Eneas', um 1170/74 begonnen, um 1185 vollendet); andere Aeneas-Traditionen im Mittelalter sind erst in Ansätzen erforscht;
4. der Alexanderstoff, die Geschichte des früh verstorbenen Makedonenkönigs und Begründers des hellenistischen Weltreichs: Auf das Mittelalter gewirkt haben die romanhaft-phantastische und die historiographische Alexander-Tradition der Antike, lateinische Bearbeitungen des griechischen Alexanderroman des Pseudo-Kallisthenes (ca. 300 n.Chr.) einerseits, die 'Gesta Alexandri Magni' des Quintus Curtius Rufus (wohl 1. Jh. n.Chr.) andererseits; eine vorbildhafte epische Gestaltung gibt es erst in mittellateinischer Sprache (Walter von Châtillon, 'Alexandreis'. um 1180). Volkssprachliche Alexanderromane stehen am Anfang der Rezeption antiker epischer Stoffe (Alberic von Pisançon, 'Roman d'Alexandre', um 1100/1120; danach der Pfaffe Lam-

brecht, um 1155/60). Zahlreiche weitere Alexanderromane in Vers und Prosa vom 13. bis zum 15. Jahrhundert greifen immer wieder neu auf verschiedene lateinische (antike und mittelalterliche) Quellen zurück;

5. der Apolloniusstoff, die auf einen spätantiken Roman ('Historia Apollonii regis Tyri', zwei lateinische Bearbeitungen des 5./6. Jh.s, griechisch vielleicht 3. Jh.) zurückgehende Geschichte des Apollonius, seiner Seefahrten und Schiffbrüche, seiner Heirat mit einer Königstochter, seiner Trennung von Frau und Tochter und der glücklichen Wiedervereinigung nach vielerlei Prüfungen: Der Apolloniusstoff ist in Deutschland vertreten durch Heinrich von Neustadt ('Apollonius von Tyrland', um 1300/1312) und durch (vor-)humanistische Übersetzungsprosa ('Leipziger Apollonius', 1. H. 15. Jh.; Heinrich Steinhöwel, 'Apollonius', 1461, gedruckt seit 1471).
6. Eigens erwähnt seien die Werke Ovids, die verschiedenste antike Stoffe und mythologische Motive an das Mittelalter weitergeben; vor allem die 'Metamorphosen' dienten dem Mittelalter quasi als Nachschlagewerk für antike Mythologie.

Exkurs: 'Metamorphosen'-Bearbeitungen

Ovids 'Metamorphosen' bieten ein Kompendium antiker Mythologie und Geschichte, von der Urzeit (I 1-451) – der Weltschöpfung aus dem Chaos, den vier Weltaltern und der großen Flut – über die mythische Zeit (I 452-XI 193) – sie beginnt mit den Überlebenden der Flut und der Neuerschaffung des Menschengeschlechts und umfaßt eine bunte Reihe mythologischer Geschichten – bis zur historischen Zeit (XI 194-XV 879), die mit dem Bau Trojas einsetzt und über den Trojanischen Krieg und die Geschichte des Aeneas auf Augustus zuläuft; am Ende steht freilich nicht dessen Apotheose, sondern die unsterbliche *memoria* des Dichters (XV 871-879). In dieses Gerüst ist eine Summe mythologischer Erzählungen eingebunden, die Ovid assoziativ unter dem Leitthema der „Verwandlung", ohne durchgängige Geschichtsperspektive miteinander verknüpft: Geschichten von Liebesaffären zwischen Göttern und Menschenfrauen, von göttlicher Rache und menschlicher Liebe – meist mit fatalen Folgen.

Die 'Metamorphosen' haben in vielerlei Hinsicht auf das Mittelalter gewirkt: Die in Buch I. entwickelte Vorstellung von einer (absteigenden) Folge von vier Weltzeitaltern (einem Goldenen, Silbernen, Ehernen und Eisernen Zeitalter) und einer von Jupiter als Strafgericht über die verderbte Menschheit verhängten großen Flut berührt sich sowohl mit der mittelalterlichen Weltalterlehre und der biblischen Sintflut wie mit der Weltreichelehre, d.h. mit Nebukadnezars Traum und seiner Auslegung durch den Propheten Daniel (Dn 2,31-45), wo der weltgeschichtliche Verfallsprozeß mit dem sinkenden Wert der den Weltreichen zugeordneten Metalle bezeichnet ist (vgl. auch Dn 7,1-27); Ovid dürfte die mittelalterliche Weltalterlehre mit beeinflußt haben. Zahlreiche Einzelmotive waren in verschiedensten Zusammenhängen verbreitet, auch im Erzählzusammenhang mittelalterlicher Antikenromane. Unter anderem verdanken Benoît de Sainte-Maure, Herbort von Fritzlar und besonders Konrad von Würzburg den 'Metamorphosen' wichtige Episoden: etwa die Jason-Medea-Geschichte (VII 1-403), den Tod des Hercules (VIII 134-272) und den Aufenthalt der Griechen in Aulis mit der Iphigenie-Geschichte (XII 4-63). Außerhalb der Antikenromane in Kurzerzählungen oder Anspielungen bezeugt sind vor allem Pyramus und Thisbe, aber auch Narcissus, Arachne, Orpheus.

Als Ganzes wurden die 'Metamorphosen' in Deutschland nur einmal übertragen, durch Albrecht von Halberstadt (wahrscheinlich um 1210) – vielleicht deswegen, weil Ovids hybrides Hexameterepos mit seinem universalhistorischen Rahmen, seiner lockeren Episodenkette ohne durchgehenden Handlungsfaden und der pessimistisch-elegischen Tendenz vieler Verwandlungsgeschichten keiner Form der mittelalterlichen Großerzählung kompatibel erscheinen mochte; rezipierbar waren die 'Metamorphosen' wohl nur als lose Exempel-Sammlung. Albrechts Bearbeitung hat in der mittelalterlichen Romanliteratur keine nachweisbaren Spuren hinterlassen – Ovid hat direkt (bzw. über Florilegien, Exzerpte, kommentierte Handschriften), nicht über deutsche Bearbeitungen gewirkt.

Albrecht von Halberstadt. Die einzige mittelhochdeutsche Übertragung der 'Metamorphosen' ist nur in fünf (mitteldeutschen) Fragmenten einer Oldenburger Pergamenthandschrift des 13. Jahrhunderts erhalten; vollständig ist erst die frühneuhochdeutsche Bearbeitung durch Jörg Wickram (1545, mindestens vier weitere Druckauflagen bis 1631). Albrechts Prolog hat Wickram seinen eigenen (kaum ganz zutreffenden) Angaben zufolge unverändert wiedergegeben. Dieser Prolog gibt Auskunft über Autor und Entstehung der Übertragung: Albrecht, ein Sachse aus Halberstadt (v. 52f.), habe im Auftrag Landgraf Hermanns von Thüringen (1190-1217)

Zwelff hundert jor
Und zehene bevorn
Seit unser Herr ward geporn

('1200 Jahre und davor zehn seit der Geburt unseres Herrn', v. 84-86),

d.h. im Jahr 1190 oder – wahrscheinlicher – im Jahr 1210 auf der Jechaburg (*Zechenbuch*, v. 98) die Übertragung aus dem Lateinischen begonnen. Die Frühdatierung stimmt besser zu dem eher archaisierenden Charakter des Werks, die Spätdatierung ist mit der Formulierung des Prologs und mit der Anspielung auf einen bereits weithin berühmten Landgrafen besser vereinbar. Der Prolog läßt (wenn er denn in der Tat zumindest sinngemäß dem Albrechts entspricht) Rückschlüsse zu auf Albrechts Geschichtsperspektive und auf seine grundsätzliche Haltung zur antiken Götterwelt: Die antiken Götter sind dämonisiert; ihre Verehrung wird als *sünd* (v. 20) und teuflischer (v. 24, 35) Götzendienst verworfen, zugleich aber fast entschuldigt durch die historischen Umstände: die Geschichten sind in eine Urzeit der Welt verlegt, in der die Menschen keine anderen als diese Abgötter kennen konnten. Den „heidnischen" Eckdaten, Ausgangs- und Endpunkt von Ovids Weltgeschichte (Anfang der Welt und Herrschaft des Augustus), ist die Heilsgeschichte entgegengestellt: die Erschaffung Adams durch den christlichen Gott und der Bund mit Abraham (v. 15-17), die Geburt Christi während der Friedensherrschaft des Augustus (v. 68-80) – bei Albrecht (und Wickram, vgl. XV 521ff.) hat die Geschichte ein anderes Ziel als bei Ovid: nicht Rom und die Herrschaft des Augustus, aber auch nicht die dauerhafte *memoria* des Dichters (diese Schlußpassage von Ovids Werk entfällt bei Wickram – Albrechts Text haben wir nicht), sondern Christi Erlösungstat und das Christentum. Anscheinend sind die einzelnen mythologischen Geschichten von dieser Perspektive des Rahmens indes wenig betroffen, als könne Albrecht, nachdem er sich christlich abgesichert hat, erzählen, was die Quelle vorgibt: Zumindest in den erhaltenen Fragmenten (die Ausschnitte aus den Geschichten von Prokne und Philomela, Phoebus und Pan, vom trojanischen Mauerbau, von Peleus und Thetis, Daedalion und Chione, Vertumnus und Pomona, Iphis und Anaxarete bieten) folgt Albrecht Ovids Text sehr weitgehend, wenn auch nicht Wort für Wort. Die Götter werden nicht dämonisiert, das mythologische Geschehen ist nicht allegorisch oder moralisierend ausgedeutet – und auch nicht durch christliche Inhalte aufgefüllt oder überboten. Einzelne Passagen fallen weg (vor allem unverständliche mythologische Anspielungen, aber auch religiös oder moralisch allzu Fragwürdiges), anderes wird erläutert, verdeutlicht, in die Vorstellungswelt des zeitgenössischen Publikums transponiert (z.B. werden die Namen der niederen römischen Gottheiten durch Figuren des heimischen Volksglaubens – *wichte* und *twerge* etwa – ersetzt, exotische durch vertraute Tiere). Als Zusatz ist die Schönheitsbeschreibung der Philomela zu verzeichnen – wohl ein Zugeständnis an Konventionen höfischer Literatur. Insgesamt scheint es Albrecht in erster Linie um den Stoff gegangen zu sein.

Wickrams Unternehmen – der Rückgriff nicht auf die lateinische Quelle, sondern auf eine über dreihundert Jahre alte mittelhochdeutsche Übertragung – ist um die Mitte des 16. Jahrhunderts ein Anachronismus; Wickram begründet sein Vorgehen damit, daß er des Lateins nicht mächtig sei (über geringe Lateinkenntnisse dürfte er gleichwohl verfügt haben). Trotzdem war der Text erfolgreich, vermutlich wegen Ovids Bedeutung für die bildende Kunst des 16. und 17. Jahrhunderts – bereits das Titelblatt preist die Geschichtensammlung als *Jederman lüstlich / besonder aber allen Malern / Bildthauwern / unnd dergleichen allen künstnern nützlich* an ('unterhaltsam für jedermann, besonders aber nützlich für alle Maler, Bildhauer und alle sonstigen Künstler'); Wickram hat von ihm selbst verfertigte Holzschnitte beigegeben. Der Bearbeiter will vor allem den alten Text verständlich machen und dabei *alle unzucht* (Prologus, S. 10, Z. 13) vermeiden, damit sein Werk auch von weiblichen Lesern *sunder allen anstos* (S. 10, Z. 14f.) gelesen werden könne. Albrechts Text hat Wickram vor allem metrisch geglättet und besser lesbar gemacht; hinzu kommen einige Erweiterungen. Aus Zusätzen gegenüber Ovid hat die Forschung darauf geschlossen, daß Albrecht eine kommentierte Ovid-Handschrift bearbeitet habe; doch ist auch mit Ergänzungen durch Wickram zu rechnen (sicher benutzt hat er nach eigener Aussage Heinrich Steinhöwels Übersetzung von Boccaccios 'De claris mulieribus', Erstdruck um 1474). Wickram übernimmt dezidiert die in Albrechts Prolog vorgenommene Verurteilung der heidnischen Abgötter (freilich ohne in den Geschichten selbst Streichungen oder Umdeutungen vorzunehmen; Passagen über Schicksal oder Fortuna allerdings werden vielfach gestrichen oder gekürzt – das wird meist schon Albrechts Übertragung zugeschrieben). Unterschieden wird zwischen *fabeln* und *historien*: Der *Poet* (Ovid) schreibe in *lauter Fablen* ('fabulösen Geschichten', Prologus, S. 10, Z. 16), die indes *iren ursprung auß den waren Historiis* ('ihren Ursprung in wahren Geschichten', S. 10, Z. 17f.) hätten – Io etwa sei nicht in eine Kuh verwandelt, sondern auf einem Schiff mit dem Bild einer Kuh auf dem Segel entführt worden. Mit den heidnischen Göttern habe Ovid selbst seinen Spott, sein *Fabelwerck* getrieben (S. 11, Z. 15). Dies ist der Versuch, die mythologischen Erzählungen als im Kern wahre Geschichten zu retten und zugleich die „heidnische" Komponente der fabulösen, nicht ernstzunehmenden Einkleidung zuzuordnen. Der Absicht, den Text leicht zugänglich zu machen, dienen Erläuterungen oder Weglassen von allzu Fremdem, Inhaltsankündigungen zu Beginn der ovidischen Bücher und deren Gliederung in Kapitel mit Zwischenüberschriften und Zusammenfassungen, Randbemerkungen mit Hinweisen auf den Inhalt, seine Bewertung oder die Nutzanwendung für die Gegenwart. Beigegeben ist im Druck (jeweils am Ende der Bücher) eine *Außlegung*, ein Kommentar durch den katholischen Geistlichen Gerhard Lorichius (ca. 1485-1549), der die antiken Geschichten verteidigt, wie Albrecht und Wickram auf christliche Allegorese weitgehend verzichtet und das Erzählte moralisierend auf die Mißstände seiner Zeit bezieht.

Antike epische Stoffe in der Literatur des Mittelalters – Texte und Quellen

1. Thebenstoff
Publius Papinius Statius, 'Thebais' (1. Jh. n. Chr.)
'Roman de Thèbes' (um 1150/55)

2. Trojastoff
[Homer, 'Ilias', wohl 8. Jh. v. Chr.]
Baebius Italicus, 'Ilias latina' (vor 68 n. Chr.)
Statius, 'Achilleis' (96 n. Chr., unvollendet)
Dares Phrygius, 'De excidio Troiae historia' ('Acta diurna belli Troiani') (lat. Ende 5. Jh. n. Chr.)
Dictys Cretensis, 'Ephemeris belli Troiani' (griech. 1./2. Jh. n. Chr., lat. 3./4. Jh. n. Chr.)
'Excidium Troie' (4./6. Jh. n. Chr.)
Benoît de Sainte-Maure, 'Roman de Troie' (um 1165)
Guido de Columnis, 'Historia destructionis Troiae' (vollendet 1287)
Herbort von Fritzlar, 'Liet von Troye' (nach 1195)
Konrad von Würzburg, 'Trojanerkrieg' (1281-1287, unvollendet)
'Trojanerkrieg'-Fortsetzung (wohl um oder nach 1300)
'Göttweiger Trojanerkrieg' (wohl Ende 13. Jh.)
'Basler Trojanerkrieg' (wohl um 1300)
Jans Enikel (neuerdings: Jans von Wien), 'Weltchronik' (letztes Viertel 13. Jh.)
'Elsässisches Trojabuch' ('Buch von Troja I') (vor 1386)
Hans Mair von Nördlingen, 'Buch von Troja' (um 1390/92)
'Buch von Troja II' (Mitte 15. Jh.)
Ulrich Fuetrer, 'Buch der Abenteuer' (mit Trojanerkrieg) (um 1473/78, 1487?)

3. Aeneasstoff
Vergil, 'Aeneis' (um 29-19 v. Chr.)
'Roman d'Enéas' (um 1160)
Heinrich von Veldeke, 'Eneas' (um 1170/74 begonnen, um 1185 vollendet)

4. Alexanderstoff
[Pseudo-Kallisthenes, Alexanderroman (ca. 300 n. Chr.)]
- lat. Übersetzung des Julius Valerius (um 320 n. Chr.), gekürzte Fassung: sog. 'Zacher-Epitome'
- Übersetzung des Leo Archipresbyter von Neapel ('Nativitas et victoria Alexandri magni regis', um 968/69); erweiternde Bearbeitungen: 'Historia de preliis' (Fassungen J^1 [11. Jh.], J^2[12. Jh.], J^3 [um 1200]).

Quintus Curtius Rufus, 'Gesta Alexandri Magni' (wohl 1. Jh. n.Chr.)
Walter von Châtillon, 'Alexandreis' (um 1180)
Alberic von Pisançon, 'Roman d'Alexandre' (wohl um 1100/1120?)

Pfaffe Lambrecht, 'Alexander' (um 1155/60)
'Vorauer Alexander' (um 1160) – 'Straßburger Alexander' (um 1185?) – 'Basler Alexander' (Hs. 15. Jh.)
Rudolf von Ems, 'Alexander' (vor 1235 und um 1240/54?)
Ulrich von Etzenbach, 'Alexander' (vor 1290, um 1284)
Seifrit, 'Alexander' (vollendet 1352)
'Großer' oder 'Wernigeroder Alexander' (vollendet vor 1397)
Meister Wichwolt (früher: Babiloth), 'Alexander' (um 1400)
Johannes Hartlieb, 'Alexander' (nach 1450)

5. Apolloniusstoff
'Historia Apollonii regis Tyri' (lat. 5./6. Jh.)
Heinrich von Neustadt, 'Apollonius von Tyrland' (um 1300/1312)
'Leipziger Apollonius' (1.H. 15. Jh.)
Heinrich Steinhöwel, 'Apollonius' (1461, gedruckt seit 1471)

6. 'Metamorphosen'
Ovid, 'Metamorphosen' (vollendet um 8 n. Chr.)
Albrecht von Halberstadt, 'Metamorphosen'-Übersetzung (wohl um 1210?), Bearbeitung durch Georg Wickram (gedruckt ab 1545)

Ausgewählte Literaturhinweise

Ausgaben zu Alexander-, Eneas-, Troja-, Apolloniusromanen sowie deren Quellen sind in den entsprechenden Abschnitten der Auswahlbibliographie aufgeführt, zu anderen genannten Texten vgl. Nr. 1-18; BARTSCHS „Ausgabe" von Albrechts von Halberstadt 'Metamorphosen'-Übersetzung (Nr. 1) ist eine Nachdichtung des 19. Jahrhunderts; die Fragmente sind am bequemsten nachzulesen bei RÜCKER (Nr. 84, S. 344-379); von Wickrams Bearbeitung liegt eine Neuausgabe vor (ROLOFF, Nr. 3; zit.).

Eine knappe *Einführung* zur mittelalterlichen Antikerezeption bietet SCHNELL (Nr. 90); vgl. ferner NEWALD (Nr. 78), CURTIUS (Nr. 34), BUCK (Nr. 27), ERZGRÄBER (Nr. 37); vgl. ferner SEZNEC (Nr. 94), WEHRLI (Nr. 98) (zum Weiterleben antiker Götter und antiker Mythologie).– Zu den antiken Gestalten, Ereignissen, Quellentexten grundlegend die Artikel in Pauly (Nr. 81).– Zur humanistischen Antikerezeption siehe unten 6.3.

Überblick über die mittelalterliche Rezeption epischer Stoffe der Antike: EBENBAUER (Nr. 36); über die deutschen Antikenromane des Mittelalters: BRUNNER (Nr. 25); vgl. ferner FARAL (Nr. 38).– Zu den epischen Gattungen der mittelalterlichen (deutschen) Literatur allgemein MERTENS/MÜLLER (Nr. 73), BRUNNER (Nr. 26).

Zu angesprochenen *Einzelfragen*: Zu grundsätzlichen Aspekten von Vergangenheitskonstruktion und Traditionalität: ASSMANN (Nr. 19).– Zur Renaissance-Diskussion: HASKINS (Nr. 53), BENSON/CONSTABLE (Nr. 20), TREADGOLD (Nr. 96).– Zur *translatio imperii*: GOEZ (Nr. 49; grundlegend), zur *translatio artium*: WORSTBROCK (Nr. 100; grundlegend), vgl. ferner GENTRY (Nr. 46).– Zu den Herkunftssagen: GARBER (Nr. 45), GRAUS (Nr. 50), HOMEYER (Nr. 62), MELVILLE (Nr. 72), KUGLER (Nr. 67).– MUNK

OLSEN (Nr. 76, 77; zur mittelalterlichen Überlieferung klassischer lateinischer Texte).– Zur Schulliteratur: GLAUCHE (Nr. 48), HENKEL (Nr. 59).– CHANCE (Nr. 31) (zur mythographischen Tradition).– Zu den volkssprachlichen Antikenromanen anderer europäischer Literaturen: FRAPPIER/RAYNAUD DE LAGE (Nr. 42), SCHÖNINGH (Nr. 92), WÜRTH (Nr. 104).– Zur Anspielungsrezeption: GANZ (Nr. 44), LIENERT (Nr. 367), WANDHOFF (Nr. 97; Historisierung der Artuswelt durch Anbindung an die Antike), KERN (Nr. 65); demnächst erscheint das Handbuch der antiken Gestalten (Nr. 52).– Zur Ovid-Rezeption: ^{2}VL 7 (1989), Sp. 247-273 (KUGLER), MUNARI (Nr. 75), STACKMANN (Nr. 95); RÜCKER (Nr. 84; gründliche Analyse der 'Metamorphosen'-Bearbeitungen Albrechts von Halberstadt und Jörg Wickrams).

2. Alexanderromane

2.1. Der Stoff und die Quellen

Alexander der Große (356-323 v. Chr.), Sohn König Philipps II. von Makedonien und seiner Gemahlin Olympias, regierte 336-323 v. Chr. Er erkämpfte sich nach Philipps Tod 336 v. Chr. zunächst eine Vormachtstellung in Griechenland, führte dann 334-330 v. Chr. Krieg gegen die Perser unter Dareios (Darius) III. und zog nach der Eroberung des persischen Weltreichs nach Indien.

Im Frühjahr 334 v. Chr. überschritt Alexanders Heer den Hellespont. Alexander besuchte zunächst Troja und besiegte ein persisches Satrapenaufgebot im Mai 334 in der Schlacht am Granikos. Nach einem Triumphzug in Kleinasien (unter anderem über Sardes, Ephesus, Milet, Halikarnassos) und einem Aufenthalt in Gordion siegte er im November 333 in der Schlacht von Issos; die Königsfamilie und der Kriegsschatz fielen in seine Hände. Alexander wandte sich dann nach Süden, eroberte Phönizien (Tyrus nach halbjähriger Belagerung 332), Palästina und Ägypten, wo er Alexandria gründete (331) und das Ammon-Heiligtum in der Oase Siwah besuchte. 331 zog er ins persische Stammland, überschritt Euphrat und Tigris und errang in der Schlacht von Gaugamela (östlich des Tigris, dem Schlachtfeld näher lag die Stadt Arbela) am 1.10.331 den entscheidenden Sieg über Darius. Alexander zog zunächst nach Babylon, dann weiter nach Osten; Susa und Persepolis (330) wurden erobert. Dem fliehenden Darius setzte Alexander nach, traf aber nur mehr auf seine Leiche und erklärte sich zu seinem Nachfolger. Die Mörder, Bessus und andere (u.a. Nabarzanes), flohen nach Hyrkanien und Baktrien; Alexander verfolgte sie. Nach dem Feldzug gegen Hyrkanien wurde Philotas, der Sohn des Generals Parmenion, der Verschwörung verdächtigt und hingerichtet; Alexander ließ auch Parmenion selbst ermorden. Nach der Auslieferung des Bessus zog Alexander weiter nach Osten, überquerte den Hindukusch und gelangte bis zum Jaxartes. Im Frühjahr 327 vermählte er sich mit der baktrischen Fürstentochter Roxane und zog weiter ins indische Tiefland. Nach der Überquerung des Indus 326 besiegte er am Hydaspes König Porus und seine Elefanten; bevor er den Ganges erreichen konnte, zwang ihn sein murrendes Heer zur Umkehr. In Susa heiratete er 325 zwei persische Prinzessinnen. In Babylon starb er 323 v. Chr., vermutlich aufgrund einer fieberhaften Erkrankung; bald wurden Gerüchte von einer Vergiftung ausgestreut.

Alexanders früher Tod verhinderte, daß er seine Eroberungszüge auch im Westen fortsetzte, und hatte zur Folge, daß sein Weltreich schnell in die Diadochenstaaten zerfiel.

Bereits in der Antike wurde dieses Herrscherleben verschieden dargestellt, in „historiographischer“ und „romanhafter“ Form (pseudohistorisch ist indes auch der Alexanderroman, und auch die nüchterneren „historiographischen“ Darstellungen verzichten nicht auf anekdotische und fiktionale, mithin „romanhafte" Elemente). Der Alexanderroman (griechisch ca. 300 n. Chr., Original verloren), der fälschlich dem von Alexander hingerichteten Historiographen Kallisthenes zugeschrieben wurde, ist in fünf griechischen Handschriften-Rezensionen erhalten und war im europäischen Mittelalter in verschiedenen lateinischen Bearbeitungen einer der Fassungen (der Rezension α) weit verbreitet:

1. in der Übertragung durch Julius Valerius Polemius ('Res gestae Alexandri Macedonis', um 338 n. Chr.), vor allem in deren gekürzter Fassung, der sogenannten 'Zacher-Epitome' (vor dem 9. Jh.), und
2. in der Übertragung der aus α abgeleiteten Rezension δ* durch den Archipresbyter Leo aus Neapel ('Nativitas et victoria Alexandri magni regis', um 968/969), die vor allem in einer erweiternden Bearbeitung, der sogenannten 'Historia de preliis', rezipiert wurde, von der wiederum drei Fassungen existieren (J^1, 11. Jh.; J^2, 12. Jh., mit Passagen u.a. aus Orosius' 'Historiae adversum paganos', Valerius Maximus und Pseudo-Methodius interpoliert; J^3, vor 1236).

Bereits der griechische Alexanderroman, der außer auf eine (historische) Alexander-Biographie vor allem auf einen Briefroman des 1. Jahrhunderts v. Chr., eine Reihe längerer Alexanderbriefe, die Erzählung von Alexanders Begegnung mit den Gymnosophisten, die Schrift 'Alexanders letzte Tage' und die ägyptische Nectanabus-Sage zurückgriff, enthält den (nicht-historischen) Italienzug, der Alexanders Kriegszug gegen die Perser einleitet, und u.a. die Episoden von Alexanders Zug an das Ende der Welt und seiner Begegnung mit den indischen Asketen; umstritten ist dies für Alexanders Versuch, sich von einem Greifengespann in den Himmel tragen zu lassen – diese Episode ist erst in Leos Übertragung und in späteren griechischen Handschriften des 15. und 16. Jahrhunderts überliefert. In historiographischer Form (und ungefähr in der historischen Ereignisfolge) ist der Alexanderstoff vor allem in der Biographie des Quintus Curtius Rufus präsent ('Gesta Alexandri Magni' bzw. 'Alexandri Magni historiae', wahrscheinlich 1. Jh. n. Chr.); der verlorene Anfang wurde im Mittelalter durch ein Supplement ersetzt; die Autoren griffen jedoch für Alexanders Kindheit auch auf die 'Historia de preliis zurück'. Keine Rolle spielten die Darstellungen des Alexanderlebens durch Plutarch (um 46-120 n. Chr.) und Arrian (um 90-175 n. Chr.). Auch in die Universalgeschichtsschreibung ist der Alexanderstoff einbezogen: Im Mittelalter weit verbreitet war die Universalgeschichte des Justin (2./3. Jh. n. Chr.), wirkungsmächtig vor allem die Weltchronik des Augustinus-Schülers Paulus Orosius ('Historiarum adversum paganos libri VII', 417/418). Für die universalchronistische Alexander-Tradition wichtig sind auch die 'Antiquitates' des jüdischen Schriftstellers Flavius Josephus (1. Jh. n. Chr.), auf die vor allem Gottfried von Viterbo (um 1125-1192/1200) für die Alexandergeschichte seines 'Pantheon' (1185/87-1190/91) zurückgreift. In der christlichen Spätantike und im Mittelalter gesellt sich der romanhaften und der historiographischen Alexander-

Tradition in der Auslegung der Bibel durch die Kirchenväter und andere geistliche Autoren ein bibelexegetisch-patristischer Traditionsstrang hinzu, vertreten etwa durch Hieronymus' Kommentar zum Buch Daniel und den Makkabäer-Kommentar des Fuldaer Abtes Hrabanus Maurus (um 780-856). In den mittelalterlichen Alexandertexten vermischen sich die Traditionen: Für Weltchronistik und Enzyklopädik spielen die historiographische und die bibelexegetische Tradition eine Rolle. Die Alexanderromane gehen zumeist von der Pseudo-Kallisthenes-Tradition aus; einbezogen sind vielfach auch die historiographische Tradition (in erster Linie Curtius Rufus, daneben Orosius und die 'Historia scholastica' des Petrus Comestor, eine Bibelsumme für den Schulgebrauch, vollendet 1169-1173) und heilsgeschichtliche Aspekte der bibelexegetischen Tradition. Im 12. Jahrhundert entsteht nach talmudischer (jüdischer) Tradition die lateinische Erzählung vom 'Iter ad Paradisum', Alexanders Vorstoß an die Grenzen des Paradieses. Eine für das Mittelalter als Schullektüre „kanonische" und in zahlreichen Handschriften verbreitete epische Gestaltung des Alexanderstoffes bietet erst Walter von Châtillon mit seinem mittellateinischen Hexameter-Epos 'Alexandreis' (um 1178-1182 für Wilhelm von Blois-Champagne, Erzbischof von Reims, verfaßt).

Der erste mittelalterliche volkssprachige Alexanderroman ist der in der Sprache der Dauphiné (Franko-Provenzalisch) abgefaßte 'Roman d'Alexandre' des Alberic von Bisinzo/Pisançon (um 1120, evtl. schon um 1100, nur 105 Verse in Achtsilberlaissen erhalten, nach einer Version der Übertragung des Julius Valerius). Dieser Text wurde um 1150/60 durch den Pfaffen Lambrecht ins Deutsche übertragen; überliefert sind drei Bearbeitungen: 'Vorauer', 'Straßburger' und 'Basler Alexander'. Erhalten sind mehrere weitere Alexanderromane namentlich bekannter Autoren: Rudolf von Ems (ab ca. 1230, nach der 'Historia de preliis', Curtius Rufus und verschiedenen Nebenquellen), Ulrich von Etzenbach (vor 1290, nach Walter von Châtillon), Seifrit (vollendet 1352, nach der 'Historia de preliis' J^2), ferner der anonyme 'Große' oder 'Wernigeroder Alexander' (1397, nach Quilichinus von Spoleto, einer Bearbeitung der 'Historia de preliis' J^3), der fragmentarische 'Waldecker Alexander' und mehrere Prosaromane. Sie alle gehen direkt oder indirekt im wesentlichen auf die Tradition der beiden lateinischen Übertragungen des Alexanderromans (Julius Valerius, Leo bzw. 'Historia de preliis') und/oder auf Curtius Rufus zurück.

Ein einheitliches Alexander-Bild kennt das Mittelalter, wie schon die Antike nicht; nüchtern-historische Sicht (diese am seltensten), Faszination und Ablehnung stehen nebeneinander. Alexander gilt bereits dem späthellenistischen Alexanderroman nicht nur als der historische Makedonenkönig, sondern auch als Erforscher eines märchenhaft-phantastischen Orients. In der Bibel (I Mcc 1,1) wird Alexander erwähnt als Zerstörer des zweiten (persischen) und Begründer des dritten (griechischen) Weltreichs. Hier knüpft die universalchronistische Alexander-Tradition an. Die biblische Erwähnung sichert Dignität und geistliche Verbindlichkeit des Alexanderstoffs – wohl aus diesem Grund liefert Alexander im 12. Jahrhundert im französischen und deutschen Sprachbereich den ersten nichtbiblischen Erzählstoff für die neu entstehende weltliche Großepik. Aus der in der Bibel festgelegten welthistorischen Rolle Alexanders resultiert ein zentrales Deutungsmuster: Alexander als *instrumentum Dei* (Werkzeug Gottes) in der Heilsgeschichte beim Übergang der Weltreiche. Der Welteroberer ist indes zugleich Heerführer und Herrscher und bietet sich damit als Identifikationsmuster für mittelalterliche Kriegeradlige und Fürsten an. Die exzeptionelle Ausnahmepersönlichkeit Alexander freilich wird in der Regel auf exemplarische Rollen reduziert: positiv als perfekt höfisch erzogener Adliger, als durch Tapferkeit und List erfolgreicher Ritter, als Liebhaber der Königin Candacis und der Darius-Tochter Roxane, als idealer Herrscher; negativ vor allem unter geistlicher Deutungsperspektive: Der Grenzüberschreiter Alexander, der die Wunder des Orients erkundet, bis an die Säulen des Hercules gelangt, in einer gläsernen Kugel in die Tiefe der Ozeane taucht und sich von Greifen in die Lüfte tragen läßt, ja selbst vor dem Paradies nicht haltmacht, ist selten ein Faszinosum, meist *exemplum horrendum* (abschreckendes Beispiel) für *superbia*, Hybris und Hoffart des Menschen. Alexanders früher Tod ist fast immer Exempel für die *vanitas*, die Nichtigkeit irdischen Daseins, die Vergänglichkeit irdischer Herrlichkeit. Diese verschiedenen Auffassungen interferieren, zum Teil sogar innerhalb derselben Dichtung. Die unterschiedlichen Deutungs- und Bewertungsmöglichkeiten haben zur Existenz vieler verschiedener Bearbeitungen geführt. Außer in Romanen in Vers und Prosa spielt Alexander als Exempelfigur in Texten verschiedenster Gattungen eine Rolle; auch in volkssprachlichen Chroniken wird er erwähnt, etwa in den Weltchroniken des Jans (Enikel, neuerdings: Jans von Wien[1]) (letztes Drittel 13. Jh.) und Heinrichs von München (um 1370).

Von Alberics de Pisançon ‘Roman d’Alexandre’ ist nur wenig mehr als der Prolog enthalten, der fast ein Programm säkularer Antikerezeption formuliert – Alberic setzt gegen einen Ausspruch Salomons, alles Weltliche sei eitel, die Antike: Der antike Stoff beweise, daß eben doch nicht alles eitel sei:

solaz nos faz' antiquitas
que tot non sie vanitas!
(‘Die Antike vermittelt uns den Trost, daß doch nicht alles Eitelkeit ist’, v. 7f.[2]).

Alexander wäre damit gleichsam als Exempel gegen den geistlichen *vanitas*-Pessimismus exponiert. In Frankreich entstehen weitere Alexanderromane (unter anderem um 1160 eine anonyme fragmentarische Zehnsilberfassung, um 1180/90 der erste „vollständige“ Alexanderroman, der ‘Roman d’Alexandre’ des Alexandre de Paris bzw. Alexandre de Bernai, auf den weitere Bearbeitungen und

1 KNAPP (Nr. 66), S. 234 u.ö.
2 Vgl. MÖLK/HOLTUS (Nr. 105).

Fortsetzungen folgen). Die deutschen Alexanderromane des Mittelalters (nur der des Pfaffen Lambrecht ausgenommen) greifen indes, anders als die Trojaromane, durchweg nicht auf altfranzösische, sondern auf lateinische (antike oder mittellateinische) Vorlagen zurück.

2.2. Deutsche Alexanderromane des Mittelalters

2.2.1. Der Pfaffe Lambrecht; 'Vorauer', 'Straßburger' und 'Basler Alexander'

Autor und Entstehungssituation, Quellen und Überlieferung. Der Autor des ältesten deutschen Alexanderromans bezeichnet sich selbst im Eingangsgebet seiner fragmentarischen 'Tobias'-Dichtung und im 'Alexander' als *pfaffe*, also *clericus*. Lambrecht dürfte aus Trier stammen; auch für den 'Alexander' wird von der neueren Forschung (trotz der Verwendung der Regensburger 'Kaiserchronik') ein moselfränkisch-rheinisches Entstehungsumfeld angenommen.[3]

Erhalten ist nicht das Original (um 1150/60), sondern drei Bearbeitungen unterschiedlicher Länge und Tendenz: 'Vorauer', 'Straßburger', 'Basler Alexander', benannt nach dem Aufbewahrungsort der jeweils einzigen Handschrift. Der geistlich geprägte 'Vorauer Alexander' (wohl um 1160) reicht von Alexanders Geburt bis zum Tod des Darius (unhistorisch von Alexanders Hand) in der Entscheidungsschlacht gegen die Perser; Quellen sind neben Alberics Alexanderroman wohl eine interpolierte Fassung der 'Historia de preliis' und Curtius Rufus. Der am stärksten höfisierende 'Straßburger Alexander' (enthalten in einer 1870 in Straßburg verbrannten, frühestens 1187, wahrscheinlich im 1. Viertel des 13. Jahrhunderts entstandenen rheinfränkisch-hessischen Handschrift) reicht von Alexanders Geburt bis zu seinem frühen Tod; er umfaßt nicht nur Jugend und historische Taten des Helden (die Sicherung der Herrschaft in Griechenland, die Eroberung des Perserreichs, den Zug nach Indien), sondern auch seine wundersamen Orientabenteuer und die Paradiesfahrt; als zusätzliche Quellen herangezogen sind hauptsächlich eine (oder mehrere) lateinische Bearbeitung(en) des griechischen Alexanderromans (Leo, Julius Valerius), das 'Iter ad Paradisum' und wohl auch eine weitere altfranzösische Vorlage für die Blumenmädchen-Episode, wahrscheinlich eine mit dem Alexanderroman des Alexandre de Bernai gemeinsame Quelle. Der 'Basler Alexander' ist in einer im 15. Jahrhundert entstandenen Basler Handschrift überliefert; wenn er, wie die neuere Forschung annimmt, die Alexander-Passage in Jansens 'Weltchronik' voraussetzt, kann er nicht vor dem letzten Viertel des 13. Jahrhunderts entstanden sein; eingeführt sind zusätzliche Episoden: Alexanders Herkunft vom ägyptischen König und Zauberer Nectanabus, die Grenzüberschreitungen der Pseudo-Kallisthenes-Tradition, sein Vorge-

3 Vgl. zuletzt SCHULZ-GROBERT (Nr. 208), CÖLLN (Nr. 149), S. 164f.

hen gegen die unreinen Völker Gog und Magog, Tod und Testament. Wahrscheinlich steht die Vorauer Fassung dem Original am nächsten; die neueste Forschung nimmt (überzeugend) an, daß Lambrechts und wahrscheinlich auch Alberics Roman tatsächlich schon mit dem Tod des Darius endeten. Der Basler und der Straßburger Fassung geht eine gemeinsame Vorlage *BS bzw. X voraus; in der Regel wird noch eine der Straßburger Fassung zugrundeliegende hypothetische (bereits höfisierende) Fassung Y postuliert; diese Fassungen X und Y sind nicht erhalten.

'Vorauer Alexander': Überlieferung. Der 'Vorauer Alexander' (1533 Reimpaarverse) ist in der im letzten Viertel des 12. Jahrhunderts geschriebenen Handschrift cod. 276 des Chorherren-Klosters Vorau, einer deutsch-lateinischen Sammelhandschrift mit historiographischen und geistlichen Texten, enthalten. Bernhard I., von 1185 bis 1202 Probst von Vorau, hat einem Kolophon (d.h. der Schlußschrift eines Schreibers) zufolge den lateinischen Teil der Handschrift in Auftrag gegeben und mit hoher Wahrscheinlichkeit den deutschen Teil selbst geschrieben; vielleicht ist er auch der Bearbeiter des 'Vorauer Alexander'. Hinter dem bairisch-österreichischen Dialekt der Vorauer Fassung ist das Moselfränkische des Originals noch zu erkennen. Als älteste Fassung gilt der 'Vorauer Alexander' vor allem aus formalen Gründen: wegen der zahlreichen metrischen Freiheiten und der häufig unreinen Reime, aber auch als die am wenigsten höfische und am stärksten geistlich geprägte Version des 'Alexander'.

Prolog (v. 1-34). Lambrechts konventioneller Prolog nennt Autor (*phaffe Lambret*, v. 4) und Quelle (*Alberîch von Bisinzo*, v. 13) und stellt den Helden vor: Alexander (*ein wîse man*, 'ein kluger Mann', v. 7) als Welteroberer und Weltzerstörer. Die Verantwortung für das Erzählte verlagert der Erzähler auf die Quelle: *louc er, so liuge ich* ('Hat er [Alberic] gelogen, so lüge auch ich', v. 18) – ein Moment der Distanzierung gegenüber dem unerhört neuen antiken Stoff, der vielleicht suspekten weltlichen Quelle. Alexanders Verankerung in der Bibel, *in libro Machabeorum* ('im Buch der Makkabäer', v. 12), freilich ist von Anfang an präsent. Alberics kühner säkularer Anspruch ist zurückgenommen. Die *vanitas*-Klage bleibt bestehen, in ihrem Bezug auf Alexander jedoch unbestimmt: die Vergänglichkeit irdischer Macht demonstriert der 'Vorauer Alexander', der mit dem Tod des Darius endet, in erster Linie am Ende des persischen Weltreichs. Die antike Erzählung ist jedenfalls nicht als Gegenpol zur *vanitas* aufgeboten, sondern lediglich – gut benediktinisch (und ebenfalls bereits bei Alberic angedeutet) – als Heilmittel gegen den Müßiggang, der das Seelenheil gefährde:

er screip von grôzen witzen,
wande des mannes mûzecheit
ze deme lîbe noh ze der sêle niht versteit

('er schrieb aus großer Klugheit, denn der Müßiggang eines Menschen ist nicht gut für Leib und Seele', v. 29f.).

Die Benediktinerregel (48,1) formuliert: *otiositas inimica est animae* 'Müßiggang ist der Feind der Seele'.

Handlungsanalyse. Der 'Vorauer Alexander' ist zweigeteilt: I. Alexanders Jugendgeschichte (bis zum Herrschaftsantritt in Makedonien, v. 35-564); II. Perserkrieg (v. 565-1528).

Herkunft, Jugend, erste Heldentaten (v. 35-564). Eingeführt wird Alexander als größter, tapferster König und erfolgreichster Eroberer aller Zeiten: *im ne gelîchet nehein ander* ('kein anderer kam ihm gleich', v. 46). Sein stehendes Beiwort – der *wunderlîche* ('staunenswerte', v. 45) Alexander – drückt zugleich Bewunderung und Vorbehalt aus; Alberic hat an entsprechender Stelle das neutrale *Alexander magnus* ('der Große', v. 17). Mit dem biblischen Salomon ist Alexander als *heide* nicht zu vergleichen (v. 70).

Gleich zu Beginn distanziert sich der Verfasser (mit Alberic) von der Version, Alexander sei nicht Philipps von Makedonien Sohn gewesen, sondern der eines Zauberers – eine Anspielung auf Alexanders Abstammung von Nectanabus u.a. in der 'Historia de preliis'. Hier geht es um *rehter cheiser geslahte* ('wahrhaft kaiserliche Herkunft', v. 76), die alleine Herrschaft legitimiert.

Breiten Raum nimmt – als Signum des außergewöhnlichen Helden – die Geschichte von Alexanders Jugend ein (v. 103-372). (Das Erzählelement „Kindheitsgeschichte eines exzeptionellen Helden" gelangt aus dem hellenistischen Alexanderroman in die mittelalterliche Erzählliteratur; Alexanders Kindheitsgeschichte wird Modell für die Helden-Jugendgeschichten etwa Tristans, Lancelots, Achills.) Alexanders Geburt ist von Wunderzeichen begleitet: Erdbeben, Unwetter, Sonnenfinsternis. Der Junge ist ein Wunderkind: Er wächst schneller als andere, hat rotes, struppiges Haar, ein gelb-feuriges Drachen- und ein schwarzes Greifenauge. Ansonsten aber entspricht Alexander dem Muster eines idealen (mittelalterlichen) Königssohns, er ist *êrlîh* ('ruhmreich', v. 150) und wird sorgfältig unterwiesen: in verschiedenen Kampftechniken und Heerführeraufgaben, *sturm unde volcwîc* ('Krieg und Völkerschlacht', v. 167), aber auch gebildet in einem umfassenden Sinn: in Griechisch und Latein, im Schreiben, in der Musik und – durch keinen geringeren als Aristoteles (der 343-340 v. Chr. in der Tat Lehrer Alexanders gewesen sein soll) – in der Astronomie, vor allem aber in den traditionellen Fürstentugenden, in der Weisheit und im Recht. Im Alter von zwölf Jahren ist Alexanders Erziehung vollendet. Vorzeichen künftiger Größe des Knaben ist die ganze außergewöhnliche Kindheit, vor allem die Bucephalus-Episode: das wilde Pferd, von dem es heißt, nur der künftige Herrscher könne es bändigen, wird beim bloßen Anblick des Fünfzehnjährigen zahm.

Die frühen Heldentaten des Königssohns nach einer Art Schwertleite werden nur summarisch aufgezählt (v. 349-564): Den ersten Feldzug führt er gegen König Nycolaus von Cesarea. Gewalttätig und erfolgreich setzt er sich für seine Mutter Olympias ein, als sie von Philipp verstoßen wird (v. 387-440). Alexanders Mutterliebe ist eine seiner durchgängigen Eigenschaften nicht nur bei Lambrecht. Die abtrünnige Festung Antonia erobert Alexander für Philipp zurück. Die Boten des Perserkönigs Darius verweist der junge Prinz unter Drohungen des Landes; das Zinsverhältnis gegenüber Persien kündigt er auf (v. 467-506) – die persischen Zinsforderungen, die es abzuschütteln gilt, werden zum Leitmotiv bis zur Tötung des Darius. Während Alexander erfolgreich das abtrünnige *Thelemône* bekämpft, raubt Pausanias die Königin Olympias. Alexander besiegt ihn; Philipp stirbt an den Folgen seiner Verwundung im Kampf gegen den Entführer, und sein Sohn tritt zwanzigjährig die Herrschaft an.

Der Perserkrieg (v. 565-1528). Alexanders erste Herrscherhandlung besteht darin, eine Ratsversammlung einzubestellen und zum Krieg gegen die Perser aufzurufen. In Griechenland und Makedonien bietet Alexander ein Heer von siebzigtausend Mann auf und wendet sich (abweichend vom historischen Alexanderzug) zunächst nach *Sicilienlant* (v. 617) und *Itale* (v. 623); die Römer krönen ihn zu ihrem König. Danach geht es nach *Africa*, das zu Darius' Reich gehört (v. 639f.). Karthago (auf dessen traditionelle Feindschaft mit Rom angespielt wird) ergibt sich; in Ägypten wird Alexandria gegründet, das sogar Troja an Pracht überbietet. Viele Ländereien und Städte (besonders auch biblische Örtlichkeiten, etwa Galiläa und Samaria, Bethulia, das die alttestamentliche Judith durch die Enthauptung des Holofernes gerettet hat, Jerusalem und Bethlehem) werden erobert und verwüstet: Lambrechts Alexander „ist der Eroberer des Heiligen Landes“.[4]

Ausführlich geschildert ist die Eroberung und brutale Zerstörung der Darius ergebenen Stadt Tyrus (v. 701-1018). Alexander fordert die Einwohner auf, ihn als König anzuerkennen und die Stadt zu übergeben; das wird, zunächst höflich, abgelehnt. Die Feindschaft eskaliert schnell: Alexander nimmt die Ablehnung, in dem für ihn typischen *zorn* (v. 743), nicht hin und sendet drei Fürsten nach Tyrus. (Zorn ist eine durchgängige Eigenschaft des Makedonenkönigs, zugleich *ira*, eine der Sieben Todsünden, und *furor*, Kampfwut, als positive Kriegerqualität; im 'Vorauer Alexander' dominiert entschieden die negative Wertung.) Als die Einwohner der Stadt die Fürsten kurzerhand aufhängen, beginnt Alexander mit der Belagerung. Nach großen Verlusten im Sturmangriff gelingt es dem listigen (v. 779) Alexander durch raffinierte Belagerungsmaschinen (die erforderlichen Baumstämme läßt er unter großem militärischem Einsatz aus dem Libanon herbeischaffen), mit unlöschbarem Griechischem Feuer und durch persönliche Tapferkeit, die Stadt einzunehmen. Tyrus wird niedergebrannt; Alexander läßt dreitausend Bürger blenden und aufhängen. Schon der Krieg wird ausdrücklich verurteilt: Alexander *tet in grôz unreht* ('fügte ihnen großes Unrecht zu', v. 952); für die Greuel des Siegers gilt das noch mehr. Der Krieg hat seinen Preis, und der Erzähler distanziert sich:

---

4 CÖLLN (Nr. 149), S. 178.

des siges, des er dâ nam,
wêrez ein wole bedâht man,
er ne wurdes niemer ze frô;
wande ez gescah sît alsô,
daz ir mêre was der ime dâ tôt belaib,
tan der inerhalb Tyre wâre
weder geste oder burgâre

('Über den Sieg, den er dort errang, würde er niemals zu froh werden, wenn er ein besonnener Mann wäre, denn es lief so ab, daß ihm dort mehr fielen als es in Tyrus Fremde oder Stadtbewohner gab', v. 1001-1008).

Seine Lokalitäten bindet der Text an die literarische Tradition und an die Bibel an: Tyrus sei *sint* ('später', v. 1010) von Apollonius (wieder) gegründet worden, den Antiochus wegen der Aufdeckung des inzestuösen Verhältnisses zu seiner Tochter verfolgt habe; in Tyrus habe Jesus die von bösen Geistern besessene Tochter einer Bittstellerin erlöst.

Nach der Eroberung von Tyrus wird der Feldzug zur persönlichen Auseinandersetzung mit Darius (v. 1019-1527). Als diesem die Nachricht von Alexanders Wüten überbracht wird, nimmt er den Gegner zunächst nicht ernst und läßt ihm drei Spottgeschenke überbringen: Kinderspielzeug (*stuzel*, 'Ball'[5], v. 1034, mit dem er lieber spielen solle als Menschen zu töten), ein *scûhpant* ('Schuhband', v. 1035) als Zeichen für seine Dienstbarkeit gegenüber Darius und eine Lade mit etwas Gold als Zeichen für Makedoniens langjährige Zinsverpflichtung. Wenn Alexander nicht schleunigst heimreite, werde er, Darius, ihn mit Ruten züchtigen. Alexander will aus Empörung über die Schmach die Boten aufhängen lassen, läßt sich jedoch besänftigen und schickt sie mit Darius' Gold als Geschenk zurück: eine Demonstration angemessenen, maßvollen Herrscherverhaltens. In seiner Antwort deutet Alexander schlagfertig die Gaben um: den Ball als Zeichen seiner Weltherrschaft, Band und Gold als Zeichen persischer Dienstbarkeit und Zinsverpflichtung; in drei Monaten werde er mit 100.000 Mann den Euphrat überschreiten und Babylon angreifen (v. 1111-1147). Der empörte Darius befiehlt brieflich den *herzogen* (v. 1160) Marios und Typotes, Alexanders Zug über den Euphrat zu verhindern. Die beiden raten von einem Krieg gegen den Welteroberer ab, müssen jedoch widerwillig gehorchen. Darius sendet den Satrapen Mennes (Memnon) mit 100.000 Mann gegen Alexander, Marios und Typotes bieten 40.000 Kämpfer auf.

Unmittelbar nach dem Übersetzen über den Euphrat kommt es zur ersten großen Schlacht (v. 1216-1384). Alexander stürzt im Zweikampf gegen Mennes vom Pferd, wird jedoch von Daclym vor dem tödlichen Angriff des Jubal bewahrt. Unter den Feinden richtet Alexander ein Blutbad an, das der Erzähler mit der Schlacht auf dem *Wolfenwerde* aus der heimischen Hildesage (vgl. 'Kudrun',

5 MÖLK (Nr. 190), S. 28f.

um 1240) und mit dem Trojanischen Krieg vergleicht (v. 1321-1338). Dies dient superlativischem Heldenpreis (Alexander überbietet die Helden dieser Kriege) und knüpft den Alexanderstoff zugleich an dem Publikum Vertrautes an. Vom Grafen Pincun erobert Alexander im siegreichen Zweikampf die ihm zuvor bei seinem Sturz entrissene Fahne wieder zurück; in einem zweiten Zweikampf besiegt er auch Mennes. Die Perser ergreifen die Flucht.

Alexander kuriert zunächst seine Wunden und erobert Sardix (Sardes), das der Erzähler als eine der sieben Burgen der Apokalypse identifiziert (v. 1395-1400). Darius' Racheschwur ist als *ubermût* (v. 1404) verurteilt. Der Perserkönig bietet ein unermeßliches Heer von 630.000 Mann gegen Alexander auf; zu seinen Verbündeten, die in langen Listen aufgezählt werden, gehören unter anderem die Meder (ihr Land wird als das identifiziert, in das nach der Bibel der Engel mit Tobias gesandt wurde: v. 1461f.) und die Bewohner Armeniens (wo die Arche Noah nach der Sintflut gestrandet sei: v. 1470-1472). In der Entscheidungsschlacht auf der Ebene Mesopotamiens siegt Alexander; hier sind mehrere Schlachten der Quellentexte in eine zusammengezogen. Der 'Vorauer Alexander' endet an dieser Stelle unhistorisch mit Darius' Tod: Alexander schlägt ihm mit verächtlichen Worten den Kopf ab (v. 1521-1527). Abschließend werden in einigen Epilogversen Alberic und Lambrecht genannt, die beide hier die Erzählung beendet hätten (v. 1529-1533).

Deutungsperspektiven. Erzählt sind von Alexanders Leben nur die Kindheit, der Feldzug an den Euphrat und die Entscheidungsschlacht mit dem Tod des Perserkönigs. Daß Darius von Alexander selbst getötet wird, weicht von der literarischen Tradition ebenso ab wie von der historischen Faktizität, stimmt aber zu einer vor allem in der Bibelexegese verbreiteten Alexander-Tradition (Hieronymus, Hrabanus Maurus, Pseudo-Methodius; vgl. auch Honorius Augustodunensis' Enzyklopädie 'De imagine mundi', 1. Hälfte 12. Jh.). Durch diesen Schluß erscheint Alexander praktisch ausschließlich in seiner biblischen Rolle als derjenige, der der persischen Weltherrschaft ein Ende setzt. Er fungiert damit, auch ohne daß dies ausdrücklich formuliert würde, als *instrumentum Dei*, Werkzeug im Rahmen von Gottes Heilsplan, der nach mittelalterlich-christlichem Verständnis der Weltgeschichte zugrunde liegt. Zugleich wird auch Alexanders persönliche Leistung als Krieger betont.

Auf die Bibel nimmt der Vorauer Text mehrfach Bezug: Im Prolog beruft sich der Erzähler auf die Erwähnung Alexanders im 1. Buch Makkabäer (I Mcc 1,1). Bei der Abweisung der persischen Boten an Philipps Hof wird die Daniel-Vision vom Kampf zwischen Widder und Ziegenbock zitiert und ausgedeutet (v. 473-478), die schon in der Bibel auf den Untergang des Perserreichs verweist (Dn 8,3-26). Durch biblische Ortsnamen, die vielfach an die Stelle antiker Orte treten, und durch Anspielungen auf die dort lokalisierten biblischen Ereignisse wird der Erzählverlauf an die Autorität der Bibel gebunden, die Wahrheit garantiert. Die Mitüberlieferung stützt die geistliche Deutungsperspektive: Die Vorauer

Handschrift enthält 'Kaiserchronik', 'Alexander' und neunzehn weitere frühmittelhochdeutsche geistliche Gedichte sowie Ottos von Freising 'Gesta Friderici I imperatoris' (1157/58); an der einheitlichen Konzeption der Handschrift ist kaum zu zweifeln. Insgesamt liegt damit ein gleichsam welt- und heilsgeschichtliches Programm vor: Gerahmt ist der 'Alexander' durch die 'Jüngere Judith' und das 'Leben Jesu' der Frau Ava (gest. 1127, eine der wenigen namentlich bekannten Dichterinnen der mittelhochdeutschen Zeit). Diese drei Texte bilden die Abfolge der biblischen Weltreiche nach: Die 'Jüngere Judith' vertritt das erste Weltreich, Babylon (Holofernes, den Judith enthauptet, ist babylonischer Feldherr); der 'Vorauer Alexander' erzählt den Übergang vom zweiten, persischen, zum dritten, griechischen, Weltreich; das neutestamentliche 'Leben Jesu' steht für das vierte Weltreich, Rom unter Octavian Augustus.

Obwohl Werkzeug Gottes in der Heilsgeschichte, ist Alexander kritisch gesehen, vor allem in seiner Kriegerexistenz. Die brutale Zerstörung der Stadt Tyrus etwa prangert der Erzähler als *grôz unreht* (v. 952) an, als Werk von Alexanders *ubermûtecheit* ('Hoffart', *superbia*, v. 723) (allerdings wird den Stadtverteidigern bei ihren Ausfällen dasselbe vorgeworfen: v. 827). Seine Eroberungszüge sind ganz weltlich daraus motiviert, daß Alexander die Zinsverpflichtung Makedoniens gegenüber Persien abschütteln will; hinzu kommt als persönliches Motiv die Machtgier. Alexanders heilsgeschichtlicher Rolle freilich tut das keinen Abbruch: Werkzeug Gottes kann auch ein Heide sein; als Heide aber wird Alexander gegenüber dem biblischen Salomon ausdrücklich abgewertet. Der Makedonenkönig dient Gottes heilsgeschichtlichem Plan und ist dennoch kein Beispiel nachahmenswerten Herrscherverhaltens, weil er nicht dem Gottesvolk, nicht – mit den von Augustinus (354-430) stammenden, von Otto von Freising (um 1112-1158) teilweise übernommenen Begriffen – der *civitas dei*, sondern der *civitas terrena* angehört. In Ottos von Freising 'Gesta Friderici', die die Vorauer Handschrift abschließen, erscheint Kaiser Friedrich Barbarossa ebenfalls als Werkzeug Gottes, aber darüber hinaus als christlicher Friedensherrscher – der Kriegerkönig Alexander wirkt in diesem Kontext wie ein unzulänglicher Vorläufer Friedrichs I.

Romanhafte Elemente spielen im 'Vorauer Alexander' noch kaum eine Rolle. Krieg erscheint sogar in den Zweikämpfen in all seiner Brutalität; die Minnethematik spielt keine, höfisches Leben nur eine untergeordnete Rolle. Auffällig ist lediglich der Eigenwert der Kindheitsgeschichte, die sich indes den Quellen verdankt. Erzählt wird nicht von Alexander, sondern von Gottes Heilsplan her, in den Alexander eingebunden ist. Der mittelhochdeutsche Antikenroman beginnt im 'Vorauer Alexander' als wenig romanhafte weltgeschichtliche Erzählung aus geistlicher Perspektive.

'Straßburger Alexander': Handlungsanalyse. Der 'Straßburger Alexander' (um 1185?) ist der älteste vollständige Alexanderroman in deutscher Sprache. Er ver-

folgt die biographische Struktur der Alexandergeschichte von der Geburt bis zum Tod. Folgende Abschnitte lassen sich sinnvoll unterscheiden (der Text selbst weist keine Gliederung auf): I. Jugendgeschichte (v. 37-508 bis zur Ermordung des Lysias; die Lücke bis zur Belagerung von Tyrus ist in KINZELs Ausgabe nach dem 'Basler Alexander ergänzt'); II. Perserkrieg (nach der Lücke ab der Belagerung von Tyrus: v. 959-4057); III. Krieg gegen Porus (v. 4058-4761); IV. Orientabenteuer (v. 4762-6596); V. Paradieszug und Umkehr, Friedensherrschaft und Tod (v. 6597-7278). Den Abschluß bildet ein Epilog (v. 7279-7302).

Vergleich mit dem 'Vorauer Alexander' (S v. 1-2035). Bis zur ersten Schlacht gegen die Perser gibt es keine nennenswerten narrativen Unterschiede gegenüber dem 'Vorauer Alexander', wohl aber etwas ausführlichere Schilderungen (besonders von höfischen Details, in der Beschreibung des Bucephalus und bei Kampfschilderungen, insbesondere bei der Eroberung von Tyrus), zusätzliche Erzählerbemerkungen (die vor allem der Pflege des Publikumskontakts dienen), Hinweise auf die Motive der handelnden Personen und die Folgen ihres Verhaltens, ausführlichere Erklärungen bei Anspielungen auf biblische Ereignisse und andere Texte, zusätzliche lobende Epitheta vor allem für die Kämpfer, etwas höflichere Umgangsformen der Figuren untereinander, formale Glättungen. Alexander wird zwar nicht idealisiert, aber doch deutlich positiver gewertet: Seine Klugheit ist stärker hervorgehoben, seine Kriegstüchtigkeit interessiert mehr, der Eindruck mitleidloser Gewalttätigkeit wird abgemildert. Alexanders Leitaffekt, der *zorn*, ist noch stärker hervorgehoben, allerdings durchaus auch als positiv gewerteter *furor*. Auf adäquates Herrscherverhalten, auch im Umgang mit den Vasallen, wird stärker Wert gelegt.

Im Prolog (S v. 1-36) sind einige Formulierungen anders gewählt; insbesondere ist das *louc er, sô liuge ich* (V v. 18) durch eine neutrale Beteuerung der Quellentreue ersetzt. Der *vanitas*-Gedanke bezieht sich sinnvoll auf Alexander, dessen früher Tod die Nichtigkeit des Menschlichen bestätigt. Die Bewunderung für den tapfersten König aller Zeiten (S v. 38-48) und die geistliche Wertung, die Salomon über den *heiden* stellt, sind gleichermaßen beibehalten (S v. 65-82), ebenso das Insistieren auf Alexanders legitimer ehelicher Abstammung (allerdings *kunincslahte* 'aus königlichem Geschlecht', S v. 88, statt *cheiser slahte*, V v. 76). Die Kindheits- und Jugendgeschichte (S v. 83-429) hat, anders als im 'Vorauer Alexander', eine Funktion im Rahmen der Heldenbiographie. Ohne nennenswerte inhaltliche Änderungen wird die Schilderung der Erziehung stärker höfisch perspektiviert: Alexander ist *rîterlich* (S v. 174; Zusatz); seine allseitige Vortrefflichkeit wird stärker hervorgehoben; die Bewaffung des Fünfzehnjährigen erfolgt ausdrücklich *nâh rîterlîchen site* ('wie es unter Rittern üblich ist', S v. 430). Auch die weiteren Ereignisse sind im wesentlichen wie im 'Vorauer Alexander' erzählt (freilich aufgrund von Blattverlusten mit einer längeren Lücke, von Philipps Reaktion auf die Tötung des Lysias bis zum Beginn der Belagerung von Tyrus; die Rückverweise im späteren Text lassen darauf schließen, daß der gleiche Erzählverlauf wie im 'Vorauer' und 'Basler Alexander' anzusetzen ist: Herrschaftsantritt nach Philipps Tod, Siegeszug über Italien nach Afrika und Syrien).

Noch ausführlicher als in der Vorauer Version geschildert ist die Eroberung und Zerstörung von Tyrus (S v. 959-1421), mit deutlichem Interesse an den Raffinessen der Kriegführung, an den Heldentaten der Krieger und an Alexanders Motiven und Affekten. Die Wertung ist zwiespältig: Alexander vollbringt wahre *wunder* an Heldentaten (S v. 1245f.), und seine Krieger kämpfen, *alsiz heleden wol gezam* ('wie es sich für Helden gehörte', S v. 1326) (beides Zusatz). Tyrus wird nicht *grôz unreht*, aber immerhin *unreht* angetan (S v. 1329 – V v. 952); die grundsätzliche Distanzierung des Erzählers vom Waffenhandwerk des Kriegers bleibt bestehen (S v. 1394-1401). Wie im 'Vorauer Alexander' setzt Alexander trotz Darius' Drohungen über den Euphrat, siegt in der ersten großen Schlacht gegen die Perser, und Darius bietet ein riesiges Heer auf (lediglich die Namensformen weichen ab) (S v. 1422-2035).

Fortsetzung des Perserkriegs (S v. 2036-4057). Zur Entscheidungsschlacht, wie im 'Vorauer Alexander', kommt es indes (wie allgemein in der Pseudo-Kallisthenes-Tradition) noch lange nicht. Darius und Alexander setzen den Austausch von (brieflichen) Provokationen und Spottgeschenken fort. Vor der bevorstehenden Schlacht am *Strâge* (Stranga) läßt Darius seinem Gegner eine Ladung Mohnsamen überbringen: so zahlreich sei sein Heer. Alexander ißt davon, findet die Mohnkörner weich und leicht zu kauen und sendet Darius im Gegenzug eine Handvoll Pfefferkörner: so scharf werde das griechische Heer für ihn sein. Wegen einer schweren Erkrankung seiner Mutter kehrt Alexander zunächst um, kündigt aber seine baldige Rückkehr an. Die Schärfe der Pfefferkörner läßt den Perserkönig wünschen, Alexander möge lieber daheim bleiben. Während des Rückmarschs besiegt Alexander in Arabien in mehrtägiger Schlacht den Satrapen des Darius, Amenta (Amunta); die Schlacht ist so schrecklich, daß die Sonne nicht aufgeht, *wande si ne wolde belûhten niht den mort* ('weil sie nicht auf das mörderische Gemetzel scheinen wollte', v. 2143). Trauernd läßt Alexander als vorbildlicher Heerführer die Gefallenen bestatten und die Verwundeten gesundpflegen, bevor er weiterzieht. Daheim wird die Mutter bei seinem Anblick schnell gesund; Alexander sammelt ein Heer von 100.000 Mann und kehrt nach Persien zurück.

Unterwegs besiegt Alexander eine Reihe von Darius untergebenen Städten: Abdirus, das ihm die Tore öffnet, wird verschont, Theben, das sich widersetzt, belagert und zerstört, die gesamte Bevölkerung erschlagen: Der Verfasser konstatiert unsentimental und mitleidlos, aber auch ohne alle Beschönigung, Leid und Greuel des Krieges. Alexander wird ambivalent bewertet; sein stehendes Beiwort *wunderlîche* (z.B. v. 2273) ist Ausdruck der Bewunderung wie auch des Vorbehalts und der Kritik. Korinth, das später durch den Apostel Paulus zum Christentum bekehrt wird, unterstützt Alexander, ebenso Athen, die Stadt der Weisen. Die *Lacedemones* dagegen, die Spartaner unter König Xerxes, widersetzen sich und werden blutig niedergeschlagen. Während Alexander siegreich vorrückt, beruft Darius seine Räte ein, beunruhigt durch die *sâlde*, das Kriegsglück des Gegners (v. 2439). Die Ratgeber weisen ihn wegen seiner Schwäche zurecht, andere warnen vor Alexanders Klugheit und dem Wankelmut des persischen Heeres. Alexander, mittlerweise weit vorangekommen, wird nach einem Bad (der Name des Flusses, Kydnos, ist nicht genannt) von Fieber (*rite*) befallen (v. 2555-2609). Der verräterische Fürst Perminus warnt Alexander brieflich vor einem angeblichen Gifttrank seines Leibarztes Philippus; Alexander schenkt jedoch – in vorbildlicher herrscherlicher Klugheit – den Verleumdungen keinen Glauben, wird durch den Heiltrank wieder gesund und straft den Verleumder. Über Armenien und die Stadt Andria gelangt das griechische Heer wieder an den Euphrat. Alexander läßt aus Baumstämmen eine Brücke errichten. Seinen furchtsam zögernden Leuten reitet er voran. Nach dem Flußübergang zerstört er die Brücke (wie im 'Nibelungenlied' Hagen nach dem Donauübergang den Kahn zerschlägt); seine Leute kritisieren den als *wunderlîchen man* ('seltsamen Menschen', v. 2650) bezeichneten König, der ihnen für den Fall einer Niederlage die Möglichkeit zu schneller Flucht über den Strom nehme; genau das aber ist Alexanders Absicht, um seine Leute so zu tapferem Kampf zu zwingen. Als Motiv nennt Alexander immer wieder die Zinsverpflichtung, die es endgültig abzuschütteln gilt.

Darius, der zunehmend zu Alexanders Gegenbild wird, fürchtet sich und wird dafür von seinen Getreuen gescholten; beide Seiten rüsten sich zur Schlacht. Ein als Grieche verkleideter Perser schleicht sich unter die Griechen und verletzt Alexander, wird aber gefangen und rechtfertigt sich: *durh herzelîchiz lieb* ('aus inniger Liebe', v. 2767) zur Tochter des Darius habe er sein Leben gewagt. Alexander verschont ihn daraufhin großmütig – ein zaghafter Hinweis auf die künftige Bedeutung der Minnethematik; traditionell ist die Schonung des persischen Attentäters mit Alexanders Achtung vor dessen Treue gegenüber seinem Herrn motiviert. Der Sieg in der Schlacht (v. 2791-2806) wird ausschließlich auf den Kampf-*furor* des Königs zurückgeführt: Alexander kämpft wie ein zorniger Bär gegen eine Hundemeute. Die Gegner fliehen nach Batra, das Alexander am nächsten Morgen nach kurzer Belagerung erobert; dabei fällt ihm die Familie des Darius in die Hände. Nach weiteren Eroberungen bietet ein persischer Fürst Alexander an, ihm zur Gefangennahme des Darius zu verhelfen; Alexander weist das zurück. Der Briefwechsel zwischen den beiden Königen geht weiter. Obwohl Darius Alexander droht, erklärt dieser, er behandle die persischen Damen zuvorkommend – und zwar um seiner Mutter willen:

wandih durh ir liebe
allen wîben gerne diene
('weil ich ihr zuliebe gerne allen Frauen diene', v. 2917-2919).

Während Darius König Porus von Indien um Waffenhilfe bittet, hat sich Alexanders Heer im Sichtschutz einer listig erzeugten riesigen Staubwolke der persischen Hauptstadt bis auf fünf Tagesritte genähert. Nach einer Traumerscheinung, in der ihm sein Vater Philipp (gegen Berichte von einer Erscheinung des Gottes Ammon wird polemisiert) befiehlt, selbst zu Darius zu gehen, überbringt Alexander dem Perserkönig als sein eigener Bote die Herausforderung zur Schlacht (v. 2979-3182). Alexander reitet allein über den tagsüber reißenden, nachts gefrorenen Fluß *Strâge*. Darius empfängt und bewirtet den vermeintlichen Boten königlich. Bei Hof spottet man über den körperlich klein geratenen Mann. Der zieht alle Aufmerksamkeit auf sich, indem er die goldenen Trinkgefäße einsteckt und, zur Rede gestellt, erklärt, diese Großzügigkeit sei an Alexanders Hof Sitte, am persischen Hof aber offensichtlich nicht üblich, weswegen er gerne verzichte. Nun erkennt einer der persischen Fürsten Alexander. Es gelingt ihm jedoch, sich aus dem Saal zu kämpfen und über das inzwischen brüchige Eis des *Strâge* zu seinem Heer zurückzureiten. Seine Leute ermutigt er mit einem Gleichnis zum Kampf gegen Darius' Übermacht: gegen zwei Wespen könne ein ganzes Heer Fliegen nichts ausrichten (v. 3199-3201).

In der bald darauf folgenden Entscheidungsschlacht diesseits des *Strâge* (alle Schlachten zwischen Alexander und den Persern finden im 'Straßburger Alexander' zwischen Euphrat und *Strâge* statt) fallen über 200.000 Perser; Darius flieht als erster und leitet so die allgemeine Flucht ein (v. 3207-3345). Der Erzähler beklagt – mit der Distanz des Geistlichen gegenüber dem Waffenhandwerk des Kriegers – das Morden:

> *man mah noh hûte weinen*
> *den mort der dâ gescach*
>
> ('Noch heute hat man Grund, das mörderische Gemetzel zu beweinen, das sich dort abspielte', v. 3341f.).

Menschen werden von Alexander abgeschlachtet *alsein vê* ('wie Vieh, v. 3344); das Land versinkt in maßloser Klage. Darius selbst beklagt sich als Opfer der wankelmütigen Fortuna (v. 3399-3421). Für seine *sunden* ('Sünden', v. 3413), seinen *ubirmût* ('Hybris', v. 3414) sei er bestraft worden; an ihm habe sich irdische Macht als nichtig erwiesen. Brieflich bietet Darius dem Sieger seinen Königsschatz und die Herrschaft über das Mederreich und Persien an. Gegen den Rat eines seiner Fürsten, das Angebot anzunehmen und die persische Königsfamilie freizulassen, lehnt Alexander ab: er verfüge doch schon über alle Macht im Perserreich. Die Toten werden bestattet, der Palast des Xerxes aufgebrochen (dort findet man unter anderem den Sarg des babylonischen Königs *Evilmerodach*, v. 3566); die von Darius verstümmelten und geblendeten Gefangenen läßt Alexander voll Mitleid entschädigen.

Erneut bittet Darius Porus von Indien um militärische Unterstützung; vereinbart wird ein Treffen *ze Caspin Porten* (v. 3678). Auch Alexanders Heer bricht dorthin auf. Während die drei Könige sich auf die neue Schlacht einstellen, wird Darius jedoch in seinem eigenen Palast von zwei persischen Verrätern, *Bysan* und *Arbazan*, getötet (v. 3690-3759). Alexander eilt zu dem Sterbenden und beklagt in einem königlich noblen Nachruf die Schandtat; Darius mahnt zum Friedensschluß und bietet Alexander seine Tochter als Ehefrau an (v. 3765-3871). Nach dem Begräbnis übernimmt Alexander als Darius' Erbe und Nachfolger die Herrschaft über das Perserreich. Maßnahmen werden angeordnet, die im ganzen Reich Frieden und Rechtssicherheit gewährleisten sollen. Durch eine List werden die Königsmörder entlarvt und hingerichtet; allgemein wird Alexander als *rehter richtêre* ('gerechter Richter', v. 3981) gepriesen. Anschließend nimmt er Roxane (die nur in der literarischen Tradition Darius' Tochter ist) bei einem prunkvollen Hochzeitsfest zur Frau; von Liebe ist nicht die Rede: Heirat und Fest (das nur durch König Salomon zu überbieten wäre) dienen der Machtdemonstration.

Krieg gegen Porus (v. 4058-4761). Mit der Herrschaftsübernahme in Persien ist Alexanders Ziel, die Zinsverpflichtung abzuschütteln, erreicht. Das persische Weltreich ist durch das griechische abgelöst. Traditionell motivieren die Kämpfe gegen den Inderkönig Porus Alexanders weiteres Vordringen in Richtung Indien. Hier ist der Porus-Teil ein Abschnitt des Übergangs zwischen den historischen Kämpfen zur Eroberung des Perserreichs und der Erschließung neuer Räume im Osten; noch führt Alexander Krieg (wie bisher gegen die Perser), das bloße Bereisen fremder Reiche hat noch nicht begonnen, doch beginnen sich neue Welten zu öffnen. Die Grenze markiert der Protest des angesichts neuerlicher Strapazen und Gefahren kampfüberdrüssigen Heers (v. 4073-4112): Man habe geschworen, Alexander bei der Überwindung des Darius zu unterstützen; jetzt aber wolle man heimkehren. Alexander gelingt es jedoch, seine Leute zu beschämen, von der Heimkehr abzuhalten und nach Indien zu führen. Nach wechselseitigen Verhöhnungen der Könige kommt es zur Schlacht zwischen Porus' und Alexanders Heeren (v. 4325-4761). Listig schickt Alexander gegen Porus' Streitelefanten mit griechischem Feuer gefüllte erzene Statuen ins Feld; Alexander allein ist der Sieg zu verdanken. Die Schlacht ist lang und furchtbar; wer mit dem Leben davonkam, kommentiert der Erzähler, konnte zufrieden sein (v. 4599f.). Alexander, beschämt über die großen Verluste, fordert Porus zum stellvertretenden Zweikampf heraus: es gehe nicht an, daß nur ihre Leute für sie sterben. Der hünenhafte Porus nimmt die Herausforderung gerne an; nach heftigem Kampf tötet Alexander seinen Gegner (auch das gegen die historischen Quellen), doch geht danach die Schlacht in unverminderter Heftigkeit und unter entsetzlichen Verlusten beider Seiten weiter, bis endlich die Gegner sich unter der Bedingung, daß Alexander Frauen und Kinder schont, ergeben. Porus und die anderen Toten werden begraben, ein Teil der Verwundeten kehrt in die Heimat zurück. Damit sind Alexanders „historische" Taten beendet. Es folgen seine Orientreise bis ans Ende der Welt (v. 4762-6596; u.a. der Besuch bei den Occidraten, das Liebesglück mit den Blumenmädchen, die Affäre mit Candacis und die Begegnung mit den

Amazonen), der Zug zum Paradies, Alexanders letzte Regierungsjahre und Tod (v. 6597-7278).

Orientabenteuer (v. 4762-6596). Der Orient ist für Alexander nicht Raum der Bewährung (wie etwa für Herzog Ernst) und schon gar kein zu eroberndes Terrain (Alexander verteidigt lediglich sich und die Seinen gegen monströse Gegner, die Reiche, die er durchreist, eignet er sich nicht an), sondern Raum wundersamer Begegnungen und neuer emotionaler Erfahrungen, aber auch Raum der Konfrontation mit alternativen Lebens- und Herrschaftsformen.

Zunächst zieht Alexander weiter in das Land Occidratis (v. 4762-4890). Dessen Bewohner (die antiken Gymnosophisten) leben in äußerster Dürftigkeit und Armut: ohne Häuser, ohne Kleidung, ohne jeden Besitz, *jêmerlîche* ('jammervoll', v. 4782), aber auch *âne sorge* ('sorglos', v. 4831). Der Erzähler wertet das auch positiv:

daz lût dar inne daz ist arm
und ne hât neheinen ubirmût
('Die Menschen darin sind besitzlos und frei von Hoffart', v. 4767f.).

Der König der Occidraten rät Alexander weiterzuziehen; hier gebe es nichts zu erobern (von Alexander erwartet man offensichtlich kriegerische Aggression). Alexander erklärt seine friedliche Absicht, fragt nach den Gewohnheiten des Landes und verspricht, den Occidraten einen Wunsch zu erfüllen. Als diese sich Unsterblichkeit wünschen, wird er zornig: alle Menschen, auch er selbst, müssen sterben. Die Occidraten stellen ihm – *wîsliche* ('klug', v. 4863) nennt dies mit unverhohlener Sympathie der Erzähler – die Sinnfrage: was denn seine Taten im Angesicht der Sterblichkeit sollen; zumindest *mâze* ('Maß halten', v. 4871) wäre angebracht. Alexander jedoch bekennt sich trotzig zu sich selbst und seinem Schicksal. Zu einer Einsicht in die Nichtigkeit des Irdischen gelangt er nicht; aber auch seine Position, daß das Leben sinnlos wäre (nicht nur eintönig wie bei Leo), wenn alle die Weltverneinung der Occidraten teilten, bleibt unwidersprochen:

ih mûz beginnen
ettewaz daz mir wol tût.
hêten si alle uheren mût,
di in der werilde wollent wesen,
waz solde in danne daz leben?
('Ich muß etwas anfangen, was richtig für mich ist. Hätten alle die, die in der Welt sind, eure Einstellung, was sollte ihnen dann das Leben?', v. 4885-4889).

Unter großen Mühen zieht Alexander weiter, bis ans Ende der Welt. Von dort schreibt er seiner Mutter und seinem Lehrer Aristoteles einen Brief, der in voller Länge, über mehr als 1600 Verse, wiedergegeben ist (v. 4918-6588). Hierin geht es um die phantastischen Orientabenteuer des Weltenbummlers, der *wundir besehen* ('seltsame Dinge betrachten', v. 5161) will. Der mit der Briefform verbundene Wechsel von Erzähler und Erzählperspektive erspart es dem christlichen Autor, Stellung beziehen zu müssen zu den unglaublichen Wundern des heidnisch-phantastischen Orients und zu dem moralisch nicht immer einwandfreien Handeln des Helden. Die Wunder des Orients werden damit erzählbar, ohne daß sich die Frage der Wahrheit oder der Legitimation aus biblisch überliefertem geistlichem Wissen stellt. Insbesondere die Begegnungen mit den Blumenmädchen (v. 5162-5358), mit der Königin Candacis (v. 5511-6461) und mit den Amazonen (v. 6462-6581) werden so aus Alexanders Perspektive erzählt. Alexander berichtet u.a. von erst gallenbitterem, dann süßem Wasser voll von menschenfressenden Krokodilen, von Kämpfen gegen Ungeheuer, Skorpione, Löwen, wilde Eber, Elefanten, Schlangen, gegen affengesichtige, sechsarmige Menschen, einen furchterregenden riesigen Hirsch, von kadaverfressenden Füchsen, taubengroßen Fliegen mit Menschenzähnen, die seinen Leuten Nasen und Ohren abfressen, von Kämpfen mit den Giganten, von Bäumen, die tagsüber riesengroß wachsen und nachts wieder in der Erde versinken, vom Vogel Phönix.

In einem idyllischen Wald, fast einem irdischen Paradies, treffen Alexander und seine Begleiter auf liebliche Jungfrauen, deren Gesang alles Leid und sogar Todesfurcht vertreibt. Sie wachsen im Sommer aus Blumen und müssen sich stets im Schatten aufhalten. Alexander und seine Begleiter leben dreieinhalb Monate in einem Zustand der Entrückung glücklich mit ihnen; alle Mühen der Kriege und der Reisen sind vergessen. Alexander trifft hier auf eine in Ansätzen höfische Lebensweise (*hubischeit*, v. 5281), kultivierte Geselligkeit, bestrickende Musik: *mit zuchten gemeit* ('froh mit höfischem Anstand', v. 5282) sind die Mädchen. Im Herbst jedoch welken die Blumen, die Blumenmädchen sterben, Gesang und Freude haben ein Ende; trauererfüllt bricht Alexander auf. Das Erlebnis (v. 5162-5358) ist radikale Glücks- und Vergänglichkeitserfahrung zugleich.

Nach weiteren kuriosen Begegnungen (unter anderem wird ein schweinsborstiger Riese gefangen und verbrannt) gelangt Alexander schließlich ans Ende der Welt, zur Burg der Königin Candacis (v. 5511-6461). Es ist dies (nach den bedrohlichen Begegnungen mit monströsen Gegnern und wilden Tieren) wieder ein höfischer Raum – wie der Mädchenwald, doch nicht paradiesische Natur, sondern architektonisch erlesene Kunstwelt. Alexander entbietet Candacis seinen Dienst; wertvolle Geschenke (vorwiegend seltsame Menschen- und Tiergestalten) werden ausgetauscht. Einem Sohn der Candacis, Candaulus, hilft Alexander, seine entführte Frau wiederzugewinnen. Unter falschem Namen (er will von dem mit einer Tochter des Porus verheirateten zweiten Sohn der Candacis nicht erkannt werden) begibt Alexander sich schließlich zur Königin, deren staunenerregend prunkvolle Hofhaltung ausführlich beschrieben wird; unter anderem besitzt Candacis einen Musikautomaten in Gestalt eines goldenen Hirschs mit singenden Vögeln und bellenden Hunden; die Königin und ihr Gefolge von Knappen und jungen Hofdamen sind aufs Kostbarste gekleidet: Der Orient ist in mittelalterlicher Literatur regelhaft der Ort der Entfaltung märchenhafter Pracht. Zu Alexanders Unmut (*zorn*, v. 6187) erkennt ihn die Königin und bringt ihn in ihre Gewalt, so daß er ihr zu Willen sein muß: Der Welteroberer wird von einer Frau *bedwungen* ('besiegt', v. 6172), ja geradezu zum Frauensklaven; seine Taten und Erfolge erklärt Candacis in dieser Situation für nutz- und sinnlos. Alexanders Zorn, sich so zum Narren gemacht zu haben, beschwichtigt sie jedoch mit dem Appell an seine Klugheit und mit dem Versprechen der Diskretion. Ohne große Umstände führt sie ihn in ihr Schlafzimmer:

di kuninginne rîche
bescheinte mi ir willen.
dô minnetih si stille

('Die mächtige Königin eröffnete mir, was sie wollte. Da liebte ich sie im stillen', v. 6244-6246).

Erotische Erfahrungen macht Alexander im weltentrückten Raum des Orients, seine Ehe hat damit nichts zu tun. Züge einer höfisch korrekten Minnebindung werden indes allenfalls an den Formulierungen ersichtlich (v. 6247-6259). Vor seinem Aufbruch führt Candacis Alexander in eine Höhle, in der er ihre Götter nach seinem Sterbetag befragt. Die Auskunft jedoch wird verweigert: kein Mensch dürfe seinen Todestag kennen; lediglich sein Begräbnisort Alexandria wird ihm genannt. Das Erlebnis überwältigender Pracht und höfischer Freude mündet in ein Memento mori. Mit der friedlichen Begegnung mit den Amazonen (v. 6465-6584; ohne die Affäre mit deren Königin, wie sie die Curtius-Tradition enthält) und einem Verweis auf viele weitere durchreiste Länder endet Alexanders Brief.

Paradieszug, Umkehr, Friedensherrschaft und Tod (v. 6597-7278). Obwohl durch die Begegnung mit den Occidraten und das Höhlenorakel bei Candacis auf die eigene Sterblichkeit verwiesen, begnügt sich Alexander nicht mit seinen irdischen Eroberungen. Besitzgier, Machtstreben und *hôhmût* (v. 6614) treiben ihn über menschliche Grenzen hinaus: Sogar das (irdische) Paradies will Alexander erobern und die Engel unterwerfen, obwohl ihm seine Fürsten und Ratgeber dringend abraten und nur die törichten Jünglinge ihn bestärken. (Am Umgang mit Ratgebern läßt sich im 'Straßburger Alexander' häufig die Bewertung von Alexanders Verhalten ablesen.) An dieser Stelle ist ein Quellenwechsel anzusetzen zum 'Iter ad Paradisum'; verbunden ist damit auch ein Wechsel in der Bewertung Alexanders, von der relativ neutralen des Briefteils zu einer negativen aus geistlicher Sicht: Der Erzähler verurteilt Alexanders *tumpheit* ('Torheit', v. 6620), *giricheit* (hier wohl 'unersättlicher Machthunger', v. 6683, *cupiditas* 'Begehrlichkeit' und *ambitio* 'Ehrgeiz' der Vorlage sind durch *giricheit* wiedergegeben) und *hôhmût* (v. 6614). Unter unvorstellbaren Strapazen, Unwettern, Kämpfen mit Drachen und Ungeheuern fahren Alexander und sein Heer den Euphrat stromaufwärts, bis sie an die aus Edelsteinen errichtete Mauer des Paradieses gelangen.

Ein alter Mann fragt nach ihrem Begehr – und sie fordern selbst vom Paradies Zins für Alexander. Der Alte bringt aus dem Paradies einen rätselhaften Stein und die Aufforderung zur Umkehr – im wörtlichen und im geistlichen Sinn. Alexanders Zug gegen das Paradies wird als *ubile* ('böse', v. 6909) und *unmâze* ('Maßlosigkeit', v. 6915) scharf kritisiert, sein ganzes Handeln als sündhaft verworfen: *wider got ist er sculdih* ('gegenüber Gott hat er sich schuldig gemacht', v. 6923); er solle demütig sein und im Wissen um seine Schuld seinen Frieden mit Gott machen. Alexander läßt sich – auch auf den Rat der *wîsen* hin – zur Umkehr bewegen (v. 6959-7010).

Daheim versucht er, das Geheimnis des Steins zu ergründen, den alles Gold nicht aufwiegen kann, wohl aber eine mit ein wenig Erde bedeckte Feder. Ein alter Jude belehrt den König: Lebend gleiche Alexander dem Stein, der durch alles Gold der Welt nicht aufzuwiegen ist; tot unter der Erde sei er hingegen der Feder zu vergleichen: angesichts der Sterblichkeit des Menschen sei sogar Alexanders Macht nichtig und unbedeutend. Der Alte mahnt im Zeichen des Memento mori zu geistlicher Umkehr, aber auch zu friedvoller, gerechter Herrschaft. Alexander nimmt aus kluger Einsicht in sein Fehlverhalten den Rat an und wandelt sich: nicht zum Büßer, aber zum vollkommenen Herrscher (v. 7247-7268) – das Strukturschema der Sünderheiligen-Legende wird säkularisiert auf den Herrscher angewandt. Alexanders ideale Herrschaft ist durch einige Stichwörter knapp gekennzeichnet: er nimmt Rücksicht auf seine Untertanen (*êrete man unde wîb*, 'ehrte jedermann', v. 7258), befleißigt sich *gûter mâzen* ('rechten Maßes', v. 7263), gibt Kriege (*urlôge*, v. 7265) und Machtgier (*giricheit*, v. 7265) auf, ist *mit zuhten gemeit* (v. 7266; das heißt wohl: er führt ein Leben höfisch beherrschter Freude). Mit seinem Tod dominiert wieder die geistliche Deutungsperspektive: Nach (unhistorischen) zwölf Jahren idealer Herrschaft wird Alexander vergiftet. Von allem Besitz bleibt ihm nur so viel Erde, wie man für ein Grab braucht (ein Motiv, das aus geistlicher Exempelliteratur stammt, das der 'Straßburger Alexander' aber auch mit Walters von Châtillon 'Alexandreis' teilt: Buch X, v. 449f.). Der Epilog (v. 7279-7302) beinhaltet denn auch eine Warnung vor *giricheit* und eine Mahnung zur Buße und zur Gottesfurcht um des ewigen Lebens willen.

Deutungsperspektiven. Der 'Straßburger Alexander' bietet einem adligen Publikum des 12. Jahrhunderts buntes Erzählmaterial (vor allem im Orientteil); einen außergewöhnlichen Helden, den Fürstensohn, Krieger, Heerführer; aber auch den Grenzüberschreiter Alexander, den Erkunder der Wunder des Orients, der voller Unersättlichkeit und Maßlosigkeit seinen Eroberungsdrang selbst gegen das Paradies richtet; schließlich einen reuigen Sünder, der sich nach geistlicher Belehrung zum idealen Herrscher wandelt. Das Alexanderbild ist zwiespältig: Positiv gezeichnet ist Alexander vor allem als Kämpfer, Heerführer und Herrscher: Er kämpft heldenhaft an vorderster Front in der Schlacht, zeichnet sich in Zweikämpfen aus und versteht es, sein Heer zu führen und mitzureißen;

gerade die kämpferische Potenz und das Kriegsglück des Helden entsprechen durchaus kriegeradligen Idealen. Er ist gerecht gegenüber seinen Vasallen und beurteilt seine Ratgeber und Gefolgsleute in der Regel richtig. Vorbildliches Herrscherverhalten demonstriert er auch in seiner Großmut Boten gegenüber, in seiner Noblesse gegenüber dem sterbenden Darius und der gerechten Bestrafung der Königsmörder. Hinzu kommen ansatzweise höfische Züge: die perfekte Erziehung, die Ritterlichkeit Frauen gegenüber, die Schonung des Persers, der ihn hatte töten wollen, um Darius' Tochter zu erringen. Negative Züge – etwa das grausame Wüten des Siegers in Tyrus – sind vorhanden, aber meistens (im Vergleich zu den Quellen und zum 'Vorauer Alexander') gemildert. Selbst in der Occidraten-Episode, in der Alexander doch auf die Ohnmacht des Sterblichen verwiesen wird, bleibt etwas von der selbstbewußten Behauptung des Menschen im Diesseits bestehen. Alexander ist durchaus einem mittelalterlichen Herrscherideal angenähert; es werden, bei aller Verankerung in der Bibel zumindest in den dem 'Vorauer Alexander' entsprechenden Teilen, durchaus weltliche Lebensmuster eigenen Rechts für adlige Laien als Rezipienten entworfen. Ambivalent sind die Erlebnisse mit den Blumenmädchen und bei Candacis; Alexanders neue Erfahrungen sind dadurch, daß sie der Vergänglichkeit unterworfen sind, nicht *eo ipso* entwertet. Daß die Tauchfahrt- und die Greifenflug-Episode aus Leos Übertragung des griechischen Alexanderromans anscheinend bewußt weggelassen sind, demonstriert, daß es dem Dichter nicht primär um die Darstellung von *superbia* und *vanitas*, von menschlicher Hoffart und der Nichtigkeit irdischen Daseins, ging. Die Paradieszug-Episode mit dem zeichenhaften Stein demonstriert zugleich Fehlverhalten und Umkehr. Hier mischen sich das geistliche Deutungsmuster des reuigen Sünders mit dem weltlichen Herrscherideal des Maßhaltens (*mâze*), zu dem schon die Occidraten raten. Im 'Straßburger Alexander' geht es nicht zuletzt um die Demonstration falschen und richtigen Herrscherverhaltens anhand eines spektakulären Extremfalls. Freilich bleibt richtiges Verhalten des Fürsten in der Welt immer auch an Gott orientiert: Alexander muß lernen, die selbst dem mächtigsten Herrscher von Gott gesetzten Grenzen zu respektieren.

'Basler Alexander'. Der 'Basler Alexander' wurde zwischen 1400 und 1439 in eine Rezension der 'Sächsischen Weltchronik' (Basel, Öffentliche Bibliothek der Universität, Cod. E. VI. 26, 15. Jh.) eingetragen, sinnwidrig mitten in der römischen Geschichte, ja mitten im Satz. Entstanden ist der Text deutlich früher, wohl noch Ende 13. Jahrhundert, wahrscheinlich nach der 'Weltchronik' des Jans (Enikel bzw. Jans von Wien), die nach gängiger (älterer) Datierung in die 80er Jahre des 13. Jahrhunderts, nach neuerer Datierung vielleicht bereits in die Zeit um 1270 gehört und eine der Quellen des 'Basler Alexander' gewesen sein dürfte. Die Alexandererzählung dieser 'Weltchronik' (v. 18945-19658) läßt die Regierungszeit des Makedonenkönigs fälschlich vierundzwanzig Jahre dauern und deutet seine historischen Taten (die Gründung Alexandrias und den Sieg über

Darius, der auch hier von Alexander selbst getötet wird) nur in aller Kürze an. Erzählt sind hauptsächlich die spektakulären Grenzüberschreiter-Episoden: Alexanders Paradieszug, Tauchfahrt, Luftreise und Besuch beim Sonnen- und Mondbaum.

Auch der 'Basler Alexander' bietet eine vollständige Alexander-Biographie von der Geburt bis zum Tod. Erzählt werden mehr Episoden als im 'Straßburger Alexander' (Hauptquelle für die Zusätze war wohl eine Version der 'Historia de preliis'), jedoch in erheblich knapperem Erzählduktus: der 'Basler Alexander' umfaßt nur 4734 Verse. Struktur und Inhalt entsprechen im wesentlichen dem 'Straßburger Alexander', die Reihenfolge im einzelnen ist zum Teil variabel: Auf Kindheit und Jugend (mit Nektanibus/Nectanabus als Vater Alexanders, einer sehr reduzierten Bildung und der Tötung des Nectanabus) folgen der Kriegszug gegen die Perser (die Stationen und Abläufe entsprechen dem 'Straßburger Alexander') und der Zug nach Indien gegen Porus. Von den Orientabenteuern ist die Begegnung mit den Occidraten beibehalten; im Brief Alexanders über die Wunder des Orients sind außer Begegnungen mit Ungeheuern und Naturwundern die Candacis-Episode und die Begegnung mit den Amazonen enthalten, nicht die Blumenmädchen-Episode. Angeschlossen ist Alexanders Vorgehen gegen die unreinen jüdischen Völker Gog und Magog, die er in unzugänglichen Gebirgsschluchten einschließt (die Geschichte stammt aus dem 'Bellum judaicum' des Flavius Josephus). Auf den Paradieszug (nach Jans) folgen weitere Grenzüberschreitungen: die Tiefseefahrt in einer Taucherglocke (die Freundin, die die Kette der Tauchkapsel festhalten soll, verrät Alexander und läßt die Kette los; Alexander rettet sich auf spektakuläre Weise), die Himmelsreise im Greifengespann, und der Besuch bei Sonnen- und Mondbaum, die ihm die Vergiftung durch seinen Kämmerer ankündigen. Hinzugefügt ist ferner eine längere Erzählung von Alexanders Vergiftung und Testament, mit dem er, von seiner Gemahlin Roxane ermahnt, das Reich ordnet und die Nachfolge regelt. Ein Prolog fehlt; anstelle eines Epilogs stehen eine Kurzbeschreibung Alexanders und eine Zusammenstellung ihn betreffender Daten.

Der 'Basler Alexander' behauptet – wie in der Pseudo-Kallisthenes-Tradition üblich – Alexanders Herkunft nicht von Philipp von Makedonien, sondern vom ägyptischen König und Zauberer Nectanabus, der Philipps Gattin in Gestalt des Gottes Ammon täuscht. Eheliche Geburt als Voraussetzung der Legitimität des Herrschers ist abgelöst durch die ungewöhnliche Abkunft als Signum des außerordentlichen Helden. Dabei geht es um die spektakulären, auch ein wenig komischen Züge der Geschichte, die vom angeblichen Gott getäuschte Olympias, den gehörnten Philipp. Anbindungen an die Bibel fehlen, verglichen mit den entsprechenden Teilen im 'Vorauer' und 'Straßburger Alexander', fast vollständig, die Erwähnung Alexanders im Makkabäerbuch, die Daniel-Prophezeiung, biblische Erläuterungen von Personen- und Ortsnamen. Nicht einmal in der Gog-Magog-Episode vollzieht Alexander, wie sonst üblich, mit

Gottes Hilfe dessen Willen. Weltliche Geschichte scheint um ihrer selbst willen erzählbar, losgelöst von ihrer heilsgeschichtlichen Funktion.

Es geht ausschließlich um die narrativen Fakten. Alles Nicht-Narrative tritt zurück, Schilderungen, Bewertungen, explizite Deutungen. Alexander erscheint manchmal (formelhaft) positiv (als Ritter und Fürst; seine List ist im Vergleich mit den beiden anderen Fassungen etwas stärker herausgestrichen), manchmal negativ (etwa aufgrund der *hoffart*, die ihn zur Belagerung von Tyrus treibt, oder des Zorns über die zweite Heirat des Vaters und über die Entdeckung durch die Königin Candacis); meist wird indes ohne jede Wertung erzählt. Alexanders Ärger über die Occidraten, die ihn um Unsterblichkeit bitten und so auf seine Grenzen verweisen, hält sich im Vergleich zum 'Straßburger Alexander' deutlich in Grenzen. Diese Episode ist so umgestaltet, daß Kritik an Alexander fast völlig entfällt: Die Occidraten wirken eher töricht und bedauernswert als weise; ihr Rat zur *mâze* entfällt; sie sind nicht mehr als die anderen *mirabilia* des Orients, die Alexander neugierig besichtigt, ohne sich weiter darum zu bekümmern. Bei der Paradiesfahrt wird Alexander zwar abgewiesen, aber das hält ihn nicht davon ab, weitere Grenzüberschreitungen zu versuchen. Sie alle – Paradieszug, Tauchfahrt, Greifenflug, Besuch beim Sonnen- und Mondbaum – bleiben erfolglos; aber Alexander wird kaum kritisiert, wird nicht zum Exempel für die *vanitas* oder die Grenzen des Menschlichen, an die sogar der größte Herrscher gebunden ist. Selbst Alexanders Tod ist nicht Beispiel für die Nichtigkeit des Irdischen im Angesicht der Sterblichkeit, sondern Ergebnis eines fast kriminalistisch genau protokollierten Mordkomplotts. Der Bearbeiter erzählt trocken und relativ teilnahmslos. Alexander ist keine Exempelfigur mehr, kein Schreckbild für *superbia* und *vanitas*, aber auch kein positives Leitbild eines idealen Herrschers, nicht einmal Werkzeug Gottes, sondern Held unterhaltsamer, spektakulärer Geschichten. Minne und Frauendienst spielen dabei keine Rolle; vor der Minne der Candacis fürchtet sich Alexander geradezu (v. 3895f.); den persischen Attentäter motiviert mehr die Aussicht auf Darius' halbes Reich als Preis für Alexanders Kopf. Kampfschilderungen sind gegenüber den Quellen gekürzt, ebenso Schilderungen höfischer Pracht. Das rasche Erzähltempo, die Fülle narrativer Details bei starker Kürzung alles Nicht-Narrativen weist auf Kürzungstendenzen der späteren Prosaromane voraus.

Wirkung und Eigenart der Versionen. Gewirkt hat Lambrechts Alexander kaum; die drei Fassungen sind in nur je einer Handschrift erhalten. Spätere Alexanderromane stützen sich auf lateinische Quellen, nicht auf Lambrecht. Rudolf von Ems betont im Gegenteil explizit sein vor allem formales Ungenügen an Lambrechts 'Alexander':

ez hât ouch nâch den alten sitn
stumpflîche, niht wol besnitn

ein Lampreht getihtet,
[...]
und hât ouch niht gar geseit
von im die rehten wârheit

('Auch hat nach den alten Gepflogenheiten, roh, nicht schön geformt, ein gewisser Lambrecht gedichtet [...] und hat auch die rechte Wahrheit von ihm nicht vollständig erzählt', Rudolf von Ems, 'Alexander', v. 15783-15788).

Im 'Vorauer Alexander' ist der neue weltliche Stoff nicht Medium der Selbstvergewisserung der neuen laikalen Führungsschicht, sondern Medium geistlicher Geschichtsdeutung. Im 'Straßburger Alexander' rücken daneben weltliche Deutungsaspekte in den Blick, vor allem die Herrschaftsthematik; zumindest er steht in der unmittelbaren Vorgeschichte des höfischen Romans, als Vorläufer oder in Wechselwirkung zum 'Eneas' Heinrichs von Veldeke (siehe unten). Der 'Basler Alexander' dagegen gehört in eine „nachhöfische" Phase der Geschichte des Antikenromans; es geht kaum mehr um Welt- und Heilsgeschichte, nicht um Ritterschaft und Minne, sondern um Erzählen in seinem Informationsgehalt – und in seinem Unterhaltungswert.

2.2.2. Rudolf von Ems

Autor, Entstehungssituation, Quellen, Überlieferung. Der nach dem 'Straßburger Alexander' nächste erhaltene Alexanderroman ist, schon weit im 13. Jahrhundert, der Rudolfs von Ems; allerdings sind durch Rudolf verlorene Alexanderromane eines gewissen Berthold von Herbolzheim und eines Biterolf bezeugt.[6] Rudolf von Ems ist der neben Konrad von Würzburg bedeutendste „nachklassische" Epiker – der Begriff „nachklassisch" ist hier nicht wertend, sondern zeitlich verwendet: Rudolf dichtete von etwa 1220 bis in die 1250er Jahre, gut eine Generation nach den „klassischen" Epikern der Zeit um 1200, Hartmann von Aue, Wolfram von Eschenbach, Gottfried von Straßburg, die er selbst als normbildend und musterhaft rezipiert. Rudolf, der sich selbst als *dienstman* bezeichnet, entstammte wohl einem vorarlbergischen Ministerialengeschlecht. Seinen Namen nennt er unter anderem in mehreren Akrosticha: Die Anfangsbuchstaben aufeinander folgender Verse, Strophen oder Bücher eines Werks ergeben, hintereinander gelesen, den Namen Rudolf. Urkundlich ist Rudolf nicht bezeugt. Seine wichtigsten Gönner sind politisch einflußreiche und literarisch interessierte Adlige am staufischen Königshof; Auftraggeber seines letzten Werks, der unvollendeten 'Weltchronik', ist König Konrad IV. selbst. Rudolf dichtete außer der 'Weltchronik' und dem 'Alexander' Romane mit pseudohistorischer Anbindung ('Der guote Gêrhart', 'Barlaam und Josaphat', 'Willehalm von Orlens'). Den Artusroman

6 BÄRMANN (Nr. 138) bringt Biterolf mit dem 'Basler Alexander' in Verbindung.

mied er; seine Tendenz zur Historisierung entspricht einer Grundtendenz in der Gattungsentwicklung des Romans im fortschreitenden 13. Jahrhundert, der Suche nach handfesten Verbindlichkeiten außerhalb einer rein fiktionalen Sinnkonstitution, wie sie im Artusroman versucht worden war, nach Verbindlichkeiten entweder im Religiösen oder im Historischen. Mit 'Alexander' und 'Weltchronik' vollzieht Rudolf vollends eine „Wende zur Geschichte" (BRACKERT).

Rudolfs 'Alexander' ist mit 21.643 Versen Fragment geblieben. Da von den drei erhaltenen Handschriften die zwei längeren annähernd den gleichen Umfang haben, geht die Forschung davon aus, daß Rudolf selbst den 'Alexander' unvollendet hinterlassen hat. Der Torso beginnt mit Zeugung und Geburt des Helden und bricht ab, noch bevor Rudolf die Kämpfe gegen den Inderkönig Porus ausführen konnte. Enthalten sind also nur die meisten der „historischen" Taten, die Eroberung des persischen Weltreichs, nicht die Orientreisen und Grenzüberschreiter-Abenteuer, die in den Quellen und in anderen, vollständigen, Alexandergeschichten den zweiten Teil des Alexanderlebens prägen.

Der 'Alexander' ist in zwei Schaffensphasen entstanden; die zeitliche Unterbrechung ist mit einem Quellenwechsel gekoppelt: 'Alexander I' (wohl bis v. 5015, nach der Redaktion J^2 der 'Historia de preliis') gehört in die Zeit vor ca. 1235 (in die zeitliche Nähe von 'Gutem Gerhard' und 'Barlaam und Josaphat'); kennzeichnend ist die Verwendung von Akrosticha. Allerdings wurde dieser erste Teil überarbeitet, eine Gliederung in Bücher nachträglich hinzugefügt. 'Alexander II' ist wohl um 1240-1254 entstanden und gehört in die zeitliche (im historiographischen Erzählgestus auch konzeptionelle) Nähe der 'Weltchronik'; Hauptquelle sind die 'Gesta Alexandri Magni' des Curtius Rufus. In der zweiten Schaffensphase unterteilte Rudolf den 'Alexander' in Bücher, größere Werkteile, mit jeweils vorangestellten Prologen. Rudolf hatte vermutlich eine Vita von insgesamt zehn Büchern geplant: Die sechs ganz oder teilweise erhaltenen Bücher beginnen mit den Buchstaben R (= Rudolf) A L E X A; zum vollständigen Akrostichon „Alexander" fehlen also vier Buchstaben, mithin vier Bücher.

Außer den beiden Hauptquellen, der 'Historia de preliis' für 'Alexander I' und der Leitquelle Curtius Rufus für 'Alexander II', kannte Rudolf etliche andere Quellentexte: andere Übertragungen des griechischen Alexanderromans (Julius Valerius und die ursprüngliche Version der Übertragung von Leo von Neapel), das mittellateinische 'Alexander'-Epos des Walter von Châtillon, auch chronikalische und geistliche Quellen, Alexander-Erwähnungen im Rahmen der christlichen Universalgeschichtsschreibung des Mittelalters: die weitverbreitete 'Historia scholastica' des Petrus Comestor, wahrscheinlich auch die 'Historiae adversum paganos' des Paulus Orosius, die 'Revelationes' des Pseudo-Methodius, Flavius Josephus; die meisten seiner Autoritäten nennt Rudolf am Anfang von Buch IV selbst. Nicht mehr nur die Bibel garantiert Wahrheit wie im 'Vorauer Alexander'. Rudolf stützt sich im Gegenteil auf gelehrte lateinische Autoritäten. Sein Ziel und Anspruch ist es, aus der Vielzahl der Quellen prüfend und vergleichend –

Rudolf praktiziert fast „wissenschaftlich" Quellenkritik und Quellenkollation – die eine vollständige Wahrheit (*gewæriu wârheit* 'bezeugte Wahrheit', v. 13058; *allez daz diu schrift uns seit* 'alles, was die Schrift uns bezeugt', v. 15809) über Alexander zusammenzutragen.

Inhalt. Nach einem strophischen und einem stichischen Prolog (der unter anderem den Helden einführt), setzt die Erzählung ein mit Alexanders Herkunft (von Nectanabus), mit der üblichen außergewöhnlichen Jugend (Erziehung durch Aristoteles, Tötung des Nectanabus, Bucephalus-Episode), den ersten Heldentaten (insbesondere der Abweisung der persischen Boten) bis zur Herrschaftsübernahme nach Philipps Tod (v. 103-3062, Buch I). .

Es folgt der Perserkrieg, mit einer von der eigenwilligen Episodenfolge bei Lambrecht abweichenden, eher mit Curtius dem historischen Alexanderleben angenäherten Stationenreihe: Buch II (v. 3063-8012): Während Alexander – unter anderem über Theben, Korinth, Athen, *Lâzedêmônje*, Byzanz, Abdirus – nach Kleinasien zieht, begibt sich sein Gefolgsmann *Eumîliô* nach Italien, die Römer senden Gefolgsleute. In Afrika prophezeit der Gott Ammon im Traum Alexanders Weltherrschaft, aber auch sein Ende durch Gift. Darius sendet, wie im 'Straßburger Alexander', Spottgeschenke, die Alexander umdeutet. Die erste siegreiche Schlacht gegen Memnon findet am Granikus statt. Nach dem Austausch von Mohnsamen und Pfefferkörnern zieht Alexander nach Arabien, wo er Herzog *Amontâ* besiegt, und weiter durch Kleinasien nach Phrygien; unter anderem stattet er Troja einen Besuch ab. Darius, von seinem Bruder vor dem Makedonenkönig gewarnt, zieht im ganzen Reich Bundesgenossen zusammen. Während Alexander weiterzieht (unter anderem nach Gordion), sammelt sich das unermeßliche persische Heer in Babylon. Alexander erkrankt im Gebirge Taurimunt nach einem Bad am Fieber und gesundet durch den Heiltrank des Arztes Philipp. Während seine Feldherren militärische Erfolge erzielen, begibt Alexander sich in das von von seinem Feldherr Parmenion eroberte Issus; das Angebot eines persischen Verräters lehnt er ab. Darius fordert Alexander brieflich heraus. Ähnlich wie im 'Straßburger Alexander' vor der Schlacht am *Strâge* begibt sich Alexander aufgrund einer Traumerscheinung (bei Rudolf erscheint ihm indes der Gott Ammon) als sein eigener Bote incognito an Darius' Hof, hier in *Onchâ*. In der Schlacht siegt Alexander; Darius flieht verwundet; die Frauen der persischen Königsfamilie werden unmittelbar nach der Schlacht gefangen. Alexander behandelt sie zuvorkommend und verliebt sich in Darius' Tochter *Rosâne* (Roxane); den gefangenen persischen Attentäter begnadigt er, als dieser sich auf seine Liebe beruft. Darius' Kriegsschatz fällt in Parmenions Hände.

Buch III (v. 8013-12922): Darius flieht nach *Onchâ* und erbittet brieflich Waffenhilfe von König Porus. Darius' Angebot zur Auslösung der gefangenen Frauen lehnt Alexander ab. Er zieht nach Phönizien, seine Feldherren erringen allenthalben Triumphe. Tyrus, das sich widersetzt, wird belagert, erobert und zerstört; zweitausend Bewohner läßt Alexander aufhängen, aber alle verschonen, die in den Tempeln Zuflucht gesucht hatten (v. 9400-9408). Weitere Eroberungen werden verzeichnet. Jerusalem unterwirft sich auf Gottes Gebot hin; Alexander ehrt den Gott der Juden, läßt sich die Schrift mit der Danielprophezeiung zeigen und straft die abtrünnigen Stämme der Juden. Während Darius neue Verbündete zusammenzieht, erobert sein Gegner Gaza, begibt sich nach Ägypten und befragt dort das Ammon-Orakel. Darius' riesiges Heer sammelt sich in der Stadt Arbela. Alexander überschreitet mit seinem Heer den Euphrat und zerstört danach die Brücke. Es kommt zu Kämpfen mit verschiedenen persischen Fürsten. Als seine Gemahlin stirbt, schlägt Darius einen Ausgleich und Alexanders Vermählung mit seiner Tochter vor. Gegen den Rat des Parmenion lehnt Alexander ab. Nach langen, mühevollen Kämpfen siegt Alexander in der Schlacht von Arbela; Darius flieht.

Buch IV (v. 12923-15638): Arbela ergibt sich kampflos. Alexander hält triumphal Einzug in Babylon. Sein Feldherr Amintas führt ihm Hilfstruppen zu. Alexander führt seinen Siegeszug nach Osten fort, überschreitet den Tigris und unwegsames Hochgebirge. Auch Persepolis unterwirft sich kampflos; weitere Festungen werden erobert, Darius' verstümmelte Gefangene befreit. Die persischen Fürsten Nabarzanes und Bessus verschwören sich gegen Darius, setzen ihn gefangen und verwunden ihn tödlich. Alexander eilt zu dem Sterbenden, der ihn zum Erben und zum Gemahl seiner Tochter Roxane bestimmt. Alexander beklagt den Toten, vermählt sich mit Roxane und ordnet als Darius' Nachfolger das Reich.

Buch V (v. 15639-20572): Die Fortsetzung des Kriegszugs ist – auch gegenüber dem murrenden Heer – mit der Verfolgung der Königsmörder motiviert. Die in Caspia gefangenen abtrünnigen jüdischen Stämme schließt Alexander mit Gottes Hilfe im Gebirge ein, ebenso Gog und Magog; erst am Jüngsten Tag werden sie ausbrechen. Alexander erobert Nabarzanes' Reich *Ircânje*. Dem benachbart liegt das Reich der Amazonen, *Termôdonta*. Die Amazonen bindet Rudolf an Troja- und Aeneasstoff an: vor Troja hätten die Amazonen gekämpft, Camilla und ihr Frauenheer werden mit ihnen identifiziert (v. 17772-17779); sein Wissen von den Amazonen bezieht Rudolf indes nicht aus deutschen Dichtungen, sondern von Curtius, Orosius und aus der 'Historia de preliis'. Alexander informiert sich über ihre Lebensgewohnheiten, verzichtet darauf, sie unterwerfen zu wollen, und hat eine kurze Minnebeziehung mit der Königin Talistria, die von ihm eine Tochter empfängt. Während des Feldzugs gegen Bessus wird eine Verschwörung gegen Alexander aufgedeckt und bestraft; Philotas wird (gegen die historischen Quellen) entlastet, Parmenion findet den (bei Rudolf verdienten) Tod.

Buch VI (v. 20573-21643): Nach mühevollem Vorstoß nach Baktrien besiegt Alexander den abtrünnigen *Sâtibarzânes*. Bessus' Freunde beschließen, den Königsmörder an Alexander auszuliefern. Damit bricht der Torso ab.

Auffällig ist insgesamt die Tendenz zu mehrsträngigem Erzählen. Anders als Lambrecht perspektiviert Rudolf nicht nur auf Alexander selbst, sondern bezieht in zum Teil komplizierter Verflechtung auch die Taten seiner Gegner und Feldherren in eigenen Handlungssträngen ein.

Deutungsperspektiven: Wahrheit und Lehre, Idealisierung und Nivellierung. Rudolfs 'Alexander' ist nach seinem Verständnis historische, durch Quellen und Gewährsleute verbürgte und gesicherte Wahrheit, nicht Fiktion, sondern Geschichtsschreibung. Wahrheit ist indes nach mittelalterlichem Denken nicht nackte Faktizität: Wahr ist nur, was moralisch vorbildlich ist; Rudolf zielt auf *guote lêre* ('richtige Belehrung', v. 12963). Die Vergangenheit liefert der Gegenwart Beispiele nachahmenswerten Verhaltens; somit geht es nicht um die einmaligen Besonderheiten des historischen Einzelfalls, sondern um exemplarisch Gültiges. Dies betrifft nicht zuletzt die Konzeption des Helden, der nicht als einzigartige Ausnahme-Persönlichkeit, sondern als idealer, exemplarischer Held exponiert wird:

ein der tugentrîchste man
der ritters namen ie gewan

('der vortrefflichste Mann, der je die Bezeichnung Ritter trug', v. 43f.; entsprechend, auf *künges namen*, 'die Bezeichnung König', bezogen, v. 8008).

Die Episode vom Gordischen Knoten etwa, in der Curtius' Alexander exzeptionelle Größe demonstriert, indem er den Knoten eben nicht mühsam löst, sondern ebenso kurz entschlossen wie gewalttätig zerschlägt, entfällt ersatzlos. Eng mit der Idealisierung verbunden ist eine gewisse Nivellierung der Vorlagen; Details von Nebenumständen und Nebenfiguren entfallen weitgehend, komplexe Charaktere, Konstellationen, Abläufe werden radikal vereinfacht, unverwechselbare Ereignisse zu fast austauschbaren Bewährungsproben Alexanders, ja Demonstrationen seiner Vollkommenheit. Auf Alexanders Erfolgszug wechseln daher nur die Namen von Orten und Personen – Namen sind ein wichtiges Mittel der Beglaubigung und ein Gattungssignal der Geschichtsschreibung, an dem Rudolf unerbittlich festhält. Die historische Besonderheit der jeweiligen Schlacht, der jeweiligen Unterredung indes wird kaum deutlich. Alexanders Einzug in Babylon nach dem Sieg in der Schlacht bei Arbela 331 v. Chr. etwa, bei Curtius ein einmaliges historisches Ereignis, wird zum formvollendeten, aber quasi geschichtsenthobenen *adventus regis*: Bei Curtius wirft sich Darius' Feldherr Mazeus als flehender Bittsteller mit seinen Kindern dem herannahenden Alexander zu Füßen; dieser nimmt ihn gnädig auf, bleibt aber mit seinem Heer kampfbereit. In Babylon versucht Darius' Kämmerer Bagophantes, sich beim neuen Machthaber einzuschmeicheln; Alexander und seine Soldaten verfallen orientalischem Luxusleben. Bei Rudolf entfällt alles Atypische, Persönliche, Menschliche; die Stadt wird förmlich übergeben, der neue Herrscher angemessen geehrt, der Einritt zur überpersönlichen Szene des Einzugs eines neuen Herrschers, wie er durch jeden Herrscher an jedem Ort stattfinden könnte. Als Darius vor der Schlacht von Arbela einen Ausgleich vorschlägt, rät Parmenion, das Angebot anzunehmen; Alexander antwortet, er würde das tun, hätte er Parmenions Einstellung,

nû wil ich hân andern sin,
wan ich Alexander bin
('ich aber bin anders gesinnt, denn ich bin Alexander', v. 11477f.).

Der berühmte, in Anekdoten überlieferte Ausspruch ist nur scheinbar übernommen; es geht Rudolf nicht um Alexanders Exzeptionalität und seine Entschlossenheit, das ganze Perserreich zu erobern statt sich mit Teilen abspeisen zu lassen, sondern um einen allgemeinen moralischen Leitsatz: *guot wil ich niht vür êre nemn* ('Besitz will ich nicht anstelle der Ehre annehmen', v. 11479).

Fortuna und Virtus: Rudolfs Alexanderbild. Gegenüber seinen Quellen idealisiert Rudolf konsequent – gegen Curtius' Konzeption vom moralischen Abstieg eines vielversprechenden Herrschers, der zunehmend der Trunksucht und dem Wahn, gottgleich zu sein, verfällt. Beim Orakel des Jupiter Ammon etwa entfällt die hybride Selbstvergottung, die bei Curtius Alexanders moralischen Abstieg einleitet; im Gegenteil bringt Rudolfs Alexander ehrerbietig Opfer dar. Die Prophezeiung von seiner Weltherrschaft, in der Quelle vom Priester heuchlerisch vorgespielt, ist nicht durch Skepsis unterlaufen (v. 10555-10562). Nach der Schlacht von Arbela bleibt Rudolfs Alexander, wie in der Quelle, 34 Tage lang in Babylon, doch nicht zu seinem Vergnügen, sondern um Herrscheraufgaben wahrzunehmen. Curtius verteilt Positives und Negatives gleichmäßig auf Alexander: einerseits herausragende Qualitäten als Herrscher und Feldherr, Tapferkeit und Großmut, vor allem auch den persischen Frauen gegenüber, andererseits Jähzorn, Trunksucht, Hybris. Rudolf eliminiert alles Negative restlos, und auch eine Entwicklung von Alexanders Charakter, einen Verfall gibt es nicht mehr: Rudolfs Alexander ist von Anfang bis Ende vollkommen und demonstriert lediglich, ähnlich den Helden des nachklassischen Artusromans, seine Vollkommenheit. Man kann sich fragen, wie Rudolf mit den Grenzüberschreitungen im zweiten Teils des Alexanderlebens verfahren wäre – vielleicht ist der 'Alexander' nicht zufällig Fragment. Alle guten Eigenschaften scheinen Alexander vorbehalten; er hat – auf Kosten der anderen Figuren, deren positive Eigenschaften Rudolf häufig gegenüber den Quellen auf seinen Helden überträgt – geradezu ein Tugendmonopol. Alexander demonstriert Klugheit (etwa in der Episode, in der er incognito am persischen Hof auftritt), die herausragende Fürstentugend der *milte* (Freigebigkeit), Gerechtigkeit, Frömmigkeit und Gottesfurcht. Kriegerqualitäten und persönliche Tapferkeit spielen kaum eine Rolle; Alexander erscheint zwar verbal als „bester Ritter", faktisch jedoch primär als Heerführer und Herrscher. Sein Heidentum stellt kein Problem dar; Alexander handelt den Pflichten seiner Zeit und seiner Glaubensgemeinschaft nach angemessen; zudem zeichnet er sich durch besondere Ehrfurcht gegenüber dem Gott der Juden aus.

Vorbildlichkeit schließt in höfischem Kontext nicht nur Herrschaft, sondern auch Minne ein. Alexander verliebt sich sofort in Darius' Tochter Roxane: *er minte si vür elliu wîp* ('er liebte sie mehr als alle anderen Frauen', v. 7733); seine – an sich politische – Heirat ist als mustergültige Minneehe in gegenseitiger Zuneigung, Eintracht und *triuwe* ('Treue') stilisiert (v. 15345-15369). Probleme betreffen die Minnebindung mit der Amazonenkönigin Talistria (v. 17747-18472, bes. 18219-18472), sind aber im Keim erstickt, obwohl Rudolf für die Amazonenepisode die verfänglichere Version des Curtius, nicht die unanstößige der 'Historia de preliis' wählt. Aus Großzügigkeit gibt Alexander Talistria unvorsichtigerweise ein Blanko-Versprechen – sie wünscht sich von ihm ein Kind. Die zielgerichtet auf die Zeugung einer Erbtochter gerichtete Affäre wird höfisiert, der Ehebruch ist sehr sorgfältig motiviert, um die Idealität des Helden zu retten. Aufgrund der zuvor eingehend geschilderten Gesetze ihres Volks hat Talistria Recht und Pflicht zur Werbung – sie muß sich einen ihrer würdigen Mann als Vater ihrer Tochter suchen, und für die Königin kann das nur Alexander sein. Dieser steht zwischen zwei Treuebindungen: gegenüber seiner Gemahlin und – aufgrund des Versprechens – gegenüber Talistria; dies wird indes nicht als Konflikt gestaltet, sondern so, daß Alexander in jedem Fall richtig handelt. Er überläßt denn auch Talistria die Entscheidung. Als die Amazonenkönigin – nach dezentem Aufschub um vierzehn Tage – auf der Erfüllung des Versprechens insistiert, fügt er sich tapfer ins Unvermeidliche. Der bloße Zeugungsakt der Quelle wird dennoch in eine Liebesbeziehung überführt: Beide werden von Minne überwältigt; nach der Liebesnacht treten sie öffentlich auf wie ein Königspaar nach der Hochzeitsnacht. Rudolf führt ein exemplarisches Minneverhältnis vor:

mit vröude ir beider wille ergie
und was doch tugentlîche
('mit Freuden geschah, was sie beide wollten, doch war das vorbildlich', v. 18392f.).

Nach vierzehntägigem Liebesglück trennt man sich – und bedauert das Vorgefallene (v. 18430-18434): Rudolf windet sich zwischen literarisierter höfischer Minne und Ehemoral. Talistria bekommt die Tochter, die sie sich gewünscht hat, und Alexanders wachsendem Ruhm tut die Affäre keinen Abbruch.

Kernbegriff von Rudolfs Wertesystem ist die *mâze* ('Mäßigung', die Tugend der *temperantia*). Schon im 'Straßburger Alexander' hatten die Occidraten Alexander zur *mâze* gemahnt, hatte der Alte aus dem Paradies Alexanders *unmâze* kritisiert. Rudolf verknüpft diese *mâze* mit der *sælde*, auch dies ein Alexander-typisches Attribut (bereits im 'Straßburger Alexander'). *sælde*, 'Glück und Heil', das ihn stets siegen und allen Widrigkeiten erfolgreich entrinnen läßt, ist zunächst Alexanders Charisma, persönliche Ausstrahlung, Glückhaftigkeit, Erfolgsgarantie. *sælde* setzt indes *mâze* voraus. Programmatisch läßt Rudolf dies den sterbenden Darius in Worte fassen, der an seinem Unglück das Gesetz des

Glücksrads und *der welte lôn* erkennt ('den Lohn der Welt', v. 14942) und Alexander zur *mâze* mahnt (v. 14949), die allein dauerhaftes Glück garantiere. Das Rad der Fortuna ist ein antikes Bild, das im Mittelalter topisch für die Widrigkeiten des Lebens und vor allem für Aufstieg und Fall der Fürsten steht. (Seit Boethius' 'De consolatione philosophiae', 524, wird Fortuna in der Regel gleichgesetzt mit der göttlichen Providenz, der Vorsehung, die die Geschichte lenkt.) Schon der Jüngling ist vom Glück begünstigt; alles, was Alexander anpackt, gelingt. Seine Idealität führt ihn hinauf bis zum höchsten Gipfel; ein Abstieg ist nicht vorgesehen: Alexander erscheint dem Auf-und-Ab des Fortunarades entrückt. Das gläserne Glück, die *fortuna vitrea*, ist für ihn außer Kraft gesetzt:

Sus vuocte sich nâch sælden ie
swaz Alexander ane gie
daz er dâ von mit sælden schiet.
[...]
sîn hôher prîs, sîn sælde was
stæt als ein herter adamas.
diu glesîn sæld in ie vlôch,
diu stæte sælde in nâch ir zôch
eht ûf und ûf hin ûf daz rat
[...]
diz werte gar unz an den tac
daz sînes lîbes zil gelac

('So fügte sich stets glückhaft, was Alexander anfing, so daß er voll Glück davonkam. [...] Sein hoher Ruhm, sein Glück waren dauerhaft wie ein harter Diamant. Das gläserne Glück floh stets vor ihm, das beständige Glück zog ihn mit sich, immer das Rad hinauf. [...] Dies dauerte bis zu dem Tag, an dem sein Leben an sein Ende gelangte', v. 20545-20560).

Rudolf plante offenbar nicht, Alexander ins Zwielicht zu rücken – das ist für das nicht erhaltene bzw. nicht ausgeführte Ende des Romans relevant. Alexanders dauerhafte *sælde* aber ist kein unverdientes Geschenk, sondern Folge seiner Qualitäten, seiner *tugent*, *virtus*, vor allem seiner Klugheit und *mâze*. Curtius, Rudolfs Hauptquelle, trennt Fortuna und *virtus*, Rudolf setzt sie beinahe gleich. *virtus* allein setzt die *fortuna vitrea* außer Kraft und garantiert vollkommene *sælde*.

Rudolfs 'Alexander' als Fürstenspiegel. Die uneingeschränkte Idealität des Helden, seine allseitige Vorbildlichkeit und zugleich die „Glücksgarantie", die Rudolf unter der Voraussetzung allseitiger *tugent* für ihn abgibt, machen ihn zum Ur- und Wunschbild eines vollkommenen und erfolgreichen Herrschers. Alexanders illegitime Abkunft von Nectanabus schadet ihm nicht, sondern fungiert als Signum des Außerordentlichen; freilich wertet Rudolf auch den traditionell abfällig beurteilten Magier auf. Die bereits im 'Straßburger Alexander' exponierte Thematik richtigen und falschen Herrscherverhaltens wird bei Rudolf dominant und positiv vereindeutigt. Konsequent wird der Makedonenherrscher auf die gängigen mittelalterlichen Fürstentugenden hin stilisiert. Entscheidend für Rudolfs Konzeption ist der Gedanke, daß *tugent* auf Einsicht und Klugheit beruhe und daher lehrbar und erlernbar sei. Damit legitimiert sich der 'Alexander' als Fürstenspiegel: das Exempel Alexander, dem es nachzueifern gilt, lehrt *tugent*, die wiederum beständige *sælde* garantiert. Aufgegriffen sind damit zentrale Gedanken der mittelalterlichen Fürstenspiegelliteratur und ein Herrscherbild, das bis zu Augustinus zurückreicht: nur der gute Herrscher, der *Rex iustus et pacificus*, hat auch Glück und Erfolg. Obwohl äußere Indizien für Auftraggeber fehlen, ist es plausibel, daß der 'Alexander' als Fürstenspiegel für staufische Adressaten, d.h. für die Söhne Kaiser Friedrichs II. konzipiert ist.

Universalhistorische Dimensionen: Alexander in der Heilsgeschichte. Die gute Sache ist indes zugleich göttlicher Auftrag; *sælde* stammt ausdrücklich von Gott. Alexander ist nicht idealer und erfolgreicher Herrscher aus eigener Machtvollkommenheit, sondern wirkt als Werkzeug Gottes in der Heilsgeschichte. Er bleibt situiert an seinem angestammten Platz zu Beginn des dritten Weltreichs. Nach dem Herrschaftsantritt in Persien sind passend Nebukadnezars Traum und Daniels Traumdeutung eingeschaltet: ein Standbild mit goldenem Haupt, silberner Brust und silbernen Armen, ehernem Bauch, stählernen Beinen und tönernen Füßen wird von einem riesigen Felsen zerschmettert, ein Bild für die Abfolge der Weltreiche (v. 15377-15600; vgl. Dn 2,31-45). Durch Alexander straft Gott die *verworhte heidenschaft* ('die verworfene Heidenwelt', v. 12895) (diese Deutungsperspektive verdankt Rudolf vor allem Petrus Comestor) und läßt dem zweiten Weltreich ein Ende setzen. Als *Gotes geisel* (v. 10055) züchtigt Alexander die abtrünnigen jüdischen Stämme:

durch daz was er ûz gesant
daz Gote ræche sîne hant
daz unreht an verworhter diet,
diu sich von Gotes gelouben schiet

('Er war ausgesandt, damit seine Hand für Gott an dem verworfenen Volk, das von Gottes Glauben abgefallen war, das Unrecht rächen sollte', v. 10058-10060).

Durch ein Wunder hilft Gott dem Makedonenkönig, die unreinen jüdischen Stämme am Kaspischen Meer einzuschließen, da Alexander seinen Geboten folge.

Verglichen mit der heilsgeschichtlichen Erzählung des 'Vorauer Alexander' dominiert der Fürstenspiegelaspekt über das Geistliche, ist insbesondere der Gedanke der *vanitas* völlig in den Hintergrund getreten. Obwohl Heide, wird Alexander uneingeschränkt zum Ideal. Darüber hinaus spinnt Rudolf die Danielprophezeiung weiter bis in die Gegenwart und deren Verfallserscheinungen aus; die „stählerne" Gegenwart erscheint in Erzählerkommentaren als Tiefpunkt des Verfalls, als Endzeit vor dem Erscheinen des Antichrist und des Endkaisers, der die ausgebrochenen apokalyptischen Völker besiegen wird (v. 15601-15628, 17319-

17570). Erwartet wird ein staufischer Endkaiser, Alexander ist quasi als dessen Präfiguration gezeichnet. Selbst die Heilsgeschichte steht damit im Dienst von Rudolfs staufischem Fürstenspiegel.

2.2.3. Weitere Alexanderromane in Versen

Kein mittelhochdeutscher Alexanderroman hat reihenbildend gewirkt; jeder neue Alexanderroman setzt neu bei den lateinischen Quellen an und gestaltet seine Fassung ohne Rekurs auf die deutschen Vorgänger. Auf Rudolfs 'Alexander' folgen noch drei weitere Versromane: Ulrichs von Etzenbach 'Alexander' (vor 1290, wohl um 1284), Seifrits 'Alexander'(vollendet 1352) und der 'Große' oder 'Wernigeroder Alexander'(vollendet vor 1397); hinzu kommt der fragmentarische 'Waldecker Alexander' (Ende des 13. Jahrhunderts aufgezeichnet), der Episoden der Nectanabus-Geschichte enthält und inhaltlich der 'Historia de preliis' und dem 'Basler Alexander' nahesteht; wahrscheinlich hat der Bearbeiter sowohl Leos Übertragung als auch die des Julius Valerius gekannt; in einigen Einzelheiten verfährt er aber durchaus eigenständig.

Ulrichs von Etzenbachs 'Alexander': Autor, Entstehungssituation, Quellen, Überlieferung. Von den späten Alexander-Versromanen ist Ulrichs von Etzenbachs 'Alexander' am häufigsten überliefert; bekannt geworden sind bislang vier vollständige und zwei unvollständige Handschriften des 14. und 15. Jahrhunderts sowie Fragmente von neun Codices; die Forschung teilt die Überlieferung in drei Gruppen. Daneben gibt es Exzerpte von teilweise beträchtlicher Länge in einigen Handschriften der 'Weltchronik' Heinrichs von München (um 1370): hauptsächlich über Ulrich (daneben über Seifrit) geht der Alexanderstoff in die volkssprachliche Weltchronistik ein. Ulrichs literarische Tätigkeit (außer dem 'Alexander' auch der legendenhafte Schlüsselroman 'Wilhelm von Wenden') ist eng an den böhmischen Königshof in Prag und dessen Interessen geknüpft, „Literatur als Machtlegitimation“ (BEHR) des Böhmenkönigs. Der 'Alexander' dürfte zwischen 1270 und 1287 entstanden sein, am ehesten um 1284; gewidmet ist er König Wenzel II. von Böhmen (1283-1305), allerdings wurde er ursprünglich für dessen Vater Ottokar II. (gest. 1283) konzipiert. Ulrichs Hauptquelle ist das mittellateinische Hexameter-Epos 'Alexandreis' des Walter von Châtillon. Daneben verwendete er eine Redaktion der 'Historia de preliis' (J^2): für Buch X, für das ihm die 'Alexandreis' nicht mehr vorgelegen zu haben scheint, für Alexanders Abstammung von Nectanabus, Geburt und Jugend (Buch I), für die Begegnung des Helden mit dem sterbenden Darius und die Liebesgeschichten – dies wohl aus erzählerischen Gründen: die Szenen aus der Pseudo-Kallisthenes-Tradition sind spektakulärer, dramatischer. Das Werk umfaßt 28.000 Verse und enthält in zehn Büchern eine vollständige Alexander-Vita. Der allegorisierende „Anhang zum 'Alexander'" von 2.100 Versen, der in einem Teil der Handschriften enthalten ist, wurde früher für unecht gehalten, wird neuerdings aber wieder Ulrich zugeschrieben. Er variiert das Thema „Legitimation von Herrschaft": Alexander belagert vergeblich die allegorische Stadt Tritonia; als er auf Aristoteles' Rat hin indes seine göttliche Sendung erläutert, wird er durch allgemeinen Konsens als Landesherr angenommen – es ist dies durchaus auch die Position des (böhmischen) Adels gegenüber der Zentralgewalt.

Inhalt. Buch I enthält die übliche außergewöhnliche Kindheit und Jugend (auch hier mit der Abstammung von Nectanabus) sowie den Anfang des Feldzugs nach Kleinasien. Nach der Krönung sichert Alexander die Herrschaft in Griechenland (u.a. mit einer Strafexpedition gegen Athen, das er begnadigt, und Theben, das er zerstört) und zieht nach Asien. In Troja besichtigt er Achills Grab; in Jerusalem hält er Einzug. Die Bücher II bis VII schildern den Krieg gegen die Perser, unter anderem die Schlacht am Granikos, die Eroberung Sardiens, die Episode vom Gordischen Knoten, den Vorstoß an den Euphrat (mit Fieber und Heilung durch den Arzt Philippus), erste und zweite Schlacht bei Isson (Issos), die Gefangennahme der persischen Damen, die Eroberung von Damaskus und Sidon, die Zerstörung von Tyrus und Eroberung Gazas, den Zug nach Ägypten (mit dem Besuch des Ammon-Tempels), die – besonders ausführlich geschilderte – Schlacht von Erbela (Arbela), die Unterwerfung Syriens, den Einzug in Babylon, die Einnahme von Susa und Uxias, die letzte Schlacht gegen die Perser, die Eroberung von Persepolis, den Verrat an Darius und die Bestrafung der Verräter, schließlich die Vermählung mit Roxa (Roxane) und den Herrschaftsantritt. Buch VIII erzählt die Begegnung mit den Amazonen, insbesondere die Affäre mit *Thalêstris*, Alexanders Vermittlung zwischen Juden und Samaritern, die Verschwörung gegen Alexander, Alexanders Aufenthalt bei den Skythen, Buch IX Alexanders Zug nach Indien, zwei Schlachten und den Zweikampf gegen Porus, das Vorgehen gegen Gog und Magog. Buch X enthält weitere Orientabenteuer, unter anderem Begegnungen mit Ungeheuern und wundersamen Naturerscheinungen, den Vorstoß bis an die Säulen des Hercules, die Begegnung mit den Gymnosophisten und dem Brahmanenkönig Dindimus, den Aufenthalt bei Candacis und das Höhlenorakel, Tauchfahrt und Luftreise, Paradiesfahrt und Besuch von Sonnen- und Mondbaum, die Gründung Alexandrias, Rückkehr, Vergiftung und Tod.

Quellenbehandlung und Deutungsperspektiven. Ulrichs Hauptquelle, die 'Alexandreis' Walters von Châtillon, folgt stofflich hauptsächlich Curtius Rufus, konzeptionell indes eher heilsgeschichtlicher Alexanderdeutung: Alexander ist (unbewußt) Gottes Werkzeug in der Heilsgeschichte beim Übergang vom zweiten zum dritten Weltreich. Zugleich wird er deutlich positiver gesehen als bei Curtius: Das Luxusleben im eroberten Babylon ist nur vorübergehendes Intermezzo; die Greuel der siegreichen Griechen bei der Eroberung feindlicher Städte werden zur gerechten Strafe für die Feinde umgedeutet. Alexanders Heidentum und sein Anspruch auf Weltherrschaft sind seiner heilsgeschichtlichen Rolle subsumiert und daher unproblematisch.

Ulrich von Etzenbach folgt diesen Vorgaben weitgehend, insbesondere für die Positivwertung des Makedonenkönigs. Anders als bei Rudolf von Ems sind Fehler und problematische Züge allerdings nicht idealisierend verschwiegen, sondern menschlich entschuldigt. Die Deutungsakzente sind verschoben durch Höfisierung und Literarisierung und dadurch, daß Ulrich die Alexandergeschichte politisch funktionalisiert. Die antikisierende Vorlage ist konsequent mediaevalisiert: Makedonen- und Perserreich sind lehensrechtlich organisiert, die Eingangsgefechte der großen Schlachten zu Tjosten (Lanzenkämpfen einzelner Ritter zu Pferd) umgestaltet, der Perserkrieg zum Kreuzzug stilisiert. Alexander ist zum ritterlichen König und Liebhaber höfisiert. Zugleich wird der 'Alexander' zum Fürstenspiegel und zum Medium der Verherrlichung des Böhmenkönigs, zunächst Ottokars II., dann Wenzels II. Seiner historischen Einmaligkeit ist gerade dieser Alexander fast völlig entkleidet.

Den Fürstenspiegel-Aspekt führen, auf einer Metaebene, die kleinen Fürstenspiegel vor Augen, die Alexanders Geschichte rahmen: Aristoteles' Fürstenlehre an den jungen Königssohn am Anfang und die Ermahnung an einen Königssohn gegen Ende des Romans. Alexander demonstriert glanzvoll alle Fürstentugenden: Freigebigkeit, Gerechtigkeit, Einbeziehung der Vasallen in wichtige Entscheidungen, Menschenkenntnis, Tapferkeit, Heerführerqualitäten, vorbildliche Rechtspflege, praktische Klugheit (Bildung im engeren Sinn dagegen tritt zurück). Vor allem höfische Umfangsformen beherrscht Alexander perfekt. Seinen Erfolg aber verdankt er seiner heilsgeschichtlichen Rolle, nicht seiner *virtus*. Insgesamt tritt Fürstenlehre zurück hinter Fürstenpreis und der Legitimation von Herrschaft. Während Alexander vollendetes Herrscherverhalten demonstriert, versagt Darius im Kampf und im Rat – ein Negativbeispiel von Regentschaft. Erst mit Darius' Niederlage ändert sich Ulrichs Darius-Bild. Auch Ulrich führt Alexander und den sterbenden Darius zusammen, und der Perserkönig erklärt Alexander zu seinem rechtmäßigen Nachfolger. Dadurch und durch die traditionelle Ehe mit der Tochter des Darius (hier: Roxa), wird Alexanders Herrschaftsübernahme in Persien legitimiert, die Kontinuität von Herrschaft unterstrichen. Dementsprechend wird der Königsmord an Darius schonungslos öffentlich geahndet. (Auch Alexanders Tod erscheint nur als gemeines Verbrechen, nicht etwa als Exempel für *vanitas* oder *superbia*.)

Die Darstellung Alexanders als idealer Herrscher ist nicht nur den Tugendkatalogen der mittelalterlichen Fürstenspiegel, sondern vor allem auch Normen und Idealen der höfischen Literatur angenähert: das Höfische als Norm erscheint literarisiert; sein Repräsentationscharakter wird so verdeutlicht. Ständig hält Ulrich Literatur präsent, antike Mythologie, höfische Romane, vor allem den 'Parzival' Wolframs von Eschenbach. Die höfische Literatur liefert die Maßstäbe; Alexander erscheint nicht nur als vorbildlicher Fürst, sondern auch als Ritter, der den höchsten – nämlich literarischen – Normen genügt. Vor den Toren des belagerten Theben etwa veranstaltet Alexander eine perfekt inszenierte Falkenjagd und zelebriert so höfisch-herrscherlichen Lebensstil. Das traditionelle Alexander-Bild des großen Kriegers und Weltenherrschers wird zudem um die – in den Quellen, im 'Straßburger Alexander' und noch bei Rudolf von Ems lediglich rudimentär angedeutete – Liebhaber-Rolle erweitert. Alexander wird zum perfekten Minner, *der minnen soldier* ('Soldritter der Minne', v. 14547). Er agiert im Frauendienst, verhält sich einigermaßen ritterlich gegenüber den Damen (bei der Eroberung Thebens verschont er ein Viertel der weiblichen Bevölkerung und verheiratet die soeben von ihm zur Witwe gemachte Landesherrin als Zeichen der Gunst mit einem verdienten Krieger seines Heers). Die Beziehung des Helden zu seiner Gemahlin Roxa wird – über punktuelle Ansätze bei Rudolf hinaus – zur Minneehe, die Affäre mit der Königin Candacis zum schulgerechten Minneverhältnis: Alexander stilisiert sich zu ihrem Minneritter. Beim triumphalen Einzug in Babylon trägt er ein von ihr geschicktes Gewand; er sendet ihr Liebesbriefe und Geschenke, vollbringt seine Taten als ihr Ritter. Die bekannte Episode, in der Candacis ihn entdeckt und den Widerstrebenden in ihr Schlafzimmer führt, ist entproblematisiert: Alexander bedient die Königin selbstverständlich mit dem, was sie erwartet. Die Vielzahl seiner Minnebeziehungen (außer mit Roxa und Candacis auch mit der Amazonenkönigin *Thalêstris*) wird nie zum Problem. In Candacis verliebt er sich – aus der Ferne – unmittelbar nach seiner Hochzeit mit Roxa. Mit dem Hinweis auf seinen Status als Ehemann will er sich *Thalêstris* nicht entziehen, sondern pocht lediglich auf Diskretion. Moral stellt, anders als bei Rudolf, kein Problem dar. Handlungstragend freilich ist die Minne nie – sie bleibt Beiwerk, und das zeigt, daß es mehr um Minne als literarisches Motiv und als Bestandteil höfischer Lebensführung geht als um existentielle Ergriffenheit. Für den Sinn des Geschehens ist Minne nicht konstitutiv, die Frauen werden konsequent instrumentalisiert: Mittel zum Zweck der Herstellung höfischer Freude und der Demonstration allseitiger Perfektion des Helden, der eben auch als Liebhaber eine gute Figur zu machen hat.

Ulrichs Verherrlichung Alexanders als höfisch perfekter König zielt auf die Verherrlichung des Böhmenkönigs. Alexander führt das böhmische Wappen (einen zweischweifigen gekrönten silbernen Löwen auf rotem Grund, von Ottokar II. eingeführt) und siegelt mit Ottokars Reitersiegel (v. 5600-5608). Ein ungenannter Fürst (gemeint ist mit hoher Wahrscheinlichkeit Ottokar) wird in überschwenglichem Preis mit Alexander verglichen (v. 14691-14720). Daß Ulrich seinen Alexander zum Kaiser des eroberten Perserreichs macht (wie sonst nur Seifrit), läßt sich vielleicht als Anspielung auf Ottokars Streben nach dem deutschen Königtum und damit dem Kaisertitel in der Königswahl von 1273 deuten. Ferner wird Alexanders erste Schlacht abweichend von der Quelle als Schlacht gegen die Ungarn in der Mark dargestellt, vielleicht eine Anspielung auf Ottokars wiederholte Auseinandersetzungen mit den Ungarn. Ursprünglich also dürfte die Gleichsetzung des Böhmenkönigs mit Alexander auf Ottokar II. bezogen gewesen sein; dessen Tod jedoch machte eine Umwidmung auf Wenzel II. nötig.

Bei aller Höfisierung und bei aller Funktionalisierung auf den Herrscherpreis hin: Alexander bleibt Werkzeug von Gottes Heilsplan. Auch Ulrich zitiert die bekannten biblischen Anknüpfungspunkte für Alexanders heilsgeschichtliche Einordnung, die Danielprophezeiung und die vier Weltreiche. Diese fraglose heilsgeschichtliche Einbettung dürfte auch Voraussetzung für die Integration des 'Alexander' in die Weltchronik-Kompilation Heinrichs von München gewesen sein. Von allen deutschen Alexanderromanen des Mittelalters ist Ulrichs von Etzenbach 'Alexander' der höfischste, romanhafteste; Ritterschaft und Minne, Darstellung höfischer Lebens- und Umgangsformen nehmen breiten Raum ein. Es geht aber in der Spätzeitsituation seiner Entstehung, zumal in der literarischen Sondersituation am Böhmerhof, nicht mehr um höfische Lebensformen als Identifikationsangebote für eine sich ihrer selbst vergewissernde adlige Rezipientenschicht, sondern auf einer Metaebene um Repräsentation in und mit Literatur. Das Höfische ist zu einer literarisierten Lebensform geworden. Derjenige, der diese literarisierte Lebensform in Perfektion beherrscht, demonstriert damit seine höfische Vorbildlichkeit – das gilt für den Helden ebenso wie für dessen böhmische Vergleichsfigur Ottokar/Wenzel. Insgesamt ist indes keine stringente Deutungsperspektive entwickelt; Ulrich tendiert dazu, überlieferte Episoden geradezu enzyklopädisch zu sammeln; sein Roman ist eine „Alexander-Kompilation".[7]

Seifrits 'Alexander'. Der 'Alexander' des sonst nicht bekannten Autors Seifrit (er selbst bezeichnet sich als *armer Seifrit*, v. 9067) wurde 1352 im bairisch-österreichischen Sprachraum abgeschlossen; mit elf Handschriften ist er relativ breit überliefert (auch in die 'Weltchronik' Heinrichs von München geht der Text ein). Der Autor beruft sich auf verschiedene Autoritäten: Eusebius, Vergil, Augustinus, Boethius und die 'Historia scholastica' Petrus Comestors; tatsächliche Quelle indes ist die Redaktion J^2 der 'Historia de preliis' in einer Handschrift, der die Stuttgarter Hs. 411 sehr nahe steht. Der Vorlage folgt Seifrit, bis auf wenige formelhafte höfische Wendungen, relativ genau. Er bietet damit eine buntphantastische, abenteuerlastige Darstellung des gesamten Alexanderlebens in 9082 Versen, mit Kindheit und Jugend, Perserkriegen, Orientabenteuern und Grenzüberschreitungen. Gegenüber der 'Historia de preliis' J^2 fehlen unter anderem einige Abschnitte aus dem Perserkrieg (der Kampf gegen Amonta und die ersten Kriegsvorbereitungen des Darius) sowie die Episoden mit den Occidraten und Dindimus; für die Candacis-Episode wird eine andere Quelle verwendet. Hinzugefügt sind unter anderem der Paradieszug, die Geschichte vom Basilisken und ein Bericht über die Verhältnisse im Reich nach Alexanders Tod.

---

7 STOCK (Nr. 215), S. 448.

Alexanderbild und Deutungsperspektiven. Alexander ist insgesamt positiv gesehen, positiver als in der Quelle. Höfische Aspekte spielen dabei keine vorrangige Rolle. Alexander ist ausdrücklich als *instrumentum Dei* (Werkzeug Gottes) gedeutet, und zwar weniger als Beförderer der Heilsgeschichte im Übergang der Weltreiche, sondern als gottgesandter Züchtiger der sündigen Menschheit, *der obrigst Gottes richter* ('oberster Richter Gottes', v. 80) – dies entspricht Petrus Comestors Formulierung von Alexander als *virga furoris Domini* ('Geißel von Gottes Zorn')[8] . Entgegen Seifrits eigenem Deutungsprogramm liegt der tatsächliche Schwerpunkt der Darstellung indes auf der Herrschaftsthematik. Alexander interessiert als Weltherrscher und wird durch ausdrücklichen Verweis auf die Theorie der *translatio imperii* zur Gegenwart in Bezug gesetzt. Nach der Niederlage des Darius führt er die Kaiserwürde und ist mit den Reichsinsignien ausgestattet. Möglicherweise standen Autor und Werk in Verbindung mit Kaiser Karl IV. Vom Vorwurf der *superbia* ist Alexander konsequent entlastet, selbst in den traditionellen Grenzüberschreiter-Episoden, sogar in der Auslegung des Paradiessteins. Auch der *vanitas*-Gedanke spielt trotz Alexanders frühem Tod keine entscheidende Rolle – in diesem Zusammenhang interessieren die Bestrafung des Königsmords und die Regelung der Nachfolge im Reich. Lediglich seine traditionellen Laster, *wein und zorn* (v. 8974), werden Alexander in der abschließenden Würdigung zur Last gelegt – ein Indiz wohl für historische Distanz, die es erlaubt, am großen Herrscher auch Defizite festzustellen.

'Großer' oder 'Wernigeroder Alexander'. Ende des 14. Jahrhunderts entsteht die letzte gereimte Alexandererzählung des deutschen Mittelalters, der 'Große' oder 'Wernigeroder Alexander' (Beginn: *Hie hebet sich an daz puch der grôß Allexander*) eines unbekannten alemannischen Verfassers. Der Text ist ausschließlich in einer früher in der Gräflich Stolbergschen Bibliothek in Wernigerode befindlichen Handschrift von 1397 überliefert; 1397 ist damit Terminus ante quem für die Datierung. Quelle ist die 'Historia Alexandri' des Richters Quilichinus von Spoleto, eine Bearbeitung der Rezension J^3 der 'Historia de preliis' in lateinischen Distichen von 1236/38. Der 'Große Alexander' gilt als genaue Übertragung der Vorlage und bietet in 6456 Versen eine vollständige Alexander-Vita.

Inhalt. Eingebunden ist die Erzählung in den Rahmen der Lehre von den vier Weltreichen, mit Informationen zum welthistorischen Schicksal der Juden (Ägyptische und Babylonische Gefangenschaft, Gog und Magog) (v. 1-90). Erzählt werden die wesentlichen Ereignisse des Alexanderlebens nach der 'Historia de preliis'-Tradition: die Kindheitsgeschichte (mit der Abstammung von Nectanabus) (v. 91-572), der Krieg gegen die Perser (v. 573-3053) bis zur Entscheidungsschlacht (hier am Fluß *Canczer*), zum Königsmord und zu Alexanders Unterredung mit dem sterbenden Darius, seiner Krönung, der Hinrichtung der

8 Vgl. Petrus Comestor, 'Historia scholastica' (Nr. 128), Sp. 1454.

Königsmörder und der Vermählung mit Roxane. Danach zieht Alexander weiter gegen Porus und trifft zwischen zwei Schlachten auf die Amazonen. Nach dem Sieg hat Alexander an nichts sein *benügen* ('Genügen', v. 3838) und zieht weiter zu den traditionellen Grenzüberschreiter-Abenteuern. Nach dem Greifenflug und der Tiefseefahrt läßt sich Alexander in Babylon einen riesigen, kostbaren Thron errichten, dessen Inschrift alle Reiche auflistet, die ihm untertan sind; aufgezählt werden viel mehr Länder als in der Erzählung erobert wurden, nicht nur der Orient, sondern auch die Reiche des Okzidents: unter anderem Schottland, Frankreich, auch *Bayrlant, / Swaben, Francken* (v. 5886-5915, hier bes. 5913f.). Nur noch Jupiter läßt Alexander über sich gelten; diese Hoffart nennt der Text *uber müt* (v. 5919). Eine Mißgeburt kündigt ihm sein Ende und den Zerfall des Reichs an. Von Antipater und dessen Komplizen vergiftet, macht der Sterbende sein Testament, vertraut die schwangere Königin seinen Gefolgsmannen an und teilt sein Reich auf. Unwetter und Erdbeben begleiten seinen Tod, *durch daz / Daz er so höchmütig waz* ('weil er so hoffärtig war', v. 6269f.). Unter Klagen wird er beigesetzt; weise Männer kommentieren die Nichtigkeit seiner Macht. Im Epilog (v. 6377-6456) verweist der Übersetzer auf seine Quelle und seine eigenen begrenzten Fähigkeiten; die Lehre an das Publikum ist ein Memento mori: *Gedenkt an das ewig leben* ('Richtet eure Gedanken auf das ewige Leben', v. 6449).

Alexanderbild und Deutungsperspektiven. Leitsatz dieser Alexanderdeutung ist *Daz got wunder mit im wörht* ('Daß Gott Wunder an ihm wirkte', v. 6415). Alexander erscheint als *instrumentum Dei*; seine Erfolge wie auch seine Verfehlungen und sein Untergang sind gottgewollt. Schlüssel zum Verständnis der Alexandergestalt ist die Engelsprophezeiung in Jerusalem:

Ez ist geordet wol
Von Got daz er werden sol
Gewaltig uber alle reich:
Dar nach gar kürczleich
Kompt Gotes zorn uber in,
Daz in hilft kunst noch synn,
Manhait, herschaft noch gewalt,
Wann er lasterlichen pald
Dar nach endet daz leben

('Es ist genau von Gott bestimmt, daß er [Alexander] alle Reiche beherrschen soll; nur kurze Zeit darauf aber wird Gottes Zorn über ihn kommen, daß ihm weder Kunst noch Verstand, weder Tapferkeit, Macht noch Gewalt helfen werden, denn er wird bald danach schändlich sein Leben verlieren', v. 945-953).

Die Bewertung Alexanders ist disparat: Er erscheint als vorbildlicher Held und großmütiger Herrscher. Im Krieg verschont er alle, die sich unterwerfen; sogar gegenüber Tyrus erweist er sich als *genedig* (v. 906). Noch bei der Krönung in Persien wehrt Alexander bescheiden ab, als man ihn als gottgleich feiern will; er sei genauso sterblich wie sie alle. Gegenüber den Gymnosophisten, die ihn mit ihrer Bitte um Unsterblichkeit auf seine Grenze verweisen, reagiert Alexander souverän, ohne Zorn: sie sollten ruhig nach ihren Sitten leben, er folge nur der *natür mein* ('meiner Natur', v. 3901). Gegen Dindimus' und Candacis' Warnungen verhärtet er sich zunehmend, in Babylon verfällt er dem Wahn, gottgleich zu sein. So wird er zum Exempel für menschliche *superbia* und *vanitas* – und doch wird seine Ermordung mit Judas' Verrat an Christus verglichen (v. 6089f.).

Gattungsmäßig kann die Übertragung kaum als Roman gelten; lediglich bei der Beschreibung der schönen Roxane und der Minne zu Candacis mischen sich höfisch-romanhafte Züge ein. Beachtung hat diese letzte Alexander-Verserzählung nicht gefunden; die Zukunft gehörte den Alexanderprosen.

2.2.4. Alexanderprosen

Während die Alexander-Versromane (Ulrich und Seifrit ausgenommen) in nur wenigen Handschriften überliefert sind, ist der Alexanderstoff in Prosaform in zahlreichen Handschriften und Drucken verbreitet; die ältere Prosa eines gewissen Wichwolt (um 1400) wurde in der zweiten Hälfte des 15. Jahrhunderts verdrängt durch Johann Hartliebs 'Alexander' (nach 1450).

Das Alexander-Exempel im 'Großen Seelentrost'. Die älteste Alexanderprosa ist im (ursprünglich) mittelniederdeutschen 'Großen Seelentrost' (wohl 2. Hälfte 14. Jh.) enthalten, einer geistlich-erbaulichen Exempelsammlung in Form eines Lehrgesprächs zwischen Beichtvater und Beichtkind über die zehn Gebote. Unter den Exempeln findet sich eine kurze Alexandererzählung (wohl nach einer mittelniederländischen oder mittelniederdeutschen Historienbibel) mit Alexanders Jugend, seinem Kampf gegen den Perserkönig Darius und seinem Besuch bei Candacis. Alexander ist hier *exemplum horrendum*, abschreckendes Beispiel, Exempelfigur für unersättlichen Machthunger, *superbia* und *vanitas*. Der 'Große Seelentrost' war in rund 45 Handschriften und 43 Druckausgaben überliefert, und dementsprechend verbreitet war auch das negative Alexanderbild, das in den Alexanderromanen eher zurücktritt.

Wichwolt. Die erste selbständige deutsche Alexandererzählung in Prosa ist der 'Alexander' eines sonst unbekannten Wichwolt (früher wurde der Autor in der Forschung als „Meister Babiloth" geführt; „Wichwolt" ist die Lesart der dem Original wahrscheinlich am nächsten stehenden Dessauer Handschrift); sie entstand wohl bereits um 1400. Der Text ist in vierzehn mittel- und oberdeutschen Handschriften, zwei Exzerpten sowie einem niederdeutschen Druck von 1478 überliefert (der Druck integriert aus Johann Hartliebs 'Alexander' Alexanders Besuch bei seiner Mutter und die Auseinandersetzungen der Diadochen). Die Forschung vermutet ein niederdeutsches Original bzw. einen niederdeutschen

Archetyp. Wichwolts 'Alexander' versteht sich nach dem handschriftlichen Titel ('Cronica Allexandri des grossen konigs') als Chronik, nicht als Roman. Es handelt sich um die Prosaübertragung einer kompilierten Fassung der 'Historia de preliis', im ersten Teil nach J^2, im zweiten Teil nach J^3, mit Einschüben aus Walters von Châtillon 'Alexandreis' und den pseudo-aristotelischen 'Secreta secretorum', die vermutlich bereits in der Vorlage interpoliert waren. Stofflich sind phantastische Elemente der Pseudo-Kallisthenes-Tradition beibehalten, der Erzählduktus indes ist chronikalisch, die Übersetzung bis auf gelegentliche Kürzungen recht genau, aber anscheinend nicht frei von Mißverständnissen.

Johann Hartliebs 'Alexander': Autor, Entstehungssituation, Quellen, Überlieferung. Erfolgreichste deutsche Alexanderdichtung überhaupt ist der in zweiundzwanzig Handschriften (neunzehn davon sind vollständig) und achtzehn Druckauflagen verbreitete 'Alexander' des Münchner Arztes und Literaten Johann Hartlieb (gestorben 1468), im Auftrag Herzog Albrechts III. von Bayern-München und seiner Gemahlin Anna von Braunschweig verfaßt und wohl um 1450 beendet (die älteste Handschrift ist auf 1454 datiert). Quelle ist eine Kompilation aus Leos 'Nativitas' und der Epitome (Kurzfassung) der Übertragung des griechischen Alexanderromans durch Julius Valerius, mit Einschüben unter anderem aus Orosius' 'Historiae adversum paganos' und Petrus Comestors 'Historia scholastica'. Eine heute in Paris befindliche, aus Tegernsee stammende lateinische Handschrift des 12. Jahrhunderts (Paris, Bibliothèque Nationale n. a. l. 310) enthält einen Text, der Hartliebs genauer handschriftlicher Vorlage entsprechen dürfte. Der gelehrte Hartlieb verfaßte im Auftrag des Münchner Hofs fachwissenschaftliche, besonders medizinische und naturwissenschaftliche Schriften und erzählende Prosa, unter anderem die deutsche Übertragung von Andreas Capellanus' 'De Amore'-Traktat und den 'Alexander'; es handelt sich durchweg um Übertragungen aus dem Lateinischen, allen gemeinsam ist eine lehrhafte Grundtendenz.

Inhalt. Erzählt werden nach zwei Vorreden (Kap. I, II)

1. Alexanders Abstammung von Nectanabus und seine außergewöhnliche Jugend (Kap. III-XXXII);
2. der Perserkrieg (in den die Einschließung der verdammten jüdischen Stämme eingeschoben ist) bis zum Verrat an Darius und der Begegnung Alexanders mit dem Sterbenden, der Bestrafung der Mörder und der Vermählung mit Roxa (Kap. XXXIII-CV);
3. der Zug nach Indien (mit dem Krieg gegen Porus) und die Reise ans Ende der Welt, mit den verbreiteten Stationen bei den *Oxidraces*, bei Candacis und den Amazonen, mit dem Briefwechsel zwischen Alexander und dem Brahmanenkönig Dindimus und mit langem Briefen Alexanders an Aristoteles und an seine Mutter Olympiades, Briefen, in denen unter anderem von den Kämpfen gegen Porus und seiner Gefangennahme, vom Zug zur Kaspischen Pforte, von

Sonnen- und Mondbaum, vom Phönix, vom Greifenflug und von der Tiefseefahrt berichtet wird. Mit Candacis, die ihn wie einen Sohn behandelt (*ich woltt dich lieber haben, dann meiner sun ainenn*, 'ich wollte dich lieber haben als meinen Sohn', Kap. CLXVI, z. 4147), hat Alexander hier keine Affäre (ebensowenig mit der Amazonenkönigin); das Orakel bei Candacis ist zu einer geradezu philosophischen Belehrung über menschliche Natur und freien Willen ausgeweitet; die Amazonen unterwerfen sich, da *von natur alle weib ainem rechten man gehorsam sein vnd den zagen wider spännig* ('alle Frauen von Natur aus einem richtigen Mann gehorsam sind, aber widerspenstig gegen die Feiglinge', Kap. CLXXXIII, z. 4489f.) (Kap. CVI-CCC);

4. Alexanders Rückkehr nach Babylon und sein Ende: eine Mißgeburt als Unglücksvorzeichen, die Vergiftung durch Antipater und seine Komplizen, Alexanders Selbstmordversuch und Rettung durch Roxa, die Aufdeckung von Roxas Ehebruch, Alexanders Verfügung, die Griechen sollten den Würdigsten als Nachfolger wählen, Tod und Begräbnis, schließlich die mörderischen Auseinandersetzungen um seine Nachfolge (Kap. CCCI-CCCXXXXVI); es folgt ein Epilog.

Deutungsperspektiven. Hartlieb behauptet in seiner Vorrede, die Quelle getreu wiederzugeben; im allgemeinen nimmt die Forschung jedoch an, daß er seine Vorlage ausgeweitet hat. Sein Werk kennzeichnet Hartlieb als *coronick* 'Chronik' (z. 6), als wahre Erzählung, sein Verfahren als Dienst an der Wahrheit. Autorintention und Wirkungsabsicht sind ausführlich erörtert: Der Text soll als Fürstenlehre dienen, als Hilfe zur Lebensorientierung und Amtsführung des Fürsten, und zwar – anders als in früheren Alexanderdichtungen – in doppelter Weise: als Vorbild, soweit Alexanders Handeln nachahmenswert ist, und als Warnbild, sofern Alexander verwerflich handelt. Insofern liefert das Alexanderleben Exempel in verschiedene Richtungen – Deutung und Bewertung des Erzählten werden damit auch zur Aufgabe des Lesers. Hartlieb zielt über die eigentliche Alexandergeschichte hinaus auf umfassende Belehrung der fürstlichen Rezipienten: Wissensinhalte jeder Art werden ausgebreitet, vor allem medizinische, naturwissenschaftliche, astrologische, geographische, aber auch allgemeine Lebens- und Eheregeln. Diesem Zweck dienen die Exkurse des gelehrten, moralisierenden Autors, für die dieser zum Teil auf Nebenquellen zurückgreift. Alles was der Unterweisung dient, ist wahr und gehört damit, nach Hartliebs Programm, zum „wahren" Text, dem er getreu zu folgen verspricht. Vor allem Alexanders Orientreisen bieten die Gelegenheit zu naturwissenschaftlichen, geographischen, völkerkundlichen Erläuterungen. Sie werden umgedeutet, von den bunten Abenteuern des griechischen Alexanderromans, von den Grenzüberschreitungen eines der *superbia* und der *vanitas* verhafteten Alexander zur geradezu wissenschaftlich motivierten Expedition; alles Beobachtete wird sorgsam dokumentiert als Material für die Naturgeschichte des Aristoteles. Negative Bewertung anderer Verhaltensweisen des Helden schließt das nicht aus. Der weltentsagende Brahmanenkönig Dindimus rügt Alexander indes nicht primär für seine Grenzüberschreitungen, seine *superbia* und Maßlosigkeit (wie die Occidraten im 'Straßburger Alexander'), mahnt ihn nicht nur, nach Weisheit zu streben und für sein Seelenheil Sorge zu tragen, sondern kritisiert nicht zuletzt auch seine unvernünftige, affektgesteuerte Lebensführung: daß Alexanders *wille* (die Affekte) sich nicht durch die *vernunfft* leiten lasse (bes. Kap. CCXVII, z. 5083-5085).

Hartliebs Ehelehren kreisen vor allem um das Problem ehelicher Treue und Untreue, ein nicht nur moralisches, sondern auch politisches Problem: die Legitimität fürstlicher Erbfolge ist an die eheliche Treue der Frau geknüpft. Exemplifiziert wird das an Alexanders Mutter Olympiades (Frucht von deren unwissentlichem Ehebruch mit dem Magier Nectanabus. ist Alexander) und an Alexanders Frau Roxa, die zwar als untadelig gezeichnet ist, gegen Ende aber dennoch als Ehebrecherin hingestellt wird. Dies ist eine typische „Motivation von hinten" (LUGOWSKI), d.h. nicht aus den Ursachen heraus, sondern vom Ergebnis der Handlungen her: Roxas Ehebruch läßt die griechischen Fürsten im unklaren über die Legitimität ihrer Kinder; er verhindert so, daß Alexander sein Reich einem unzweifelhaft legitimen Erben hinterlassen kann, und bietet damit eine plausible Erklärung für den Zerfall des Alexanderreichs in die Diadochenstaaten.

Der Absicht zu belehren läßt sich in Hartliebs 'Alexander' alles subsumieren. Obwohl die Lehren zunächst nicht adels- oder herrscherspezifisch zu sein scheinen, ist auch dieser 'Alexander' eine Art Fürstenspiegel (oder „Fürstenregel"[9]), weil nach Hartliebs Programm gerade dem Fürsten jede Art von Wissenserwerb obliegt. Wie kein anderer Autor nutzt Hartlieb die Vielschichtigkeit der Alexanderfigur, die „Polyfunktionalität" (RÜDIGER SCHNELL) des Alexanderstoffes. Dabei sind nicht nur positive und negative Seiten Alexanders konsequent einbezogen, sondern auch vielfältiges Wissen, das sich im Lauf der Überlieferung dem Alexanderstoff angelagert hat – oder das der gelehrte Autor Hartlieb selbst anbinden kann. Wohl nicht zuletzt wegen dieser Polyfunktionalität wurde der Text bis ins 17. Jahrhundert hinein gedruckt und gelesen.

2.3. Deutsche Alexanderromane des Mittelalters: Varianten und Konstanten

Außer den Alexanderromanen vermitteln Alexander-Anspielungen in verschiedensten Werken sowie auch dramatische Gestaltungen des Alexanderstoffs – im Fastnachtspiel und bei Hans Sachs (1494-1576) – Wissen um Alexander den Großen. Die Romane kennen auch einen „positiven" Alexander, den Krieger und Herrscher. In geistlicher Dichtung und in moralisierenden Exempeln dominiert eher der „negative" Alexander: der Makedonenkönig als Beispielfigur für Grau-

9 FÜRBETH (Nr. 162), S. 153 und ff.

samkeit, Herrschsucht, Hoffart und Unersättlichkeit, sein früher Tod und der rasche Zerfall seines Weltreichs als Exemplum für die Nichtigkeit irdischer Macht und Herrlichkeit angesichts menschlicher Sterblichkeit.

Eine Konstante ist fast überall (wenn auch in ganz unterschiedlicher Gewichtung) Alexanders Einbettung in Geschichte und Heilsgeschichte, die darauf zurückgeht, daß Alexander als einzige bedeutende Gestalt der griechischen Antike in der Bibel selbst erwähnt ist, und die die Polyfunktionalität des Alexanderstoffes etwas einschränkt: Alexander kann tun und lassen, was er will – Gottes Plan in der Heilsgeschichte dient er in jedem Fall, ob er als Inbegriff heidnischer *superbia* oder als idealer Herrscher begriffen ist. Eine weitere Konstante mindestens der Alexanderromane, weniger der Alexander-Anspielungen und Kurzexempel, ist der Fürstenspiegel-Aspekt: Alexander interessiert vor allem als großer Herrscher; Demonstration richtigen oder falschen Herrscherverhaltens ist eines der Leitthemen fast aller Alexanderromane: wie der Herrscher sich im Fürstenrat und in der Schlacht verhält, beim Umgang mit seinen Vasallen, aber auch mit Gefangenen, mit Gegnern, mit Angehörigen und Anführern fremder Völker; wie er umgeht mit Verleumdung, Verrat und Königsmord; wie er sich zu Gott stellt, der als einziger über ihm steht, und zu seinem Tod, der seiner Macht in jedem Fall ein Ende setzen wird. Verglichen mit Troja-, Eneas- und Apolloniusroman spielt die Liebesthematik im allgemeinen eine vergleichsweise geringe Rolle. Entscheidende Variable ist die Bewertung Alexanders, die nicht nur zwischen den Texten, sondern oft zum Teil innerhalb eines Textes schwankt. Um die individuellen Besonderheiten der historischen Ausnahmepersönlichkeit geht es dabei nie, sondern um beispielhaftes, typisches Verhalten.

Eine Besonderheit des Alexanderromans ist die Rolle des Raums, insbesondere des Raums jenseits der Grenzen historisch gesicherter Raumerfahrung. Bei Alexanders Orientreisen geht es ja nicht nur um den Vorstoß an die Grenzen des Menschlichen und darüber hinaus, nicht um den Akt der Grenzüberschreitung als solchen, es geht auch um die Erkundung und Beschreibung der Welt und ihrer Wunder. So wunderbar die Räume sein mögen, in die Alexander vorstößt – es sind nicht fiktionale Orte, sondern Räume, die auch die mittelalterlichen Weltkarten verzeichnen: Der Alexanderroman steht mit der Universalgeographie des Mittelalters in ebenso engem Zusammenhang wie mit der Universalchronistik. Aus dem Alexanderroman bezieht das Mittelalter ein Weltwissen, das sich auf literarische Überlieferung statt auf Erfahrung gründet und jahrhundertelang das mittelalterliche Weltbild mitprägt.

Ausgewählte Literaturhinweise

Ausgaben der behandelten Texte und der wichtigsten Quellen (in Auswahl) enthält die Auswahlbibliographie (Nr. 105-135); die meisten Ausgaben der mittelhochdeutschen

Texte sind veraltet (modernen Ansprüchen genügt lediglich die Edition von Hartliebs 'Alexander' durch PAWIS, Nr. 115, zit.). Zitiert werden ferner die Ausgaben von KINZEL (Nr. 123; 'Vorauer' und 'Straßburger Alexander'), JUNK (Nr. 130; Rudolf), TOISCHER (Nr. 132; Ulrich), GEREKE (Nr. 131; Seifrit), GUTH (Nr. 112; 'GroßerAlexander').– Eine Wichwolt-Ausgabe hat Trude Ehlert (Würzburg) angekündigt (vgl. Nr. 157).

Überblicksdarstellungen zu den antiken *Quellen*: PFISTER (Nr. 194), S. 160-164, hier bes. 162f.; graphische Darstellung der Quellenlage bei EHLERT (Nr. 153), S. 17; grundlegend: MERKELBACH (Nr. 186).– Zu den *mittelalterlichen Alexanderdichtungen*: CARY (Nr. 147); zu illustrierten Alexander-Darstellungen ROSS (Nr. 196); zu den altfranzösischen Alexanderromanen jetzt GAULLIER-BOUGASSAS (Nr. 164).– Zur *deutschsprachigen Alexanderdichtung*: BUNTZ (Nr. 146; knapp, z.T. veraltet, nicht ganz fehlerfrei), EHLERT (Nr. 153; dort ältere Lit.).

Pfaffe Lambrecht: Einführend: EHLERT (Nr. 156); [2]VL 5 (1985), Sp. 494-510 (SCHRÖDER).– Zum *'Vorauer Alexander'*: ausführliche neuere Analysen von MACKERT (Nr. 181, 182; plädiert für das Ende von Lambrechts Text mit dem Tod des Darius und sieht eine „Entwicklung“ Alexanders, die ihn zunächst zunehmend negativ, letztlich aber – im Vergleich mit Darius – positiv erscheinen lasse), CÖLLN (Nr. 148, 149); zum ursprünglichen Text und zum Verhältnis der Fassungen URBANEK (Nr. 217), zuletzt MÖLK (Nr. 190; plädiert für das Ende von Lambrechts und Alberics Text mit Darius' Tod); zur Vorauer Handschrift zuletzt [2]VL 10 (1999), Sp. 516-521 (GÄRTNER), GRUBMÜLLER (Nr. 167; läßt die einheitliche Konzeption der Handschrift offen); zum Prolog WOLF (Nr. 222).– Zum *'Straßburger Alexander'*: HAUPT (Nr. 170; die Blumenmädchenepisode als Raum höfischer Erfahrungen und Vorausdeutung auf die ideale Friedensherrschaft am Schluß; Datierung des 'Straßburger Alexander' vor Veldekes 'Eneas'), EHLERT (Nr. 153, bes. S. 55-79; Wechselwirkung von 'Straßburger Alexander' und 'Eneas'), MINIS (Nr. 188; Entstehung des 'Straßburger Alexander' nach dem 'Eneas'), grundlegend zur Herrschaftsthematik STEIN (Nr. 214); diese und die angeblich „höfischen“ Erfahrungen relativierend und heilsgeschichtliche Aspekte stärker herausstellend CÖLLN (Nr. 149); vgl. ferner STROHSCHNEIDER/VÖGEL (Nr. 216; zur Raumstruktur und zu den Flußübergängen als Grenzüberschreitungen, etwas überzogen); zur Handschrift zuletzt MACKERT (Nr. 183).

Rudolf von Ems: Zur Überlieferung zuletzt [2]VL 8 (1992), Sp. 322-344 (WALLICZEK), hier Sp. 332; grundlegend zur Idealisierung, zum Fürstenspiegelaspekt und zur „staufischen“ Tendenz BRACKERT (Nr. 143); wichtige grundlegende Beobachtungen ferner bei STACKMANN (Nr. 212), SCHNELL (Nr. 199); vgl. ferner SCHOUWINK (Nr. 205; zum Verhältnis von *fortuna* und *virtus*), KUGLER (Nr. 178; zur Herrschaftsthematik), BRACKERT (Nr. 144; zu den Amazonen), KLINGENBÖCK (Nr. 173).

Ulrich von Etzenbach: Zur Überlieferung zuletzt [2]VL 9 (1995), Sp. 1256-1264 (BEHR), hier Sp. 1257f., BERTELSMEIER-KIERST/HEINIG (Nr. 142), MEINEKE (Nr. 185), zur Weltchronik-Überlieferung HERWEG (Nr. 172).– Grundlegend zur sozialgeschichtlichen Deutung (Herrschaftsthematik, „böhmische“ Aktualisierung) die Beiträge von BEHR (Nr. 139,140, 141), tendenziell ähnlich EHLERT (Nr. 153), S. 129-210; vgl. ferner KOHLMAYER (Nr. 174); zum Aspekt der Welterfahrung EHLERT (Nr. 155), KUGLER (Nr. 179); ausführlichste Analyse bei MEDERT (Nr. 184; unter stärkerer Einbeziehung der Fortuna-Thematik und der heilsgeschichtlichen Aspekte); VOLLMANN (Nr. 218) betont die heilsgeschichtlichen Aspekte und das zwischen Gut und Böse schillernde Alexander-Bild; vgl. ferner FINCKH (Nr. 159), STOCK (Nr. 215; Ulrichs 'Alexander' als Kompilation).

Seifrit: Einführend: ^{2}VL 8 (1992), Sp. 1050-1055 (PAWIS), hier Sp. 1051f. zur Überlieferung. – Vgl. SCHNELL (Nr. 200), SCHÖLLER (Nr. 204).

Zum *'Waldecker Alexander'*: EHLERT (Nr. 158); ^{2}VL 10 (1999), Sp. 612-614 (EHLERT) (dort ältere Lit.).

Zum *'Großen Alexander'* gibt es keine neuere Spezialforschung, vgl. ^{2}VL 3 (1981), Sp. 278-280 (WELZ) (dort ältere Lit.); NEULING (Nr. 191).

Zum *'Großen Seelentrost'*: ^{2}VL 8 (1992), Sp. 1030-1034 (PALMER).

Zu *Wichwolts* 'Cronica' vgl. EHLERT (Nr. 157); ^{2}VL 1 (1978), Sp. 577-579 (STEINHOFF), ^{2}VL 10 (1999), Sp. 985f. (EHLERT) (dort ältere Lit.).

Hartlieb: FÜRBETH (Nr. 162); zu Person, Werk und Überlieferung; bei der Deutung des 'Alexander' sind vor allem der geistliche Aspekt, die Nähe zur bibelexegetischen Alexander-Tradition und die Exempelfunktion betont), SCHNELL (Nr. 201; zur Polyfunktionalität gerade von Hartliebs 'Alexander'), EHLERT (Nr. 152; zur Rolle von Erkenntnisstreben und Wissensvermittlung); RÖCKE (Nr. 195; zum utopischen Potential alternativer Lebensformen der „nackten „Weisen"), BACHORSKI (Nr. 137; zu Ansätzen von Multiperspektivität, etwas überzogen).

Textübergreifende Einzelfragen behandeln insbesondere BRUMMACK (Nr. 145; zur Orientdarstellung), STACKMANN (Nr. 213; zur Gymnosophisten/Occidraten- und Dindimus-Episode, grundlegend), KUGLER (Nr. 177; zur Greifenflugepisode zwischen *superbia* und *curiositas*), EHLERT (Nr. 154; zur Liebesthematik und zur Rolle der Frauen), OTT (Nr. 192; zur Alexander-Ikonographie), SCHNELL (Nr. 203; zu Glaubensfragen), KUGLER (Nr. 180; zu den Bezügen von Alexanderroman und Universalkartographie).– Vgl. zur Herrschaftsthematik in den Alexanderromanen demnächst die Habilitationsschrift von Ralf Schlechtweg-Jahn (Bayreuth) („Brechungen im Seriellen. Zur Diskussion von Macht und Herrschaft im deutschsprachigen Alexanderroman") und einen für 2002 vorgesehenen Sammelband des Alexander-Projekts im Göttinger Sonderforschungsbereich 529.

3. Der Eneasroman

3.1. Vergils 'Aeneis' und der 'Roman d'Eneas'

Im Unterschied zum Alexander-, Troja- und Apolloniusstoff liegt der Aeneasstoff nur in unikalen altfranzösischen bzw. mittelhochdeutschen Bearbeitungen vor: dem anonymen 'Roman d'Eneas' und dem 'Eneas' Heinrichs von Veldeke. Hauptquelle war Vergils römisches Nationalepos, die 'Aeneis' (um 29-19 v. Chr.), die geradezu kanonische Gültigkeit erlangte, zum einen aufgrund der politischen Bedeutung der Romidee für das Deutsche Reich, zum anderen wegen der literarischen Qualität der 'Aeneis', die dem Mittelalter als verbindliches Muster epischer Dichtung galt.

Romgründer-, Verräter-, Liebesverrat-Tradition. Die Stofftradition als ganze ist ähnlich vielgestaltig wie beim Alexander- und Trojastoff, in der Wertung des Helden denkbar kontrovers – um so erstaunlicher ist, daß die einzelnen Dichtungen, ja ganze Traditionen zwar jeweils unterschiedlich werten, Aeneas aber doch meist recht eindimensional darstellen. Die disparaten Wertungen setzen vor allem bei zwei Handlungselementen an, die bereits Vergil vorgibt: Eneas verläßt seine untergehende Vaterstadt Troja, und er verläßt die karthagische Königin Dido, die ihn liebt und die er durch seine Treulosigkeit in den Selbstmord treibt. In der vergilischen Tradition ist Aeneas der *pius Aeneas*, der als Gründer Roms vorbildlich dem Willen der Götter folgt. In der lateinischen Geschichtsschreibung (vor allem bei Livius, 'Ab urbe condita libri', seit etwa 29 v. Chr.) werden die Geschehnisse um Aeneas und seine Nachkommen bis zur Gründung Roms weitererzählt und damit in den Raum der Geschichte überführt. Die Romidee und Aeneas als Urbild eines vollkommenen Herrschers spielen im Kontext des *translatio-imperii*-Konzepts vor allem in der Karlspanegyrik und der Chronistik der Karolingerzeit eine Rolle, aber auch noch in staufischer Zeit, wenn Friedrich Barbarossa nach dem Muster des vergilischen Aeneas zum idealen Herrscher stilisiert wird (Gottfried von Viterbo, 'Gesta Frederici', 1155-1180; 'Carmen de gestis Frederici I imperatoris in Lombardia', nach 1162). Die positive Romgründer-Tradition wirkt, in den nationalrömischen Elementen etwas reduziert, stärker entmythisiert und historisiert, nicht zuletzt über die Aeneas-Geschichte des 'Excidium Troie' weiter, einer lateinischen Kurzfassung des Troja- und Aeneasstoffs (siehe unten). Im Zusammenhang mit den antiken Gründungssagen des Mittelalters werden Troja und Aeneas in der Weltchronistik wie auch in der frühmittelhochdeutschen Geschichtsdichtung, etwa in 'Annolied' und 'Kaiserchronik', erinnert. Vergils positives Bild des *pius Aeneas* wird allerdings schon in der Spätantike – etwa durch Claudian und den Christen Laktanz – ausdrücklich in Frage gestellt.

In der Dares-/Dictys-Tradition (für das Mittelalter wichtigen spätantiken Darstellungen des Trojanischen Kriegs, siehe unten) ist Eneas vollends eine Negativfigur: „Eneas der Verräter" (FROMM) liefert zusammen mit Antenor seine Vaterstadt den feindlichen Griechen aus und gibt sie damit der Vernichtung preis. Auf anderer Ebene, in der Liebesbeziehung von Dido und Aeneas, ergeben sich schon in der römischen Liebesdichtung und in der ovidischen Tradition Ambivalenzen: Aeneas wird zum treulosen Liebenden umgewertet. Für die mittelalterlichen Eneasromane spielt die Verräter-Tradition keine Rolle, obwohl sie aus den Trojaromanen bekannt ist; dem Widerspruch der beiden Aeneas-Bilder stellt man sich kaum. Die Romgründer-Tradition bleibt in Roman und Chronistik selbstverständlicher Hintergrund; sie sichert dem Aeneasstoff Dignität und Interesse, tritt aber vor allem im 'Roman d'Eneas' (Veldeke „rehistorisiert" etwas) in ihrer Bedeutung gegenüber der Liebesthematik stark zurück. Damit wird der Liebesverrat, der im Mittelalter nicht mehr im Götterauftrag aufgehoben sein kann, zum Problem. Er wird insbesondere durch die Bewährung des Eneas in der geglückten Liebe zu Lavinia aufgearbeitet.

Vergils 'Aeneis'. Vergils 'Aeneis' erzählt in zwölf Büchern im ersten Teil (Buch 1-6) von Aeneas' Irrfahrten, von seinem Aufenthalt in Karthago und seiner leidenschaftlichen Affäre mit der Königin Dido, vom Götterbefehl, Karthago zu verlassen, vom Aufbruch und vom Abstieg in die Unterwelt (der ihm einen Ausblick auf Roms glorreiche Zukunft eröffnet), im zweiten Teil (Buch 7-12) von den letztlich erfolgreichen Kämpfen in und um Latium.

'Roman d'Eneas'. Der altfranzösische 'Roman d'Eneas' (seinerseits die Quelle für Heinrich von Veldeke) ist um 1160 entstanden, wie die beiden anderen altfranzösischen Antikenromane der „klassischen" Trias wohl am anglonormannischen Königshof Heinrichs II. Plantagenet und Eleonores von Poitou. Der Verfasser, mit Sicherheit ein gebildeter Kleriker, ist unbekannt. Gegenüber seiner Hauptquelle, Vergils 'Aeneis', hat der 'Roman d'Eneas' den ersten Teil (Aeneas unterwegs und in Karthago) gekürzt, dagegen den zweiten (Aeneas in Latium) stark erweitert: Ausführlicher geschildert werden die Kriegsereignisse, die Liebeshandlung um Eneas und die latinische Königstochter Lavinia ist neu eingeführt, die Didohandlung stark erweitert. Erweiterungen in den Liebesgeschichten verdankt der 'Roman d'Eneas' vor allem Ovid (in erster Linie der 'Ars amatoria' und den 'Metamorphosen'), Einzelheiten auch dem zeitlich unmittelbar vorangehenden 'Roman de Thèbes'.

Inhalt des mittelalterlichen Eneasromans. Die 'Aeneis' springt, antiker epischer Konvention folgend, *medias in res*; sie beginnt mit dem Seesturm, der Aeneas an

Karthagos Küste verschlägt; die Vorgeschichte wird vor allem in Aeneas' Erzählungen bei Dido nachgeholt (*ordo artificialis*). Der 'Roman d'Eneas' (und, ihm folgend, Veldeke) beginnt dagegen mit Trojas Untergang und dem Aufbruch des Helden; aus der kunstvollen Schachtelstruktur der antiken Vorlage wird eine einfache Reihe: mittelalterliches Erzählen folgt dem *ordo naturalis* der Ereignischronologie. Aeneas, der Sohn eines trojanischen Fürsten und der Venus, verläßt das untergehende Troja: Die Götter haben ihm befohlen, in Italien, der Urheimat des Stammvaters der Trojaner, Dardanus, ein neues Troja zu gründen, dem die künftige Weltherrschaft bestimmt sei. Nach siebenjährigen Irrfahrten gelangt Eneas nach Karthago. Die karthagische Königin Dido und Eneas verlieben sich durch das Wirken der Venus leidenschaftlich ineinander. Bald jedoch gebieten die Götter Eneas, weiter nach dem gelobten Land Latium zu ziehen. Die verlassene Dido begeht Selbstmord. Während die Karthagerkönigin bei Vergil Eneas verflucht, verzeiht sie im mittelalterlichen Eneasroman sterbend ihrem ungetreuen Geliebten: *ge li pardoins ici ma mort* ('hiermit verzeihe ich ihm meinen Tod', 'Roman d'Eneas', v. 2064). Vor der Ankunft im Land der Verheißung steigt Eneas mit Hilfe der (cumaeischen) Sibylle in die Unterwelt. Sein verstorbener Vater Anchises läßt ihn dort seine welthistorische Zukunft schauen. In Latium herrscht der alte König Latinus. Die Hand seiner Erbtochter Lavinia und damit die Herrschaftsnachfolge ist dem benachbarten Rutulerkönig Turnus versprochen. Da Latinus aber Eneas' göttliche Erwähltheit erkennt, sagt er beides, Tochter und Herrschaft, nun dem Trojaner zu. Turnus wehrt sich, zumal die Gemahlin des Latinus ihn unterstützt. Es kommt zu einem in allen Einzelheiten geschilderten großen Krieg zwischen Turnus und den mit diesem verbündeten einheimischen Fürsten auf der einen, Eneas und seinen Bundesgenossen auf der anderen Seite. Kriegsentscheidend wird der Zweikampf der beiden Rivalen. Dem geht jedoch eine lange Erzählung von der Liebe zwischen Eneas und Lavinia voraus, die als Ganze Zutat des 'Roman d'Eneas' ist; Vergil erwähnt nur knapp die dynastische Verbindung mit Lavinia. Lavinia verliebt sich gegen den Willen ihrer Mutter in Eneas; dieser erwidert ihre Liebe. Durch seinen Zweikampfsieg über den Rivalen erringt Eneas Lavinia und die Herrschaft über Latium. Aus seinem Geschlecht gehen Romulus und Remus hervor.

Struktur, Formales. Der Gattungswechsel vom antiken Hexameter-Epos zum Versroman (im 'Roman d'Eneas' in paargereimten Achtsilbern, bei Veldeke in vierhebigen Paarreimversen) äußert sich zunächst in unterschiedlicher Stilhöhe und Erzählgestus: Vergils hochgetriebenes episches Pathos wird durch einen eleganten Erzählton auf mittlerer Stilebene ersetzt. Die gegenüber Vergil verschobene Gewichtung der beiden Teile hat in 'Roman d'Eneas' und in Veldekes 'Eneas' eine strukturelle Verlagerung zur Folge: Die vergilische Zweiteiligkeit wird durch die Bearbeitung des altfranzösischen Anonymus ungleichgewichtig, ja fast zur Dreiteiligkeit erweitert. Texte und Überlieferung geben keine Anhaltspunkte für eine autorgewollte Gliederung. Für eine Dreiteilung (I. Irrfahrten und Didohandlung – II. Ankunft und Krieg in Latium – III. Laviniahandlung) sprechen das Gewicht der Erzählinhalte, vor allem die auch gegenüber Vergil gesteigerte Bedeutung der Kriegshandlung, für eine Zweiteilung (freilich mit deutlichem Schwerpunkt auf der zweiten Hälfte) die Struktur der antiken Quelle, die neue Konzentration auf die beiden Liebesgeschichten um Dido und um Lavinia und die Tatsache, daß die Laviniageschichte strukturell in den zweiten, latinischen, Teil eingebettet ist. Von der Diskussion um einen quasi präarturischen Doppelweg,[1] wie sie die ältere Veldeke-Forschung geführt hat, sollte man den Eneasroman jedoch fernhalten, zumal die Doppelwegstruktur des Artusromans selbst von der jüngeren Forschung in Frage gestellt wird.

Deutungsperspektiven. Vergil liefert in seinem römischen Nationalepos eine mythische Vorgeschichte Roms, die dazu dient, die Herrschaft des Augustus als Ziel der Geschichte aufzuzeigen, als Vollendung dessen, was mit dem Götterauftrag an Aeneas seinen Anfang nahm. Im Mittelalter spielte der nationalrömische Gehalt der 'Aeneis' keine Rolle; das gilt auch für den 'Roman d'Eneas'. Eneas als Liebender steht hier stärker im Vordergrund als der Urvater Roms. Mindestens eine Handschrift des 'Roman d'Eneas', die diesen zwischen den 'Roman de Troie' und den 'Roman de Brut' stellt (G; Paris, Bibliothèque Nationale, f. fr. 1450, 13. Jh.), bezeugt indes ein historisches Rezeptionsinteresse: Die Geschichte des Eneas folgt auf die Geschichte Trojas und geht ihrerseits einer fiktiven englischen Frühgeschichte voraus, die den hier als Urenkel des Aeneas eingeführten Brutus und Artus zu Vorfahren des englischen Herrscherhauses stilisiert.

In der gelehrten christlichen Vergilrezeption (im 12. Jahrhundert vor allem in der Schule von Chartres) dominierte die Allegorese: Aeneas' Irrfahrten und Erfolg wurden allegorisch als Zeichen für den Weg des Menschen zur Weisheit gelesen. In die volkssprachliche Dichtung des europäischen Mittelalters ist die Vergil-Allegorese jedoch nicht eingegangen. Die volkssprachlichen Eneasromane passen den antiken Stoff vielmehr dem Verständnishorizont der höfisch-adligen Laiengesellschaft des Mittelalters an, die in der Antike immer sich selbst sucht. Wie üblich wird mediaevalisiert; antike Heroen sind mittelalterlichen Rittern angenähert, Architektur, Bekleidung, Rüstung, aber auch Verhaltensstandards in Zeremoniell und Etikette, Kampf und Liebe sind mittelalterlich-höfischen Idealvorstellungen angepaßt.

1 Nach bis vor kurzem gängiger Forschungsmeinung folgen die Artusromane Chrétiens de Troyes und Hartmanns von Aue der Struktur eines „doppelten Cursus“: In einem ersten Weg erwirbt der Held in ritterlichen Aventiuren Identität, Ansehen vor der Gesellschaft und eine Frau, verliert das Errungene durch eigenes Verschulden (sog. „Krise“) und muß das Verlorene in einem zweiten Weg, wiederum in Aventiuren, neu und auf höherem Niveau erkämpfen; vgl. z.B. FROMM (Nr. 253).

Der christlichen Rezeptionsperspektive entsprechend ist die Rolle der antiken Götter weitgehend reduziert. Wo bei Vergil die Götter lenken und in die Handlung eingreifen, erklärt der 'Roman d'Eneas' mit „natürlichen" Ursachen oder verlagert Motive in das Innere der handelnden Personen: Eneas erfährt von seinen Boten, nicht mehr von seiner Mutter Venus, daß Dido in Karthago herrscht; er selbst wird nicht auf übernatürliche Weise nach Karthago entrückt. Nicht eine Furie, sondern der eigene Zorn läßt Latinus' Gemahlin gegen die Verbindung von Eneas und Lavinia opponieren. Nur die Liebesgottheiten (in erster Linie Venus) agieren weiterhin, doch eher als allegorische Personifikationen, kaum als wirkmächtige Gottheiten. Dämonisiert sind die antiken Götter nicht; antike Unterweltsvorstellungen indes sind teilweise an die christliche Hölle angenähert. Vor dem Hintergrund christlicher Providenz ist die Dimension des Fatums problematisch geworden; der Ablauf der Weltgeschichte allerdings bleibt vorgegeben: Eneas muß Dido verlassen, nach Italien ziehen, sich mit Lavinia verbinden und Stammvater eines neuen Geschlechts werden. Stärker als auf die Gründungsgeschichte Roms ist auf Kinder und Kindeskinder des Eneas, also auf einen dynastischen Aspekt hin perspektiviert – eine Annäherung an genealogische Vorstellungen des mittelalterlichen Kriegeradels. Stofflich dominiert – gegen die antike Vorlage – gerade im 'Roman d'Eneas' die Liebesthematik; es ist dies eine Auseinandersetzung zugleich mit Ovid und mit der neuen Konzeptualisierung der Liebe als Passion durch die Trobadors.

3.2. Heinrich von Veldeke

Autor und Entstehungssituation. Heinrich von Veldeke gilt späteren Literaten als Gründerheros deutschsprachiger höfischer Dichtung. Wolfram von Eschenbach beklagt im 8. Buch des 'Parzival' (wohl um 1205) seinen frühen Tod; Veldeke könnte also vor 1150 geboren und um 1190 gestorben sein. Er verfügte über herausragende Bildung: Französisch- und Latein-Kenntnisse, nicht nur Zugang zum 'Roman d'Eneas', sondern auch Kenntnis Vergils, des Vergil-Kommentars des Servius (5. Jh.) und der Werke Ovids. Solche Bildung war im 12. Jahrhundert nur in einer Kathedral- oder Klosterschule zu erwerben. Auf klerikale Bildung könnte auch der Titel *meister* (*magister*) verweisen, der Veldeke (neben *her*) zuerkannt wird; freilich kann sich *meister* auch auf die literarische Meisterschaft des Autors beziehen; eine spezifisch ständische Einordnung leisten die Titel nicht.

Heinrich von Veldeke ist Verfasser einer Reihe von Minneliedern, einer Legende 'Servatius' und des 'Eneas'. Er stammte vermutlich aus einem Ort in der Nähe von Hasselt im Limburgischen und dürfte einem seit 1195 bezeugten Ministerialengeschlecht der Grafen von Loon angehört haben. Veldeke stammt also aus dem niederdeutschen Sprachraum. Die Überlieferung des 'Eneas' ist jedoch, wie die der Lieder, rein hochdeutsch. Die ursprüngliche sprachliche Gestalt des 'Eneas' ist nicht mehr rekonstruierbar, ein maasländisch-westlimburgisches „Original" eher unwahrscheinlich; von Versuchen, die vermeintlich altlimburgische Sprache Veldekes zu rekonstruieren,[2] ist man daher abgekommen.

Die (angebliche) Entstehungsgeschichte des 'Eneas' wird im Epilog erzählt. Die einschlägigen Abschnitte werden allgemein Veldeke abgesprochen, in ihrem Wahrheitsgehalt jedoch kaum bezweifelt; neuerdings steht zur Diskussion, daß es sich um eine Fiktion in der Tradition antiker Buchdiebstahlsgeschichten handeln könnte.[3] Veldeke hatte dem Epilog zufolge den Roman zu etwa drei Vierteln beendet und das unfertige Manuskript der Gräfin (Margarethe?) von Kleve geliehen (ob sie als Auftraggeberin anzusehen ist, ist ungesichert). Als die Gräfin jedoch in Kleve den Landgrafen von Thüringen (Ludwig III.) heiratete (wohl im Jahr 1174), wurde das Manuskript von einem Grafen Heinrich (vielleicht Heinrich Raspe, dem jüngeren Bruder Ludwigs III. und Hermanns von Thüringen; diskutiert wird auch ein mit dem Landgrafenhaus verfeindeter Graf Heinrich von Schwarzbach[4]) der Hofdame gestohlen, die es hätte aufbewahren sollen. Erst neun Jahre später soll Heinrich von Veldeke, nunmehr in Thüringen, das Manuskript zurückerhalten haben, und zwar durch den Pfalzgrafen von Sachsen, Hermann, den späteren Landgrafen und großen Gönner mittelhochdeutscher Literatur, der (zusammen mit seinem Bruder, Friedrich von Ziegenhain) Veldeke zugleich den Auftrag erteilte, das Werk fertigzustellen. Mindestens vollendet, wahrscheinlich insgesamt überarbeitet wurde der 'Eneas' in Thüringen. Aus dem Epilog ergibt sich eine Datierung von „um 1170 bis 1174" (Anfang der Arbeiten) und „nach 1183 bis vor 1190" (1190 wurde der im 'Eneas' als Pfalzgraf bezeichnete Hermann Landgraf); ein weiteres Indiz für die Datierung ist der Vergleich der Hochzeit des Eneas mit dem Mainzer Hoffest Kaiser Friedrichs I. Barbarossa 1184.

Kennzeichnend für die Sprache des 'Eneas' (wie schon des 'Servatius') ist die Technik des neutralen Reims, die den Text überregional rezipierbar macht: Veldeke verwendet im Reim Wörter, die sich im heimischen Westlimburgischen und im Hochdeutschen (Mitteldeutschen) reimen; der thüringische Schlußteil enthält auch einige nur hochdeutsche Reime. Stilistisch führt diese Reimtechnik zu Reimarmut und insgesamt zu einer gewissen Monotonie.

Überlieferung. Heinrichs von Veldeke 'Eneas' ist nach derzeitigem Forschungsstand in sieben vollständigen (oder annähernd vollständigen) Handschriften und sieben Fragmenten überliefert. Die Überlieferung reicht von der Zeit um 1200 bis ins letzte Viertel des 15. Jahrhunderts; die Vollhandschriften datieren, mit Ausnahme der um 1220 auf mitteldeutscher Grundlage im nordbairischen Raum ge-

---

2 FRINGS/SCHIEB (Nr. 226).
3 WEICKER (Nr. 297).
4 BASTERT (Nr. 235); anders HAHN (Nr. 258).

schriebenen illuminierten Berliner Handschrift Mgf 282 (B), erst ins 14. und 15. Jahrhundert. Die Überlieferung ist rein hochdeutsch, teils mittel-, teils oberdeutsch. Signifikant sind die Überlieferungsgemeinschaft mit Herborts von Fritzlar 'Liet von Troye' in H, der Heidelberger Handschrift Cpg 368 (1333, Würzburg), und die Kurzfassung h (Heidelberg, Cpg 403, 1419, elsässisch), die Veldeke weitgehend auf den Inhalt der 'Aeneis' kürzt: die Überlieferung deutet auch hier auf ein Interesse an Geschichte.

Quellen und Quellenverarbeitung. Außer auf den 'Roman d'Eneas' hat Veldeke, wie erwähnt, auch auf antike Nebenquellen, Vergils 'Aeneis' sowie den 'Aeneis'-Kommentar des Servius und die Werke Ovids, direkt zurückgegriffen, jedoch eher okkasionell als durchgängig. Veldeke dürfte eine Handschrift des 'Roman d'Eneas' benutzt haben, die der genannten Pariser Handschrift G nahestand; insofern steht der Quellenvergleich, der sich auf die Ausgabe des altfranzösischen Textes bezieht, unter Vorbehalt. Insgesamt scheint Veldeke dem 'Roman d'Eneas' jedoch in Inhalt, Struktur und Konzeption recht genau zu folgen. Die gravierendsten Abweichungen von Vergil gehen bereits auf den französischen Anonymus zurück: die Transformation in den *ordo naturalis*, strukturelle Verschiebungen zugunsten des latinischen Teils; die Mediaevalisierung; die ausgeprägte Rolle der Minnehandlungen, insbesondere die Neueinführung der Eneas-Lavinia-Minne; konzeptionelle Änderungen unter anderem bei der Reduktion der antiken Götterwelt und des Fatums, beim Umgang mit nationalrömischer Geschichte und dynastisch-genealogischem Denken, mit Herrscher- und Kriegerdarstellung; Dido gewinnt gegenüber Vergil an Format, frauenfeindliche Züge freilich bleiben im 'Roman d'Eneas', und die Beziehung zu Lavinia ist als Überbietung der Dido-Liebe gestaltet. Veldekes Leistung ist primär eine formale, eine Transferleistung, mit der er die mittelhochdeutsche höfische Literatursprache und Darstellungskunst begründet. Gerade diese Transferleistung dürfte den unterschiedlichen Erzählduktus von 'Roman d'Eneas' und 'Eneas' erklären: Veldeke erzählt ausführlicher, musterhafter als der altfranzösische Anonymus – wohl auch in der Absicht, dem zeitgenössischen deutschen Publikum, dem die neue höfische Kultur noch weniger vertraut war, maßstabsetzend Orientierung in Fragen höfischer Lebensführung zu bieten. Auch konzeptionell hat Veldeke (nicht zuletzt in eigenständiger Auseinandersetzung mit den antiken Quellen, insbesondere mit Ovid) eigene Akzente gesetzt, in der Gestaltung personaler Liebe (und damit in der Bewertung Didos und der Lavinia-Liebe), in der Problematisierung des Helden und in Ansätzen zu einer übergreifenden Geschichtsperspektive.

Handlungsanalyse. Vorgeschichte: Untergang Trojas, Aufbruch und Irrfahrten des Eneas (v. 1-244). Veldekes 'Eneas' beginnt (wie seine altfranzösische Vorlage) ohne Prolog mit der Zerstörung der Stadt Troja. Knapp sind die wesentlichen Fakten angedeutet: der Raub der Helena, Trojas Belagerung, Eroberung und vollständige Zerstörung. Eneas wird – mit ausdrücklicher Berufung auf Vergil – als Sohn der Venus und zugleich als *herzoge* (v. 38) eingeführt. Der Götterauftrag, die brennende Vaterstadt zu verlassen und in das Land des Stammvaters Dardanus zu ziehen, ist nicht inszeniert, nur vom Erzähler referiert und, gut mittelalterlich, durch eine ausführlich erzählte Beratungsszene ergänzt: Der Rat der *mâge unde man* ('Verwandte und Vasallen', v. 71), lieber das Leben zu retten als in einem ehrenvollen, doch aussichtslosen Kampf zu sterben, gibt den endgültigen Anstoß: Eneas bricht mit 20 Schiffen, 3000 Rittern, seinem Sohn Ascanius und seinem Vater Anchises auf. Die siebenjährigen Irrfahrten auf See sind mit der traditionellen Feindschaft der Juno gegenüber Troja und deren Ursache, dem Parisurteil, begründet. Erzählt wird indes nur (sehr knapp) der eine mörderische Sturm, der Eneas und seine Flotte an die libysche Küste verschlägt. Eneas interpretiert seine Rettung aus Seenot als eine Rettung durch die *Fortuna* (v. 231).

Eneas in Karthago, Dido (v. 245-2528). Boten werden ausgesandt, um Erkundigungen einzuziehen, und gelangen nach Karthago, wo Königin Dido herrscht. Dido hat ihre eigene Geschichte: Ihr Bruder hatte ihren Gemahl getötet und die Herrschaft über ihre Heimat Tyrus an sich gerissen; mit einer kleinen Schar Getreuer war sie nach Libyen gelangt, hatte dort durch die bekannte List mit der in feinste Riemen geschnittenen Kuhhaut ein Stück Land gewonnen und Karthago gegründet. Dank kluger Regentschaft ist ihr ganz Libyen untertan; die Weltherrschaft steht ihr offen. Der politische Gegensatz von Rom und Karthago, bei Vergil entscheidend, ist im mittelalterlichen Eneasroman nur angedeutet: nicht Karthago, sondern Rom wird die Welt beherrschen. Die trojanischen Boten schildern ihr Unglück. Dido nimmt die Landflüchtigen gastfreundlich auf, *âne nôt* ('freiwillig', v. 539), in Erinnerung an ihr eigenes Emigrantenschicksal. Beim Empfang der Gäste verleiht Venus den Lippen des Ascanius den Zauber, in dem, der sie als erster küßt, unstillbare Leidenschaft zu Eneas zu erwecken – durch den etikettegerechten Begrüßungskuß verfällt Dido der Leidenschaft. Eneas bleibt vom Liebeszauber unberührt.

Die Minne, die urplötzlich über sie hereinbricht, erfährt Dido als Zwang, als Fesselung, als Feuer, als Krankheit und Verwundung:

> *des wart si zû der stunt*
> *vaste bestricket.*
> *in ir wart erquicket*
> *der minnen fûr vil heiz*
>
> ('Im selben Augenblick wurde sie dadurch in starke Fesseln gelegt. In ihr wurde heißes Liebesfeuer entfacht', v. 830-833).

Die Minne läßt sie erröten und erbleichen, frieren und schwitzen: *si leit vil michile nôt* ('sie litt große Qual', v. 871). Die Leidenschaft ist ein Verhängnis, eine allgewaltige Macht, die sie gegen ihren Willen befällt:

done mohte si des niht engân
si enmûste in starke minnen
('da konnte sie dem nicht entgehen, sie mußte ihn leidenschaftlich lieben', v. 844f.).

Eneas, der noch nichts von Didos Leidenschaft ahnt, erzählt während des Gastmahls vom Fall Trojas durch das Trojanische Pferd (Vergils Version von Trojas Ende). Nach außen hin beherrscht die Königin mit Rücksicht auf ihre gesellschaftliche Stellung mühsam ihre Leidenschaft, allein auf ihrem Lager wälzt sie sich schlaflos unter körperlichen und seelischen Qualen. Am nächsten Morgen offenbart Dido sich ihrer Schwester Anna, die die traditionelle Rolle der kupplerischen Vertrauten einnimmt. Während Dido an ihrem Treueeid gegenüber dem verstorbenen Gemahl festhalten will, sollte ihr unerfülltes Liebesleid sie auch das Leben kosten, rät Anna, die Liebe dem Erwählten zu gestehen. Eneas, stellt der Erzähler ohne zu werten fest, ist in jedem Fall entschlossen, seiner *êre* nach Italien zu folgen, verschweigt aber seine Pläne (v. 1619-1630).

Dido bringt es nicht über sich, ihre Liebe zu gestehen. Während einer Jagd wird das Paar von einem Unwetter überrascht und sucht Schutz unter einem Baum. Dort kommt es unvermittelt zur ersehnten Liebesvereinigung (v. 1832-1856). Die Initiative geht von Eneas aus; Dido wehrt sich, wenn auch nur zum Schein (ein beliebter frauenfeindlicher Topos). Eneas scheint emotional recht unbeteiligt und nimmt lediglich mit, was sich bietet – die Liebe stellt sich als patriarchalischer Sport dar, als Jagd, die eroberte Frau als erlegtes Wild (v. 1864-1867); erst bei Lavinia wird Eneas eine andere Art von Minne kennenlernen. Dido reagiert ambivalent: einerseits fühlt sie sich erlöst von ihrer Liebesqual (*daz si der wunden genas* 'so daß ihre Wunde geheilt war', v. 1878, der ovidianische Topos von der Minne als Ärztin), andererseits macht sie sich Vorwürfe,

daz si sô schiere alsô
sînen willen getete
dorch sô wênige bete
('daß sie ihm so schnell zu Willen gewesen war, ohne daß er sie groß bitten mußte', v. 1882-1884).

Motiviert ist das wenig: Eneas hat sich genommen, was er wollte, und Dido nicht gefragt. Hintergrund des Selbstvorwurfs dürfte die neue höfische Vorstellung sein, daß der Mann sich Liebe erst durch ritterliche Leistung verdienen muß. Der Erzähler scheint Dido zu rechtfertigen, wenn er ihre Liebeserfahrung zum Wesen der *rehten minne* (der 'wahren Liebe', v. 1890) erklärt.

Zunächst verheimlichen Dido und Eneas ihre Beziehung. Als sich aber Gerüchte verbreiten, macht Dido die Beziehung öffentlich, wie eine Ehe, ohne daß Eneas dagegen protestiert. Hier wertet der Erzähler Dido ab: mit dem Hochzeitsfest wolle sie die *schande beschônen* 'die Schande beschönigen', *als si mit rehte solde* 'wozu sie allen Grund hatte' (v. 1912-1914). Damit bringt die Königin die

Herren des Landes gegen sich auf, deren Werbung abgewiesen worden war, weil sie angeblich ihrem ersten Gemahl die Treue halten wollte. Didos Liebe zu dem landflüchtigen Trojaner gefährdet damit auch ihre Position als Herrscherin, bedeutet nicht nur Untreue gegenüber dem toten Gemahl, sondern vor allem auch politische Unklugheit. Dido nimmt die Reaktionen zunächst gleichgültig hin.

Eneas wird jedoch von den Göttern streng gemahnt, das Land unverzüglich zu verlassen, und fügt sich schnell. Heimlich berät er sich mit seinen Leuten und läßt ebenso heimlich die Abreise vorbereiten – in einer Mischung aus Rücksichtnahme und Feigheit. Als Dido Gerüchte zu Ohren kommen, stellt sie Eneas erschüttert und halb wahnsinnig vor Verzweiflung zur Rede. Eneas rechtfertigt sich halbherzig und höflich. Zwar rühmt er Dido mitleidig (*barmechlîche*, v. 2047) als Inbegriff von *minne unde trouwe* ('Liebe und Treue', v. 2063) und beteuert, aus freien Stücken würde er sie nie verlassen; mit der Größe ihrer Liebe kann er jedoch nicht mithalten. Möglicherweise läßt Veldeke Eneas emotional unbeteiligt, um den Anschein eines Ehekonsenses (und somit einer gültigen Ehe) zwischen Dido und Eneas zu vermeiden.[5] Dido klagt, schilt, droht: Sie wirft Eneas ihre Schande und ihr drohendes Unglück vor, droht mit ihrem Selbstmord, warnt Eneas vor den Gefahren der Seereise; sie fällt in Ohnmacht, stellt Eneas den Haß der Fürsten vor Augen, dem er sie schutzlos preisgebe, bedauert, nicht wenigstens ein Kind von ihm zu haben, fängt schließlich an, ihn als herzlos und wölfisch zu beschimpfen. Alle Register werden gezogen – vergeblich: Eneas läßt Didos Ausbrüche über sich ergehen und macht sich ziemlich ungerührt davon.

Nach Eneas' Abfahrt inszeniert Dido, die im Kern ihrer Existenz getroffen ist, unverzüglich ihren Selbstmord. Ihre einzige Begleiterin, Anna, schickt sie unter einem Vorwand weg. Zunächst verbrennt sie Eneas' Liebesgaben; nach langer Klage und Selbstanklage erdolcht und verbrennt sie sich selbst. Den treulosen Geliebten spricht Dido ausdrücklich von jeder Schuld frei: *ir sît es âne scholt* ('Ihr habt keine Schuld daran', v. 2362; im 'Roman d'Eneas' ist dies nicht so deutlich). Sich selbst dagegen macht sie Vorwürfe: *ich minnete ûch zunmâzen* ('Ich liebte Euch ohne Maß', v. 2364). Obwohl durch den Zauber der Venus entlastet, nimmt Dido die Verantwortung für ihr Geschick auf sich; Anna gegenüber hatte sie erklärt: *mich hât mîn selber wille erslagen* ('mein eigener Wille hat mich getötet', v. 2300b). Die Liebe erfährt Dido jetzt noch schmerzlicher als zerstörerische, verhängnisvolle Macht, *michel unheil* ('schreckliches Verhängnis', v. 2382), das sie in den Selbstverlust treibt. Leid und Schmach sind für sie so unerträglich geworden, daß sie sich selbst tötet. Diesen Selbstmord verurteilt der Erzähler als krankhaft und verwerflich:

daz si den tôt alsô kôs,
daz quam von unsinne.

---

5 KASTEN (Nr. 265), S. 89.

ez was unrehtiu minne,
diu sie dar zû dwanc
('Daß sie einen solchen Tod wählte, entsprang dem Wahnsinn. Unrechte Liebe zwang sie dazu', v. 2428-2431).

Als *unrehtiu minne* ist nicht Didos Liebe als solche abgewertet (zuvor war auch der Begriff *rehte minne* gefallen), sondern nur insofern, als sie zum Selbstmord führt. Sterbend verzeiht Dido – das hatte schon der 'Roman d'Eneas' gegenüber Vergil geändert – dem Geliebten (v. 2446f.). Die Vergebung des Opfers entlastet den Helden, verleiht aber auch Dido außerordentlichen Rang. Didos Schwester Anna entdeckt die Tote. Die Verzweiflungstat wird allgemein als Folge maßloser Leidenschaft beklagt. Die Asche der Toten wird in einer Urne geborgen und in einem kostbaren Sarg mit einer bedauernd-vorwurfsvollen Grabinschrift bestattet.

Unterweltsfahrt (v. 2529-3740). Eneas befindet sich mittlerweile, äußerlich tiefbetrübt, innerlich jedoch unberührt und ohne Ahnung von Didos Verzweiflungstat auf hoher See. Der Erzähler flicht hier ein, der *vîant* ('Teufel') habe Dido zum Selbstmord veranlaßt (v. 2534f.) – ob damit der christliche Teufel gemeint ist oder nur eine christlich-dämonisierende Entsprechung zu den Furien, die in Servius' Vergil-Kommentar Dido in den Selbstmord treiben, ist umstritten. Die Ereignisse zwischen dem Aufbruch aus Karthago und der Landung in Italien reduziert der mittelalterliche Eneasroman gegenüber Vergil auf zwei miteinander verbundene Episoden: Eneas' Traum, in dem ihm sein mittlerweile verstorbener Vater Anchises erscheint, und Eneas' Abstieg in die Unterwelt. Beide Episoden sollen Eneas ermutigen und in seiner Sendung bestätigen. Zugleich verdeutlichen sie die weltgeschichtliche Sinndimension seines Handelns. Der (gegenüber dem antiken Epos in den Hintergrund getretene) Götterauftrag, der zeichenhaft für die welthistorische Sendung des Helden steht, wird dabei ergänzt durch die Einbindung des Helden in einen genealogischen Zusammenhang. Daß Eneas gerade in das Land seiner Vorväter geschickt wird, ist Teil einer genealogischen Legitimationsstrategie, und es ist bezeichnend, daß sein eigener Vater ihn im Traum an seine Sendung erinnert und zugleich Gelingen verheißt – freilich nicht ohne Schwierigkeiten:

iedoch sô mûstû arbeit
lîden unde ungemach
('doch mußt du Mühsal und Leid erdulden', v. 2628f.).

arbeit und *ungemach* sind nicht nur passiv zu ertragen; Eneas muß sich aktiv bewähren. Akt äußerster Bewährung ist der Abstieg in die Unterwelt, den Eneas allein verantwortet (und daher nicht mit seinen Gefolgsleuten berät). Eneas wird dabei zugleich mit seiner Vergangenheit und mit einer verheißungsvollen Zukunft konfrontiert.

Zunächst begibt sich Eneas zur Sibylle, der antiken Seherin, um sich ihrer Hilfe zu versichern. Geschildert ist die Sibylle – gegen die Quellen – als Ausbund an Häßlichkeit. Ausgerüstet wird Eneas mit einem wundersamen goldenen Zweig, der ihn in der Unterwelt schützen und führen wird, und mit Zauberkraut und Salbe gegen Gestank und Feuer der Hölle. An christliche Vorstellungen von Hölle und (bei Veldeke) Fegefeuer sind die antike Unterwelt und ihre Schrecknisse deutlich angenähert, auch wenn einige antike Elemente bewahrt werden: Pluto und Proserpina als Herrscher der Unterwelt, der häßliche Fährmann Charon (der als *tûvel* 'Teufel' erscheint, v. 3012), der Fluß Lethe (hier: *Oblîvîô* 'Vergessen', v. 3159), der Höllenhund Cerberus, die Qualen des Tantalus und der gestürzten Giganten. Eneas begegnet zunächst den Selbstmördern, die von Ungeheuern bei lebendigem Leib angefressen werden (Veldeke führt diese Episode gegenüber dem 'Roman d'Eneas' nach Vergil wieder ein). Dido befindet sich nicht darunter, sondern unter denen, die aus Liebe den Tod gefunden haben; schamvoll, aber ohne Vorwürfe wendet sie sich ab. Der Held trifft ferner auf die im Kampf Gefallenen, auch auf die toten Helden des Trojanischen Kriegs, darunter die Seelen der Trojaner Priamus, Troilus, Hector, Paris, Antenor. Eneas ist erfüllt von Scham wegen seiner Flucht aus Troja – was ihm später seine Gegner in Latium vorwerfen werden, hält er sich hier selbst vor. Bei Eneas' Flucht aus Troja konkurrieren die menschlich-ritterliche Problematik, daß er die Seinen im Stich gelassen hat, und die übergeordnete göttliche Sendung, die zum Verlassen Trojas zwingt.

Zuletzt gelangt Eneas ins Elysium zu Anchises. Der Vater führt ihm in einer Bilderreihe seine glänzende welthistorische Zukunft vor Augen: siegreiche Kämpfe in Latium, die zu gründende Stadt Alba Longa, seine künftige Gemahlin Lavinia, den Sohn Silvius; das „erste Geschlechtsregister“ (v. 3618-3690) kündigt Eneas' Nachkommen über mehrere Generationen, bis zu Romulus an. Die Vorausdeutung auf Roms Weltherrschaft, mit der die Vision endet, wird später bis zu Augustus, ja bis zum Stauferkaiser Barbarossa weitergeführt werden. Die Geschlechterfolge ist nach dem patrilinearen Prinzip aufgebaut: der Sohn folgt auf den Vater, und auf den Sohn wiederum dessen Sohn. Lavinia erscheint hier nur als Mutter eines Sohnes. Das Selbstverständnis des mittelalterlichen Geblütsadels ist darauf ausgerichtet, Herrschaft zu begründen und patrilinear, in männlicher Erbfolge, weiterzugeben. Nach einer letzten Prophezeiung – wo die flüchtigen Trojaner ihre Schüsseln aufessen werden, befinde sich das ihnen verheißene Land – kehren Eneas und Sibylle auf die Erde zurück.

Ankunft in Latium und Kriegsvorbereitungen (v. 3741-6302). Die Trojaner ziehen weiter und gelangen nach Latium, an die Mündung des Tiber. Dort essen sie hungrig von Broten als Tellern und verzehren diese mit: Anchises' Prophezeiung ist erfüllt, das gelobte Land erreicht. Erzählervorausdeutungen künden jedoch zuerst lange Kriege an.

Eneas' Boten werden vom Landesherrn, König Latinus, wohlwollend aufgenommen. Nach alten Prophezeiungen sind seine Erbtochter Lavinia und damit die Herrschaft über Italien durch Göttergebot dem Trojaner Eneas bestimmt. Freilich hat Latinus auf Betreiben seiner Gemahlin das Reich und Lavinia bereits mit feierlichen Eiden dem Rutulerkönig Turnus versprochen: auf Eneas kommen harte Auseinandersetzungen zu. Latinus stellt sich auf Eneas' Seite, aber er ist ein schwacher König und keine große Stütze. Der Konflikt um Lavinia reicht bis in die königliche Familie: Lavinias Mutter wird Eneas' Gegenspielerin sein.

Während die Boten erfreut über die Aussicht auf die Landesherrschaft zurückreiten, hat Eneas in kluger Einschätzung seiner Lage als Landfremder damit begonnen, auf den Höhen über der Tibermündung die Burg Montalbane zu errichten. Damit setzen die Kriegsvorbereitungen ein, die der 'Roman d'Eneas' und Veldeke eingehend schildern: Zum adligen Leben gehört nicht nur die höfische Festtagsseite, sondern auch der Alltag einer Kriegerexistenz. Ausgewählt wird der Platz für die Burg unter strategischen Gesichtspunkten; er ist praktisch uneinnehmbar, *ob in al diu werlt wolde heren* ('selbst wenn die ganze Welt gegen ihn anstürmen wollte', v. 4046); außerdem gibt es eine Quelle. Unter Strapazen schuften die Trojaner Tag und Nacht, um das Felsgestein zu bearbeiten, die Burg zu befestigen, Proviant und Waffen hinaufzuschaffen. Angelegt wird – eine typische Mediaevalisierung – eine mittelalterliche Burg, mit Bergfried, Schießscharten, Burggräben. Die Freudennachricht, Latinus wolle Eneas Tochter und Reich überlassen, wird mit Opfern an die Götter gefeiert.

Währenddessen jedoch stellt die (im mittelalterlichen Eneasroman namenlose) Königin ihren Gemahl wutentbrannt zur Rede. Ihre Argumente beziehen sich zum einen auf den Vertragsbruch und das Recht des Turnus, zum anderen auf Eneas, der ganz und gar unwürdig sei, weil er Troja im Stich gelassen und zudem Dido verraten habe. Latinus verteidigt sich ruhig gegen den Zornesausbruch der Gemahlin. Sie ist schon durch diesen unmäßigen Zorn disqualifiziert, bleibt aber gefährlich. Ihrem Favoriten Turnus teilt die Königin brieflich die veränderte Lage mit, die Schande, daß ein Landflüchtiger Anspruch auf Königstochter und Reich erhebe; Turnus solle den Trojaner vertreiben und dadurch seine Liebe zu Lavinia beweisen – der neue höfische Gedanke, daß Liebe zum Kampf motiviere, Kampf als Liebesbeweis anzusehen sei. Turnus beruft sich empört auf Verträge, Eide, Huldigung von Vasallen, Geiseln; er spielt Recht und Übermacht des einheimischen, von Verwandten und Vasallen gestützten Fürsten aus gegen den Rivalen, der als Flüchtling feige, treulos und verächtlich erscheint. Das menschliche Recht, das für Turnus und gegen Eneas spricht, Eneas' Defizite und Schwächen werden durchaus ausgespielt, doch kaum, um Eneas abzuwerten, sondern um sein überlegenes göttliches Recht noch deutlicher herauszustreichen. Dieses göttliche Recht wird er freilich auch menschlich bewähren müssen: durch Kampferfolge gegen Turnus, in der Liebe zu Lavinia.

Entschlossen, auf seinem Recht zu beharren, sammelt Turnus im Gefühl der Überlegenheit Bundesgenossen: Fast ganz Italien kommt ihm zu Hilfe gegen den Landfremden. Eneas treibt zunächst die lebenswichtige Befestigung seiner Burg weiter voran. Durch ein unglückliches Versehen liefert Eneas' Sohn Ascanius den Kriegsanlaß: Während einer Jagd tötet er unwissentlich den zahmen Hirsch der Silvia, der Tochter des alten Adligen Tyrrhus. Ascanius' Trojaner und die erbosten Leute des Tyrrhus liefern sich ein Scharmützel. Als ein Trojaner fällt, tötet Ascanius den ältesten Sohn des Tyrrhus. Der Kampf eskaliert, die Burg des Tyrrhus wird erobert und verbrannt, das Umland gnadenlos geplündert. Aus nichtigem Anlaß entsteht – ein typisches Deutungsmuster für die Entstehung von Krieg im Antikenroman – durch unkontrollierbare Eskalation von Gewalt größtes Unheil. Krieg im 'Eneas' beinhaltet (wie typischerweise im Antikenroman) Gewaltanwendung, brutale Schädigung des Gegners, gnadenloses Ausnutzen von Unterlegenheit, Plünderung und Mord. Der Erzähler konstatiert taktische Klugheit: durch die Plünderung verschaffen sich die Trojaner Vorräte für die bevorstehende Belagerung. An die Geschädigten denken sie nicht, und auch der Erzähler streift sie nur kurz – ohne zu moralisieren, aber nicht ohne Sympathie mit dem alten Tyrrhus.

Die Trojaner stehen nun als Landfriedensbrecher da. Turnus führt Klage vor Latinus. Der versucht zu mäßigen: Eneas sei selbst nicht beteiligt gewesen und zudem bereit, eine angemessene Entschädigung zu leisten. Turnus dagegen ist entschlossen, den Vorfall zum Anlaß für einen Krieg zu nehmen, und läßt sein Heer in Laurentum aufmarschieren: 140.000 Mann rücken an; unter den Fürsten sind Mezzentius, der Hercules-Sohn Aventinus, Neptuns Sohn Messapus, der mit windgezeugten Wunderpferden aus dem Meer anrückt, die amazonenhafte Königin Camilla. Zahlenangaben und Namenkataloge dienen der Beglaubigung; es geht im Antikenroman auch um Vermittlung von Wissen über antike Helden und antike Mythologie. Besonderes Interesse gilt der jungfräulichen Kriegerkönigin Camilla, die als Inbegriff von Schönheit, Pracht und ritterlicher Tapferkeit und doch als kämpfende Frau verdächtig erscheint. Vor den versammelten Fürsten schildert Turnus in einer langen Rede seine Lage, pocht auf sein vertraglich festgelegtes Recht auf Reich und Königstochter und beklagt den Landfriedensbruch der Trojaner. Mezzentius rät zu Mäßigung und gütlich-rechtlicher Beilegung; Messapus dagegen plädiert dafür, mit Gewalt gegen den Rechts- und Friedensbrecher Eneas vorzugehen. Die Belagerung von Montalbane wird beschlossen.

Eneas trifft Gegenmaßnahmen: Montalbane wird mit Waffen und Lebensmitteln ausgerüstet, die Befestigung weiter verstärkt, die Verteidigung organisiert. Venus, die harte Kämpfe für ihren Sohn voraussieht, begibt sich zu ihrem Gatten, dem Schmiedegott Vulcanus, um für Eneas eine neue Rüstung zu erbitten. Seit Vulcanus sie *in flagranti* beim Ehebruch mit Mars ertappt und die in einem von ihm selbst kunstvoll verfertigten unsichtbaren Netz gefangenen Ehebrecher in peinlichster Situation nackt den Göttern vorgeführt hatte, ist Venus unversöhnlich mit ihm zerstritten; jetzt jedoch bietet sie dem Gemahl Versöhnung und Liebe an, um ihn Eneas gewogen zu stimmen. Die Anekdote vom göttlichen Ehebruch ist bezeichnend für das Götterverständnis des mittelalterlichen Eneasromans (sie stammt nicht von Vergil, sondern – wohl aufgrund einer Andeutung bei Servius – aus dem 'Roman d'Eneas'). Die menschlich-allzumenschlichen Götter werden der Lächerlichkeit preisgegeben, allerdings nicht ohne Sympathie: angesichts von Venus' Attraktivität hätte wohl jeder der männlichen Götter selbst in solch peinlicher Situation mit Mars tauschen mögen. Vulcanus fertigt in der Tat für Eneas eine kostbare Rüstung an, die zuverlässig vor jeder Verwundung schützt. Diese Rüstung ist ein Meisterwerk höfischer Waffentechnik und als solches in allen Einzelheiten beschrieben. Veldeke (und nur er) paßt sie dabei – über Vergleiche mit der heimischen und französischen Heldensage – an das dem Publikum Vertraute an: Eneas' neues Schwert wird verglichen mit *Eckesas*, *Mîmink*, *Nagelrink*, den Schwertern des Riesen Ecke (später Dietrichs von Bern), der Dietrichfeinde Witege und Heime, mit *Haltecleir* und *Durendart*, den Schwertern Oliviers und Rolands aus der 'Chanson de Roland' (bzw. dem 'Rolandslied' des Pfaffen Konrad, um 1170). Vulcanus' Werk ist kein unverdientes Göttergeschenk, die Qualität der Rüstung entspricht der Tapferkeit des Helden (v. 5724f., 5762f.). Auch der Schmuck des Schildes und die von der Göttin Pallas im Wettstreit mit Arachne gewebte Seidenfahne sind eingehend geschildert, mit allen Farben, Tuchen, Edelmetallen und Juwelen: höfische Pracht und die Vermittlung mythologischen Wissens haben ihren Eigenwert, über die Funktion der Rüstung hinaus.

Mit der Rüstung läßt Venus Eneas den Auftrag überbringen, sich um die Unterstützung des mit Turnus verfeindeten Königs Evander zu bemühen. Als sich die Ratgeber dem anschließen, bricht Eneas auf. Die Zurückbleibenden mahnt Eneas dazu, sich nicht zu einem Ausfall aus der Burg provozieren zu lassen: im Krieg geht es nicht um Tapferkeit um jeden Preis, sondern um taktisches Geschick. Während Ascanius die Burgverteidiger befehligt, schifft sich Eneas auf dem Tiber ein und reist stromaufwärts zu Evander, wo man gerade ein Fest zu Ehren des Hercules feiert, der das Land von einem schrecklichen Ungeheuer befreit hatte. Die Trojaner werden höfisch empfangen; der König gibt sich als alter Gastfreund von Eneas' Vater Anchises zu erkennen und sagt den Trojanern seine Hilfe zu. Sein junger Sohn Pallas, der am nächsten Tag zum Ritter geschlagen wird, führt die 10.000 Ritter an, die Eneas zur Unterstützung erhält.

Der Krieg um Italien (v. 6303-9734). Während Eneas mit den neugewonnenen Hilfstruppen herbeizieht, bricht mit der Belagerung von Montalbane der Krieg aus. Turnus hat nicht so leichtes Spiel, wie er in Eneas' Abwesenheit zu haben glaubt; die Burgbesatzung setzt sich unter großen Verlusten erfolgreich zur Wehr. Der Krieg ist unbeschönigt dargestellt, nicht nur als ruhmreiche Einzeltat prachtvoll ausgestatteter Ritter, sondern auch als Gemetzel. Trotz ihrer Furcht halten die Trojaner stand, zumal Ascanius sie in unerschütterlicher Tapferkeit anführt. Turnus gerät in Wut über die uneinnehmbare Lage der Burg und schickt wissend seine Schildknechte in den sicheren Tod. Der Erzähler bezeichnet Turnus' Vorgehen als *unrehte* (v. 6413) und macht das Leid der einfachen Leute deutlich, das aus adliger Perspektive gleichgültig in Kauf genommen wird:

> *solde man schiltknehte klagen,*
> *sô moht dâ michel jâmer wesen,*
> *wand sin mohten niht genesen*
> *mit deheinem dinge*
>
> ('Sollte man einfache Kriegsknechte beklagen, hätte da großes Wehegeschrei ausbrechen können, denn sie hatten keinerlei Chance, mit dem Leben davonzukommen', v. 6426-6429).

Die meisten Angreifer fallen Steinwürfen zum Opfer, die auf sie prasseln, während sie in den Burggraben springen. An Fleisch und Blut der Gefallenen mästen sich Geier, Raben und Würmer fett. Turnus bricht die ergebnislose Belagerung ab – zu spät für die ins Verderben Geschickten. Die Schiffe der Trojaner läßt er verbrennen, um ihnen die Möglichkeit zur Flucht zu nehmen. Am Abend durchreitet er sein Feldlager und spricht – das ist im Gegensatz zum Vorherigen vorbildhaftes Herrscherverhalten – seinen Leuten Mut zu. Die Nacht verbringen die Belagerer mit Gelagen, bis alle betrunken in den Schlaf sinken.

Durch Konzentration auf herausragende Taten einzelner Helden oder Heldenpaare ist das folgende Schlachtgeschehen personalisiert. Zwei Trojaner, die beiden Freunde Nisus und Euryalus, schleichen sich nachts ins Lager der betrunkenen Feinde und richten dort ein Blutbad an (daß sie wehrlose, schlafende Gegner abschlachten, wird nicht problematisiert). Als Beutestück nimmt Euryalus einen Helm mit, dessen Funkeln sie bei der Rückkehr einem entgegenkommenden feindlichen Trupp verrät (die verhängnisvolle Beutegier ist eines der Leitmotive der Kriegsschilderung im 'Eneas'): Die beiden Freunde werden trotz heldenhafter Gegenwehr gefangen und enthauptet, ihre abgeschlagenen Köpfe zur Schau gestellt. Turnus versucht, die Burggräben zuschütten zu lassen und unter Einsatz von Belagerungs- und Wurfmaschinen und Scharen von Schützen bis in die Burg vorzudringen. Die Verteidiger werden durch die Wurfgeschosse von den Zinnen gedrängt und verlieren fast den Mut – nur Ascanius hält sie mit Anfeuerungen bei der Stange. Nach heftigem Kampf wird der Brückenturm, der den Zugang zur Burg sichert, in Brand gesteckt; die zwölf Verteidiger des Turms fallen, als letzte die beiden Anführer, Helenor und Lycus. Ascanius, der als vorbildlicher Anführer an vorderster Front auf den Burgmauern ausharrt, tötet den Schwager des Turnus durch einen Pfeilschuß. Daraufhin setzt Turnus wutentbrannt mit geballter Streitmacht zum Sturmangriff an. Vor allem zwei Riesen, Pandarus und Bitias, wehren mit ihren Keulen die Angreifer ab. Nach heftigem Kampf, bei dem Turnus vorübergehend selbst in die Burg eindringt, werden die beiden Riesen getötet, die Angreifer aber zurückgeschlagen, Turnus entrinnt knapp. In der folgenden Nacht bewachen die Belagerer ihr Lager besser. Am anderen Morgen, als sie sich zur Fortsetzung des Sturmangriffs anschicken, landet Eneas mit seinen Hilfstruppen.

Damit verlagern sich die Kämpfe aufs freie Schlachtfeld. Aus der Massenschlacht herausgehoben sind die Taten dreier Einzelhelden, Turnus, Eneas, Pallas: durch eingehende Berichte von ihren Kampferfolgen, ausgiebigen Erzählerpreis, detaillierte Schilderungen ihrer Wappen, Pferde, Waffen und Rüstungen. Besonders herausgestrichen werden die Heldentaten des Eneas: der (in der Rüstung des Vulcanus materialisierten) göttlichen Hilfe korrespondiert seine Bewährung als exzeptioneller Krieger. Dennoch geraten die Trojaner allmählich in Bedrängnis. Der junge Pallas versucht, mit einer Schelt- und Schmährede die Fliehenden aufzuhalten. In dieser Situation kommt es zum tödlichen Kampf zwischen Pallas und Turnus: auch der äußerlich ritterliche Zweikampf ist im Antikenroman Ernstfall. Turnus nimmt – das wird die Ursache seines späteren Todes sein – in verhängnisvoller Beutegier den kostbaren Smaragdring des toten Pallas an sich, ein Freundschaftsgeschenk des Eneas. Das Beutemachen, in antiker Dichtung selbstverständlicher Bestandteil des Krieges, wird in mittelalterlicher höfischer Dichtung zum unhöfischen Frevel der Leichenfledderei, eine bezeichnende Umwertung des mittelalterlichen Antikenromans gegenüber seinen antiken Vorlagen.

Zunächst allerdings wird Turnus aus dem Kampf entfernt: nicht, wie bei Vergil, durch die Göttin Juno, sondern zufällig mit einem Schiff abgetrieben. Währenddessen läßt Eneas den toten Pallas aufbahren und stürzt sich erneut in die Schlacht. Aus Rache für Pallas vollbringt er außerordentliche Heldentaten: er verwundet den Fürsten Mezzentius, tötet dessen Sohn Lausus und schließlich Mezzentius selbst (auch dessen Friedensliebe sichert kein Überleben). Die Nacht beendet die Schlacht. Als die gegnerischen Fürsten die Abwesenheit des Turnus bemerken, bitten sie um einen vierzehntägigen Waffenstillstand. Die Waffenruhe nutzt Eneas, um die Leiche des Pallas zu seinem Vater zu überführen. Das Begräbnis nimmt Veldeke zum Anlaß für ausgiebige, musterhafte Schilderungen von Ritualen und Zeremonien, von erlesenen, wunderbaren Gegenständen: Ins Wort gefaßt sind die kostbare Totenbahre, die Eskorte, der Nachruf des Eneas und die maßlosen Totenklagen der königlichen Eltern, die Aufbahrung der Leiche, das Grabmal, der Sarkophag, die dank eines Asbestdochtes fast ewig brennende Grablampe aus Rubin. Friedrich Barbarossa habe auf seinem Zug zur Kaiserkrönung dieses Grab des Pallas aufgefunden („erste Stauferpartie“ des ‘Eneas’, v. 8374-8395), ein mindestens punktuelles Element der Aktualisierung der Gründungsgeschichte Roms für das Stauferreich.

Mittlerweile hat Latinus seine Vasallen zu Beratungen zu sich befohlen. Turnus, inzwischen zurückgekehrt, ist erbost über den Waffenstillstand, Latinus dagegen zum Frieden entschlossen. Der friedliebende Fürst Drances schlägt mit allgemeiner Zustimmung einen Entscheidungszweikampf zwischen Eneas und

Turnus vor. Zuvor jedoch unternehmen die Trojaner von Montalbane aus einen Überfall auf das Heer des Turnus. Dieser verläßt das Hauptheer, um nach Eneas zu suchen, sein Heer befehligen Messapus und Camilla. Die Volskerkönigin schlägt die Trojaner zunächst zurück, bis diese bei einem Gegenangriff das Frauenheer zurücktreiben, selbst allerdings durch einen Angriff des Messapus erneut zurückgedrängt werden. Massenschlachten werden in mittelhochdeutscher Epik seit Veldeke bevorzugt als Bewegungsvorgänge von Heeresmassen geschildert: Angriff – Rückzug oder Zurückgetriebenwerden – erneute Gegenbewegung. Hervorgehoben sind Camillas Heldentaten – die typische dem Heldentod vorausgehende Aristie. Die Kriegerjungfrau tötet unter anderem den Trojaner Tarcho, der die seinem patriarchalischen Weltbild nicht entsprechende kämpfende Frau als Hure verhöhnt hatte, und den Priester *Chôres*. Die Siegerin verlangt es nach dessen kostbarem Helm, und wieder erweist sich Beutegier als verhängnisvoll: Camilla, die vom Pferd abgestiegen ist, um dem Toten den Helm abzunehmen, wird von dem feigen Trojaner Arruns hinterrücks mit einem Speer durchbohrt. Camilla hat, stellt der Erzähler fest, ihren Ruhm *sêre mit dem lîbe vergolden* 'mit ihrem Leben schmerzlich teuer bezahlt' (v. 9144f.). Die Leiche wird nach Laurentum gebracht. Die beiden Anführer kehren zurück. Eneas läßt noch in der Dunkelheit vor Laurentum in schreckenerregender Geschwindigkeit ein Zeltlager von überwältigender Pracht errichten. Latinus erwirkt einen sechswöchigen Waffenstillstand. Diese Waffenruhe wird, wie bei Pallas, zur Überführung der prominenten Leiche in ihre Heimat genutzt. Die Schilderung von Trauerzug, Begräbnis und Grabmal der Camilla ist ganz parallel zum Pallas-Begräbnis angelegt. Turnus schickt der Verbündeten einen klagenden Nachruf nach und läßt den Trauerzug eskortieren. Die kostbare Tragbahre, Grabmal, Sarkophag und Epitaph und ein beinahe ewiges Licht sind ausgiebig in ihrer ganzen Erlesenheit geschildert: Camillas schmutzig-gemeines Sterben wird im nachhinein ästhetisiert und verklärt. Turnus zeigt sich gegenüber Latinus empört über dessen Loyalität zu Eneas und besteht auf dem Zweikampf. Vergeblich versucht der alte König, Turnus mit dem Hinweis auf den Götterwillen zum Verzicht auf seine Ansprüche zu bewegen. Eneas und Turnus legen Eide ab, in vierzehn Tagen zum Zweikampf gegeneinander antreten zu wollen.

Lavinia (v. 9735-13428). Während man auf den festgesetzten Zweikampftermin wartet, versucht Lavinias Mutter (im „Minnegespräch", v. 9749-9985) vergeblich, ihre Tochter für die Minne, für Turnus und gegen Eneas einzunehmen: Lavinia hat noch keine Vorstellungen von der Minne und wehrt sich gegen die ihr unbekannte gefährliche Macht. Als sie jedoch Eneas erblickt, wird sie unwiderstehlich von der Minne ergriffen. In einem langen Monolog (v. 10064-10388) versucht sie, sich über ihre Gefühle klarzuwerden. Aufgrund der Krankheitssymptome, die sie verspürt, stellt sie die Diagnose „Minne". Wie ihre Mutter sie gelehrt hat, deutet Lavinia ihre Leidenschaft als Verwundung durch eine äußere Macht, durch Amors goldenen Pfeil. Genau der zuvor entwickelten Minnetheorie entsprechend wird die Minne als Feuer, Leiden, lebensbedrohliche Krankheit erfahren; mit dem Wissen um die Krankheit wächst allerdings das Verlangen nach Heilung durch die Ärztin Minne und ihre Salbe. Lavinia fürchtet indes die Mutter, gegen deren Anweisungen sie liebt und vor der sie, wie sie weiß, ihre Gefühle nicht verbergen kann: Minne zeigt sich dem Kundigen untrüglich durch äußere Symptome an. Ihre Leidenschaft begreift Lavinia daher selbst als verderbenbringendes Verhängnis, als *mîn ungelucke* ('mein Unglück', v. 10146) oder gar *betalle mîn tôt* ('überhaupt meinen Tod', v. 10147), ohne sich jedoch dagegen wehren zu können, da es ohne ihr Zutun einfach *alsô mûste geschehen* ('so kommen mußte', v. 10175). Lavinia empfindet ihre Liebe als maßlos und unzulässig (*den minne ich zunmâzen* 'den liebe ich maßlos', v. 10149; *ich bin dem Troiâr alze holt* 'ich liebe den Trojaner allzusehr', v. 10171), als eigenes Verschulden (*mîn scholt*, v. 10172): die Terminologie ist die gleiche wie bei Dido. Über die Leidenschaft räsoniert Lavinia ganz rational, fast sophistisch; früher war sie *tumb* ('unerfahren'), jetzt, durch die Erfahrung der Minne, wird sie *wîse* 'klug' (v. 10191-10193). Dabei gelangt sie zu der Erkenntnis, daß Liebe nur einem gelten kann (v. 10185-10190; im 'Roman d'Eneas', v. 8155f., nicht so deutlich) und daß sie Erwiderung, Gegenseitigkeit erfordert:

der gelieben mûzen zwei wesen,
diu sich underminnen
unde mit ir sinnen
ir willen vollebringen

('Zwei Liebende müssen es sein, die sich gegenseitig lieben und verständig ihren Willen in die Tat umsetzen', v. 10222-10225; vgl. 'Roman d'Eneas', v. 8175-8177).

Lange hadert Lavinia mit sich und der Minne: hätte sie sich doch wenigstens in den der Mutter genehmen Turnus verliebt. Auch diese Möglichkeit wird durchdiskutiert und verworfen – Lavinia liebt Eneas, und anders als Vergils Lavinia, die ganz selbstverständlich den Sieger zum Gemahl nehmen wird, läßt die Lavinia des mittelalterlichen Eneasromans nicht über sich verfügen (v. 10326-10347). Als Eneas zu seinem Lager zurückreitet, fällt Lavinia aus Verzweiflung über die vermeintliche Mißachtung fast in Ohnmacht und glaubt sich dem Tode nah; bis zum Einbruch der Dunkelheit starrt sie dem Entschwundenen nach, die Nacht verbringt sie in topischer Schlaflosigkeit. Ihre Mutter bemerkt am anderen Morgen sofort, wie es um sie steht, und stellt sie zur Rede. Lavinia versucht vergeblich zu leugnen und gibt schließlich zu, daß sie Eneas liebt (den Namen bringt sie nicht über die Lippen, sondern schreibt ihn, anders als im 'Roman d'Eneas', auf). Die Mutter versucht mit allen Mitteln, Eneas zu verleumden, unter anderem mit dem Vorwurf der Homosexualität (im Mittelalter eine Todsünde) und mit der Erinnerung an Didos Schicksal (v. 10638-10671). Als die Tochter unerschütterlich bleibt, kommt es zu heftigen Auseinandersetzungen; das Mädchen bricht in

Tränen aus und wird ohnmächtig. Wutentbrannt zieht die Mutter ab. Als Lavinia aus ihrer Ohnmacht erwacht, sieht sie nur noch einen Ausweg aus ihrem Leiden an der Liebe: das Liebesgeständnis in einem Brief, von dem sie sich Gegenliebe und Ansporn für Eneas' Kampfkraft verspricht.

Den Brief läßt sie mit einem Pfeil auf Eneas schießen (eine narrative Umsetzung der Vorstellung von Cupidos Liebespfeilen). Eneas nimmt den Brief heimlich an sich und liest ihn erfreut (Veldeke setzt selbstverständlich voraus, daß adlige Männer und Frauen schreiben und lesen können). Bei ersten wechselseitigen Blickkontakten wird auch Eneas von Amors Pfeil getroffen (v. 10978-10989). Bis zum Abend verharrt er vor Lavinias Fenster. Beim Nachtmahl kann er nicht essen und nicht trinken, die Nacht verbringt er schlaflos; seine Gedanken kreisen um den Brief und um Lavinia. Auch er wird von der Minnekrankheit befallen, mit allen bekannten Symptomen, und ringt in einem Monolog mit seinen Empfindungen (v. 11030-11338). Zunächst empfindet Eneas die neue Leidenschaft empört als gefährliche Schwäche angesichts des herannahenden Zweikampftermins. Die Minne, die auch er als *unmâzlîch* 'maßlos' erlebt (v. 11132), überwältigt ihn als eine für ihn vollkommen neue Erfahrung. Diese läßt ihn jetzt erst Didos Liebe und sein eigenes Versagen begreifen:

wâr mir dô zer selber stunt
zehen teil sô von minnen kunt,
als ich sider hân vernomen,
ichn wâre nie von ir komen.
Diu was mir [...] *vile holt,*
von diu hân ich sunde und scholt,
daz si verlôs ir lîp

('Hätte ich damals auch nur ein Zehntel dessen von der Liebe gewußt, was ich seither erfahren habe – nie hätte ich sie verlassen. Sie hat mich [...] sehr geliebt, deshalb habe ich Sünde und Schuld auf mich geladen, als sie ihr Leben ließ', v. 11183-11189).

Nach langem Hadern und Mißtrauen gegen Lavinia und die Liebe gelangt Eneas zu neuer Zuversicht: Die Liebe stärkt ihm Mut und Kampfkraft, so daß er sich seines Sieges beim Zweikampf über Turnus sicher ist. Nun endlich kann er schlafen, und zur Beunruhigung seiner Leute, die fürchten, er werde krank, schläft er bis zum Mittag. Lavinia dagegen steht frühzeitig auf und begibt sich in Erwartung des Geliebten zum Fenster. Als sie jedoch zunächst vergeblich auf den Langschläfer warten muß, gerät sie vor Ungeduld fast außer sich, befürchtet mangelnde Gegenliebe, verwünscht ihr voreiliges Liebesgeständnis und beschimpft den vermeintlich Lieblosen. Erst am Nachmittag reitet Eneas vor die Burg und begrüßt Lavinia, die sogleich ihren Unmut vergißt. Die Verliebtheit der beiden ist unverkennbar, so daß Eneas sich den gutmütigen Spott seiner Gefolgsleute einhandelt.

Kurz darauf findet der entscheidende Zweikampf um Frau und Landesherrschaft statt. Die Kontrahenten und ihre Gefolgsleute treten an. Latinus, der all seine Götterbilder mitnimmt, und seine Fürsten reiten vor die Stadt Laurentum. Der alte König läßt den Kampfplatz abstecken. Eneas hält eine Ansprache, in der er seine Geschichte rekapituliert und damit zugleich seinen Rechtsanspruch auf Lavinia und Italien begründet: seine Abstammung von Dardanus, den Götterbefehl, das untergehende Troja zu verlassen, das Versprechen des Latinus nach seiner Ankunft in Italien. Für den Fall seines Sieges sagt Eneas dem Latinus seine Loyalität zu; für den Fall einer Niederlage erwirkt er freien Abzug für Ascanius und die Seinen.

Während der Zweikampfvorbereitungen flackern zunächst die Massenkämpfe wieder auf: Ein Gefolgsmann des Turnus tötet einen Trojaner, allgemeines Kampfgetümmel bricht aus. Latinus zieht sich in die Stadt zurück; in eiliger Flucht nimmt er nur sein liebstes Götterbild mit, *der andern aller her vergaz* ('die anderen vergaß er alle', v. 11845). Wütend über den Bruch der Vereinbarung stürzt sich Eneas ungerüstet in den Kampf; die Verletzung durch einen vergifteten Pfeil, die er davonträgt, heilt ein Arzt geschickt (in der antiken Quelle war göttliches Eingreifen erforderlich gewesen). Auch Turnus begibt sich, erfreut über die Verwundung des Gegners und mit Rüstung, ins Kampfgetümmel. Eneas aber, schnell genesen, zwingt Turnus zum Rückzug und läßt Feuer an die Stadt Laurentum legen. Als Latinus sich bei Turnus beklagt, erklärt sich dieser erneut zum Entscheidungszweikampf bereit. Eneas nimmt die Herausforderung wieder an, wieder werden Kampfvorbereitungen getroffen. Turnus und Eneas begeben sich zum Kampfplatz. Latinus läßt Geiseln stellen, damit die Vereinbarung eingehalten wird. Lavinia, die sich um den Geliebten sorgt, droht für den Fall seiner Niederlage mit Selbstmord (v. 12279-12287); die Erwartung, daß Eneas aus ihrem Liebesbrief siebenfache Tapferkeit beziehen wird, muntert sie jedoch auf.

Der Zweikampf (v. 12306-12606) läuft regelgerecht ab: Zunächst rennen die Gegner zu Pferd mit den Lanzen gegeneinander an; dabei stechen sie sich schließlich gegenseitig vom Pferd; der Kampf wird, wie üblich, als Schwertkampf zu Fuß fortgesetzt – und zwar bis fast gegen Abend. Turnus kämpft tapfer, aber die von Vulcanus geschmiedete Rüstung ist undurchdringlich. Als Turnus dem Eneas einen heftigen Schwerthieb auf den Helm versetzt, erhöht in der Tat Lavinias Anblick Eneas' Kampfkraft, so daß er Turnus in Bedrängnis bringt. Dieser wehrt sich mit der Tapferkeit eines Löwen, und nur der undurchdringliche Helm rettet Eneas' Leben. Da zerbricht Turnus' Schwert. Turnus weicht zurück und schleudert einen großen Stein auf den Gegner. Erst als Eneas ihm den Oberschenkel durchschlägt, muß Turnus sich ergeben und fleht um sein Leben. Eneas ist zunächst von Mitleid erfüllt. Als aber sein Blick auf den Ring des Pallas fällt, den Turnus dem von ihm getöteten Jüngling abgenommen hatte, schlägt er dem Gegner aus Rache gnadenlos den Kopf ab. Es bleibt ein gewisses Mißbehagen: immerhin erschlägt Eneas einen Gegner, der wehrlos und schwerverletzt um Gnade bittet, ähnlich wie in Wolframs von Eschenbach 'Willehalm' der Held den um sein halbes Leben flehenden Arofel abschlachtet. Bei Veldeke ist ein schiefes

Licht kaum intendiert: Das Gesetz des Krieges ist ein anderes als das der Ritterlichkeit; das höfische Gebot der Gegnerschonung hat sich selbst in der Literatur noch nicht durchgesetzt, vom Stoffzwang ganz zu schweigen. Dem toten Gegner gilt ein rühmender Nachruf des Erzählers (v. 12610-12634). Solche Nachrufe sind häufig; sie erhöhen postum den Rang des Getöteten – und damit den des Siegers.

Von Latinus fordert Eneas den Siegespreis: Lavinias Hand. Trotz heftigen Minneverlangens werden Etikette und höfische Form eingehalten: Eneas begibt sich nicht sogleich zur Geliebten, sondern läßt ein prunkvolles Hochzeitsfest vorbereiten und feiert in seinem Lager den Sieg, indem er in vorbildlicher höfischer Freigebigkeit Geschenke verteilt. Lavinia wartet vergeblich und ist gekränkt. Am nächsten Morgen lassen Eneas und Latinus alle Fürsten und Vasallen durch Boten zum Vermählungsfest einladen. Eneas opfert den Göttern und macht dann Lavinia seine Aufwartung. Sein Auftreten wird in superlativischem Preis über das der Herrscher aller Zeiten gestellt (v. 12806-12808). In einem Zwiegespräch werden sich die beiden vollends einig. Eneas vertraut die Verlobte ihrer Erzieherin an und besucht Lavinia weiterhin täglich. Nur die Königin, Lavinias Mutter, schließt sich aus der allgemeinen Festfreude aus. Sie verflucht Tochter und Mann und stirbt schließlich, wahnsinnig vor Zorn und Schmerz.

Groß ist der Zulauf zur Hochzeit, die einen ganzen Monat dauert. Das höfische Fest wird eingehend beschrieben, besonders die kostbaren Geschenke, die Eneas und die Fürsten an die Festgäste verteilen. Dieses Hochzeitsfest vergleicht Veldeke mit dem Mainzer Hoffest Friedrich Barbarossas von 1184 („zweite Stauferpartie", v. 13222-13252).

Eneas' und Lavinias Glück ist vollkommen. Latinus überträgt dem Schwiegersohn die Herrschaft. Dieser gründet die Residenzstadt Alba Longa (die er Ascanius hinterläßt) und beherrscht ganz Italien. Lavinia gebiert ihrem Gemahl einen Sohn, Silvius, dessen Sohn Silvius Eneas seinem Großvater Eneas vollkommen ähnelt. So erfüllt sich die Prophezeiung aus der Unterwelt, auf die explizit zurückverwiesen ist. Im „zweiten Geschlechtsregister" (v. 13332-13396) wird die Liste der Nachkommen des Eneas bis zu Julius Caesar weitergeführt, mit einem Ausblick auf Augustus und Christi Geburt (v. 13397-13428). Das Geschehen um Eneas und die römische Geschichte sind so andeutungsweise in heilsgeschichtliche Zusammenhänge gestellt: Augustus, zu dessen Regierungszeit Christus geboren wurde, stammt aus dem Geschlecht des Eneas; Christi Erlösungstat wird geradezu gebethaft der Gegenwart nahegebracht. Von der Entstehungsgeschichte im Epilog (v. 13429-13528) war bereits die Rede.

Forschungsfragen und Deutungsperspektiven. Das Forschungsinteresse am 'Eneas' galt lange äußeren Fragestellungen: nach der ursprünglichen Sprache des Textes, nach der relativen Chronologie des 'Eneas' und der etwa gleichzeitigen rheinischen Epik, Lambrechts 'Alexander' und Eilharts von Oberg 'Tristrant', nach dem Verhältnis zu den Quellen. Die Frage nach der ursprünglichen Sprache des 'Eneas' ist weitgehend in den Hintergrund getreten; in der Frage der relativen Chronologie besteht kein Konsens.

EHLERT nimmt im Anschluß an MINIS Wechselwirkungen an (die Vorstufe X des 'Straßburger Alexander' habe auf den 'Eneas' gewirkt, während umgekehrt der Bearbeiter der unmittelbaren Vorstufe Y des 'Alexander' Veldekes Roman bereits gekannt habe); erwiesen ist das nicht. Verstechnisch ist der 'Straßburger Alexander', der das Prinzip des reinen Reims nicht konsequent durchführt, archaischer als der 'Eneas'; doch ist bewußte Archaisierung ebenso möglich wie das Beibehalten unreiner Reime aus der Vorlage. Insgesamt bleibt die Priorität des 'Straßburger Alexander' wahrscheinlicher. Beim Verhältnis von Eilhart und Veldeke kommen inhaltliche Momente hinzu: Isaldes und Lavinias Minnemonologe ähneln einander so frappant, daß unabhängige Entstehung kaum wahrscheinlich ist; im 'Tristrant' wirkt indes der sophistische Minnemonolog als Fremdkörper, was eher für „Import" aus dem 'Eneas' spricht – einen Forschungskonsens gibt es allerdings nicht.

Nach wie vor ein zentraler Aspekt ist das Verhältnis zur Quelle. Weitgehend Forschungskonsens ist, daß Heinrich von Veldeke eine, nach mittelalterlichem Usus, recht getreue Bearbeitung des 'Roman d'Eneas' vornimmt, auf den die wesentlichen strukturellen und inhaltlichen Änderungen gegenüber Vergil zurückzuführen sind; daß er antike Quellen (in erster Linie Vergils 'Aeneis' selbst und Ovids Werke) eigenständig, zumeist jedoch punktuell heranzieht; daß er eigene Akzente setzt vor allem in der Liebes-, Helden- und Geschichtskonzeption. Die beiden zentralen Thesen älterer Interpretationen des 'Eneas', die von Didos „unrechter" und Lavinias „rechter" Liebe und die von einer konsequent verchristlichten universalhistorischen Perspektive des 'Eneas' sind seit den 1970er Jahren weitgehend ad acta gelegt. Wesentliche Erzählkonzepte, unter denen der 'Eneas', zumeist im Einklang mit dem 'Roman d'Eneas', zum Teil aber auch mit eigenem Deutungsanspruch, die antike „historische" Erzählung umgestaltet, sind die musterhafte Darstellung vorbildhafter Aspekte höfischen Lebens; das Verhältnis von römischer Geschichte und Heilsgeschichte, Weltgeschichte und Adelsgenealogie; Fragen der Legitimation und Weitergabe von Herrschaft; Konstrukte von Geschlechterrollen und Liebeskonzeptionen; die Wertung des Krieges; der Umgang mit der Götterwelt, mit Verhängnis und menschlicher Eigenverantwortung, aus dem eine andere Heldenkonzeption resultiert.

Höfisches Leben und höfische Erzählkunst. Beschreibungen und Schilderungen jeder Art haben bei Veldeke, stärker noch als in der französischen Quelle, einen außerordentlichen Stellenwert: Was den „höfischen" Charakter des Textes ausmacht (Etikette und Zeremoniell, Deskriptionen höfischer Pracht und Rituale), ist herausgestrichen. Geschildert werden die Personen, vor allem ihre Kleidung und Ausrüstung – etwa das Jagdkleid der Dido, der Jüngling Pallas, die amazonenhafte Camilla. In der körpergebundenen Kultur des Mittelalters kommt dem Visuellen ungeheure Bedeutung zu, insbesondere unter dem Aspekt höfischer Repräsentation; Farben, Stoffe, Preziosen werden daher eingehend geschildert, mit Interesse auch für winzigste Details, wenn sie nur zum höfischen Lebensstil gehören. Beschrieben werden höfische Gebäude, die Grabmäler des Pallas und der Camilla, kostbare Gegenstände wie Pallas' Smaragdring und die wertvollen Geschenke, die Eneas bei jeder Gelegenheit Gastgebern und Gästen macht. Geschildert werden insbesondere Szenentypen, die im höfisch-adligen Leben zentral sind: Beratungen eines Fürsten mit seinen Vasallen, Aussendung und Empfang von Gesandten, Feste. Obwohl das Bild des Krieges brutal und unbeschönigt ist, werden auch einzelne Zweikämpfe – etwa die des Turnus und des Pallas, des Turnus und des Eneas – exemplarisch als höfisch-ritterliche Zweikämpfe geschildert, mit eingehender Beschreibung von Rüstung und äußerer Erscheinung, mit Herausforderungsrede oder Herausforderungsdialog, Lanzenkampf zu Pferd, Schwertkampf zu Fuß, Nachruf. Auch Reden, Monologe, Dialoge sind ausführlich wiedergegeben. Vorgeführt wird, wie höfische Selbstdarstellung (repräsentative Ausstattung, vorbildliche Redeweisen und höfische Verhaltensstandards) idealiter auszusehen hat – und wie man sie angemessen beschreibt. Zu dem Zweck werden nachahmenswerte und nachahmbare Muster vorgeführt: Beschreibungen von Personen, Pferden, Waffen, kostbaren Kleidern, Zelten, Burgen, Grabdenkmälern, Schilderungen von höfischen Empfängen, Festen, Beratungen, Zweikämpfen, Minnemonologe und -dialoge, Liebesbrief, Totenklagen und anderes (ohne daß sich Veldekes Intention indes darin erschöpfen würde, ein rhetorisches Musterbuch[6] zu liefern).

Geschichte und Heilsgeschichte. Vergils 'Aeneis' liegt eine weltgeschichtliche Deutungsperspektive aus nationalrömischer Sicht zugrunde; Rom legitimiert sich durch einen Ursprungsmythos, die Geschichte des Aeneas, der ihrerseits die trojanische Vorgeschichte eine zugleich mythisierte und historische Tiefendimension verleiht. Der 'Roman d'Eneas' reduziert die nationalrömischen Elemente ganz, die weltgeschichtliche Perspektive insgesamt sehr weitgehend; aus dem historischen Epos wird ein Minneroman. Aus der Vorgeschichte trojanischen Heldenruhms, die bei Vergil Aeneas' Status als mythischer Held begründet, wird tendenziell, schon im 'Roman d'Eneas' und erst recht bei Veldeke, eine Geschichte des Scheiterns, gegen die der „mittelalterliche" Eneas seine Bewährung im Kampf setzen muß. Deutlicher als die französische Quelle – und in diesem Punkt näher an Vergil, freilich ohne dessen römische Grundkonzeption – hebt Veldeke die welthistorischen Implikationen von Eneas' Schicksal hervor: Die „Geschlechtsregister" (mit den auf Eneas folgenden römischen Gründungsheroen) nehmen mehr Raum ein; hinzugefügt sind der Ausblick bis in die Zeit des Augustus und von Christi Geburt und die Anbindung an die Zeitgeschichte durch die beiden „Stauferpartien": Die historische Zukunft wird bis in die Gegenwart des Stauferkaisers Friedrich Barbarossa hinein verlängert. Für die Gesamtdeutung des Textes sind die staufischen Bezüge indes nicht zentral: Der

6 BERTAU (Nr. 21), S. 549.

'Eneas' erzählt keine trojanisch-römisch-staufische Weltgeschichte, sondern die Geschichte des Eneas; die beiden Geschlechtsregister und die Stauferpartien bleiben punktuell. Telos der Geschichte ist nicht römisches oder staufisches Kaisertum, sondern ein heilsgeschichtliches: am Ende des Romans steht der Ausblick auf Christi Geburt, wie er sich etwa auch im 'Excidium Troie' und in Albrecht-Wickrams 'Metamorphosen' an die Herrschaft des Augustus anschließt.

Geschichte und Genealogie. Die Heilsgeschichte ist der eine Gegenpol zur römischen Geschichte, der andere ist die Personalisierung von Weltgeschichte in Form einer Helden- und Gründerdynastie. Eneas tritt weit stärker als bei Vergil, den Vorstellungen des mittelalterlichen Adels entsprechend, der Identität und Legitimation auf die Zugehörigkeit zu einem bestimmten Geschlecht gründet, als Glied einer Generationenkette und Begründer einer Dynastie in den Vordergrund. Die Umgestaltung scheint unspektakulär: Eneas hat bereits in der 'Aeneis' Vorväter und Nachfahren, denen freilich im mittelalterlichen Roman eine bedeutendere Rolle zugewiesen wird. Die Implikationen der Akzentverschiebung aber sind erheblich: sie hat Konsequenzen im Rahmen der Herrschaftsthematik, im Zusammenhang mit Geschlechterkonstruktionen und für die Konzeption des Helden: Herrschaftsgründung und Herrschaftsweitergabe sind aus dem genealogischen Zusammenhang heraus legitimiert; die Genealogie ist eine patrilineare, weibliche Herrschaft ist nicht vorgesehen; Geblütsadel ist nicht nur Privileg, sondern auch Verpflichtung, sich zu bewähren.

Legitimation von Herrschaft. Die Herrschaftsproblematik, ein zentrales Thema der Antikenromane, wird im 'Eneas' an verschiedenen Aspekten durchgespielt: an der Frage der Legitimation von Herrschaft, am Verhältnis von Herrschaft und Liebe, Geschlecht und Herrschaft. Die Legitimation des Helden, sein Recht auf Lavinia und damit auf die Herrschaft über Italien, wird immer wieder diskutiert. Gerade Eneas' Gegenspieler Turnus formuliert wiederholt seine Rechtsauffassung, die sich vor allem auf Verträge und Feudalrecht stützt. In der Rede vor dem Entscheidungszweikampf sammelt Eneas selbst die Gründe für die Legitimität seiner Ansprüche: die italische Herkunft seines Vorvaters Dardanus, den Götterauftrag, das Versprechen des Latinus. Insgesamt erhält die genealogische Legitimation von Herrschaft durch die herausgehobene Position der Geschlechtsregister ein höheres Gewicht; der Götterauftrag tritt in seiner Bedeutung zurück; das Versprechen des Königs sticht die Heiratspolitik seiner Gemahlin aus.

Geschlecht und Herrschaft: Frauenbilder des 'Eneas'. Die latinische Königin zeichnet der 'Eneas' als monströse Karikatur einer mächtigen Frau. Sie ist als Negativfigur gezeichnet, als Unperson, der sogar der Name verweigert wird und die sich am Schluß quasi selbst auslöscht. Gegenüber Turnus agiert sie als Anstifterin und Kriegshetzerin. In der Beziehung zu ihrem Gemahl (der den literarischen Typus des schwächlichen Königs verkörpert) steht sie als *übel wîp* da, als böse, herrschsüchtige Ehefrau: das zentrale Schreckbild mittelalterlicher Misogynie, die durch Herrschsucht der Frau die gottgewollte Ordnung der Ehe und der Welt gefährdet sieht. Nicht zuletzt indem er die eigene Tochter Partei gegen die Mutter ergreifen läßt, wertet der 'Eneas' die Königin ab. Von der eigenmächtigen Mutter setzt sich die Tochter ab, die zwar in der Liebe das Recht auf die eigene Wahl behauptet, aber eben nur in der Liebe, nicht im Bereich von Macht und Herrschaft. Die Erbtochter Lavinia wird nach der Eheschließung nur Ehefrau sein und Mutter, bezeichnenderweise Mutter von Söhnen: Herrschaft wird nur vom Mann ausgeübt und nur an Söhne weitergegeben. Eigenständig und eigenmächtig handelnde Frauen, vor allem die, die sich über traditionelle Frauenbilder hinwegsetzen, demontiert der 'Eneas' radikal. Dies gilt für die machtbewußte Königin ebenso wie für die Alleinherrscherin Dido (an deren Seite Eneas eher eine Prinzgemahlrolle hatte) und die kriegerische Camilla.

Dido ist, bevor sie Eneas liebt, das Muster einer klugen Regentin. Ihre Herrschaft scheint so lange akzeptabel, wie Dido sich in eine akzeptierte Frauenrolle, die der Witwe, fügt. Ihre Leidenschaft für Eneas läßt sie auch als Herrscherin scheitern. Auch bei Veldeke, obwohl er gegenüber dem 'Roman d'Eneas' abmildert, bringt das Öffentlichwerden der Verbindung die Fürsten gegen die Königin auf und stellt sie als Herrscherin in Frage. Didos Schicksal, Exempel des Scheiterns maßlos leidenschaftlicher Liebe, wird im mittelalterlichen Eneasroman auch zum Exempel des Scheiterns weiblicher Herrschaft, vor allem aber zum Exempel von der Unvereinbarkeit zwischen weiblicher Herrschaft und Liebe: die Frau geht zugrunde, der Mann verbindet in einer neuen Beziehung Liebe und männliche Herrschaft.

Liebeskonzeptionen und Liebesschicksale. Von den Liebenden – Dido, Lavinia, Eneas – wird die Minne, die urplötzlich und ungewollt über sie alle hereinbricht, gleich erfahren: als Fesselung, als Feuer, als Krankheit, als Qual. Die Symptome der Minnekrankheit sind topisch: Erröten, Erblassen, Schweißausbrüche, Appetitlosigkeit, Schlaflosigkeit, zielloses Grübeln: Minnesymptome sind meist körperlich faßbar. Die Liebeskrankheit stammt aus ovidischer Liebeskasuistik und wurde durch die altfranzösischen Antikenromane, vor allem den 'Roman d'Eneas', in die mittelalterliche Erzählliteratur, durch Veldeke in die mittelhochdeutsche Romandichtung eingeführt. Veldeke verlagert allerdings den Schwerpunkt vom Nur-Körperlichen, Pathologischen durchaus auch auf die Darstellung seelischer Zustände. Die Minne erscheint – wie im Tristanroman – als allgewaltige Macht, die den Menschen überwältigt, als Verhängnis, gegen das die Liebenden sich vergeblich wehren. (Gleichwohl ist Minne der Ratio zugänglich: Minnesymptome sind zu diagnostizieren, Affekte in Worten faßbar.) Vor allem Dido erfährt Liebe – im Unglück wird das deutlicher als im Glück; es ist aber das gleiche Prinzip, das sich so oder so auswirkt – als verhängnisvolle Macht, die sie gegen ihren Willen ergriffen hatte und die wie eine verzehrende Krankheit, wie ein tödliches Gift ihre ganze Existenz von Grund auf zerstört.

Die Grunderfahrung von Liebe als Passion, als Leiden, als Krankheit, als Maßlosigkeit, Allzusehr- und Allzuheftiglieben ist indes bei allen Liebenden des Romans die gleiche. Lavinia erlebt Minne nicht grundsätzlich anders als Dido; nur ist Lavinias Liebe, vom Handlungsausgang her gesehen, Glück bestimmt, Didos Liebe Unglück– als solche ist ihre Liebe nicht verwerflich. Veldeke sieht Dido positiver als seine misogyne Quelle, die die sexuellen Aspekte ihrer Liebe und ihr Versagen als Herrscherin hervorhebt, aus Didos Untreue gegenüber dem toten Gemahl auf die grundsätzliche Treulosigkeit der Frauen schließt und Dido zugleich als abschreckendes Beispiel für die verheerenden Folgen der neuen höfischen Liebe exponiert. Veldeke verurteilt nicht Didos Liebe, nur ihren Selbstmord, und auch dieses Urteil ist abgemildert, insofern Dido in der Hölle nicht unter die Selbstmörder gereiht wird. Nicht Dido trägt die Schuld an ihrem Unglück; damit wird sie bei Veldeke zu einer gewissermaßen tragischen Gestalt. Im 'Roman d'Eneas' gefährdet Dido durch ihre Liebe ihr Reich, das sich erst im Aufbau befindet und von außen ohnehin, durch die Feindschaft der Barone nunmehr auch von innen bedroht ist. Bei Veldeke ist die politische Dimension der Liebe, die Feindschaft der einheimischen Fürsten, zwar angedeutet, aber Didos Reich, das sich auf einem Machtgipfel befindet, ist dadurch nicht wirklich bedroht. Gefährdet ist nur Dido selbst, die als Frau und als Herrscherin durch Eneas Untreue vernichtet wird. Daß sie selbst die Verantwortung für ihr Tun auf sich nimmt, tut ihrer Größe indes keinen Abbruch.

Veldekes einschneidendste Änderung gegenüber 'Aeneis' und 'Roman d'Eneas' ist die Tatsache, daß Eneas selbst nicht liebt und ohne zu lieben die Beziehung mit Dido eingeht, ja sogar die Initiative zumindest zur sexuellen Vereinigung ergreift. Die Differenz in den Gefühlen demonstriert Didos Liebesfähigkeit, die sie ihre ganze Existenz aufs Spiel setzen läßt, während Eneas nur seinem flüchtigen Vergnügen nachgeht. Daß diese Haltung korrekturbedürftig ist und Eneas ein defizienter Held (schon im 'Roman d'Eneas', verstärkt bei Veldeke), belegt die Lavinia-Geschichte, die Eneas als Liebenden rehabilitiert, belegt Eneas' eigene Einsicht aufgrund der Erfahrung der Liebe zu Lavinia. Es ist dies eine Ehrenrettung für Dido, aber auch für Eneas: Wenn nur der Liebende Liebe verstehen kann, ist Eneas' Verhalten gegenüber Dido im nachhinein gewissermaßen entschuldigt – obwohl er sich selbst 'Sünde' und 'Schuld' vorwirft: Wie Dido nimmt er Verantwortung auf sich; anders als sie muß er jedoch nicht dafür bezahlen.

In zweierlei Hinsicht markiert ein qualitativer Sprung die Lavinia-Minne: Während Dido sich vorwirft, sich Eneas *dorch sô wenige bete* hingegeben zu haben, verlangt die Lavinia-Minne zunächst Bewährung im Sieg über Turnus. Didos Minne lenkt Eneas von seinen eigentlichen Aufgaben ab, Lavinias Minne führt Eneas zur Vollendung seines Schicksals. Außerdem erfüllt nur die Liebe von Lavinia und Eneas die Bedingung, Liebe müsse ausschließlich und gegenseitig sein. Weil Liebe nur dem einen, der einen gelten kann, muß Veldeke Eneas emotional für Lavinia aufsparen – und damit wird plausibel, daß Eneas Dido nicht lieben kann. Weil Liebe gegenseitig sein muß, die Didos aber nicht erwidert wird, ist diese Liebe zum Scheitern verurteilt, auch aus sich selbst heraus, nicht nur wegen des übergeordneten Geschicks, das Eneas aus Karthago nach Latium treibt. Daß in der neuen Beziehung Frauen- und Männerrolle patriarchalischen Machtverhältnissen entsprechend geregelt sind, wird nicht zum Thema. Lavinia wird, obwohl sie sich gegen die Mutter zum Subjekt ihrer Liebe erklärt, instrumentalisiert für die Begründung männlicher Herrschaft. Die Verklärung der gegenseitigen personalen Liebe und der liebenden Lavinia verschleiert die grundsätzlich patriarchalische Struktur der Geschlechter- und Machtverhältnisse.

Götter, Schicksal, Eigenverantwortung. Der göttliche Auftrag zur Reichsgründung in Italien besteht prinzipiell auch im mittelalterlichen Eneasroman weiter, auch wenn göttliches Eingreifen im Einzelfall soweit irgend möglich reduziert wird. Die Rolle der Götter (Venus als Herrin der Minne ausgenommen) und antik-heidnischer Anschauungen ist bei Veldeke indes noch stärker zurückgenommen als im 'Roman d'Eneas'; Jupiter etwa wird, anders als in der Vorlage, kein einziges Mal erwähnt, in der Unterweltsszene ist unter anderem die Seelenwanderungslehre weggelassen. Wichtiger als die Götter ist das Schicksal; zum Thema wird vor allem das Verhältnis von schicksalhafter Vorherbestimmtheit und individueller Verantwortung. Eneas' Flucht aus Troja erfolgt auf Befehl der Götter, aber erst nach der Beratung mit seinen Vasallen, wird also in menschliche Verantwortung überführt. Eneas' Treulosigkeit gegenüber Dido ist durch den Götterbefehl erklärt, aber auch aus einer bloß einseitigen Liebe. Sogar die Übermacht der Liebe, gegen die sich keiner wehren kann, enthebt den Betroffenen nicht eigener Schuld: Dido nimmt die Verantwortung für ihre unglückliche Liebe auf sich, Eneas – wenn auch mit einiger Verspätung und ohne Konsequenzen für sich selbst – die Verantwortung für Didos Tod. Durch dieses Nebeneinander von übermenschlichem Geschick und menschlicher Eigenverantwortung entstehen Reibungen, vor allem bei der Konzeption des Eneas. Er ist Werkzeug der göttlichen Vorsehung, von den Göttern begünstigter Held, gerät aber ins Zwielicht in seiner Beziehung zu Dido: weniger, weil er sie verläßt (das ist nicht nur durch den Götterauftrag, sondern auch menschlich durch ungleiche Liebe motiviert), sondern weil er ohne Not und ohne Liebe die Beziehung zu ihr überhaupt eingegangen ist und weil er sie konsequent über seine wahren Pläne und Gefühle getäuscht hat: Von Anfang an hält Eneas seine Pläne geheim, und am Ende betreibt er heimlich seine Abfahrt – die Affäre ist wie gerahmt durch Heimlichkeit und Täuschung; (mindestens) sträfliche Leichtfertigkeit prägt Eneas' Umgang mit Didos Liebe. Auch sonst trägt der übermenschliche Held menschliche Züge: Angst während des Abstiegs in die Unterwelt, fassungslose Trauer um personalen Verlust im Krieg, Mühsal und Not in den Kämpfen. Eneas ist nicht fraglos „fertig“, sondern muß sich bewähren: im Kampf und in der Liebe.

Kampf und Krieg. Kämpfe spielen ja nicht nur deswegen im 'Eneas' eine große Rolle, weil sämtliche Aspekte des Krieges, Rüstungspracht und Heldenruhm ebenso wie blutrünstige Scheußlichkeiten und Tod, zugleich zum bewahrens- und erzählenswerten Wissen von antiker Geschichte gehören und zur Lebenswelt des mittelalterlichen Kriegeradels, sondern weil der Krieg auch als Raum der Bewährung dient. Dies gilt für alle Helden, die sich auszeichnen, nicht zuletzt für Pallas und die Verteidiger von Montalbane, insbesondere aber für Eneas: Eneas' Anstrengungen in Latium sind immer auch Ringen um die Wiedergewinnung der vor Troja verlorenen *êre*, d.h. der *êre* Trojas, aber auch der durch die Flucht zumindest „angekratzten" persönlichen Ehre: Eneas' Gegner verweisen immer wieder auf seine feige Flucht aus Troja – indem er sie besiegt, ist auch die Schmach der Flucht aufgehoben. Durch Krieg und Entscheidungszweikampf stellt Eneas seine *êre* wieder her und gründet zugleich in Italien ein neues Troja. Um so auffälliger ist, daß der Krieg auch im 'Eneas', wie im Antikenroman üblich, nicht eigentlich als gerechter Krieg dargestellt wird, nicht nur als Raum glanzvoller Bewährung und ruhmreicher Heldentaten, nicht nur als Mittel zur Begründung göttergewollter Herrschaft, sondern auch als Raum von Leid und Tod, von menschenverachtender Grausamkeit und unwiederbringlichem personalem Verlust. Aufgehoben ist dieser Widerspruch allenfalls ansatzweise, wenn der Krieg idealiter entschieden werden soll – und nach langem Aufschub dann auch tatsächlich entschieden wird – durch den Zweikampf der beiden Anführer, in dem sich der Held in persönlicher Auseinandersetzung mit dem Rivalen endgültig durchsetzt. Kampfbewährung alleine freilich reicht nicht aus: Lavinias Liebe erscheint fast als Vorbedingung des Kampfsiegs. Und am Ende seines Wegs, wenn auch nicht des Werks, steht Eneas' Friedensregiment.

3.3. Zur Rezeption

Wie Vergils 'Aeneis' hat auch Veldekes Roman keine weitere Aeneasepik begründet. Die potentielle Ambivalenz der Aeneas-Gestalt wirkt sich in der volkssprachlichen Romandichtung nicht aus. Anders als Alexander- und Trojastoff erweist sich der Aeneasstoff zumindest vordergründig nicht als polyvalent. Erklärungsbedürftig ist insbesondere die Tatsache, daß die Aeneas-Tradition der Trojaromane kaum auf die Aeneasdichtung gewirkt hat, obwohl es nicht nur zu Personengemeinschaften in den Romanen, sondern auch zu Überlieferungsgemeinschaften der beiden Stoffkreise kommt und obwohl es sichere Hinweise darauf gibt, daß Veldeke die Dares-Tradition bekannt war.

Gewirkt hat Heinrichs von Veldeke 'Eneas' durchaus: Das zeigen die Überlieferung und die Veldeke-Anspielungen in anderen höfischen Romanen, bei Hartmann von Aue, Wolfram von Eschenbach, Gottfried von Straßburg. Veldekes 'Eneas' steht am Anfang der höfischen Epik in Deutschland, innerhalb derer freilich ab etwa 1185 der Artusroman die Antikenromane überflügelt. Veldekes überragende und durch zahlreiche Bezeugungen gesicherte Bedeutung für die nachfolgenden Epiker liegt auf rhetorischem und erzähltechnischem Gebiet. Durch ihn wurde der reine Reim zur verbindlichen Norm der mittelhochdeutschen Literatursprache. Der 'Eneas' wurde als Muster höfischen Erzählens rezipiert: für die Beschreibung von Architektur, Kleidung und Rüstungen, für literarische Schönheit und Häßlichkeit (Veldekes Schilderung der Sibylle ist das Vorbild für Cundrîe, die abstoßende Gralsbotin in Wolframs von Eschenbach 'Parzival', Camillas apartes Pferd das Vorbild für Enites Pferd im 'Erec' Hartmanns von Aue), für Schilderungen von Zweikämpfen, Schlachten, Minnemonologen. Dies gilt insbesondere für die Darstellung von Affekten wie Zorn, Haß (bei Lavinias Mutter), Verzweiflung (bei Didos Selbstmord), vor allem aber Liebe.

Die Wirkung auf Herbort von Fritzlar, dessen 'Liet von Troye' wohl als Vorgeschichte des 'Eneas' in Auftrag gegeben wurde, ist allerdings sehr äußerlich, der Zusammenhang ein rein stofflicher – gerade die für Heinrich von Veldeke typischen Erzählelemente, die Minnethematik und die Darstellung höfischen Lebens, spielen für Herbort keine große Rolle. Anscheinend ging es lediglich um den weltgeschichtlichen Zusammenhang – das Interesse an Geschichte ist der kleinste gemeinsame Nenner beider Werke.

Veldekes Werk blieb die gültige Fassung des Aeneasstoffs für das deutsche Publikum; zu Prosabearbeitungen kam es im Spätmittelalter nicht. Erst zu Beginn des 16. Jahrhundert galt das humanistische Interesse wieder Vergil selbst. 1502 gab Sebastian Brant Vergils Werke neu heraus; 1515 erschien dann die 'Aeneis'-Übersetzung Thomas Murners. Diese Übersetzung reiht sich ein in die in der zweiten Hälfte des 15. Jahrhunderts einsetzenden Bemühungen, dem deutschen Publikum antike Originale zugänglich zu machen.

Ausgewählte Literaturhinweise

Ausgaben: Siehe Auswahlbibliographie (Nr. 224-232); für Studierende empfehlenswert sind die kommentierten zweisprachigen Ausgaben von KARTSCHOKE (Nr. 227; zit.), SCHÖLER-BEINHAUER ('Roman d'Eneas', Nr. 225; zit.), GÖTTE (Vergil, Nr. 232); vgl. auch die Einführungen und Kommentare von FROMM (Nr. 228) und HENKEL (Nr. 229).

Zur *Einführung*: Nachwort der Ausgabe von KARTSCHOKE (Nr. 227; dort ältere Literatur; S. 868-870 Inhaltsübersichten und „Konkordanz" von 'Aeneis', 'Roman d'Eneas' und 'Eneas'); KASTEN (Nr. 265).

Philologische Fragen: ²VL 3 (1981), Sp. 899-918, bes. 907-915 (WOLFF/SCHRÖDER).– Zur *Entstehungsgeschichte* zuletzt: BASTERT (Nr. 235), HAHN (Nr. 258), WEICKER (Nr. 297; Entstehungsfiktion).– Zu Veldekes *Sprache grundlegend* KLEIN (Nr. 269).– Zur *Überlieferung*: FROMM (Nr. 228), S. 746-754.– Zur relativen Chronologie der vor- und frühhöfischen Epik u.a. VAN DAM (Nr. 151), MINIS (Nr. 188), KARTSCHOKE (Nr. 263).

Forschungsgeschichte und *Forschungsfragen:* Vom älteren Forschungsstand setzt sich RUH (Nr. 85) zusammenfassend ab (S. 70-88); grundlegend ferner SCHRÖDER (Nr. 289), FROMM (Nr. 251).– Die These von einer christliche Universalgeschichte bei Veldeke (DITTRICH; Nr. 244), wird längst einhellig abgelehnt, doch betont neuerdings wieder OPITZ (Nr. 280) historisches Interesse und Merkmale historiographischen Erzählens bei Veldeke.– Zu Dido und Lavinia vgl. bes. SCHRÖDER (Nr. 289), KARTSCHOKE (Nr. 262), KASTEN (Nr. 264), SYNDIKUS (Nr. 295); zum Selbstmord KNAPP (Nr. 270), S. 135-143.– Zur Minnedarstellung zuletzt gründlich KISTLER (Nr. 268; direkter Einfluß Ovids, „Verinnerlichung" der Minne bei Veldeke).– Zur Heldenkonzeption: KARTSCHOKE (Nr. 227), KASTEN (Nr. 265), KRAß (Nr. 271).– Zur Kriegsdarstellung FRIEDRICH (Nr. 249), LIENERT (Nr. 70).– Feministische Deutungsansätze bei RASMUSSEN (Nr. 286, S. 29-65), LIEBERTZ-GRÜN (Nr. 274; überzogen); zu Camilla SCHULZE (Nr. 292).– Zur Götterwelt DITTRICH (Nr. 243; überzogen), KEILBERTH (Nr. 266).– Vgl. ferner THOMAS (Nr. 296; zu staufischen Bezügen, überzogen); FROMM (Nr. 252; Unterwelt); FROMM (Nr. 254; Verrätertradition); FROMM (Nr. 255; Erzähltechnik).– Vgl. demnächst SILVIA SCHMITZ: Heinrich von Veldeke: Eneasroman (erscheint voraussichtlich 2002 in der Reihe „Klassiker-Lektüren" des Erich Schmidt Verlags Berlin); SILVIA SCHMITZ: Die Poetik der Adaptation. Literarische *inventio* im 'Eneas' Heinrichs von Veldeke (erscheint voraussichtlich 2002 im Verlag de Gruyter Berlin/New York). Joachim Hamm (Würzburg) bereitet eine Habilitationsschrift zu den verschiedenen divergierenden Aeneas-Traditionen (bis einschließlich Thomas Murner) vor („Der polyvalente Held. Aeneas im deutschen Mittelalter").

4. Trojaromane

4.1. Der Stoff und die Quellen: homerische und nicht-homerische Troja-Traditionen und Benoîts de Sainte-Maure 'Roman de Troie'

Um das Jahr 1250 v. Chr. wurde die kleinasiatische Stadt Troja vermutlich von den Griechen zerstört. Dieses Ereignis prägte das abendländische Bewußtsein ganz entscheidend: einmal quasi historisch dadurch, daß Rom sich selbst als Gründung des Troja-Flüchtlings Aeneas deutete, zum anderen indem die literarische Gestaltung des Trojanischen Kriegs in Homers 'Ilias' zum Inbegriff epischer Dichtung überhaupt wurde. Im Mittelalter war Homer jedoch nur dem Namen nach bekannt, und der Trojastoff galt nicht als epischer Entwurf, sondern als welthistorische Realität. Der Trojanische Krieg, in den Weltchroniken regelmäßiges *incidens* im dritten Weltalter, zeitgleich mit den biblischen Richtern, erscheint als fragloser Teil der durch Autoritäten verbürgten Weltgeschichte, Troja nicht nur als Vorläuferin des Imperium Romanum und damit, durch das Konzept der *translatio*, auch des mittelalterlichen (Deutschen) Reichs, sondern – über die Herrschaftsgründungen anderer überlebender Trojaner – auch als Wiege der europäischen Völker und Dynastien von den Franken und Briten bis zu den Habsburgern: Bei der genealogischen Ansippung mittelalterlicher Herrschaft an die Antike spielt Troja die zentrale Rolle. „Ursprung" der Gegenwart ist Troja im Bewußtsein mittelalterlicher adliger Rezipienten auch in ideologischer Hinsicht, als idealer Beginn der zentralen höfischen Werte Ritterschaft und Minne:

ze Kriechen huop sich ritterschaft
dô sie Troie mit kraft
besâzen durch ein vrouwen

('In Griechenland entstand die Lebensform des Ritters, als man Troja mit einem großen Heer wegen einer edlen Frau belagerte'.)[1]

Der Trojastoff ist in mittelalterlichen Dichtungen der verschiedensten Gattungen und Zeiträume, auch außerhalb der Antikenromane, als allgemein und selbstverständlich verfügbares Bildungsgut geradezu omnipräsent. Anspielungen auf zentrale Ereignisse – das Parisurteil, den Raub der Helena, die Zerstörung der Stadt, die Flucht des Aeneas – und Anspielungen auf die Hauptfiguren ziehen sich durch höfische Epik, Helden- und Spielmannsepik, durch Minnelieder, Leichs und Sangsprüche, durch Mären und didaktische Literatur. Helden und Heldinnen des

1 'Mauricius von Craûn' (Nr. 11), v. 13-15; Übersetzung von DOROTHEA KLEIN.

Trojastoffes begegnen vielfach als Beispielfiguren für Schönheit (Helena), Liebe (Paris), Tapferkeit (Hector, Achill). Vor allem in spätmittelalterlicher Dichtung erscheint Troja darüber hinaus als Inbegriff einer Stadt, quasi als Urstadt schlechthin, aber auch als Exempel für die *vanitas*, die Nichtigkeit irdischen Daseins. Der Trojastoff ist also wie der Alexanderstoff polyfunktional, für verschiedenste Deutungsmöglichkeiten offen. Dies erklärt, zusammen mit der Tatsache, daß das Mittelalter nicht eine kanonische Quelle für den Trojastoff hatte, sondern mehrere literarisch nicht hochrangige Quellen, warum der Trojastoff so häufig und auf so verschiedene Weise gestaltet wurde.

Mittelalterliche Troja-Traditionen. Hauptquelle der volkssprachlichen Trojaliteratur des Mittelalters ist der um 1165 entstandene altfranzösische 'Roman de Troie' des anglonormannischen Klerikers Benoît de Sainte-Maure. Dieser greift auf die spätantiken pseudohistoriographischen Darstellungen der angeblichen Kriegsteilnehmer und Augenzeugen Dares Phrygius ('De excidio Troiae historia', lat. Ende 5. Jh. n. Chr.) und Dictys Cretensis ('Ephemeris belli Troiani', 3. Jh. n. Chr.) zurück, nicht auf Homer, dessen 'Ilias' im Mittelalter nur in der wenig bedeutenden Kurzfassung der 'Ilias latina' des Baebius Italicus (vor 68 n. Chr.) bekannt war. Homer – der „Lügner" Homer, der Götter mit Menschen hatte kämpfen lassen und zudem nicht einmal ein Zeitgenosse des Trojanischen Kriegs gewesen war – galt außerdem, in der Nachfolge der bereits antiken Homerkritik (deren Topoi Benoît selbst in seinem Prolog zitiert), nicht als authentische Quelle für den bis mindestens ins 16. Jahrhundert als historisch begriffenen Trojastoff. Die vermeintlichen Augenzeugenberichte des Dictys Cretensis und Dares Phrygius, die ihre Glaubwürdigkeit nicht nur durch Entstehungs- und Auffindungsfiktionen und Wahrheitsbeteuerungen zu erweisen suchen, sondern auch durch einen knappen, faktengesättigten, gleichsam „historiographischen" Erzählduktus von hoher Informationsdichte, geringer Redundanz und reduzierter Rhetorik, weitet Benoît zu einem veritablen Roman aus. Der 'Roman de Troie' ist unter anderem die Quelle für Guidos de Columnis lateinische 'Historia destructionis Troiae' (1287 beendet), die ihrerseits in verschiedene Volkssprachen übertragen wurde. Vor allem über die beiden großen Verteilungspunkte Benoît und Guido bestimmt die Dares/Dictys-Benoît-Tradition den größten Teil der mittelalterlichen volkssprachlichen Troja-Literatur bis in das 16. Jahrhundert hinein; daneben ist Dares auch die Quelle für einige der größeren mittellateinischen Trojadichtungen, unter anderem für die 'Ylias' des Joseph Iscanus (1188-1190) und den 'Troilus' Alberts von Stade (1249).

Durchgehende Kennzeichen dieser nicht-homerischen Troja-Tradition, die im Mittelalter dominiert, sind vor allem ihr pseudohistoriographischer Anspruch, die weitgehende Ausschaltung der antiken Götterwelt und Mythologie und einige narrative Eigenarten: Der Raub der Helena wird (nach Dares) nicht aus dem Parisurteil und dem Versprechen der Venus motiviert, Paris die schönste Frau der

Welt zu verschaffen, sondern als Rache für die Entführung der trojanischen Königstochter Hesione, der Schwester des Priamus, bei einer ersten Zerstörung der Stadt durch Hercules. Dieser erste trojanische Krieg ist seinerseits aus der Argonautenfahrt begründet: Priamus' Vater Laomedon hatte die auf ihrer Fahrt nach Kolchis vor Troja rastenden Argonauten beleidigt. Troja fällt (nach Dares) durch den Verrat des Antenor und Aeneas; als Nachgeschichte des Trojanischen Krieges sind (nach Dictys) die Nostoi, die Schicksale der griechischen Sieger, einbezogen. Keinen Platz in dieser Tradition haben die Jugend des Paris und die des Achill. In der Wertung der Parteien folgt die mittelalterliche Trojadichtung meist dem protrojanischen Dares.

Daneben lebt auch die klassische, die „homerische" Troja-Tradition im Mittelalter weiter, allerdings – von der 'Ilias latina' abgesehen – nur selten in kohärenten längeren Trojaerzählungen, sondern als Motivreservoir in zum Teil recht verstreuten Zusammenhängen, in knappen Kompendien, in Einzelanspielungen, im weiten Feld des Schulwissens. Die wichtigsten Nebenquellen für Einzelmotive sind die zumindest seit dem 12. Jahrhundert allgemein bekannten Dichtungen Ovids (vor allem die 'Heroiden' und 'Metamorphosen'), daneben Vergils 'Aeneis' und die 'Aeneis'-Kommentare (vor allem der des Servius) sowie die (fragmentarische) 'Achilleis' des Statius. Das 'Excidium Troie' (lat. Prosa, 4./6. Jh. n. Chr.) faßt die Ereignisse des Trojanischen Krieges und der Aeneashandlung nach klassischer Tradition in elementarer Form für Schulzwecke knapp zusammen, insbesondere auch die sonst selten zusammenhängend erzählte Jugend des Paris vom Fackeltraum der Hecuba bis zum Parisurteil und die Jugend Achills. In klassischer Tradition stehen auch die 'Ilias' des Simon Aurea Capra (um 1152) und die kleineren mittellateinischen Trojadichtungen (etwa das bekannte 'Pergama flere volo', die Klage der Hecuba um das zerstörte Troja, aus den 'Carmina burana', Handschrift um 1225/30).

Viele der genannten Texte, insbesondere die Dichtungen Ovids, die 'Achilleis' des Statius, das 'Excidium Troie', aber auch Dares, Dictys und die 'Ilias latina' zählten zur Schulliteratur. Das erklärt nicht zuletzt den breiten Hintergrund von trojanischem Allgemeinwissen, mit dem die oft nur knappen Troja-Anspielungen auch in der volkssprachlichen Literatur offensichtlich rechnen.

Handlungslinie und Handlungssubstrat der volkssprachlichen Trojaromane des Mittelalters folgen meist der Dares/Dictys-Benoît-Linie. Zahlreiche Autoren – Benoît selbst, Guido de Columnis, Herbort von Fritzlar, besonders ausgeprägt Konrad von Würzburg – greifen indes von Fall zu Fall ergänzend auf Einzelmotive aus der klassischen Tradition, besonders auf Ovid zurück. Trotz der Verbindlichkeit des Stoffs und des vorgegebenen Erzählausgangs stehen aufgrund der inhomogenen, weitverzweigten verschiedenen Troja-Traditionen für zahlreiche Episoden variierende, ja divergierende Versionen bereit, zwischen denen gebildete Verfasser wählen konnten: Helena wird bei Dares und Benoît bei einem kriegerischen Überfall des Paris geraubt; bei Dictys, im 'Excidium Troie' und bei

Ovid läßt sie sich freiwillig entführen. In der Dares/Dictys-Benoît-Tradition nimmt Achill von Anfang an am Krieg teil, bei Statius wird er erst später durch Ulixes aus seinem Versteck unter den Töchtern des Lycomedes herbeigeholt. In der Dares-Benoît-Tradition fällt Patroclus durch Hector schon am Anfang der zweiten Schlacht, in der homerischen Tradition erst im zehnten Kriegsjahr, in Achills Rüstung, während und wegen Achills Kampfenthaltung. Paris stirbt bei Dares im Zweikampf gegen Aiax, bei Dictys und in der klassischen Tradition durch Philoctet und die vom Blut der Hydra vergifteten Pfeile des Hercules. Für Trojas Untergang stehen der Verrat des Antenor und des Aeneas (nach Dares) und die List der Griechen mit Scheinabzug und Trojanischem Pferd (nach Vergil) zur Verfügung.

Benoît de Sainte-Maure, 'Roman de Troie': Struktur und Inhalt. Benoît schließt sich weitgehend der Handlungsfolge bei Dares und Dictys an, allerdings mit beträchtlichen Erweiterungen vor allem in den Liebeshandlungen, durch höfische Stilisierung der Kämpfe, ausführliche Schilderungen und andere rhetorische Zutaten. Die Struktur des Trojaromans ist (nach Prolog, v. 1-144, und Inhaltsübersicht, v. 145-714) dreiteilig: I. Vorgeschichte und Kriegsursachen (v. 715-4936): Argonautenhandlung, erste Zerstörung und Wiederaufbau Trojas, Raub der Helena; II. Trojanischer Krieg (v. 4937-26590): Rüstung der Griechen, Aufbruch von Aulis und Eroberung von Tenedos, Rüstung der Trojaner, 23 Schlachten, Verrat des Eneas und Antenor, Eroberung und Zerstörung Trojas, Tod der Polyxena und der Hecuba; III. Zwistigkeiten und Unheilsschicksale der Sieger als Nachgeschichte (v. 26591-30300); es folgt ein Epilog (v. 30301-30316).

Vorgeschichte. Der 'Roman de Troie' setzt ein mit der Argonautenhandlung: Der peloponnesische König Peleüs (gemeint ist Pelias) fürchtet seinen Neffen Jason und sendet ihn, um ihn zu vernichten, heimtückisch in ein vermeintlich tödliches Abenteuer: Jason soll aus Kolchis das Goldene Vlies herbeiholen. Unterwegs rasten die Argonauten vor Troja. Der alte trojanische König Laomedon verweist sie aus Furcht vor Querelen des Landes. Beleidigt schwören sie Rache, ziehen aber zunächst weiter, um das Goldene Vlies zu erringen. Die kolchische Königstochter Medea verliebt sich in Jason und hilft ihm, nachdem er ihr Treue geschworen hat, mit ihren Zaubermitteln, das Vlies tatsächlich zu gewinnen. Jason kehrt heimlich mit ihr nach Griechenland zurück. Mit einem Verweis auf Jasons bevorstehende Untreue bricht Benoît hier die Jasonhandlung ab.

Die Rache an den Trojanern war nur aufgeschoben: Hercules, Jasons Gefährte, sammelt Bundesgenossen und zieht vor Troja. Die Trojaner werden in einen Hinterhalt gelockt, Troja wird erobert und ein erstes Mal zerstört. Hercules tötet im Zweikampf den greisen König Laomedon, die siegreichen Griechen wüten in Troja, Thelamon verschleppt Laomedons Tochter Hesione.

Priamus, der während dieses Überfalls abwesend war, läßt die Stadt prachtvoller denn je wieder aufbauen. Antenor wird nach Griechenland gesandt, um die

Rückgabe der Hesione zu fordern. Als die Gesandtschaft fehlschlägt, planen die Trojaner ihre Rache. Trotz der Warnprophezeiungen der trojanischen Seher Helenus und Panthus und der prophetisch begabten Cassandra bricht Paris mit allgemeiner Zustimmung nach Griechenland auf.

Auf der Insel Cytherea begegnet Paris der Landesherrin, Helena, und beide entbrennen in Liebe zueinander. Schon in der nächsten Nacht raubt Paris die Königin bei einem kriegerischen Überfall. Helenas Gatte, König Menelaus, ist von heftigem Schmerz erfüllt. Paris führt Helena nach Troja und nimmt sie zur Frau; beim Vermählungsfest prophezeit Cassandra größtes Unheil.

Trojanischer Krieg. Unverzüglich rüsten die Griechen zum Krieg. Anläßlich der griechischen Mobilmachung zählt Benoît, seiner Vorlage Dares entsprechend, die Helden und Heldinnen des Trojanischen Krieges auf, mit knappen Kurzporträts, ebenso die am Krieg beteiligten Heerführer und ihre Schiffe: Namenlisten und Schiffskataloge verbürgen als Gattungskennzeichen des pseudohistoriographischen Kriegsberichts dessen Historizität. Achill befragt das Delphische Orakel und erhält ermutigenden Bescheid; der trojanische Seher Calchas dagegen wird von Apoll aufgefordert, zu den Griechen überzulaufen, denen der Sieg bestimmt sei. Nach Opfern an die Göttin Diana läuft die griechische Flotte unter Führung Agamemnons aus.

Erobert wird zunächst die Troja vorgelagerte Insel Tenedos. Dort setzen sich die Griechen fest, beraten und entsenden eine Gesandtschaft nach Troja: Ulixes und Diomedes fordern Helena zurück – vergeblich. Achill verwüstet in mehreren erfolgreichen Kriegs- und Beutezügen das trojanische Umland. An dieser Stelle zählt Benoît auch die trojanischen Verbündeten auf. Bewegung kommt in die Lage erst wieder mit dem Eintreffen des griechischen Fürsten Palamedes, der den Vorstoß gegen Troja initiiert. In einer harten Schlacht erzwingen die Griechen trotz erbitterten Widerstands der Trojaner unter schweren Verlusten – als erster Griechenfürst fällt dabei traditionell Protesilaus – die Landung und setzen sich vor Troja fest.

Der weitere Verlauf des zehnjährigen Krieges wird ausführlich beschrieben, strukturiert durch den Wechsel von Schlachten und Waffenruhen, mit Helden- und Gefallenenkatalogen, mit zahlreichen Scharmützeln und Zweikämpfen, mit Beratungen, Bestattungen, Liebesaffären. Insgesamt 23 große Schlachten schildert Benoît in aller Ausführlichkeit. Wechselnde Protagonisten zeichnen sich aus, Gefangene werden genommen, Helden verwundet und getötet. Es fallen, neben zahllosen namenlosen oder unbedeutenden Opfern, die großen Hauptthelden, zahlreiche Griechen, meist aber Trojaner: die Griechen schalten, wenn auch unter eigenen Verlusten, schließlich auch unter Verlust Achills, einen der trojanischen Anführer und Bundesgenossen nach dem anderen aus: den trojanischen Vorkämpfer Hector, Priamus' jüngeren Sohn Troilus, den Unheilsbringer Paris, die verbündete Amazonenkönigin Penthesilea.

Bereits in der zweiten Schlacht fällt Achills Freund Patroclus durch Hector. Die Episode steht, der Dares-Tradition entsprechend, außerhalb ihres homerischen Zusammenhangs, wo sich Achill aus Zorn über Agamemnon, der ihm die Sklavin Briseis genommen hatte, vom Kampf fernhält, aber Patroclus in seiner Rüstung kämpfen läßt – mit fatalen Folgen, die unmittelbar Hectors Tod durch Achill nach sich ziehen. Nach der siebten Schlacht wird die Tochter des zu den Griechen übergelaufenen Sehers Calchas, Briseïda, die Geliebte des Priamussohns Troilus, an die Griechen ausgeliefert, wo sie sich in Diomedes verliebt und Troilus untreu wird. Diese Geschichte, Benoîts Erfindung, wird – von Boccaccio über Chaucer ('Troilus and Crisseyde') bis zu Shakespeares Tragödie 'Troilus and Cressida' – weltliterarisch folgenreich werden.

Unglückliche Vorahnungen seines Vaters Priamus und seiner Gemahlin Andromache halten Hector in der zehnten Schlacht nur vorübergehend vom Kampf fern: er fällt durch Achill. Während einer Waffenruhe anläßlich des Jahrestags von Hectors Tod erblickt Achill die Priamustochter Polyxena und verliebt sich in sie. Die trojanische Bedingung für eine Verbindung – Abzug der Griechen – ist unerfüllbar; weil die Griechen ihm nicht entgegenkommen, zieht sich der verliebte Achill grollend vom Kampf zurück. Als Anführer der Trojaner nach Hectors Tod zeichnet sich Troilus aus, auch gegen seinen erfolgreichen Rivalen Diomedes. In verzweifelter Lage der Griechen greift Achill nach längerem Zwiespalt zwischen Minne und Loyalität zu den Seinen wieder zu den Waffen, tötet – in der neunzehnten Schlacht – auch Troilus und schleift seine Leiche. Aus Rache für den Tod ihrer beiden Söhne läßt Hecuba Achill zu einem angeblichen Stelldichein mit Polyxena in einen Tempel locken – und damit in eine Falle: Achill, der in der Dares-Benoît-Tradition anders als in der klassischen nicht unverwundbar ist, wird hinterrücks von Paris und dessen Helfershelfern ermordet. Um ihn zu ersetzen, beschließen die Griechen, seinen Sohn Pyrrhus von Scyros herbeizuholen. Nachdem in der zwanzigsten Schlacht Paris im Zweikampf mit Aiax gefallen ist, ruht die letzte Hoffnung der Trojaner auf der Amazonenkönigin Penthesilea, die in der letzten der großen Schlachten nach eindrucksvollen Heldentaten schließlich doch von dem inzwischen eingetroffenen Achillsohn Pyrrhus getötet wird.

Eine starke Friedenspartei in Troja zwingt Priamus, Friedensverhandlungen zu führen. Priamus' Plan, die Köpfe dieser Opposition, Eneas und Antenor, ermorden zu lassen, scheitert. Eneas und Antenor beschließen, Troja zu verraten. Antenor führt gleichzeitig offizielle Friedensverhandlungen und auf eigene Faust geheime verräterische Absprachen mit den Griechen. In Troja breitet sich Unheilsstimmung aus. Antenor entwendet das Palladium, eine Statue der Göttin Pallas, von deren Verbleib in Troja nach alten Prophezeiungen die Existenz der Stadt abhängt. Die Griechen verfertigen das Trojanische Pferd (hier kommt zu der Dares- auch die Dictys-Tradition ins Spiel) und ziehen zum Schein ab. Die Trojaner schaffen das Pferd unter Zerstörung ihrer Mauern in die Stadt; die Griechen kehren nachts heimlich zurück und erobern Troja mit Hilfe der trojanischen Verräter. Unter Greueln wird die Stadt dem Erdboden gleichgemacht. Pyrrhus schlachtet die unschuldige Polyxena auf dem Grab seines Vaters Achill. Die Sieger verteilen die Beute und die Frauen.

Nachgeschichte. Auf den Triumph folgen indes alsbald Verfall und Unheilsschicksale der Sieger. Ulixes und Aiax streiten um das Palladium; Menelaus und Agamemnon unterstützen Ulixes. Aiax macht Stimmung gegen Helena, fordert ihre Bestrafung, ihren Tod. Als er am nächsten Morgen tot aufgefunden wird, fällt der Verdacht auf Ulixes, der heimlich die Flucht ergreift. Cassandra prophezeit Unheil für Agamemnon. Antenor wird verbannt. Abschließend werden die Schicksale der überlebenden Trojaner (Eneas und Antenor) und der Sieger erzählt, insbesondere der Tod Agamemnons durch seine eigene Frau, die Auseinandersetzungen zwischen Agamemnons Sohn Orest und Achills Sohn Pyrrhus um Helenas Tochter Hermione, die mit Pyrrhus' Tod enden (Achillides, der Sohn des Pyrrhus und der von diesem versklavten Andromache, verzichtet später zugunsten seines Halbbruders Laodamanta, Hectors Sohn, auf die Herrschaft), die Irrfahrten des Ulixes und sein Tod von der Hand seines Sohns Telegonus.

Aspekte der Deutung des 'Roman de Troie'. Die Forschung hat die Frage, ob die Gönner des 'Roman de Troie', das englische Königspaar, mit dem Auftrag unmittelbare politische Legitimation durch genealogische Herleitung von Troja verbanden, kontrovers diskutiert. Das britische Königshaus führte sich auf den angeblichen Troja-Flüchtling Brutus zurück; vor allem Waces 'Roman de Brut' fungiert nicht zuletzt als Vorgeschichte des Königshauses. Im 'Roman de Troie' jedoch sind genealogische Herleitungen nicht thematisiert, Brutus wird niemals erwähnt.

Benoît selbst formuliert in seinem Prolog ein Programm, das um den Aspekt der Wissensvermittlung kreist: Wissen verpflichte zur Weitergabe – und er wolle sein Wissen an nicht-lateinkundige Adressaten weitergeben. Wissen bedeutet zugleich Wahrheit: Benoît will die wahre Geschichte von Troja erzählen. Homer lehnt er als Gewährsmann ab; Garant der Wahrheit ist ihm der vermeintliche Kriegsteilnehmer und Augenzeuge Dares. Ausführlich erzählt wird die – für uns offensichtlich fiktive – Entstehungsgeschichte seines Berichts: die angebliche Auffindung des griechischen Originals des Dares durch Cornelius Nepos in Athen und die Übertragung ins Lateinische. Benoît beteuert seine unbedingte Quellentreue; nur einige wenige *bon dit* ('gute Aussprüche', 'Roman de Troie', v. 142) will er hinzugefügt haben: das meint wohl die rhetorische Ausgestaltung mit Reden, Beschreibungen, Kampfschilderungen, vielleicht auch die narrativen Zusätze insbesondere der Liebeshandlungen. Benoît scheint kein Fiktionalitätsbewußtsein zu haben, keinen anderen Wahrheitsbegriff als den der durch Augenzeugenschaft verbürgten Faktizität. Entsprechend wird das Faktische der Quellen – Schiffskataloge, Listen von Helden, Verwundeten, Toten –

ausführlich bewahrt, um Authentizität zu demonstrieren. Benoît inszeniert dabei Vergangenheit, antik-heidnische Vergangenheit sogar: durch distanzierte Haltung zu den antiken Göttern, durch Situierung der Ereignisse in mittelmeerischem Raum und in längst vergangener Zeit, durch überlieferte oder zumindest glaubwürdige Namen, durch antike Bräuche wie Leichenverbrennungen oder Orakel.

Dennoch sind die Ereignisse, wie im Antikenroman üblich, mittelalterlichen Vorstellungen angenähert. Krieg erscheint als Folge von Massenschlachten voller Brutalität und Greuel, doch auch Zweikämpfe werden geschildert. Die antiken Heroen sind transformiert in Ritter mit kostbaren Rüstungen auf prächtigen Pferden, in der Tjost und im Schwertkampf zu Fuß; teilweise erscheinen sie gar als Minneritter (Diomedes führt Briseïdas Ärmel als Liebespfand). Zahlreiche höfische Szenen sind gegenüber den Quellen ausgeweitet oder neu eingeführt: Beratungen, Gesandtschaften, Empfänge, Reden, Minnehandlungen.

Stoffgegeben sind lediglich zwei Mann-Frau-Beziehungen: der Raub der Helena als Kriegsanlaß und Achills Verliebtheit in Polyxena als Grund für seinen Tod. Gefühle sind indes bei Dares und Dictys nicht thematisiert; selbst das rücksichtslose Verlangen des Paris nach Helena ist durch „politische" Motive wie die Rache für Hesione und die Gier nach Menelaus' Schätzen ergänzt und relativiert. Benoît weitet die vorhandenen Liebeshandlungen in Anlehnung an Ovid aus mit Minneschilderungen, Minnedialogen und -monologen, Minnemotivationen. Neu eingeführt sind die Liebesbeziehung zwischen Jason und Medea (nach Ovids 'Metamorphosen') und das Dreiecksverhältnis von Troilus, Briseïda und Diomedes. Romanhaft ist insbesondere die ausführliche – ovidianische – Schilderung von Minnesymptomen und Minnekrankheit; romanhaft ist die gegenüber Dares und Dictys hervorgehobene Rolle der weiblichen Protagonisten, die Helenas, aber auch die der vornehmen Trojanerinnen: Hecubas, Cassandras, Andromaches, Polyxenas, Briseïdas. An die *Chansons de geste*, die literaturgeschichtlich den ersten höfischen Romanen vorausgehen, binden den 'Roman de Troie' Kampfschilderungen von heldenepischer Brutalität und Hyperbolik, mit abgeschlagenen Gliedmaßen, ausgerissenen Gedärmen, Strömen von Blut.

Der Trojaroman erzählt eine große historische Katastrophe, den Untergang einer ganzen Welt. Diese Untergangsthematik ist stoffgegeben, in mittelalterlicher Dichtung begegnet sie relativ selten (vergleichbar sind eigentlich nur 'Nibelungenlied', um 1200, und Heinrich Wittenwilers 'Ring', um 1400), und auch innerhalb der mittelalterlichen Antikenromane ist sie Alexanders heilsgeschichtlichem Funktionieren wie Eneas' weltgeschichtlich zukunftsträchtiger Mission deutlich entgegengesetzt. Eine positive Perspektive gibt es im Trojaroman kaum. Ritterschaft führt im Raum der Weltgeschichte in den Untergang, und die Nachgeschichte demonstriert, daß auch die Sieger nicht viel von ihrem Sieg haben. Liebe endet in Untreue und Leid (angedeutet für Jason und Medea, ausgeführt für Troilus und Briseïda); sie reißt Liebende in den Tod (Achill treibt seine Liebe zu Polyxena in die fatale Falle), ja – aufgrund der Liebe von Paris und Helena – eine ganze Welt ins Verderben. Liebe und Kampf, die Themen des höfischen Romans, erweisen sich im Raum der trojanischen Geschichte als zerstörerisch: „*Amor* and *Militia* thriving on one another and also destroying one another“[2], 'Liebe und Ritterschaft, die voneinander leben und einander zerstören'. Ob die Freundschaft, die im Herrschaftsverzicht von Achills Enkel zugunsten von Hectors Sohn Feindschaften aufzuheben scheint, ein tragfähiges positives Gegengewicht bietet, scheint zweifelhaft. Die zumindest partielle Historisierung und Distanzierung der Ereignisse relativiert indes auch das Gewicht der Katastrophe: eine Welt geht unter – aber eine, die heidnischer Vergangenheit angehört.

4.2. Deutsche Trojaromane des Mittelalters

4.2.1. Herbort von Fritzlar

Autor, Entstehungssituation, Überlieferung, Verhältnis zur Quelle. Herborts von Fritzlar 'Liet von Troye' ist die erste erhaltene mittelhochdeutsche Trojadichtung. Der Autor (dem verschiedentlich auch der 'Pilatus', eine mitteldeutsche Verslegende, zugeschrieben wird) bezeichnet sich selbst im Epilog als klerikal gebildet, und seine Bearbeitung verrät Schulwissen. Herborts Sprache ist mitteldeutsch. Als seinen Auftraggeber nennt er Landgraf Hermann von Thüringen. Herbort könnte Magister am Chorherrenstift Fritzlar gewesen sein, nach dem er sich benennt, kaum Mitglied des Thüringer Hofklerus.

Zeitlicher Rahmen für die Entstehung des 'Liet von Troye' ist die Regierungszeit Landgraf Hermanns (1190-1217). Die Vermutung, eine Anfang des 13. Jahrhunderts geschriebene Pariser Handschrift von Benoîts 'Roman de Troie' sei Herborts unmittelbare Vorlage gewesen,[3] gilt heute zumeist als obsolet. Herbort nennt im Prolog einen Grafen von Leiningen als Vermittler der altfranzösischen Quelle. Graf Friedrich I. (Emich) von Leiningen hatte im Jahr 1194 den soeben aus staufischer Gefangenschaft entlassenen König Richard Löwenherz und dessen Mutter Eleonore nach England begleitet und trat in den Jahren 1193 und 1195 mit Hermann von Thüringen in Kontakt; wahrscheinlich hat der Graf von Leiningen die Vorlage von seiner Reise an den anglonormannischen Königshof mitgebracht und an Hermann weitergegeben.[4] Das 'Liet von Troye' ist somit nach 1195 zu datieren und wohl plausibel in zeitlicher Nähe zu Heinrichs von Veldeke 'Eneas' zu denken, als dessen Vorgeschichte es in Auftrag gegeben ist. Neuerdings wird wieder eine Spätdatierung erwogen (um 1210), vor allem aufgrund (noch nicht ganz zweifelsfreier) intertextueller Beziehungen zu Wolfram

2 ADLER (Nr. 326), S. 28.
3 MENHARDT (Nr. 376).
4 MEVES (Nr. 380).

von Eschenbach und vielleicht zu Gottfried von Straßburg.[5] Stilistisch ist Herbort lateinischen Vorbildern verpflichtet; Berührungen mit anderen volkssprachlichen Texten, insbesondere mit der in der Datierung ähnlich umstrittenen 'Nibelungenklage' und – vielleicht – mit Heinrich von Melk (Mitte 12. Jh.), gehen wohl auf den gemeinsamen klerikalen Hintergrund zurück. Das 'Liet von Troye' ist von daher in den Jahren nach 1195 ebenso denkbar wie um 1210. Die antihöfische Grundtendenz zwingt nicht notwendig zur Annahme einer Spätdatierung.

Gewirkt hat Herborts von Fritzlar 'Liet von Troye' kaum: Es ist in nur einer Vollhandschrift (Heidelberg, UB, Cpg 368, 1333; von einem Würzburger Deutschordensritter in Auftrag gegeben) in Überlieferungsgemeinschaft mit dem 'Eneas' und in einigen Fragmenten tradiert (Berlin, SBPK, Mgf. 902, um 1300; Skokloster, Schloßbibl., Cod. PB munk 4, um 1300; Krumau, Staatliches Regionalarchiv Wittingau, VII-7); die Fragmente aus Skokloster und Krumau vertreten gegenüber der autornahen Fassung der beiden anderen Textzeugen eine mitteldeutsche kürzende Bearbeitung.[6] Wirkungsspuren des 'Liet von Troye' sind ansonsten nicht faßbar; es steht außerhalb der literarhistorischen Entwicklung. Konrad von Würzburg scheint es gekannt zu haben, greift aber wieder direkt auf Benoît als Hauptquelle zurück.

Quelle des 'Liet von Troye' ist Benoîts 'Roman de Troie'. Damit stellt Herbort sich in die Dares-Benoît-Tradition, in die pseudohistoriographische Tradition der angeblichen Augenzeugenüberlieferung, der wahren Geschichte von Troja. Der Prolog (v. 1-98) entwirft geradezu einen *translatio*-Zusammenhang für den Weg des Trojastoffes vom Griechischen über das Lateinische und Französische ins Deutsche.

> *Zu kriechen was sin erste stam,*
> *In latin ez dannen quam,*
> *Hinnen ist ez an daz welhishe kvmen.*
> [...]
> *Sint ist er tutsche zungen gelart*
> [...]
>
> ('Bei den Griechen ist es [das Buch] erstmals entstanden, von dort gelangte es ins Lateinische, von hier kam es ins Romanische. [...] Seither hat er [der Trojanische Krieg] die deutsche Sprache erlernt', v. 49-60.)

Herbort folgt seiner Quelle sehr weitgehend, im Handlungsgerüst wie in den narrativen (nicht den deskriptiven) Details. Doch kürzt er – anscheinend in einer fast subversiv zu nennenden Abwehr gegen die romanhaft aufgeschwellte Vorlage – den Text auf wenig mehr als die Hälfte von Benoîts Versbestand: 18458 Verse Herborts entsprechen 30316 Versen der Ausgabe des 'Roman de Troie'. Die dreiteilige Struktur ist beibehalten: I. Argonautenhandlung und erste Zerstörung

5 Ricarda Bauschke (mündlich).
6 BUMKE (Nr. 339); BOKOVÁ/BOK/GÄRTNER (Nr. 334).

Trojas, Raub der Helena als Vorgeschichte des Kriegs (v. 99-2780); II. Trojanischer Krieg, von der Mobilmachung der Griechen bis zum Wüten der Sieger im zerstörten Troja (v. 2781-16521); III. Nachgeschichte: Streit und glücklose Heimkehr der Sieger (v. 16522-18442); Epilog (v. 18443-18458). Von der Kürzung betroffen ist vor allem der rhetorische Ornatus, die *dilatatio materiae*, die schmückend erweiternde Ausgestaltung des Stoffes, die im Zentrum romanhafter Poetik steht: Reden, Kampfschilderungen, Beschreibungen. Herbort kennt rhetorische Konventionen und distanziert sich von ihnen; mit seinen Kürzungen folgt er selbst einem rhetorischen Programm der Kürze, der *abbreviatio* (und dürfte damit an eine im 12. Jahrhundert in der lateinischen Poetik geführte Diskussion um Breite oder Kürze, *amplificatio* oder *brevitas*, anschließen).

Außer Kürzungen nimmt Herbort gegenüber Benoît mehrfach Vereinfachungen und Umstellungen vor. Zusätze stammen aus gründlicher Kenntnis antiker Texte und antiker Mythologie: ovidische Details aus der Jason-Medea-Geschichte, Anspielungen auf Hercules' Sieg über den Höllenhund Cerberus, Achills Erziehung beim Kentauren Chiron, Ulixes' Sirenenerlebnis, die Namen der Furien, die von Vulcanus geschmiedeten Waffen Achills und anderes. Herbort kennt offensichtlich die Schulautoren und mittellateinische Trojadichtungen, insbesondere die 'Ilias' des Simon Aurea Capra (1152), eine ebenfalls stark rhetorisierte, am Ideal der *brevitas* orientierte, anders als Herborts Bearbeitung indes stark moralisierende Version des Trojastoffs. Aus der Kenntnis klassischer Troja-Traditionen (vermutlich der 'Ilias-latina'-Tradition und/oder dem Bereich des Schulwissens) resultiert Herborts wesentliche konzeptionelle Änderung: Gegen die protrojanische Dares-Tradition und gegen Benoît wertet er den Griechen Achill konsequent auf und stellt die traditionelle (homerische) Hector-Achill-Polarität wieder her.

Deutungsperspektiven. Herborts Quellenbehandlung verrät wesentliche Tendenzen seiner Bearbeitung: die Rolle der Faktizität, die Aufwertung Achills und die erwähnte Wiederherstellung der klassischen Hector-Achill-Polarität, die Abkehr vom Romanhaften, kritisch-distanzierte Sicht auf Geschichte, Frauen, Krieg.

Von den Kürzungen kaum betroffen ist die *materia* selbst, der Stoff. Herbort bewahrt nicht nur die wichtigsten Handlungsabläufe (allerdings rafft er die Zahl der Schlachten von 23 auf 21), sondern auch die meisten faktischen Einzelheiten; weggelassen ist kaum eine Episode, fast jede allerdings wird kürzer erzählt. Nahezu alle narrativen Details sind beibehalten, Namenlisten, Schiffskataloge, selbst folgen- und funktionslose Episoden wie das Verschwinden der Dioskuren Castor und Pollux bei der Verfolgung des Paris und ihrer entführten Schwester Helena. Beibehalten sind sogar narrative Details, von denen man annehmen sollte, daß sie Herborts eigene Konzeption stören, etwa daß Achill die Leiche des Troilus schleifen läßt. Deskriptive Elemente freilich entfallen sehr weitgehend. Reduktion auf das Faktische impliziert den Wegfall jener Elemente der *dilatatio materiae*, die geradezu Gattungskennzeichen des höfischen Romans darstellen: Beschreibungen von Personen, Kleidern, kostbaren Gegenständen, Architektur, Schilderungen von Kampfhandlungen und Gefühlen, Reden und Dialoge.

Mit der Reduktion von Benoîts Roman auf die nackte *materia Troyana* nimmt Herbort zugleich Benoîts Feudalisierung und Höfisierung zurück. Gattungsmäßig bedeutet dies Abkehr vom Romanhaften, Annäherung an historiographische Traditionen. Höfische Zusätze gibt es (etwa das Tagelied, das Herbort den trojanischen Burgwächter anstimmen läßt), doch bleiben sie peripher. Thematisch indiziert die Reduktion höfischer *dilatatio* Distanz gegenüber dem Höfischen. Kürzung markiert zunächst Distanz zu höfischer Erzählkunst und Muße, die jedes Detail verweilend auskostet, und ist dementsprechend bei Herbort nicht nur demonstrativ exerziertes erzählerisches Verfahren, sondern Programm und Thema für den Erzähler und seine Figuren, die gleichermaßen ungeduldig, ja gehetzt vorwärtsdrängen. Es geht um Zeit-Verkürzen – und dies so weit, daß Herbort Hector seinen Gegnern im Kampf buchstäblich die Zeit, nämlich die Lebenszeit, verkürzen läßt (v. 5279-5286): „Das radikalste Mittel gegen die Langeweile ist der Tod.“[7] Distanziert steht Herbort aber auch den höfischen Werten von Ritterschaft und Minne gegenüber – und auch das zeigt sich zunächst in Kürzung, die mit der höfischen Verbrämung den idealisierenden Glanz von den Liebesaffären wie von den Kampftaten nimmt und sie reduziert auf Sexualität und Treuebruch, auf brutales Gemetzel und Abschlachten. Anstelle umständlicher Minnedialoge läßt Herbort seinen Jason Medea recht unvermittelt unter den Rock greifen; durch Verzicht auf lange Minnemonologe oder Entscheidungsreflexionen wird der rasche Sinneswandel der entführten Helena (v. 2717-2726) noch abrupter und – wie auch die mit misogynen Scheltreden des Erzählers kommentierte Briseïda-Geschichte – noch ausgeprägter zum Exempel für die Treulosigkeit der Frauen.

Durch Kürzung perspektiviert Herbort darüber hinaus die Geschichte Trojas weitgehend als Geschichte Hectors und Achills. Schlachten sind vielfach bis auf den bloßen narrativen Kern zusammengestrichen, Massenszenen Benoîts mehrfach zu Konfrontationen der beiden Haupthelden umgestaltet, Zweikämpfe zwischen Hector und Achill dagegen ausführlich geschildert: Hector und Achill sind konsequent als Gegner aufeinander bezogen; Achill ist dabei als überlegener Held hervorgehoben. Herbort stellt zugleich den seit Homer „klassischen“ Affekt des Helden wieder her: den Zorn, der den antiken Heros zugleich zu einem gängigen Heldentypus heimischer Epik in Beziehung setzt, wie ihn vor allem der Wüterich Wolfhart, einer der wichtigsten Helden Dietrichs von Bern verkörpert. Die Auszeichnung des einzigartigen, unvergleichlichen Helden kommt bei Herbort, anders als bei Benoît, Achill zu, nicht Hector: *Anchilles glichen nie gwan* (‘Achill hatte niemals jemand seinesgleichen’, v. 2977). Anders als Benoît stellt

7 SCHMID (Nr. 388), S. 201.

Herbort den Trojaner in den Zweikämpfen gegen Achill meist als Unterlegenen hin. Die Kriegsdarstellung ist konsequent auf die beiden Haupthelden hin zentriert: Achill stürzt die Trojaner ins Verderben, Hector allein bietet den Seinen – vorübergehend – Sicherheit und Schutz, nur von ihm hängt Trojas Geschick ab. Die Landungsschlacht etwa scheint Hector zugunsten der Trojaner zu wenden, bis Achill die Entscheidung zugunsten der Griechen herbeiführt – bei Benoît gegen die am Ende des Kampftages bereits erschöpften Leute Hectors, bei Herbort gegen Hector auf der Höhe seines Siegs (v. 4565-4603).

Hectors Tod durch Achill markiert traditionell den Wendepunkt des Trojanischen Kriegs (die Bedeutung des verhängnisvollen Waffenstillstands nach der zweiten Schlacht, den Hector Aiax gewährt, nimmt Herbort zurück). Wie bei Benoît halten Priamus und Andromache aufgrund von bösen Vorahnungen und Unheilsträumen den widerstrebenden Hector mit eindringlichen Bitten vorübergehend vom Kampf fern. Ohne Hector geraten die Trojaner schnell in Bedrängnis. Hectors Halbbruder Margariton wird von Achill getötet, Hector kehrt daraufhin in den Kampf zurück. Herbort verschärft den Konflikt zwischen denen, die Hectors Sicherheit wollen, und diesem selbst, der sich gerade nach Margaritons Tod gezwungen fühlt, den Kampf mit Achill zu suchen, obwohl er genau weiß, daß er dabei sein Leben aufs Spiel setzt. Die Verpflichtung gegenüber den Trojanern stellt er bewußt über das eigene Leben:

Da tet hector wol schin
Daz er gut vnd leben
Vmbe sine truwe wolde geben
Durch der troyerer heil

('Hector zeigte da genau, daß er bereit war, Besitz und Leben aus Treue zum Heil der Trojaner hinzugeben', v. 10280-10283).

Hector ist traditionell der Held, der für seine Gemeinschaft handelt. Herbort treibt dies auf die Spitze: Hector opfert wissentlich für Troja sein Leben. Zunächst wendet Hectors Eingreifen das Kampfglück zugunsten der Trojaner; vor seinem Tod wird ihm eine Aristie ohnegleichen zuteil. Sein Tod wertet bei Herbort beide Gegner auf. Bei Benoît wird Hector beim Versuch, die Rüstung eines toten Gegners an sich zu nehmen, von Achill angegriffen, schlägt ihn zunächst zurück, wird dann aber hinterhältig von ihm durchbohrt. Diesen Meuchelmord gestaltet Herbort zum offenen Zweikampf um: Während Hector sich an der Rüstung des toten Politetes zu schaffen macht (*vnzvcht*, 'unhöfisches Verhalten', v. 10338, nennt das der Erzähler: wenn ich recht sehe, die einzige Kritik an Hector, dem sonst zwar nicht der Vorrang, aber ein Sympathievorsprung bleibt), fordert Achill ihn laut zum Zweikampf heraus. Beim ersten Waffengang wird Achill verwundet, ein zweites Treffen folgt. Obwohl durch seine Verwundung benachteiligt, siegt Achill nach schier endlosem Kampf. Hector fällt, und Achill würdigt den toten Gegner als schlechthin unvergleichlich:

Got der mvzze dich bewaren
Din sele mvzze wol gefaren
Du were in dime kvnne
Trost vnd wunne
[...]
Ich wene der werlde e zvge
E din geliche werde geborn
Du hast den lip hie verlorn
Durch truwe vnd durch ere

('Gott möge dich bewahren, deiner Seele möge es wohl ergehen! Deinem Geschlecht warst du Zuversicht und Glück. [...] Ich glaube, die Welt wird eher vergehen, bevor jemand deinesgleichen geboren wird. Du hast hier dein Leben um der Treue und der Ehre willen verloren', v. 10411-10427).

Dieser noble Nachruf ehrt beide: den toten Gegner, aber auch den Sieger. Achill demonstriert durch diesen Nachruf eine menschliche Größe, die Leid und Grauen von Krieg und Tod für einen Augenblick aufzuheben scheint.

Nach Hectors Tod erzählt Herbort weiter auf Achill hin, nunmehr nicht in seiner Gegnerschaft zu Hector, sondern in seiner Minnebindung zu Hectors Schwester Polyxena. Diese Liebe stürzt Achill in einen tödlichen Zwiespalt zwischen Leidenschaft und Kämpferehre und raubt ihm seine *manheit* (v. 11171), sein männliches Wesen, den Kern seiner Identität:

Die selbe maget im nam
Daz beste daz er hete
Sterke vnd stete

('Dieses Mädchen [Polyxena] raubte ihm das beste, das er besaß: Stärke und Beständigkeit', v. 11160-11162).

Um Polyxenas willen entzweit Achill sich mit den Seinen, verpflichtet sich zur Kampfenthaltung und läßt untätig die Griechen über mehrere Schlachten hin in ihr Unglück rennen. In quälendem innerem Zwiespalt weiß Herborts Achill, daß er ehrlos handelt, daß er seinem eigenen Wesen als Held und Kämpfer untreu ist; dennoch greift er erst dann wieder in den Kampf ein, als er allein die Vernichtung der Griechen abwenden kann. Nicht die Schmähungen der anderen (wie bei Benoît), die eigene Einsicht treibt ihn in den Kampf zurück; sein Zorn (v. 12997), durch entsetzliche Niederlagen der Griechen gesteigert, drängt die Macht der Minne zurück. Für diesen Vertragsbruch gegenüber den Trojanern rechtfertigt Herbort seinen Helden, indem er gegen die Quelle Polyxena zu eben diesem Zeitpunkt Achill ihre Liebe gestehen läßt – dies läßt Achills Wunden wundersam rasch heilen (v. 13096-13125).

Schnell erweist sich dieser Anschein der Vereinbarkeit von Kampf und Liebe indes als illusionär: Achill kämpft nunmehr gegen Polyxenas Bruder Troilus, der nach Hectors Tod die Trojaner anführt, tötet ihn und läßt seine Leiche brutal schleifen. Herbort mildert gegenüber Benoît nur wenig ab: Achill tut das nicht eigenhändig, sondern beauftragt seinen Pferdeknecht. Dieses Verhalten ist ausdrücklich als *durch vnwerde* ('unwürdig', v. 13215) gebrandmarkt.

Achills Tod ist die unmittelbare Folge seiner Liebe: Statt zu dem versprochenen Stelldichein mit Polyxena wird er, wie bei Benoît, in einen Hinterhalt gelockt und von Paris hinterrücks ermordet. Die Achill-Polyxena-Minne ist weitgehend reduziert auf die tödliche Bedrohung, die sie für den Helden darstellt, und insofern ähnlich desillusioniert gesehen wie alle anderen Liebesgeschichten des Werks – die Jason-Medea-Geschichte vielleicht ausgenommen, die Herbort nicht in Untreue enden läßt. Herbort steigert die Heimtücke der Trojaner und streicht Achills Überlegenheit heraus: Paris traut sich trotz der Übermacht nicht an Achill heran; erst als zahlreiche Helfershelfer Achill von allen Seiten attackieren, fällt er wehrlos unter ihren Schwertstreichen. Der Erzähler-Nachruf rühmt Achill und schmäht seine Mörder. Paris macht Herbort durch eine signifikante Entstellung lächerlich: der Schönling ist durch Achills Schwertstreich am Mund verunstaltet und wird mit dieser Narbe nie wieder richtig küssen können (v. 13676-13683). Als Mörder Achills wird Paris durch den überlegenen Rächer Aiax regelrecht hingerichtet (bei Benoît töten sich Aiax und Paris als ebenbürtige Gegner in offenem Kampf gegenseitig).

Herbort idealisiert keinen seiner Helden, nicht einmal Achill; das belegt die als *vnwerde* kommentierte Schleifung von Troilus' Leiche. Allem, was er erzählt, steht Herbort distanziert gegenüber: dem Höfischen, der Minne und den Frauen, dem Waffenhandwerk des Kriegers. Bei der Schilderung der Schlachten reduziert die Zurücknahme höfischer Pracht Kampf und Krieg besonders augenfällig auf Leid und Untergang. Verstümmelung und Tod beschreibt Herbort in äußerster Drastik, mit zugleich ekelhaft brutalen und auf aggressive Weise komischen Details: Hector schwimmt im Blut der Getöteten (v. 5476f.); das viele Blut macht das Meer zum Roten Meer (v. 4240f.). Das Leid des Krieges wird gezählt und immer wieder zahlenmäßig überboten:

E was drifalt ir leit
Nv wart ez fierfalt gebreit
('früher war ihr Leid dreifach, nun breitete es sich vierfach aus', v. 5394f.);
E was die not vierfalt
Funffaltic sie nv wart
('früher war die Not vierfach, jetzt wurde sie verfünffältigt', v. 5482f.);
Sehs valt was e ir leit
[...]
Sibenfalt ez nv wart
('sechsfaltig war früher ihr Leid, [...] versiebenfacht wurde es nun', v. 8741/8743).

Die rhetorische Gepflogenheit erscheint im Zusammenhang mit dem Massensterben als grausig kalte Spielerei. Das Ausmaß des Leides wird dadurch gleichzeitig herausgestrichen und distanziert: Leid, das verdreifacht und vervierfacht, versechsfacht und versiebenfacht, ja immer wieder neu überboten wird, ist so kaum mehr vorstellbar. Gelegentlich formuliert der Erzähler direkt die Distanz des Klerikers zum Handwerk des Kriegers, das er kühl und unbeteiligt registriert:

Susgetan gewerbe
Ist aller der erbe
Die gerne in strite sint
[...]
Zv glvcke vnd ouch zv heile
Ist der ritter veile
Zv verlust vnd zv gwine

('Solches Geschäft ist das Erbteil all derer, die gerne kämpfen [...]. Der Fortuna und dem Schicksal ist der Ritter zu Verlust und Gewinn preisgegeben', v. 10987-11005).

Bei der Zerstörung Trojas fokussiert Herbort desillusionierend auf eine ihrer Schattenseiten, die Plünderungen. Für das Gemetzel benutzt Herbort ähnlich wie Wolfram von Eschenbach im 'Willehalm' (um 1220) den Begriff *mort*, in Heldenepik und Antikenroman zunächst wertfreie Bezeichnung für die Massenschlacht, mit pejorativen Konnotationen: Kampf ist *mort*, und *mort* ist Ursache von Leid, Leid vor allem der Unschuldigen. Sympathie mit den Leidenden und Pathos sind Herbort indes gleichermaßen fremd. Distanzsignale setzt insbesondere Herborts aggressive Komisierung[8] gerade von Leid und Tod, ein schwarzer Humor, der Lachen und Weinen im Hals stecken bleiben läßt: Die Wendung *eines todes sterben* ('sterben, fallen') wird in höchst ernster Lage durch Umdeutung des unbestimmten Artikels in ein Zahlwort zu einem makabren Witz:

Hie ist nieman er wizze wol
Daz er eines todes sol
Sterben . vnd deheines mere

('Hier gibt es niemanden, der nicht wüßte, daß er einmal sterben muß – und kein zweites Mal', v. 5717-5719).

Paris ist zur passenden Zeit getötet worden: *Der schone in der schonen zit* ('der Schönling in der schönen Jahreszeit', v. 13979). Die Schilderung von Verstümmelung und Tod nimmt groteske Dimensionen an, wenn sich auf dem Schlachtfeld verstümmelte Leichen und destruktiv verselbständigte Körperteile – abgeschlagene Köpfe, Beine, Arme, herausgerissene Zungen, Zähne, Augen oder Lungen – zu einer ebenso abstrakten wie ekelhaft entmenschlichten Komposition zusammenfügen (z.B. v. 5842-5863). Sarkastisch, fast zynisch wird konstatiert, was Heldentaten einbringen: den Tod – und danach bestenfalls ein schönes Grabmal:

8 FROMM (Nr. 346), bes. S. 265-270.

Der kvne polidames
Genoz in dem tode des
Daz er lebende was ein degen
Sin wart an dem tode wol gephlegen

('Der kühne Polidamas hatte im Tod einen Vorteil davon, daß er zu Lebzeiten ein Held gewesen war: nach dem Tod nahm man sich seiner gut an', v. 12041-12044).

Herbort schildert keinen gerechten Krieg der Griechen gegen trojanische Frauenräuber, kein Urbild vollkommener Ritterschaft, zu dem der Trojanische Krieg vielfach höfisierend verkürzt stilisiert wird, sondern bringt die ganze makabre Grausamkeit des Phänomens Krieg zur Darstellung. Das 'Liet von Troye' ist nicht Dokument der Reheroisierung eines höfisierten Stoffes.[9] Herbort heroisiert nicht. Ein geistlicher „Fundamentalist" im Sinne des biblischen Verdikts, wer zum Schwert greife, werde durch das Schwert umkommen (*omnes enim, qui acceperint gladium, gladio peribunt*, Mt 26,52),[10] ist in Herbort jedoch kaum zu sehen: eine christliche Gegenposition wird nicht ausdrücklich bezogen. Kennzeichnend ist strikte und bewußte Distanz zum Erzählten, und diese Distanz vermittelt Herbort außer durch explizite Distanzsignale nicht zuletzt durch sein lakonisches Reflektieren über Bedingungen und Möglichkeiten des Erzählens. Die Erzählerrolle des höfischen Romans nutzt Herbort ebenso wie die rhetorische Tradition und die radikale Kürzung aller höfischen Verbrämung dazu, sich in gelehrt-ironische Distanz zum vergangenen Krieg wie zu den Werten der höfischen Gegenwart zu setzen.

Die historische Distanz zum Dargestellten macht Herbort immer wieder deutlich, über Benoîts Vergangenheitssignale hinaus, etwa in seinem Spott über die antiken Götter, die schon für die plündernden Griechen auf den materiellen Wert ihrer goldenen Götzenbilder reduziert sind: sie lassen die Götter Götter sein und nehmen nur das Gold an sich (v. 16313-16319). Geschildert ist ausdrücklich heidnische Vergangenheit:

Ez was ein heidenische diet
[...]
Diz was lange vor gotes geburt

('Es waren Heiden. [...] Das war lange vor Gottes Geburt', v. 3507-3509).

Von der trojanischen Seherin Cassandra weiß Herbort, gegen Benoît, zu berichten, sie habe Christi Geburt prophezeit:

Wenne si vil wiste
von vnserme herren criste
Von siner kunft von siner gebort

9 MERTENS (Nr. 379).
10 FROMM (Nr. 346), S. 274.

('Denn sie wußte viel von unserem Herrn Christus, von seinem Kommen, von seiner Geburt', v. 1697-1699).

Das kann aus einer Kontamination mit christlich-lateinischen Traditionen von den gentilen Propheten Christi erklärt werden: Der Sibylle, dem Dichter Vergil und anderen antiken Autoritäten wurden seit der Spätantike Prophezeiungen von Christi Geburt zugeschrieben. Mit der Sibylle scheint Herbort Cassandra zu identifizieren (v. 3271). Trojas Geschichte wird so relativiert als Heidengeschichte, als *historia ante gratiam*, 'Weltgeschichte vor der Erlösung durch Christus'. Insofern die trojanische Geschichte *historia ante gratiam* ist, sind alle ihre Mängel und Defizienzen in der anstehenden Erlösung heilsgeschichtlich aufgehoben. Herbort deutet dies freilich nur ganz punktuell an. Gerade als *historia ante gratiam* aber interessiert die Geschichte Trojas vor allem in ihrer Faktizität, die Herbort entschieden bewahrt.

4.2.2. Konrad von Würzburg

Autor, Entstehungssituation, Überlieferung, Quellen. Nach Herborts 'Liet von Troye' ist jahrzehntelang kein anderer deutscher Trojatext überliefert. Der „klassische" (d.h. hier zugleich: der wirkungsmächtigste) deutsche Trojaroman ist Konrads von Würzburg 'Trojanerkrieg', zwischen 1281 und 1287 in Basel entstanden. Der Autor, ein erfolgreicher und vielseitiger städtischer Berufsdichter, dürfte um 1230/35 in Würzburg geboren sein. Nach einer Frühphase in Franken und am Niederrhein wirkte Konrad in Basel; seine Gönner gehörten der geistlichen und weltlichen Oberschicht Straßburgs und Basels an. Konrad, der neben Rudolf von Ems bedeutendste Dichter des fortgeschrittenen 13. Jahrhunderts, hat außerdem den legendenhaften Roman 'Engelhard' und den Minne- und Aventiureroman 'Partonopier und Meliur', verfaßt, ferner mehrere Verserzählungen, die politische Propagandadichtung 'Das Turnier von Nantes', Heiligenlegenden, das Marienpreisgedicht 'Die Goldene Schmiede', Minnelieder, Leichs und Sangsprüche. Der 'Trojanerkrieg' wurde von einem geistlichen Angehörigen des Basler Stadtadels in Auftrag gegeben, Dietrich an dem Orte, der seit 1281 als Basler Domcantor (der *werde singer*, v. 246) nachgewiesen ist. Durch den Tod des Autors 1287 ist der Text Fragment geblieben; er bricht mit 40424 Versen erst am Anfang der vierten Schlacht (von 23 Schlachten bei Benoît) ab.

Konrads 'Trojanerkrieg', der am breitesten überlieferte Trojatext des deutschen Mittelalters, ist in über dreißig Textzeugen, darunter sechs weitgehend vollständigen Handschriften (die älteste Handschrift, auf der die Ausgabe beruht, ist 1870 in Straßburg verbrannt), tradiert und vom Ende des 13. bis zum Ende des 15. Jahrhunderts im gesamten hochdeutschen Sprachgebiet, bis an die Grenzen des Niederdeutschen, verbreitet. Die Beliebtheit von Konrads Roman bleibt, obwohl der Trojastoff seit dem Ende des 14. Jahrhunderts auch in mehreren Prosadarstellungen tradiert wird, ungebrochen, solange die mittelalterliche Troja-Tradition überhaupt fortbesteht. In allen Vollhandschriften ist in nahtlosem Anschluß an Konrads Werk die anonyme, sicher nicht von Konrad stammende 'Trojanerkrieg-Fortsetzung' überliefert: eine unvollständige Geschichte von Troja war anscheinend undenkbar. Aufschlußreich sind insbesondere zwei Typen der Überlieferung des 'Trojanerkriegs': Exzerpte in Form von Minnereden, Teile der Schönheitsbeschreibung der Helena, die als rhetorisches Kabinettstückchen aus dem narrativen Zusammenhang gelöst wurden, und Exzerpte im Rahmen gereimter Weltchroniken: der 'Erweiterten Christherre-Chronik' (Anf. 14. Jh.) und der 'Weltchronik' Heinrichs von München (um 1370). Diese Auszüge, kompiliert mit einer Passage des 'Göttweiger Trojanerkriegs', der 'Sabilon-Erzählung' und Teilen des Trojanerkriegs aus Jansens 'Weltchronik' (letztes Drittel 13. Jh.), enthalten – im Umfang sehr unterschiedlich – meist die Vorgeschichte des Trojanischen Kriegs bis kurz vor dem Raub der Helena. Sie belegen den engen Zusammenhang von Antikenroman und volkssprachlicher Geschichtsschreibung und die Wertschätzung, die Konrad von Würzburg auch als Quelle historischen Wissens entgegengebracht wurde. Gewirkt hat Konrad daneben mit einiger Wahrscheinlichkeit auf die anderen gereimten Trojatexte der Zeit kurz vor oder um 1300 (siehe unten) sowie – direkt und indirekt – auf den gereimten Trojanerkrieg in Ulrich Fuetrers 'Buch der Abenteuer' (Ende 15. Jh.); zwei der am weitesten verbreiteten Prosabearbeitungen des Trojastoffs – das 'Elsässische Trojabuch' und das bairisch-österreichische 'Buch von Troja II' – beginnen als Prosaauflösungen von Konrads Roman.

Wenn man vom Fragmentcharakter seines Textes absieht, erzählt Konrad den „ganzen" Trojanerkrieg in einer nie zuvor und nie wieder erreichten Vollständigkeit nach verschiedensten Quellen – vor allem nach Benoîts de Sainte-Maure 'Roman de Troie', Ovids 'Metamorphosen' und 'Heroiden', Statius' 'Achilleis', dem 'Excidium Troie', Simon Aurea Capras 'Ilias'; wahrscheinlich kannte Konrad auch 'Ilias latina', Vergils 'Aeneis' und die Tradition der Mythographen. Damit führt er die Dares-Benoît-Tradition und die „klassische" Troja-Tradition zu einer einzigartigen Synthese zusammen. Bis zum Beginn der vierten Schlacht, wo sein Torso abbricht, bietet Konrad im wesentlichen alles, was auch die Hauptquelle, Benoîts 'Roman de Troie', erzählt: die Argonautenhandlung und die erste Zerstörung Trojas mit der Entführung der Hesione als Vorgeschichte des Trojanischen Krieges (v. 6496-13097); den Wiederaufbau Trojas und den Raub der Helena (v. 17322-23393, den Raub der Helena teilweise nach Ovid); die Mobilmachung der Griechen und der Trojaner (v. 23394-25088, die Ereignisse in Aulis nach Ovid); den Beginn des Krieges und die ersten Schlachten und Waffenruhen (v. 25089-40424, mit Zusätzen vor allem aus Statius und Ovid). Darüber hinaus ergänzt wird vor allem die Vorgeschichte des Trojanischen Kriegs: um die Jugend des Paris (v. 325-5763, nach Simon Aurea Capra, 'Excidium Troie' und Ovid) und des Achill (v. 5764-6495: Erziehung durch den Kentauren Schyron/Chiron; v. 13398-17321: Achill und Deidamia; beides nach Statius).

Das Prolog-Programm. Der Prolog (v. 1-324) enthält nicht nur die topischen Angaben zu Autor, Auftraggeber, Quelle, sondern formuliert auch ein Erzählprogramm. Aus der Fülle des gewählten Stoffs leitet Konrad einen ungeheuren Anspruch ab:

ich wil ein mære tihten,
daz allen mæren ist ein her
('Ich will eine Geschichte verfassen, die Herr ist über alle Geschichten', v. 234f.).

Das zielt nicht nur darauf, alles zu erzählen, was irgend mit dem Trojanischen Krieg zusammenhängt, sondern auf die Geschichte der Superlative schlechthin: Superlative an Stoff-Fülle, an Kampf (*strît*, v. 292) und Liebe (*minne*, v. 321). Seine Quelle will Konrad *erniuwen* ('erneuern', v. 274) in rhetorisch glanzvollem Stil und in sich geschlossener Komposition. Im Gegensatz zu Herbort verschreibt er sich programmatisch dem *breiten* (v. 303), rhetorischer *amplificatio*. Auch Konrad beruft sich (wohl ohne ihn direkt zu kennen) auf den Augenzeugen Dares als Garanten der Faktenwahrheit und Ausgangspunkt der *translatio* des Trojastoffes. Abweichend von der Dares-Tradition exponiert er jedoch Helena als Zentralfigur. Sein Thema ist das Unheil, das Helena durch ihre unerreichte Schönheit über so viele Menschen gebracht hat,

wie daz vil keiserlîche wîp
Helêne manigen werden lîp
biz ûf den tôt versêrte,
und waz man bluotes rêrte,
daz durch si wart vergozzen.
ir clârheit was geflozzen
für alle frouwen ûz erkorn.
des wart vil manic lîp verlorn,
der von ir minne tôt gelac

('[...] wie die kaiserliche Frau Helena viele edle Männer tödlich verwundete und wieviel Blut man um ihretwillen vergoß. Ihre Schönheit überstrahlte alle auserlesenen Damen. Deshalb verloren viele ihr Leben, die wegen ihrer Minne starben', v. 313-321).

Handlungsanalyse. Jugend des Paris (v. 325-5763). Konrads 'Trojanerkrieg' beginnt (in Anlehnung an Simon Aurea Capra) mit einem Unheilsfanal: Die mit Paris schwangere Hecuba träumt von einer Fackel, die aus ihrem Herzen wächst und ganz Troja in Brand setzt. Priamus bezieht diesen Traum auf das ungeborene Kind und beschließt, dem prophezeiten Unheil zuvorzukommen. Zwei Knechte, die er beauftragt, das Neugeborene zu töten, werden jedoch von Mitleid ergriffen, als der schon als Säugling hinreißend schöne Paris sein Spiegelbild im blitzenden Mordschwert anlächelt. Paris wird verschont und ausgesetzt; in Troja glaubt man ihn tot und sich sicher. Auf wundersame Weise wird Paris gerettet: gesäugt von einer Hirschkuh (ein Märchenmotiv) und von einem Hirten aufgezogen (wie im 'Excidium Troie'). Unter den Hirten zeichnet sich Paris als gerechter Richter bei Stierkämpfen aus; mit der Nymphe Oenone geht er (nach Ovids 5. Heroide) eine Liebesbeziehung ein und schwört ihr ewige Treue.

Währenddessen richtet Jupiter das Hochzeitsfest für seine Verwandte Thetis und ihren sterblichen Bräutigam Peleus aus. Geladen sind die trojanische Königsfamilie und die Götter, die Konrad euhemeristisch vermenschlicht, nicht aber Discordia, die Göttin des Streits. Sie rächt sich, indem sie einen wundersamen Apfel in die Versammlung wirft, der für die Schönste und Würdigste bestimmt ist und daher Streit auslöst: Um den Apfel zanken die Göttinnen Juno, Pallas und Venus, die zugleich (abweichend von der ovidischen Tradition, in der Paris verführerisch nackte Göttinnen beurteilt) allegorisch für die Werte Reichtum, Weisheit, Liebe stehen. Da Jupiter selbst nicht entscheiden will, wird der als unfehlbarer Richter berühmte Paris herbeigeholt. In langen Streitgesprächen versuchen die Göttinnen, die Überlegenheit der von ihnen repräsentierten Werte zu erweisen. Paris urteilt – Jugend, Natur und allgemeines Recht bestimmen ihn dazu – zugunsten der Liebe, der Venus, die ihm dafür die schönste Frau der Welt, Helena, verspricht. Sein Schiedsspruch findet allgemeine Zustimmung. Nur die beiden unterlegenen Göttinnen hetzen neidisch Jupiter gegen Priamus auf, als der den ihm unbekannten Jüngling in sein Gefolge aufnehmen will. Es kommt zu heftigen Streitigkeiten um Paris zwischen der Partei der Götter und der Griechen auf der einen und der Partei der Trojaner auf der anderen Seite – eine erste Vorausdeutung auf künftige Parteiungen im Trojanischen Krieg. Um Verluste zu vermeiden, nimmt Hector, Priamus' Sohn, einen stellvertretenden Zweikampf auf sich. Sein Gegner ist Peleus, der Bräutigam. Hector besiegt ihn und gewinnt Paris damit für Troja zurück; den unterlegenen Gegner verschont er auf Bitten der Damen. Umgehend prophezeit der Weissager Proteus, Thetis werde in der kommenden Nacht einen Sohn empfangen, der Troja zerstören und selbst vor Troja umkommen werde, Achill. Nach dem Ende des Hochzeitsfests kehrt Priamus mit seinem Gefolge nach Troja zurück. Dort wird Paris unter dramatischen Umständen als Königssohn erkannt: Sein Schaukampf mit Hector droht in blutigen Ernst umzuschlagen; Hector ist dabei, Paris zu töten, als dessen Ziehvater, der Hirte, der durch eine Kette außerordentlicher Zufälle nach Troja gelangt ist, die Tötung verhindert, indem er Paris' Identität offenbart, von der er selbst überraschend erfahren hat. Wider besseres Wissen des Priamus, der sich wie unter einem Damoklesschwert fühlt, wird Paris wieder in Gnaden aufgenommen.

Achills Erziehung durch Schyron (v. 5764-6495). Inzwischen hat Thetis Achill geboren. Sie will den Unheilsprophezeiungen des Proteus zuvorkommen und ihr Kind dadurch schützen, daß sie es zur Erziehung dem Kentauren Schyron übergibt. Dort wächst Achill in spartanischer Erziehung und härtestem Drill zum größten Helden Griechenlands heran.

Argonautenhandlung und erste Zerstörung Trojas (v. 6496-13097). Achills Vater Peleus will seinen Neffen Jason, dessen Ruhm alleine dem des Sohnes Konkurrenz zu machen droht, ausschalten und schickt ihn aus zur gefährlichen Fahrt nach dem Goldenen Vlies. Gegen die Quellen (von der Argonautenfahrt an folgt Konrad hauptsächlich Benoît) setzt Konrad Pelias, den Initiator der Argonautenfahrt, und Achills Vater Peleus gleich (Herbort hatte den Fehler korrigiert) und verknüpft dadurch die Handlungsstränge dichter. Während Benoît die Jason-Medea-Handlung mit Jasons erfolgreicher Rückkehr nach Griechenland abbricht und übergangslos zur ersten Zerstörung Trojas durch Hercules schwenkt, erzählt Konrad die Jason-Medea-Geschichte (nach Ovids 'Metamorphosen') zu Ende: In Griechenland verjüngt Medea durch einen Zauber Jasons greisen Vater Eson und rächt Peleus' Hinterhältigkeit gegenüber Jason, indem sie, unter dem Vorwand, auch Peleus verjüngen zu wollen, dessen törichte Töchter dazu anstiftet, den Vater zu erstechen. Während ihrer Abwesenheit aber wird Jason ihr untreu. Medea rächt sich, indem sie der Rivalin ein vergiftetes Kleid schickt, das ein Feuer entfacht, in dem die neue Braut und (dies gegen Ovid) auch Jason umkommen. Statt des toten Jason setzt Hercules den Racheschwur der Argonauten in die Tat um. Die erste Zerstörung Trojas mit dem Raub der Hesione und die Folgen – die vergebliche Gesandtschaft Antenors nach Griechenland, die Beratungen in Troja und der Beschluß zum Raub der Helena trotz der Unheilsprophezeiungen der trojanischen Seher (v. 13098-13397, 17322-19345) – sind im wesentlichen erzählt wie bei Benoît.

Achill und Deidamia (v. 13398-17321). Zwischen die erste Zerstörung und den Wiederaufbau Trojas schaltet Konrad die Fortsetzung der Achillhandlung (wieder nach Statius): Thetis, die einen neuen Krieg um Troja fürchtet, versteckt ihren Sohn, als Mädchen verkleidet, auf der Insel Scyros unter den Töchtern des Lycomedes. Dort kommt es zu einer heimlichen Liebesbeziehung zwischen Achill und der Königstochter Deidamia.

Raub der Helena (v. 19346-23393). Für den Raub der Helena folgt Konrad Benoît bis zur ersten Begegnung zwischen Paris und Helena auf der Insel Cytherea. Eingeschoben wird dann (nach Ovids 'Heroiden') ein längerer Aufenthalt des Paris an Menelaus' Hof. Während Menelaus' Abwesenheit entführt Paris die Königin nach einem Werbungsgespräch, in dem Helena zwischen Koketterie, Abweisung und Entgegenkommen schwankt, gegen ihren Willen mit Hilfe einer List (dies gegen alle Quellen): Er läßt die Segel des Menelaus aufziehen, um Helena auf sein Schiff zu locken. Die Geraubte fügt sich schnell in ihr Schicksal, und Paris bringt sie nach Troja, wo allein Cassandras Unheilsprophezeiungen während des Hochzeitsfests die allgemeine Begeisterung stören.

Kriegsvorbereitungen und Kriegsbeginn (v. 23394-25103). Menelaus ist von Schmerz erfüllt über den Verlust der Gemahlin. Ganz Griechenland rüstet sich zum Krieg. Auf Seiten der Griechen kämpft (gegen alle Quellen) das gesamte Abendland, darunter auch die deutsche Ritterschaft. Für den Aufenthalt der Griechen in Aulis folgt Konrad nicht Benoît, sondern Ovids 'Metamorphosen': Eine Schlange frißt neun Jungvögel und die Vogelmutter, eine Vorausdeutung auf den Sieg der Griechen im zehnten Kriegsjahr. Agamemnon, der oberste Feldherr der Griechen, tötet bei der Jagd unwissentlich eine der Diana heilige Hirschkuh. Als Unwetter die Griechen an der Abfahrt hindern, offenbart der Seher Calchas das Gegenmittel: die Opferung Iphigenies. Der listige Ulixes überzeugt Agamemnon von der Notwendigkeit des Kindsopfers. Iphigenie wird allerdings nicht getötet, sondern von der besänftigten Diana entrückt. Während die Griechen nach Troja segeln, trägt die geflügelte Fama, eine Figur Ovids und Vergils, die Nachricht vom Nahen der Feinde zu den Trojanern, die nun ebenfalls Kriegsvorbereitungen treffen; aus ganz Asien strömen Verbündete nach Troja. Wie bei Benoît erobern und plündern die Griechen zuerst die Insel Tenedon (Tenedos), halten sich aber dort – anders als in der Quelle – nicht auf, sondern segeln gleich weiter nach Troja: ein hochdramatischer Kriegsbeginn.

Kriegsverlauf (v. 25104-40424). Ansonsten erzählt Konrad den Kriegsverlauf im wesentlichen nach Benoît. In der Landungsschlacht (v. 25104-26263) gelingt es den Griechen, sich vor Troja festzusetzen. Der Rückzug der Trojaner, der es den Griechen ermöglicht, ein Zeltlager zu errichten, wird jedoch nicht wie bei Benoît und Herbort mit Achills Heldentaten begründet (Achill befindet sich noch auf Scyros). Die erste – vergebliche – Gesandtschaft der Griechen nach Troja, bei Benoît noch vor Kriegsbeginn von Tenedos aus, findet bei Konrad in der ersten Waffenruhe nach der Landungsschlacht statt (v. 26264-29481). Die Forderung nach Rückgabe Helenas wird, wie in der Quelle, abgelehnt. Ulixes gelingt es (dies nur bei Konrad), den Trojanern gegen den strategisch richtigen Rat des Eneas einen für sie nachteiligen Waffenstillstand abzulisten: Hector schlägt in seiner ritterlichen Großmut keine Bitte ab. Diesen Waffenstillstand nutzen die Griechen (nach Statius) dazu, Achill herbeizuholen. Ulixes gelingt es mit List, den verkleidet unter Mädchen versteckten Achill zu entlarven und zum Kampf zu verlocken; vor dem Aufbruch heiratet Achill seine Geliebte Deidamia, die ihm heimlich einen Sohn, Pyrrhus, geboren hat.

Von Achills Ankunft vor Troja an sind Hector und Achill miteinander konfrontiert. In der zweiten Schlacht (v. 29482-37584), die Konrad zum Paradigma seiner Kriegsdarstellung ausgestaltet, tötet Hector Patroclus. Achill zeichnet sich auf griechischer Seite aus, Hector, Troilus und Paris auf trojanischer. In mehreren Zweikämpfen gegen Achill behält Hector zunächst die Oberhand. Nach anfänglicher Bedrängnis der Trojaner gelingt es Hector, die Gegner zu den Schiffen zurückzutreiben. Die Griechen sind dabei zu fliehen, Hector will gerade die Schiffe in Brand stecken – da stellt sich ihm sein Verwandter Aiax, der Sohn

Thelamons und der von diesem geraubten Trojanerin Hesione, entgegen. Als die beiden ihre Verwandtschaft erkennen, brechen sie den Kampf ab. Hector gewährt Aiax auf dessen Bitte hin einen Waffenstillstand, der die praktisch schon vernichteten Griechen rettet und den Sieg der Trojaner für immer vereitelt.

Daheim wird Hector in tragischer Ironie als Trojas Erlöser und Heilsbringer empfangen. Während des Waffenstillstands begräbt man die Toten. Die Griechen erzählen von ihren großen Helden, insbesondere vom Tod des Hercules, der durch das mit dem vergifteten Blut des Nessus getränkte Hemd umgekommen ist, das ihm seine betrogene Gattin Deianira gesandt hat. Es kommt zu Führungsstreitigkeiten bei den Griechen: Agamemnon wird durch Palamedes abgelöst (diese Episode ist gegenüber Benoît vorgezogen) (v. 37585-39133).

In der dritten Schlacht (v. 39134-40216) fällt keine Entscheidung. Achill und die großen trojanischen Helden – Paris, Troilus, Hector – tun sich durch Massentötungen hervor und werden wiederholt auch in Einzelkämpfen – Paris gegen Menelaus, Troilus gegen Diomedes – exponiert; gegen Achill behält Hector wieder mehrfach die Oberhand, kann aber den unverwundbaren Gegner nicht endgültig besiegen. Noch sind die Trojaner überlegen.

Nach der dritten Schlacht versucht der abgesetzte Agamemnon die Führung wieder an sich zu reißen (es scheint, daß ihm dies gelingt); Achill hetzt er gegen Hector auf (v. 40217-40391). Mit der Aufstellung zur vierten Schlacht und Hectors Heldentaten an deren Beginn bricht Konrads Text ab (v. 40392-40424).

Quellenverarbeitung, Erzähltechnik und Ästhetik. Konrad macht sein Programm vom Geschichtenmeer wahr: Den 'Roman de Troie' als Hauptquelle ergänzt er mit Episoden aus verschiedensten Quellen; möglicherweise hat er eine Sammelhandschrift von Trojatexten aus verschiedenen Traditionen benutzt; die Texte entstammen zum großen Teil dem Schulkanon – insoweit sind gelehrte Quellenstudien nicht unbedingt vorauszusetzen. Gegenüber den Quellen ist die Zahl der Teilhandlungen erhöht, und nahezu jede Teilhandlung wird detaillierter auserzählt: Konrads Ästhetik ist eine Ästhetik der Fülle. Er beschreibt denkbar anschaulich und bietet jeglichen rhetorischen Ornatus auf. Hinzugefügt oder erweitert sind Affektdarstellungen, Reden, Monologe, meist auch Sacherklärungen, Exkurse etwa über heidnische Bräuche, das Wesen der antiken Götter, die Glaubwürdigkeit von Zauberei, sowie Erzählerkommentare. Konrad verflicht die verschiedenen Quellen (unter zum Teil strengster Selektion) in ein in sich geschlossenes Ganzes. Widersprüche zwischen den verschiedenen Teilquellen sind beseitigt. Durch eigene Motivationen, Überleitungen, Querverweise, Vorausdeutungen und Rückerinnerungen verknüpft Konrad die Handlungsstränge weiter als es die Quellen vorgeben, etwa durch den Neid von Achills Vater Peleus auf Jason oder dadurch, daß Achill ausdrücklich als Gegner Hectors herbeigeholt wird. Die Gesamtstruktur des 'Trojanerkriegs' ist in keiner Quelle so vorgegeben. Gegenüber Benoît verlängert Konrad die Erzählfäden der einzelnen Handlungen nach vorne, bis zu ihren Anfängen (Paris, Achill, Hector), und nach hinten, bis zu ihrem Ende (Jason, Hercules). Ausgeprägter als Benoît erzählt er mehrsträngig: Parishandlung und Achilleis, Argonautenhandlung und Trojahandlung, Achilleis und Wiederaufbau Trojas, Trojanischer Krieg und Achilleis laufen zeitlich nebeneinander her.

Von Konrad stammt darüber hinaus ein Netz von Korrespondenzen, Parallelen und Kontrasten, Leitmotiven, Leitthemen, Leitbildern, Leitworten, das den ganzen 'Trojanerkrieg' durchzieht. Um nur einige Beispiele zu nennen: Jason und Hercules kommen auf gleiche Weise um: durch ein vergiftetes Gewand, das die betrogene Ehefrau ihnen sendet, im Feuer; beiden nützen ihre Heldentaten letztlich nichts. Discordia wirft den Apfel, um sich zu rächen; Juno und Pallas zetteln aus Rache für ihre Niederlage den Streit um Paris an; Medea vollstreckt die Rache am ungetreuen Peleus und am ungetreuen Jason; die erste Zerstörung Trojas ist die Rache für die Provokation Lamedons, der Raub der Helena die Rache für den Raub der Hesione, der Trojanische Krieg die für den Raub der Helena. Priamus und Thetis nehmen die Warnungen vergeblich ernst. Hector schont Peleus ebenso wie Paris (der bereits von den gedungenen Mördern verschont worden war); auf Hectors Veranlassung wird Ulixes der Waffenstillstand gewährt, den die Griechen dazu nutzen, Achill herbeizuholen, der Hector töten wird; durch den Aiax gewährten Waffenstillstand verspielt Hector den schon greifbaren Sieg. Erster und zweiter Trojanischer Krieg sind einander steigernd zugeordnet: In beiden Fällen ist der Anlaß eine Racheaktion (für die Beleidigung durch Lamedon bzw. den Raub der Helena), beginnt der Krieg damit, daß der griechische Heerführer, Hercules bzw. Agamemnon, Bundesgenossen sucht, geht es um einen Frauenraub (Hesione, Helena). Die Art des Kriegsausbruchs ist kontrastiert: Hercules führt Krieg ohne Kriegserklärung; dem eigentlichen Trojanischen Krieg gehen von beiden Seiten Gesandtschaften voraus (Antenor, Ulixes und Diomedes); durch die Rückgabe der geraubten Frau soll der Kriegsausbruch oder zumindest seine Eskalation verhindert werden. Die Brutalität der siegreichen Griechen bei der ersten Zerstörung (wie bei der Eroberung von Tenedos) und das Unglücksschicksal des glücklosen Siegers des ersten Trojanischen Kriegs, Hercules, dürften mit einiger Sicherheit Trojas Ende und das traurige Schicksal der siegreichen Griechen vorwegnehmen.

Sprachlich dienen Leitbilder und Leitworte der Vernetzung: *wunsch* ('Vollkommenheit, Ideal') sind das Glück der Minne, die Schönheit der Damen und des Paris, Hectors Tapferkeit, der Glanz ritterlicher Kämpfe, die prachtvollen Städte und Paläste. Alles Negative wird mit Begriffen des Wortfelds 'Leid' belegt, besonders mit dem Leitwort *sorge*: Priamus' Befürchtungen wegen Hecubas Fackeltraum und das Unheil, auf das der Traum vorausdeutet; die *toetlîche sorge* (v. 2255), die zum Wesen der Minne gehört; Kampfbedrängnis und Leid des Kriegs. Vor allem die Bildlichkeit von Licht und Glanz durchzieht leitmotivisch alle Beschreibungen und gipfelt in Helena, die als Sonne alles andere verblassen läßt. Das Feuermotiv zieht sich – übertragen und real (Konrad nimmt Topoi wörtlich) – durch den ganzen Roman, von der Fackel des Hecuba-Traums über die rauchlose Fackel, die Venus als ihr Attribut führt, die Minneglut der Liebespaare, die feuerspeienden Ungeheuer auf Kolchis bis zu den Flammen, in denen Jason und Hercules wie später Troja ihr Ende finden.

Personengestaltung und Wertung. Die Haupthelden läßt Konrad – in der Tradition des höfischen Romans – stärker hervortreten als Benoît. Den wichtigsten Protagonisten (Paris, Achill, soweit von der Tradition her möglich auch Hector) sind Vorgeschichten zugeordnet. Trotz der Zwangsläufigkeit der Katastrophe werden den Helden dadurch gewisse individuelle Freiräume eröffnet. Auffälligstes Charakteristikum von Konrads Figurenbehandlung ist seine vordergründige Tendenz zur Idealisierung: Alle Protagonisten werden, teilweise gegen die Quellen, durchweg als vorbildlich gepriesen. Negative Züge sind weitgehend getilgt. Jede Dame ist makellos schön, jeder Held unübertrefflich tapfer, jede Rüstung unvorstellbar prächtig. Konrad wertet seine Figuren scheinbar gleichmäßig positiv und verzichtet weitgehend auf Parteinahme.

Die Schuldfrage ist eigentlich ausgeklammert. Zwar wird deutlich, daß die Trojaner den doppelten Anlaß für den Krieg geben: durch Lamedons Fehlverhalten gegenüber den Argonauten und durch den Raub der Helena. Das Fehlverhalten Lamedons ist indes nur möglich durch das Fehlverhalten des Initiators der Argonautenfahrt, Peleus; der Raub der Helena ist zum einen entschuldigt durch das Versprechen der Venus, zum anderen Folge der Entführung Hesiones durch die Griechen; zudem bemühen sich die Trojaner entschiedener um eine diplomatische Lösung. Kämpfer beider Seiten zeichnen sich durch vorbildliches höfisches Verhalten aus. Die wenigen Äußerungen persönlicher Anteilnahme des Erzählers gelten den Trojanern; dies ist jedoch mehr Ausdruck des Mitgefühls mit den zum Untergang Verdammten als protrojanische Stellungnahme. Die Sympathie wird mehr auf die Trojaner, mehr auf Hector als auf Achill gelenkt, da sie es sind, die letztlich unterliegen werden. Balance erzielt Konrad durch seine Erzählregie, durch konsequenten Perspektivenwechsel zwischen Griechen und Trojanern. Wann immer ein Held Triumphe feiert, wird er rasch in Bedrängnis gebracht; wann immer eine Seite einen siegversprechenden Vorstoß unternommen hat, folgt umgehend der Gegenstoß; den Beinahe-Siegen der Trojaner wird die endgültige Niederlage folgen, dem Sieg der Griechen das Unglücksschicksal der Sieger.

Dabei gibt es durchaus moralische Schuld, taktisches oder menschliches Versagen: Peleus' Heimtücke gegenüber Jason, Lamedons Beleidigung der Argonauten, Jasons Treulosigkeit. Insbesondere dem sterbenden Hercules legt Konrad vernichtende moralische Selbstvorwürfe in den Mund: wegen seiner ehelichen Untreue, aber auch wegen der skrupellosen ersten Zerstörung Trojas. Die vordergründige Idealität von Konrads Figuren ist durch Ambivalenzen aufgebrochen, insbesondere durch Reibungen zwischen superlativischen Wertungen der Textoberfläche und fataler Handlungsrolle.

Der Trojanische Krieg ist bei Konrad in erster Linie ein Krieg um Helena. Der Prolog nennt sie als Hauptfigur; beide Linien der Vorgeschichte, die Parishandlung mit dem Versprechen der Venus und die Argonautenhandlung mit dem Raub der Hesione, laufen auf sie zu. In den Schlachten motiviert Helenas überwältigende Schönheit die Kämpfer zu verstärkten Kampfanstrengungen. In ihrer Beschreibung, der umfänglichsten des Romans, häufen sich Unzulänglichkeitstopoi: Helenas Schönheit ist nicht zu fassen und nicht zu beschreiben. Ästhetisch ist sie Inbegriff der Vollendung; aber auch moralisch erscheint sie gegenüber den Quellen entlastet. Obwohl sie der Liebe zu Paris erliegt, folgt sie ihm nicht freiwillig. Ihre fatale Rolle bleibt indes bestehen. Die fundamentale Ambivalenz in Helenas Bewertung zeigt vor allem ein doppelter Vergleich: mit der Sirene als Bild für weltlich-sündhafte Verlockung und sicheres Verderben, aber auch mit einem *siticus* 'Sittich, Papagei' (ein Marienattribut). Der Erzähler preist sie ausdrücklich gerade aufgrund ihrer Unheilsrolle, auch wenn die Häufung der Leid-Wörter den Preis etwas unterläuft:

daz sich mîn zunge pînet
sêr ûf ir lop, daz tuot mir nôt,
sît daz den bitterlichen tôt
durch si leit sô manic lîp,
daz nie durch keiner slahte wîp
verdarp sô manic hôher man

('Daß ich mich heftig quäle, sie zu preisen, tut mir not, da ihretwegen so viele den bitteren Tod erlitten, daß niemals so viele vornehme Männer wegen irgendeiner anderen Frau zugrunde gingen', v. 20282-20287).

Auch durch eine konsequente Hector-Achill-Polarität und -Symmetrie nähert Konrad den Stoff „klassischer" Tradition wieder an. Achill wird eigens als Gegner Hectors herbeigeholt; von da an sind beide miteinander konfrontiert. Die Heldentaten Hectors auf trojanischer und die Achills auf griechischer Seite korrespondieren:

Hector der sluoc die Kriechen
und die von Troie Achille

('Hector tötete die Griechen, die Trojaner Achill', v. 32016f.).

Konrads Achillbild ist – aufgrund des Fragmentcharakters des 'Trojanerkriegs' – geprägt von der Jugend Achills und von der Achill-Deidamia-Minne. Als Kämpfer gewinnt Achill (noch) nicht das gleiche Profil wie sein Gegner: Konrad verstärkt Hectors (anfängliche) Überlegenheit über Achill (mehrere Kämpfe sind hinzugefügt, in denen Achill nur durch seine Unverwundbarkeit gerettet wird) und seine überragende Bedeutung für die Trojaner. Hectors Heldentaten und

Ruhm sind gewaltig gesteigert, alle Schwächen getilgt, der Raub der Rüstung des toten Patroclus umgangen. Konrad exponiert Hector als gemeinschaftsbezogenen, gemeinschaftstragenden Helden: vor allem beim stellvertretenden Zweikampf mit Peleus während der Thetishochzeit, bei den Beratungen vor dem Wiederaufbau, vor der Entsendung Antenors (Hector schlägt, anders als bei Benoît, vor, vor der militärischen eine friedliche Lösung zu suchen), vor dem Entschluß zum Raub der Helena, in den Ermunterungsreden an das Heer. Von Hector alleine hängt Trojas Existenz ab; ihm ist – vermutlich in Anlehnung an die 'Ilias latina' – geradezu eine Erlöserrolle zugeschrieben. Anders als in den Quellen aber hat Hector bei Konrad gerade durch seine ritterliche Idealität unwissentlich und unwillentlich Anteil an der verhängnisvollen Entwicklung: durch die fatalen Folgen der Verschonung des Peleus (der wird in der nächsten Nacht den großen Gegner Achill zeugen) und des Paris, durch die Ulixes und Aiax gewährten Waffenstillstände. Nicht zufällig trägt ausgerechnet Hector als Zimier (Helmschmuck) die fatale Sirene (v. 3738-3755).

Die Hector-Achill-Polarität ergänzt Konrad durch eine in keiner Quelle vorgegebene Paris-Achill-Polarität. Die Dares-Benoît-Tradition kennt Paris als Meuchelmörder Achills; in der klassischen Tradition, besonders bei Ovid, ist Paris der Weiberheld, der feige, kampfuntaugliche Schönling – drastisch rekurriert darauf Herbort. Bei Konrad wird Ovids wenig rühmliches Parisbild ausdrücklich zurückgenommen (v. 35372-35386). Paris ist so aufgewertet zum ebenbürtigen Partner Helenas und zum ebenbürtigen Gegner Achills, den er ja traditionell tötet. Das Parisurteil wird seiner traditionellen moralischen Anrüchigkeit weitgehend (nicht ganz) enthoben; freilich nimmt damit ein Verhängnis von ungeheurer Tragweite seinen Lauf. Ambivalente Züge kommen durchaus zum Tragen: Paris' Untreue gegenüber Oenone, der betrügerische Mißbrauch von Menelaus' großzügig gewährter Gastfreundschaft, vor allem die selbstbezogene Gleichgültigkeit gegenüber dem Leiden anderer:

sîn herze des vil gar vergaz,
daz Troie werden solte
zerstoeret, ob er wolte
Helênen z'einem wîbe hân.
ê daz er hœte si verlân
und er ir wolte hân verborn,
sîn lant daz hœte er ê verlorn
und alle sîne mâge.

('Sein Herz hatte ganz vergessen, daß Troja zerstört werden sollte, wenn er Helena zur Frau gewinnen wollte. Ehe er sie verlassen und aufgegeben hätte, wollte er lieber den Verlust seines Landes und all seiner Verwandten in Kauf nehmen', v. 22968-22975).

Auch Troilus und die traditionell maßgeblich an Trojas Untergang beteiligten Figuren stellt Konrad deutlicher heraus als Benoît: Antenors und Eneas' vorausschauende Klugheit, Ulixes' Rolle als Exponent einer für Troja verhängnisvollen Schlauheit, den Antagonismus zwischen Ulixes und Eneas.

Fast alle Protagonisten sind eingebunden in Konrads Netz von Parallelen und Kontrasten. Die außergewöhnlichen Jugendgeschichten des Paris und Achill sind deutlich parallelisiert. Hectors verantwortliches Handeln kontrastiert dem verantwortungslosen Egoismus des Paris, doch stürzt Hectors verhängnisvolle Großmut Troja kaum weniger ins Verderben als Paris' Leidenschaft. Medea und Achill sind parallelisiert durch ihre Wildheit und ihren Widerstand gegen die Minne, Medea und Thetis durch ihre übermenschlichlichen Fähigkeiten, die ihnen aber die Treue des Geliebten, das Überleben des Sohnes nicht sichern. Lamedons unüberlegte Fehlreaktion gegenüber den Argonauten kontrastiert zu Priamus' berechnenden Vorkehrungsmaßnahmen gegen den prophezeiten Unheilssohn. Beides zieht indes gleichermaßen die Katastrophe nach sich. Wie Priamus gegen Paris trifft Thetis Sorge für Achill, der sich seinerseits um nichts sorgt. Es kontrastieren ferner z.B. die klugen Pragmatiker Antenor, Eneas, Ulixes, denen nach dem Krieg die Zukunft gehören wird, und der fatalerweise höfischem Ehrencodex folgende Hector. Es korrespondieren Priamus und Agamemnon, die Aussetzung des Paris und die Opferung der Iphigenie: beide Väter sind zur Hingabe des eigenen Kindes bereit, das in beiden Fällen nur durch göttliches Eingreifen gerettet wird. Paris' Rettung erweist sich als verhängnisvoll für Troja, Iphigenies Schicksal ist eine der Ursachen für Agamemnons späteren Tod (den Konrad nicht mehr erzählt). Parallelisiert sind ferner die eifersüchtigen Frauen Oenone, Medea, Deidamia, Deianira; die untreuen Liebhaber und glücklosen Sieger Jason und Hercules. Dieses Netz der Korrespondenzen stiftet strukturell eine ungewöhnliche Verdichtung und Kohärenz des Erzählens; thematisch konstituiert es Gesetzmäßigkeit.

Minne und Krieg. Alles, was sich im 'Trojanerkrieg' abspielt, wird von den Themenbereichen Minne und Krieg her bestimmt. Diese Leitthemen werden an ganzen Reihen von Minnepaaren und Kampfsituationen in verschiedenen Variationen durchgespielt.

Die Minne steht, anders als bei Benoît, programmatisch gleichrangig neben dem Krieg. Konrad führt nach antiken Quellen weitere Minnehandlungen ein: um Paris und Oenone, Achill und Deidamia, Hercules und Deianira; alle Minnehandlungen – auch die um Jason und Medea, Paris und Helena, die von Benoît übernommen sind – erweitert Konrad durch Schilderungen der Minneentstehung und Minnesymptomatik, durch lange Minnemonologe und Minnegespräche. Fast alle Liebesbeziehungen des Romans folgen den topischen (ovidischen) *gradus amoris*: vom ersten Anblick (*visus*), durch den die Liebe aufgrund der körperlichen Schönheit des anderen zustandekommt, über das Gespräch (*alloquium*), die Berührung (*tactus*), den Kuß (*osculum*) zur Liebesvereinigung (*coitus*). Für die Schilderung der Minne bedient sich Konrad der traditionellen ovidischen, wohl auch über Veldeke und Gottfried von Straßburg vermittelten Symptomatik und Bildlichkeit: Minne als Krankheit (und als Ärztin), als Feuer, als Verwundung, als Verstrickung, Gefangennahme, Krieg. Minne ergreift vom Menschen geradezu zwanghaft Besitz und verstrickt ihn unweigerlich in Leid. Venus, die Allegorie der Liebe, bestimmt im Streitgespräch der Göttinnen (v. 1913-2680) die Minne als unwiderstehliche Macht, ihr Wesen als untrennbares Ineinander von Freude und Leid. Minne bringt alles Glück der Welt, endet jedoch in Unheil und Verhängnis. Ein Erzählerkommentar erklärt Treulosigkeit geradezu zum Minnegesetz (v. 11228-11261); Treueeide und Eheschließungen, in die fast alle Liebesbeziehungen münden, erweisen sich als vergebliche Sicherheitsmaßnahmen gegen Untreue. Zum Minnegesetz gehört aber auch die Strafe für die Untreue: Medeas Rache trifft Jason selbst; Hercules sieht sich sterbend als Minnefrevler, der die gerechte Strafe erhält. Zeugen für die Allmacht der Minne sind nicht nur die topischen Minnesklaven, Salomon, David, Samson, sondern auch Adam, den die Minne zum Sündenfall trieb, der die ganze Menschheit ins Verderben stürzte (v. 2172-2179). Gewissermaßen Minnesklaven sind auch Medea, Achill und Paris, der als *eigenlicher kneht* ('Leibeigener', v. 2749) der Minne durch sein Urteil seine Welt dem Untergang überantwortet. Die Minne scheint zunächst höfisches Gegengewicht zum historisch-heroischen Stoff, gehorcht jedoch mit ihren fatalen Folgen den gleichen Gesetzen wie Krieg und Geschichte.

Konrad stellt im Prolog den größten Krieg aller Zeiten, einen Ur-Krieg, in Aussicht und bietet von Anfang an Kampf- und Schlachtszenen auf verschiedenen Ebenen: vom Zweikampf zwischen Hector und Peleus und Jasons Kämpfen um das Goldene Vlies über die erste Zerstörung Trojas bis zum zweiten Trojanischen Krieg mit seiner Folge exemplarischer Schlachten und Waffenruhen. Die Massen der Schiffe und Heere sind quantifiziert durch überhohe Zahlenangaben und visualisiert in Überblicken über die Totale des von Kämpfern übersäten Schlachtfelds. Namenkataloge lassen den Eindruck einer ungeheuren Völkerschlacht entstehen: Konrad drängt die ganze Welt vor Troja zusammen; der Trojanische Krieg wird buchstäblich zum Weltkrieg, zur welthistorischen Auseinandersetzung von Orient und Okzident.

Das Urbild eines Krieges wird zugleich zum Paradigma für das Erzählen vom Krieg. Aufgeboten ist die Summe verschiedener Kampfarten (ritterlicher Zweikampf, Aristien einzelner Protagonisten, Gruppenkämpfe mehrerer Einzelhelden, Massenschlacht). In der Konzentration auf Einzelkämpfe ist die Schilderung des Krieges streckenweise angeglichen an höfische Zweikämpfe; der Weltkrieg erscheint teilweise als ins Überdimensionale gesteigertes Turnier, als Superlativ an Ritterschaft, nicht ohne Brechung freilich: vor allem wenn in den Mauerschau-Szenen der zweiten und dritten Schlacht die Damen auf den Stadtmauern sich gegenseitig, wie von einer Tribüne aus, die Kämpfer zeigen, die, in ihren Anblick versunken, massenweise fallen (v. 39242-39287). Häufig gehen die Zweikämpfe in allgemeinem Kampfgetümmel unter. Herausragende Helden töten, vielfach wahllos, einen oft namen- oder gesichtslosen Gegner nach dem anderen oder schlachten, Naturgewalten gleich, ganze Gegnermassen ab. Das Ineinander von Zweikämpfen und Massenschlacht wird darstellbar durch entsprechenden Wechsel der Fokussierung zwischen der Naheinstellung bei Zweikämpfen, wo bis ins minutiöseste Detail der Wappen oder der Verwundungen gesehen wird, und einer Art „Panoramasicht" auf die Totale der Massenschlachten, die vor allem durch eine ausgefeilte Bewegungsregie (das Hin und Her der Truppenbewegungen) strukturiert ist. Retardierende Elemente (Beschreibungen von Rüstungen und Wappen, Reden, Dialoge) stellen dem kollektiven Morden und Sterben Beschreibungen von Schönheit entgegen oder Einblicke in individuelle Absichten der Beteiligten, die freilich durch den Krieg zumeist zunichte werden. In bezeichnender Objektivität faßt Konrad dabei Glanz und Elend beider Seiten ins Auge; vor allem der ständige Wechsel der Perspektive zwischen Griechen und Trojanern hält die Sympathielenkung in der Schwebe.

Krieg ist als glanzvolles Ringen um Ehre bewertet und zieht zugleich unsägliches Leid nach sich. Konrad kostet die vielfältigen Sinneseindrücke der Schlacht aus: den Glanz der Rüstungen, Geklirre und Gedröhn der Waffen, das dampfende Blut der Gefallenen, auch den Ruhm der großen Helden, denen zuzusehen für Gott selbst eine Ehre wäre (v. 34584-34587). Krieg ist dennoch nicht *ritterschefte* (obwohl der Begriff wiederholt verwendet wird), sondern skrupellose Schädigung des Gegners, Brutalität und Grausamkeit, von der sich Konrad gelegentlich kühl distanziert. Besonders deutlich werden das Mitgefühl mit den Leidenden und die Kritik an den Greueln des Kriegs bei der ersten Zerstörung Trojas: Ohne Kriegserklärung überfällt Hercules das trojanische Umland, die wehrlose Landbevölkerung wird abgeschlachtet, Lamedon durch eine Kriegslist in einen Hinterhalt gelockt. Die Greuel der Sieger, Vergewaltigung und Mord, werden vom Erzähler als *mein unde mort* (‘Schandtat und Morden’, v. 12928-12995) angeprangert. Ritterlichkeit gibt es wenig – oder sie wirkt sich verhängnisvoll aus, wenn etwa Hector Ulixes und Aiax Waffenstillstände gewährt, die, wie erwähnt, indirekt zu seinem Tod und zum Untergang seiner Vaterstadt führen. Lediglich das edelmütige Verhalten zweier Griechen – *Panfilôt* leiht Paris sein Schwert, Theseus rät Hector, Hilfe zu rufen – hat keine fatalen Folgen.

Die Kampfschilderungen wirken drastisch und brutal, mit Blutdampf und Aasgeruch, abgeschlagenen Körperteilen, gespaltenen Schädeln. Häufig aber ist Konrads Bildlichkeit preziös gebrochen – etwa wenn die Flut des vergossenen heißen Blutes die Heide dörrt (v. 39938-39941), wenn die Kämpfer ihr eigenes Blut saufen (v. 31264f., eine ‘Nibelungenlied’-Reminiszenz), wenn die Gegner vor Hector dahinschmelzen wie Schnee in der Sonne (v. 31584ff.), wenn die Imagination des Erzählers aus emporstiebenden Funken ein nur sprachlich existentes neues Gestirn formt (v. 36902-36913). So wird, distanzierend und verfremdend, mehr die Sprache als das Blutvergießen zum Thema. Schönheit und Grauen stehen nebeneinander, die Pracht der Segel und Zelte, der juwelenbesetzten Rüstungen und Schilde, die Farben der Banner und Wappen neben Blutfluten und zerstückelten Leichen. Der Krieg wird zum erlesenen Farbereignis, wenn das blutüberströmte Schlachtfeld wie mit Blut gemalt erscheint; Schlachten sind geradezu choreographisch durchorganisiert. Durch konsequente Ästhetisierung des Leides und des Grauens überführt Konrad den Krieg in ein Erzählkunstwerk.

Geschichte der Superlative. Konrad nimmt, wie erwähnt, für sich in Anspruch, die Geschichte aller Geschichten zu erzählen (*allen mæren ein her*): Es geht um einen Stoff von besonderer Dignität (ohne daß Konrad dessen historischen Stellenwert explizit ausführt), es geht aber auch um den größten Krieg, die verlustreichsten Kämpfe, das größte Leid, die tapfersten Helden, die schönsten Frauen und die prachtvollsten Gebäude, Rüstungen, Ausstattungen aller Zeiten. Troja erscheint – über konventionelle Hyperbolik hinaus – als größte und bedeutendste Stadt aller Zeiten:

unz an den jungestlichen tac
wirt beschouwet niemer mê
kein veste, diu sô schône stê,
sô Troye stuont, diu wîte.
ouch wart bî keiner zîte,
sît daz diu welt gestiftet wart,
kein stat von alsô rîcher art
gebiuwen ûf der erden

('Bis zum Jüngsten Tag wird nie wieder eine so prachtvolle befestigte Stadt erblickt werden wie das weite Troja. Auch wurde zu keiner Zeit, seit die Welt erschaffen wurde, eine solch prachtvolle Stadt auf Erden errichtet', v. 17678-17685).

Den Zeitrahmen seiner Erzählung spannt Konrad denkbar weit. Alle Weltreiche sind gleichzeitig präsent: Babylon, die Meder und Perser werden unter den trojanischen Verbündeten genannt (v. 24807, 24846, 24840); auf Alexander den Großen wird angespielt (v. 13808, 14078); die Römer sind vertreten durch ihren Gründerheros Eneas; die Deutschen als „Erben" des Römischen Reichs sind mit den Griechen verbündet (v. 23994-24004). Die ganze Weltgeschichte ist gleichsam in Abbreviatur im Trojanischen Krieg zusammengedrängt. Troja wird präsentiert als Paradigma menschlicher Geschichte von universaler Gültigkeit. Universal gültig erscheinen damit auch die Abläufe, die unweigerlich in den Untergang führen.

Geschichtsperspektive und Erzählkunst. Der katastrophale Ausgang des Trojanischen Kriegs ist stoffbedingt. Konrad unterstreicht jedoch das Scheitern in allen Teilhandlungen und hebt so die Unvermeidbarkeit des Verhängnisses noch stärker hervor. Jedes menschliche Handeln, die Theseus- und die Panfilôt-Episode vielleicht ausgenommen, jede zwischenmenschliche Beziehung, die Minne und die Geschichte sind zum Scheitern verurteilt. Höfische Pracht, ritterlicher Kampfesruhm und Liebesglück schlagen um in Unheil und Verderben.

Während des ganzen Handlungsverlaufs gibt es immer wieder Punkte, wo Alternativen zur Tragödie greifbar scheinen, bei den Warnungen der Seher und Cassandras oder bei den Gesandtschaften, die noch Chancen zum Frieden bieten. Nach der ersten Zerstörung Trojas moralisiert der Erzähler gegen die Rache, die über unheilvolle Verkettungen der Umstände und die fatale Eigendynamik menschlichen Handelns aus nichtigem Anlaß größtes Unheil entstehen läßt. Auch auf der Handlungsebene wird gelegentlich moralisiert, wenn Hercules seinen Tod als Strafe für die Schuld ansieht, die er durch die erste Zerstörung Trojas auf sich geladen habe. Solche Moralisierung greift indes zu kurz: Alle erdenklichen Maßnahmen gegen das Verhängnis werden ja getroffen – doch vergeblich. Durch ihre Bemühungen verstricken sich die Menschen noch stärker in das Unheil, das sie aufzuhalten suchen: Priamus' sorgfältig geplante Maßnahmen gegen das geträumte Verhängnis werden vereitelt, indem im letzten Moment eine übergeordnete Macht – verbunden mit dem Mitleid der gedungenen Mörder – die Tötung des Kindes unterbindet. Den Streit der Göttinnen um den Apfel schlichtet Paris – und beschwört gerade dadurch größeren Streit herauf, letztlich den Trojanischen Krieg. Die Sorge der Thetis verkehrt sich ins Gegenteil: Achill wird gerade deswegen vor Troja umkommen, weil er durch seine bei Schyron erworbenen Heldenqualitäten den Griechen als Gegner Hectors unentbehrlich erscheint. Daß Lamedon die Argonauten des Landes verweist, um kriegerische Auseinandersetzungen zu vermeiden, hat Hercules' Rachefeldzug zur Folge. Bei diesen Abläufen des Scheiterns spielt es keine Rolle, was Menschen tun und lassen, ob sie blindlings in ihr Unheil rennen oder vorgewarnt das Verhängnis aufhalten wollen: alles läuft auf die Katastrophe hinaus.

Daß es trotz des Vorwissens der Beteiligten zu der unheilvollen Entwicklung kommt, hat verschiedene Gründe: menschliches Fehlverhalten (inbesondere Rache, die die Gewalt eskalieren läßt), taktisch unkluge Entscheidungen (z.B. die von Hector wider alle strategische Vernunft gewährten Waffenstillstände), Menschlichkeit, die sich wider Erwarten als verhängnisvoll erweist (die folgenträchtige Schonung von Paris und Peleus), Zufall (die wundersame Rettung des ausgesetzten Paris und seine Wiedererkennung in Troja), letztlich aber eine übergeordnete Instanz: Konrad nennt an zwei entscheidenden Wendepunkten, bei der Rettung des neugeborenen Paris (v. 473) und bei dem Aiax gewährten Waffenstillstand (v. 37078-37081, 37580-37584), ausdrücklich *got* als Urheber des Geschehens. Benoîts *Destinee* oder *Fortune*, d.h. Fortuna als Werkzeug göttlicher Providenz, die nach christlichem Geschichtsdenken in der Weltgeschichte wirkt, wird so noch weiter christlich vereindeutigt.

Konsequenzen für das Ganze hat dies kaum. Nur gelegentlich macht Konrad deutlich, daß im Trojanischen Krieg eine heidnische Welt untergeht. Ansonsten ist die Schilderung Trojas doppeldeutig: Einerseits projiziert Konrad Ideale der höfischen Gegenwart zurück in eine höfisch-heidnische Vergangenheit, die diese Ideale in irrealer Vollkommenheit verkörpert; andererseits steuert eben diese zugleich glanzvolle und heillose Welt unaufhaltsam der Katastrophe zu. Die spezifische Geschichtlichkeit seines Stoffs thematisiert Konrad nicht: Trojas Geschichte erscheint hauptsächlich als Reservoir von Erzählmaterial; die dargestellte Welt wird zur Kunstwelt ästhetisiert. Diese Ästhetisierung kann in gewisser Weise als Reaktion auf die geschichtliche Katastrophe begriffen werden: Trotz Leid und Tod, die sie heraufbeschwört, erscheint Helena als Inbegriff von Vollkommenheit; die erzählte Welt bleibt, obwohl heillos dem Untergang verfallen, strahlend positiv. In Konrad-typischer Variation des traditionellen *memoria*-Topos sichert die kunstvolle literarische Darstellung von Leid und Tod der untergehenden Welt Dauer im Wort. Helena als Person stürzt ihre Welt in den Untergang, doch

wirt noch hiute von ir sage,
sô man si nennen hoeret,
sorg unde leit zerstoeret

('wird noch heute, indem man von ihr erzählt, wenn man sie nennen hört, Leid aufgehoben', v. 20046-20048).

Helenas *name* – d. h. die Erzählung von Helena – *zerstoeret sorge* (v. 20048), hebt Leid auf. Troja und die Helden des 'Trojanerkriegs' gehen unter; doch dieser Untergang wird überführt in Dichtung: Konrad setzt der Apokalypse der Geschichte eine Apotheose des Erzählens entgegen.

4.2.3. Weitere Trojaerzählungen in Versen

Auf Konrads 'Trojanerkrieg' als eine von mehreren Quellen dürften sich die folgenden Trojaromane in Versen beziehen: die anonyme 'Trojanerkrieg-Fortsetzung' (um 1300), vermutlich der 'Göttweiger' und sicher der 'Basler Trojanerkrieg' (Ende 13. Jh.), vielleicht die schwankhafte Trojaerzählung in der 'Weltchronik' des Wieners Jans (Enikel), sicher die 'Sabilon-Erzählung' in der Troja-Kompilation der 'Erweiterten Christherre-Chronik' und der 'Weltchronik' Heinrichs von München.

Die 'Trojanerkrieg-Fortsetzung'. Die anonyme Fortsetzung von Konrads von Würzburg 'Trojanerkrieg' (9412 Reimpaarverse) ist in allen Vollhandschriften von Konrads Roman in nahtlosem Anschluß an diesen enthalten. Daß die Verbindung nicht primär ist, belegen indes die Trojaprosen nach Konrad, die (wie auch die Trojanerkriege der gereimten Weltchronik-Kompilationen) die 'Fortsetzung' nicht benutzen. Die Entstehungsumstände der 'Fortsetzung' sind unbekannt. Datiert wird sie gewöhnlich auf die Zeit um oder kurz nach 1300. Die Konzentration auf äußere Fakten und eine Tendenz zum Moralisieren, die die 'Fortsetzung' mit den ab Ende des 14. Jahrhunderts entstehenden Trojaprosen teilt, sprechen möglicherweise eher für eine etwas spätere Datierung. Sprachlich deutet alles auf Entstehung im alemannischen Raum, d.h. wohl in geographischer Nähe zu Basel.

Inhalt. Die 'Fortsetzung' führt die Trojahandlung in faktengesättigtem, rhetorisch schmucklosem Erzählduktus zu Ende: Berichtet wird vom Tod der wichtigsten trojanischen und der verbündeten Helden (Hector, Penthesilea, Troilus, Paris) und vom Tod Achills, vom Fall der Stadt durch den Verrat des Antenor und Eneas und von den Unglücksschicksalen der siegreichen Griechen.

Gegenüber Konrad springt die 'Fortsetzung' gleich zu Beginn vom Ende des ersten ins neunte Kriegsjahr. Das Kriegsglück hat sich bereits gegen die Trojaner gewendet. Hector, der den anrückenden Amazonen mit nur wenigen Begleitern entgegenreitet, wird von Achill aus einem Hinterhalt heraus getötet. Achill läßt dem einzigen Überlebenden die Hände abschlagen, sendet ihn nach Troja und schleift Hectors Leiche vor der Stadt; die Trojaner verfallen in verzweifelte Klagen und maßlose Furcht. Priamus unternimmt seinen Bittgang zu Achill, um Hectors Leiche auszulösen; dabei bietet er Achill seine Tochter Polyxena gegen Kampfenthaltung an; Achill erbittet Bedenkzeit. Die Amazonen treffen nach Hectors Bestattung in Troja ein. Penthesilea, die nur Hector zuliebe gekommen ist, will wieder abziehen, wird aber von Paris mit Schätzen zum Bleiben veranlaßt. Die Amazonen kämpfen heldenhaft, werden jedoch durch Achills Tapferkeit besiegt und wie die Fliegen totgeschlagen. Achill sticht Penthesilea vom Pferd, tötet die Wehrlose und schleift sie an den Haaren übers Schlachtfeld; die Leiche wird ins Wasser geworfen. *Mennon* (Memnon), der König von *Môrlant* und Indien, ein weiterer Bundesgenosse der Trojaner, fällt nach anfänglichen Erfolgen durch Achill. Troilus, der nun die Trojaner anführt, wird trotz seiner Heldentaten von Achill getötet, als er nach einem unglücklichen Sturz wehrlos am Boden liegt. Aus Rache heckt Hecuba den in der Dares-/Dictys-Tradition üblichen Mordplan aus, den hier Paris und Deiphobus ausführen: Achill wird zu einem vermeintlichen Stelldichein mit Polyxena gelockt und hinterrücks erstochen. Achills Tod verunsichert die Griechen; als ein Orakel den Sieg durch Achills Sohn prophezeit, holt Menelaus Pyrrhus (*Pirrus*) von Lycomedes herbei, der den Enkel nur unwillig ziehen läßt – gegen Menelaus' Versprechen, Pyrrhus seine Tochter Hermione und sein Reich zu überlassen. Nachdem Pyrrhus auch den letzten Verbündeten der Trojaner, Euripilus von Mesia, getötet hat, werden die Trojaner zunehmend demoralisiert: Der Seher Helenus nimmt heimlich Kontakt mit den Griechen auf und eröffnet ihnen die Umstände von Trojas Untergang – den Verrat des Antenor und des Eneas –, der seit langem vorherbestimmt sei. Antenor und Eneas stellen sich in offener Opposition gegen die Priamiden. In der nächsten großen Schlacht tötet Philoktet (*Pfiloctêtâ*), Dictys' Version entsprechend, Paris mit seinen mit dem Gift der Hydra getränkten Pfeilen (daß dies die Pfeile des Hercules sind, wird hier nicht gesagt). Oenone stirbt über Paris' Leiche den Liebestod. Der von den trojanischen Fürsten beschlossenen Rückgabe Helenas kommt Deiphobus durch Heirat mit ihr zuvor, womit er die Fürsten, vor allem Eneas, gegen sich und Priamus aufbringt. Während Antenor im Auftrag der Trojaner unter widerwilliger Duldung des Priamus offizielle Friedensverhandlungen mit den Griechen führt, kommt es zu geheimen verräterischen Absprachen; Priamus versucht vergeblich, die Köpfe der Opposition heimtückisch ermorden zu lassen. Helena bittet Antenor vorsorglich um Vermittlung bei Menelaus. Unheilsvorzeichen häufen sich; Antenor verschafft den Griechen das Palladium, dessen Verlust nach alten Prophezeiungen Trojas Untergang einleitet. Das Trojanische Pferd, angeblich ein Opfer der Griechen für Minerva, wird gebaut und, wie bei Vergil, trotz der Warnungen der Weisen von den Trojanern unter Zerstörung ihrer Mauern in die Stadt gezogen; die Griechen ziehen zum Schein ab. In der Nacht kehren sie zurück und machen die wehrlosen Trojaner brutal nieder. Die Beute und die Frauen werden unter die Sieger verteilt. Ulixes und Aiax Thelamonius streiten um das Palladium, das auf Betreiben der Atriden Ulixes zugesprochen wird. Aiax dringt auf die Todesstrafe für Helena. Am nächsten Morgen wird er ermordet aufgefunden; der Verdacht fällt auf Ulixes, der daraufhin heimlich und überstürzt aufbricht. Cassandra prophezeit Agamemnons Tod. Von Ulixes' zehnjährigen Seefahrten wird nur das Sirenen-Abenteuer kurz erzählt. Pyrrhus wird mit Hermione vermählt, obwohl diese bereits *Horestes* (Orest) versprochen ist (dieser Handlungsstrang wird nicht weitergeführt). Agamemnon wird von *Egist* und *Climestra* (Klytaimnestra) ermordet; Orest tötet die Mörder und übernimmt die Herrschaft.

Quellen und Eigenart der Quellenbehandlung. Quellen der 'Fortsetzung' sind (außer Konrads Roman, auf den nur punktuell Bezug genommen wird) hauptsächlich Dictys, daneben Dares und für Einzelmotive Vergils 'Aeneis', für die Amazonen auch eine Alexanderdichtung, eine Version der 'Historia de preliis', sicher nicht der 'Roman de Troie'. An die spätantiken pseudohistoriographischen Quellen bindet sich der Fortsetzer so eng, daß er selbst deren Widersprüche zu Konrads vorangehendem Text nicht beseitigt; Berührungen mit anderen deutschen Trojadichtungen sind nicht festzustellen.

Von allen mittelhochdeutschen Trojatexten mediaevalisiert die 'Trojanerkrieg-Fortsetzung' am wenigsten: Elemente höfischer Kultur und Erzählelemente des höfischen Romans fehlen weitgehend, Beschreibungen höfischer Ausstattung ebenso wie Empfangs- und Redezeremoniell. Die Minnethematik spielt fast keine Rolle. Die Verbindung von Paris und Helena ist zwar als „Minne" bezeichnet, aber keine personale Beziehung; mindestens die gleiche Rolle wie Helena spielen die Menelaus geraubten Schätze; die Rückgabe der Geraubten verweigert Paris aus Sturheit und Hoffart, nicht aus Liebe. Achills Beziehung zu Polyxena dient lediglich dazu, wie in der Quelle seinen Tod zu motivieren. Nur Oenones Liebestod wird sentimentalisiert. Das Kriegsgeschehen ist, obwohl die Kämpfer „Ritter" heißen, wenig höfisiert. Gefangene, Verwundete und Tote werden, dem Erzählduktus des Kriegsberichts entsprechend, in langen Katalogen aufgezählt. Begräbnisse und Beutezüge, selbst antike Streitwagen, Feuerbestattungen, Leichenspiele, die bedeutende Rolle von Lösegeld und Beute sind beibehalten; nur von den antiken „Abgöttern“ und bei der Verwandtenehe von Deiphobus und Helena distanziert sich der Erzähler, nicht bei den Kämpfen. Krieg ist Gemetzel, unritterliche Brutalität. Ritterliche Zweikämpfe sind nicht vorgesehen; Gegner werden nicht selten wehr- und bewußtlos getötet, Gefangene verstümmelt oder abgeschlachtet, die Leichen toter Gegner geschleift, Geiern und Hunden überlassen oder ins Wasser geworfen. Materielle Gier spielt eine große Rolle. Tod und Leid sind durch keinerlei Ästhetisierung gemildert.

Deutungsperspektiven. Charakterisierung und Bewertung der Figuren sind eindimensional. Alle sind grausam und besitzgierig: Achill, der Hector aus dem Hinterhalt auflauert, die bewußtlose Penthesilea und den wehrlosen Troilus niedermetzelt, Hectors und Troilus' Leiche schleift, kaum weniger als Diomedes, der der toten Penthesilea ein würdiges Begräbnis verweigert; Ulixes in seiner dubiosen Rolle beim Tod des Aiax fast so wie die trojanischen Verräter und die das Gemeinwohl mißachtenden Priamiden. Der Fortsetzer übernimmt zunächst Dictys' griechenfreundliche Tendenz und die Schuldzuweisung an die Trojaner, vor allem an Paris, den selbstbezogenen Frauenräuber, und Helena, die leichtfertige Ehebrecherin, die nach allgemeiner Meinung unverdient mit dem Leben davonkommt, während andere ihretwegen unschuldig zugrunde gehen. Auch Priamus hat – durch falsche Erziehung und Schwäche bei der Herrschaftsausübung – die Frevel seiner Söhne mitzuverantworten. In der Schuldfrage sind sich Trojaner und Griechen übrigens vollkommen einig – dadurch ist die trojanische Schuld objektiviert. Daß es trotzdem zur Katastrophe kommt, weil die Trojaner Helenas Rückgabe verweigern, wird lediglich auf der Figurenebene erklärt: alles sei *vor geordent* ('vorherbestimmt', v. 45220), die Trojaner seien *verfluochet von den goten* ('von den Göttern verflucht', v. 41532 u.ö.). Kommentiert wird das nicht.

Ansonsten neigt der Erzähler zu etwas zweifelhaftem Moralisieren: Paris hätte Helena nach dem Minnegenuß zurückgeben sollen – darin hätte rechte, maßvolle Minne bestanden (v. 45719-45754). Mitgefühl mit den Leidenden wird deutlich zum Ausdruck gebracht. Ein Sinn ist der Katastrophe kaum abgerungen. Trojas Untergang erscheint auch nicht als Strafe für moralische Schuld; denn mit dem Verrat wechselt der Fortsetzer seinen Standpunkt: Nachdem er deutlich die Schuld der Priamiden, ihre Hoffart und ihren Egoismus betont und Antenor und Eneas als aufrichtig in aussichtsloser Lage auf den alleine rettenden Frieden Drängende gezeigt hat, wandelt sich das Bild, sobald es zum Verrat kommt – obwohl das Recht der Griechen nach allem, was bisher gesagt wurde, außer Frage steht: Die Verräter Eneas und Antenor, aber auch die ein doppeltes Spiel treibenden Griechen werden kritisiert; die Kriegsgreuel der Sieger, die unschuldige Menschen abschlachten wie Vieh, sind – gegen die Quellen – aufs schärfste verurteilt.

Dieses Bild einer heillosen Welt verlängern pessimistisch moralisierende Kommentare (bes. v. 46213-46311) bis in die Erzähler-Gegenwart hinein: Habsucht und Ehrgeiz gelten seit Anbeginn der Welt als geradezu anthropologische Konstante; bitter beklagt wird die ständige Verschlechterung des Weltzustands, die allenthalben zunehmende Treulosigkeit – Gott werde menschliches Tun indes angemessen vergelten. Eine konstruktive Gegenperspektive in Welt- oder Heilsgeschichte eröffnet sich nicht.

Aufgrund der Knappheit und Schmucklosigkeit des Erzählduktus, der Art der Figurengestaltung und der geringen Rolle der Minnethematik kann die 'Fortsetzung' nicht eigentlich als höfischer Roman gelten, mithin als „Antikenroman“ nur in einem weiten Sinn. Es handelt sich um eine Adaptation, eine sehr eng an die Quellen angelehnte Nacherzählung der antiken Kriegsberichte. Das nahtlose Nebeneinander von 'Trojanerkrieg' und 'Fortsetzung' in den Handschriften und das Fehlen expliziter Auseinandersetzung mit Konrads Text wecken dennoch den Eindruck, daß für Fortsetzer und Rezipienten die Einheit von 'Trojanerkrieg' und 'Fortsetzung' nicht in Frage stand. Das Ganze wurde anscheinend als die eine Geschichte von Troja betrachtet, für deren Einheit nur der stoffliche Zusammenhang eine Rolle spielte; der Fortsetzer scheint sich (darauf weist die Anonymität) als Werkzeug der Vervollständigung der Geschichte verstanden zu haben.

'Göttweiger Trojanerkrieg'. Der 'Göttweiger Trojanerkrieg' (so benannt nach dem Aufbewahrungsort der einzigen vollständigen Handschrift, Stiftsarchiv Göttweig/Niederösterreich; alemannisch, 15. Jahrhundert) dürfte, der Reimgrammatik nach zu schließen, zwischen 1270 und 1300 in der westlichen oder mittleren Nordschweiz entstanden sein. Wenn (wofür vieles spricht) Konrads 'Trojanerkrieg' als eine der Quellen benutzt wurde, engt sich der Entstehungszeitraum auf die beiden letzten Jahrzehnte des 13. Jahrhunderts ein. Der Autor nennt sich „Wolfram“; daß damit über das Spiel mit der Autor-Maske Wolframs von Eschenbach hinaus eine wirkliche Namensnennung beabsichtigt ist, ist anzunehmen, aber nicht unstrittig.

Inhalt. Der Text beginnt (wie sonst nur die Erzählungen bei Simon Aurea Capra, Konrad und Jans) mit dem Fackeltraum der Hecuba und mit der Aussetzung und Jugend des Paris. Nachdem ein eigens von Hector aus Baldac herbeigeholter Traumdeuter namens Samlon den Traum als Unheilsprophezeiung gedeutet hat, will Hecuba das Kind töten lassen. Es wird aber aus Mitleid lediglich ausgesetzt und bei Hirten aufgezogen; seine Jugendtaten ähneln auffällig denen Achills bei Konrad. Nach einer kurios verballhornten Version des Parisurteils, bei dem zwei Göttinnen ihn auch über seine Herkunft aufklären, zieht Paris in einer langen Aventiurefahrt an Agamemnons Hof, wo er sich längere Zeit aufhält und zahllose Heldentaten für Agamemnon und im Minnedienst für dessen unvermählte Tochter Helena vollbringt. Helena wird jedoch während einer Abwesenheit ihres Ritters gegen ihren Willen mit Menelaus verlobt. Danach macht sich Paris auf die Suche nach seinem Bruder Hector und begibt sich mit diesem zusammen nach Troja zurück. Hector und Paris müssen zahlreiche Aventiuren gegen Riesen, Unholde und Frauenräuber bestehen. Um Helena vor der ihr verhaßten Ehe zu retten, schlägt ausgerechnet Hector vor, sie zu entführen. Aus dem Raub folgt, wie üblich, der Rachekrieg. Beim Trojanischen Krieg kämpft unter anderem Hercules mit; erster und zweiter Trojanischer Krieg fallen damit quasi zusammen. Hercules' und Aiax' Schwester ist Medea; Jasons Geliebte heißt allerdings Meiera und trägt Züge der Ariadne, Jason selbst tötet später den Minotaurus. Achill wird von Scyros herbeigeholt: der als Kaufmann verkleidete Ulixes lockt ihn listig auf ein Schiff und entführt ihn nach Troja. Patroclus fällt durch Hector, kurz vor dessen Tod, Hector durch Achill, Achill (obwohl er fast unverwundbar ist) im Zweikampf gegen Paris. Der Verrat des Eneas bringt Troja zu Fall. Davon wird doppelt erzählt; die Forschung geht meist davon aus, daß keine abschließende Redaktion des Schlußteils vorgenommen wurde. Menelaus fällt. Helena kehrt mit ihrem Vater nach Griechenland zurück und wird erneut kriegerisch umworben. Über den ersten Werber, Bevar, siegt Agamemnon, der zweite, Segramans, tötet Helenas Vater, und Helena erlebt mit ihm ein spätes Minneglück. Eneas tut sich mit zwei Strauchdieben namens Remolus und Remus zusammen und gründet Rom. Den Abschluß bildet ein Ausblick auf die Schandtaten römischer Herrscher bis zu den Christenverfolgern Diocletian und Nero.

Quellen. Im 'Göttweiger Trojanerkrieg' sind traditionelle trojanische Motive burlesk verzerrt und mit Motiven und Strukturen des Artusromans kontaminiert, so daß ein seltsamer Zwitter von Artus- und Troja-Roman entsteht. Hauptquelle für die trojanischen Ereignisse dürfte ein Text der 'Excidium Troie'-Tradition sein; daneben wurden Dares, Ovid und vielleicht Konrads 'Trojanerkrieg' benutzt, für die arturischen, höfischen Elemente vor allem späthöfische Erzähltexte (Wirnts von Grafenberg 'Wigalois', Konrads von Würzburg 'Schwanritter', Albrechts 'Jüngerer Titurel', möglicherweise 'Reinfried von Braunschweig') und 'Wolfdietrich B'. Der Schluß steht eindeutig in der Dares-Tradition: Der Verräter Eneas läßt die Griechen durch ein Tor mit Pferdekopf in die Stadt ein. Daneben sind mit einiger Wahrscheinlichkeit auch Motive der 'Ilias latina' (Patroclus fällt kurz vor Hector), von Ovids 'Metamorphosen' (Ulixes und Aiax streiten um Achills Schild), Dictys und wohl auch aus Konrads 'Trojanerkrieg' verwendet; Konrad nahe stehen insbesondere einige Motive aus der Geschichte Medeas und der Jugend Achills: Medea bewacht ein Lamm mit einem goldenen Fell, eine Reminiszenz an das Goldene Vlies, und gilt als *beste artzatine* ('beste Ärztin', v. 14623); Jason findet, wie sonst nur bei Konrad, als Strafe für seine Untreue (hier gegenüber Meiera) selbst den Tod; Achill wird vom Kentauren Chiron erzogen und reist wie bei Konrad unter Wasser zu Nicomedes (Lycomedes) (v. 14943-14980). Ferner gibt es einige Parallelen zu Jans (vor allem in der Achillhandlung), die eine verlorene gemeinsame Quelle vermuten lassen.

Deutungsperspektiven. Konzeptionell berührt sich der 'Göttweiger Trojanerkrieg' mit Konrads Aufwertung des Paris, die indes noch erheblich weiter getrieben ist: Der 'Göttweiger Trojanerkrieg' ist über weite Strecken ein Paris-Roman. Aus der Ehebruchsgeschichte wird eine (nahezu) normgerechte höfische Minnebindung: Helena wird zur unvermählten und gegen ihren Willen zwangsweise verlobten Tochter Agamemnons, Paris zum vollkommenen Minneritter, der sich die Hand der Kaisertochter durch seine Heldentaten auch für Agamemnon längst verdient hat und den Rivalen in jeder Hinsicht übertrifft. Der Raub der Helena dient der Rettung einer bedrängten Frau wie die vielen Kämpfe gegen Frauenräuber, die Paris, Hector und andere bestehen.

Obwohl Verdrehungen tradierter Fakten den Eindruck der Enthistorisierung wecken, ist das Geschehen um Troja (stärker als in anderen Trojaromanen üblich) in die Welt- und Heilsgeschichte eingebunden: Trojas Untergang wird, wie traditionell in der Weltchronistik, auf das Jahr 1200 v. Chr. datiert (v. 22685-22690); Trojas weltgeschichtliche Rolle als Vorläuferin Roms ist einbezogen (v. 23235ff.); einige spätere römische Herrscher sind erwähnt (v. 24929ff.); die römische Geschichte wird wenigstens rudimentär weitergeführt bis zum Beginn der *cristenhaitt* (v. 25119f.). An Kämpfe des Aiax mit den Juden (v. 16168ff.) ist eine Vorausdeutung auf die Auseinandersetzungen der Nachfahren der Überlebenden mit Alexander dem Großen geknüpft (v. 16269-16272).

Schwer zu beurteilen sind die Abweichungen von der Tradition: Helena als Tochter Agamemnons; Jason in der Rolle des Theseus; der Tod des Menelaus vor Troja (v. 23030); Romulus und Remus nicht als Nachkommen des Eneas, sondern als dessen Komplizen (v. 24936ff.). Anzunehmen ist bewußtes Verwirrspiel mit traditionellen Motiven, nicht Verwechslung aus Unkenntnis. In der entschiedenen Abwertung des Eneas, seiner Kumpane Romulus und Remus und der späteren römischen Herrscher scheint eine anti-römische, vielleicht antiimperiale Tendenz greifbar. Die negative Bewertung des Verräters Eneas wird auf seine Neugründung Rom übertragen und bestätigt sich an den Untaten der römischen Herrscher bis zu den Christenverfolgern Diocletian und Nero. Die Verdrehungen gegenüber der historischen Wahrheit gerade in der römischen Frühgeschichte wären dann möglicherweise als anti-ideologische Ironisierung des Troja-Aeneas-Rom-Mythos zu verstehen.

Durchgängige Deutungsperspektiven des 'Göttweiger Trojanerkriegs' sind indes schwer zu fassen. Die Veränderungen insbesondere bei Nebenfiguren, die Integration arturischer Namen und Szenen (Aventiure-Fahrten einsamer Ritter, Kämpfe gegen Ungeheuer und Riesen, Hilfe für bedrängte Frauen) lassen auf literarisches Spiel schließen, auf bewußte Verdrehungen, die auf Wiedererkennung und Amüsement des Publikums zielen, ähnlich wie in Tannhäusers burleskem IV. Leich. Der 'Göttweiger Trojanerkrieg' treibt die typische Mediaevalisierung antiker Geschichte und die Idealisierung und Höfisierung der Helden auf die

Spitze, bis sie in eine rein literarische Mixtur von antikem Stoff und arturischen Episoden und Namen kippt, in ein „arthurisches Experiment“[11].

Die Erzählerkommentare schlagen jedoch einen ernsteren Ton an. Auffällig häufig sind Gegenwartsschelte und *laudatio temporis acti*. Der Verfall der Sitten und der höfischen Werte in der Gegenwart wird immer wieder beklagt und mit Trojas (vor allem Hectors und Paris') idealer Vorbildlichkeit kontrastiert:

Ritter orden und ir leben
Söltte nichtt won rechtes bitten.
Nen laider, sy hand valschen sitten:
Sy brüwend stätte fraisse,
Wittwen, arme, waissen
Machend sy nun alle.
Er soll mitt hochem schalle
Der beste nun uff erden sin
Wem roben, brennen ist wol schin
Und wer och falscher rette pfligtt
Und gantzer tugend angesigtt,
Der ist lïb und werde:
Sin rattes man gern gertte.
Des waz alles nüt do.
Ir gemütte stünd also
Daz sy wärend war haft.
Gütt waz do die ritterschaft.

('Stand und Leben des Ritters sollten nichts als das Rechte verlangen. Aber leider – sie haben falsche Sitten: Sie hecken ständig Untaten aus, sie alle machen nun die Menschen zu Witwen, Armen und Waisen. Der soll nun hochgepriesen als der Beste auf Erden gelten, der sich aufs Rauben und Brandschatzen versteht. Wer auch treulose Ratschläge zu erteilen pflegt und über vollkommene Tugend triumphiert, der ist beliebt und angesehen, nach dessen Rat verlangt man bereitwillig. Damals war das alles nicht so. Sie strebten nach Wahrhaftigkeit. Vortrefflich war damals die Ritterschaft', v. 3194-3210).

Trojas traditionelle Funktion als Wiege der Ritterschaft wird im 'Göttweiger Trojanerkrieg' wörtlich genommen, die gängige Retroprojektion höfischer Ideale in die antike Vergangenheit auf die Spitze getrieben: Ideale Ritterschaft, gerade auch in ihrer ethischen Dimension, findet sich in Troja noch in idealer Weise realisiert: *Gütt waz do die ritterschaft* (v. 3210). An den trojanischen Helden wird ritterliches Ethos demonstriert: Aventiure ist soziale Hilfeleistung, *ritter orden* bedeutet *Wittwen, waissen schirmen* ('Witwen und Waisen zu schützen', v. 4377-4386). Falsche, unsoziale Auffassungen von einer Ritterschaft, die sich in Totschlag und Ehrerwerb erschöpft, sind ausdrücklich kritisiert: *Dü ritter schaft ist mortt genantt* ('Solche Ritterschaft nennt man Morden', v. 7844) – wie

11 KERN (Nr. 357), S. 233.

Kains Mord an Abel (v. 23005-23010). Darin liegt ein Sinn der Arturisierung des antiken Stoffes – über literarisches Spiel und poetologische Experimente hinaus. Paris wird einmal gar als *Gottes ritter* bezeichnet (v. 11769). Auf griechischer Seite dagegen häufen sich, mit Ausnahme des positiv gezeichneten Aiax und einiger neutral bewerteter Personen, die Negativfiguren: Agamemnon beginnt einen sinnlosen Krieg und nimmt hin, daß Pyrrhus die unschuldige Polyxena abschlachtet; Ulixes verschuldet Aiax' Tod; Jason ist schlechthin das Exempel für Untreue. Gerechtigkeit schaffen die Helden, die durch Beseitigung der Übeltäter die moralische Ordnung wiederherstellen: Gamille tötet Jason; Pyrrhus wird wie sein Opfer auf Achills Grab hingerichtet; Eleander bekriegt und tötet Ulixes. Nur die trojanischen Verräter kommen ungeschoren davon.

Angesichts der Idealität Trojas und der Trojaner stellt sich um so dringlicher das Problem, wie der Autor des 'Göttweiger Trojanerkriegs' die Katastrophe wertet. Eindeutigkeit ist hier nicht zu gewinnen, wohl auch deswegen, weil der Schluß nicht endgültig überarbeitet wurde. Die Erzählerkommentare (wenn sie wörtlich zu nehmen sind) formulieren eine moralisierende Perspektive auf alle Ereignisse. Unrecht werde von Gott gestraft, auch wenn der sich manchmal reichlich Zeit damit lasse:

Gieng es, als mir weltt behagen
So reche Gott der riche
Mortt gar behendenkliche

('Liefe es so, wie es mir gefallen wollte, so würde der mächtige Gott Mord ganz schnell rächen', v. 20746-20748).

Die Verurteilung der trojanischen Verräter (v. 22727ff. u.ö.) ist wohl darauf zurückzuführen, daß sie eine Welt idealer Ritterschaft zugrunde richten. Daß Eneas und seine Helfershelfer, die im Gegensatz zu den anderen Übeltätern des Romans nicht die gerechte Strafe finden, weltgeschichtlich Zukunft haben, eröffnet keine positive Perspektive – im Gegenteil: diese Zukunft, die sich auf Verrat gründet, wird in der auf Schandtaten reduzierten römischen Geschichte desavouiert.

Die anfängliche Parteinahme für Paris und Helena wird zunehmend abgelöst durch Klagen über die verheerenden Folgen der Liebe:

Heleyna, din rotter mund so zartt
Hett aber hie gebruwen mortt.
We dir, wip!
[...]
Minne lerett sterben

('Helena, dein zarter roter Mund hat hier wieder ein Massensterben verursacht. Weh dir, Frau! [...] Minne lehrt zu sterben', v. 23944-23952).

Die doppelte Wiederholung von Frauenraub und Rachekrieg und insbesondere Helenas endgültige Entführung durch Segramans von Saba demonstrieren die

Sinnlosigkeit des Trojanischen Kriegs. Helena hätte, kommentiert Agamemnon, ebensogut gleich bei Paris bleiben können.

> *Ich möchte han verlaussen*
> *Als lichtte da in Troye*
> *Min kind*
> ('Genausogut hätte ich meine Tochter in Troja lassen können', v. 23270-23272).

Schon die Konstellation mit einer unverheirateten Helena und einem Paris verpflichteten Agamemnon läßt den Krieg vermeidbar scheinen und hebt so die Dimension tragischer Verstrickung in ein unaufhaltsam abrollendes Unheil auf. Agamemnons Sieg über Troja erweist sich zudem als nutzlos; sein Schicksal wird zum Exempel für Fortuna-Tragik: im Drehen des Glücksrads folgt auf Sieg und Aufstieg unweigerlich der Absturz. Helena und Segramans aber werden zu Exempelfiguren für den verdienten Lohn langer Minneanstrengung:

> *Ir edlen minnere,*
> *Sechend an disses mere*
> *Und sind durch frowen wol gemütt!*
> *Ain schon raines wibe gütt,*
> *Waz durch die liden mag ain man,*
> *Ir gütte im des wol lonnen kan.*
> ('Ihr edlen Liebenden, betrachtet diese Geschichte und seid um der Damen willen wohlgemut! Was ein Mann um einer schönen, reinen, edlen Frau willen leidet, dafür kann ihn ihre Güte gewiß belohnen', v. 24907-24912).

Nach drei Weltkriegen ist dies kaum anders denn als bewußt ironische Burleske zu verstehen.

Die oft platten Moralisierungen wirken vielfach wie eine Fortsetzung der literarischen Burleske auf Kommentarebene, sie sind weniger Deutung des Geschehens als Deutungsverweigerung. Der Trojanische Krieg wird verdreifacht und läuft letztlich ins Leere. Vor dem Hintergrund einer Konzeption von Ritterschaft als sozialer Tat erscheint Krieg widersinnig. Der Text endet denn auch nicht mit dem schicksalhaften Untergang der Stadt, sondern mit Helenas neuem Minneglück. Damit scheint sich der Dichter der Katastrophe und ihrer literarischen Festschreibung zu entziehen, den Mythos eines trojanischen „Urkriegs" zu entmythologisieren.

'Basler Trojanerkrieg'. Der 'Basler Trojanerkrieg' (früher irreführend meist als 'Basler Bruchstück' bezeichnet), eine episodisch strukturierte Trojaerzählung von 329 Reimpaarversen, ist im Rahmen derselben Handschrift der 'Sächsischen Weltchronik' überliefert, in der auch der 'Basler Alexander' enthalten ist (Basel, Öffentliche Bibliothek der Universität, Cod. E. VI. 26, 15. Jh.). Der Text umfaßt vier Abschnitte: die Entführung der Helena und den Beginn des Trojanischen

Kriegs (I); die Einholung Achills im zehnten Kriegsjahr und zwei Siege Hectors über Achill (II); weitere Zweikämpfe zwischen Hector und Achill, Hectors Tod, die Tötung Chirons durch Paris, Vorbereitungen zum Zweikampf zwischen Paris und Achill (III); Achills Tod durch Paris, Trojas Fall durch Eneas' Verrat, Eneas' Fahrt nach Rom, Helenas Rückkehr und endgültige Entführung durch den König von *Ungren* (IV). Es dürfte sich nicht um vier Bruchstücke handeln, sondern um eine selbständige, episodische Kurzerzählung; Textverluste am Anfang oder zwischen den Abschnitten sind nicht ersichtlich.

Quellen. Hauptquellen des 'Basler Trojanerkriegs' sind Konrads von Würzburg 'Trojanerkrieg' (u.a. für die Entführung Helenas durch die List der vertauschten Segel) und der 'Göttweiger Trojanerkrieg' (erneute Entführung Helenas); eine verlorene gemeinsame Quelle mit dem Trojanerkrieg in Jansens 'Weltchronik' ist wahrscheinlich (Einholung Achills erst im zehnten Kriegsjahr); der Verrat des Eneas setzt Kenntnis der Dares-Tradition (vielleicht durch den 'Göttweiger Trojanerkrieg' vermittelt) voraus. Der Autor dürfte seine Kurzfassung des Trojanischen Kriegs in Kenntnis mehrerer Versionen aus dem Gedächtnis zusammengestellt haben.

Inhalt. Der 'Basler Trojanerkrieg' setzt mit dem Raub der Helena ein. Paris hört von Klena (Helena), der schönsten Frau, und eilt nach Griechenland, um sie zu sehen. In Abwesenheit ihres Gatten Menelaus verliebt er sich in sie und entführt sie mit List. Menelaus zieht mit allen Fürsten der Welt vor Troja. Hector und Paris tun sich bei den Kämpfen hervor. An Massenkämpfen hat der Text indes kein Interesse; erwähnt sind bevorzugt einzelne spektakuläre Motive: daß auf Hectors Anordnung hin die Tore unverschlossen bleiben; daß ein edler Grieche den bedrängten Hector rettet, indem er ihm rät, um Hilfe zu rufen (eine Anspielung auf die Theseus-Episode bei Konrad), daß auf den Rat eines Sternensehers hin Achill listig aus seinem Versteck unter den Töchtern des Lycomedes gelockt wird (auch von Achills Bestimmung, die gleichzeitig Ruhm und Tod in sich schließt – *hie vor Troy ersterben / und ouch den priß erwerben* 'hier vor Troja zu sterben und auch Ruhm zu erwerben', v. 109f. – und von seiner Erziehung beim Kentauren Chiron ist kurz die Rede); wie Hector und Achill mehrfach gegeneinander kämpfen und nur Achills Unverwundbarkeit seinen Tod verhindert. Das Ende der Trojahandlung konzentriert der Text ebenfalls auf zentrale Episoden: Hectors Tod durch Achill, Chirons und Achills Tod durch Paris, einen vergeblichen Sturmangriff der Griechen, den Untergang der Stadt durch den Verrat des Eneas. Hector fürchtet sich vor dem letzten – tödlichen – Zweikampf gegen Achill, da ihm noch nie ein Gegner so lange widerstanden hat wie dieser; Chiron unterweist Achill genau, wie er dem Gegner beikommen kann. Paris fürchtet Achills Unverwundbarkeit und unterrichtet sich ebenfalls über geeignete Kampftechniken: ein Weiser rät, Achill mit einem Knüppel zu erschlagen. Eneas läßt die Griechen durch ein von ihm geöffnetes Tor in die Stadt ein. Beim Untergang Trojas fällt auch Paris – durch einen *schaft* (v. 298), wohl eine Reminiszenz an den traditionellen Pfeilschuß des Philoctet. Eneas zieht nach Rom, ohne die Abweichungen des 'Göttweiger Trojanerkriegs' von der Tradition. Menelaus wird nicht mehr erwähnt. Helena kehrt mit ihrem Vater nach Griechenland zurück. Dort wird sie durch den König von *Ungren* ein zweites Mal entführt (v. 321ff.).

Kennzeichnend für den 'Basler Trojanerkrieg' sind vor allem die Reduktion der überlieferten Masse von Ereignissen auf wenige markante handlungsbestimmende Episoden, die bei aller Knappheit durchaus plastisch geschildert sind; das Desinteresse an den kollektiven Kampfhandlungen; die Konzentration auf Hector, Paris und Achill; die Entlastung Helenas. Die erneute, endgültige Entführung Helenas unterstreicht, wie im 'Göttweiger Trojanerkrieg', die Sinnlosigkeit des Trojanischen Krieges. Die „unhistoriographisch" anmutende Tilgung aller unspektakulären kollektiven Kriegsereignisse scheint nicht im Widerspruch zu stehen zu einer „historiographischen" Rezeptionshaltung. Der 'Basler Trojanerkrieg' wird in der 'Sächsischen Weltchronik' überliefert – für die Trojatexte des 13./14. Jahrhunderts ist, anscheinend weitgehend unabhängig von ihrer eigenen Tendenz und Darstellungsweise, die Verflechtung mit der Weltchronistik bezeichnend.

Trojaerzählungen in der gereimten Weltchronistik. Von den gereimten Weltchroniken des 13. und 14. Jahrhunderts enthalten die 'Weltchronik' des Wiener Stadtbürgers Jans (Enikel) (letztes Viertel 13. Jh., vielleicht schon um 1270), die 'Erweiterte Christherre-Chronik' (Anf. 14. Jh.) und die 'Weltchronik' Heinrichs von München (um 1370) Trojaerzählungen, die sich in vielem mit den Trojaromanen berühren. Anscheinend eigenständig ist die schwankhafte Trojaerzählung in Jansens 'Weltchronik' (v. 13495-16932). Drei Handschriften der 'Erweiterten Christherre-Chronik' und fünf Handschriften der 'Weltchronik' Heinrichs von München schalten im Buch der Richter zur Zeit der Richter Aylon und Abdon als profangeschichtliches *incidens* einen längeren Trojanerkrieg ein, der kompiliert ist aus Teilen der Vorgeschichte von Konrads 'Trojanerkrieg', einigen Versen des 'Göttweiger Trojanerkriegs' und – für die Ereignisse ab dem Raub der Helena – aus dem Trojanerkrieg von Jansens 'Weltchronik'; wesentlicher Bestandteil dieser Troja-Kompilation ist eine gut 1200 Verse umfassende Erzählung von der Deutung des Fackeltraums der Hecuba durch den Astronomen und Propheten Sabilon aus Babylon. Die Chroniken belegen, daß der Trojanische Krieg als historisches Ereignis rezipiert wurde; die gereimten Trojadichtungen (insbesondere Konrads 'Trojanerkrieg') werden als Quellen für historisches Wissen verwendet. In den Chroniken ist der Trojanische Krieg eingebunden in Welt- und Heilsgeschichte, nicht zuletzt angebunden an die Gründung Roms und die Reichs- und Städtegründungen der anderen Troja-Flüchtlinge.

Jans. Jansens Trojaerzählung enthält die Jugend des Paris und die Entführung der Helena als Vorgeschichte des Kriegs; von den Kriegshandlungen werden indes nur Ereignisse des zehnten Kriegsjahrs berichtet: die Einholung

Achills, dessen Ankunft und Kämpfe vor Troja; der Tod von Patroclus, Hector, Achill; der Untergang Trojas durch die von einer klugen Frau namens Avenant ersonnene List des (verdreifachten, v. 16597ff.) Trojanischen Pferds; ferner als Nachgeschichte die Herrschaftsgründungen der Troja-Flüchtlinge.

Die Trojaerzählung steht hauptsächlich in der Tradition des 'Excidium Troie'. Dafür sprechen insbesondere die Einbeziehung der Jugend des Paris (mit einigen signifikanten Übereinstimmungen im Detail) und der Achill-Deidamia-Handlung, die Nichtberücksichtigung der Argonautenhandlung sowie Helenas freiwillige Flucht mit Paris. Für die Einnahme der Stadt mit Hilfe des Trojanischen Pferdes sind Motive von Dictys und/oder Vergil herangezogen; für Kenntnis der Tradition der 'Ilias latina' spricht Patroclus' Tod in Achills Rüstung. Etliche – zum Teil mit anderen Texten gemeinsame – Motive sind in ihrer Herkunft noch ungeklärt; hier ist wohl mit verlorenen Quellen zu rechnen. Anderes beruht auf Verdrehungen traditioneller Motive: Deidamia (*Dyadamia*) begleitet Achill nach Troja; Menelaus, der alleine, ohne Agamemnon, die Griechen anführt, lügt ihr vor, Achill sei tot, nimmt sie zu sich und täuscht Achill ihren Tod vor; aus Schmerz hält sich Achill vom Kampf fern, bis Patroclus fällt (v. 15577ff.) – eine vage Reminiszenz an die homerische Auseinandersetzung zwischen Agamemnon und Achill um Briseis (die bei Dictys Hippodamia heißt). Daneben gibt es auffällige Berührungspunkte mit Konrad, die auf eine Benutzung des 'Trojanerkriegs' durch Jans schließen lassen; wenn die neuere Datierung der 'Weltchronik' in die 1270er Jahre zutrifft, müßte man für die Trojaerzählung eine sekundäre Bearbeitung annehmen. Einzelne frappante Parallelen zwischen Jans und Konrad gibt es vor allem in der Jugendgeschichte des Paris und in der Achillhandlung. Jans erzählt einen erotischen Schwank um Achill und Deidamia (v. 14531-15390): Achill, in Liebe zur fernen Deidamia entbrannt, läßt sich, als Frau verkleidet, als Erzieherin für die Königstochter anstellen und kommt ihr rasch näher. Beide „Frauen“ flehen eine Gottheit an, eine von ihnen in einen Mann zu verwandeln. Natürlich funktioniert die „Geschlechtsumwandlung“ bei Achill, und die beiden werden schnell ein Liebespaar. Die Liebschaft hat Folgen: Als Deidamia ihren Urin mit dem ihres kranken Vaters vertauscht, stellt dessen Arzt eine Schwangerschaft fest. Ulixes' Ankunft nutzt das Paar zur Flucht. Durch die vorgetäuschte Geschlechtsumwandlung und die vermeintliche Schwangerschaft des Vaters (ein gängiges Schwankmotiv) weicht diese Erzählung von anderen Versionen ab; das Motiv der Geschlechtsumwandlung ist allerdings als spielerisch eingeworfene Wunschvorstellung des als Mädchen verkleideten Achill auch bei Konrad vorhanden ('Trojanerkrieg', v. 16097-16126).

Jans bettet Troja in die weltgeschichtlichen Abläufe ein, allerdings erst am Ende des dritten Weltalters statt, wie in der Universalchronistik üblich, im Buch der Richter zwischen Josua und Samson; außerdem berücksichtigt Jans die Gründung Trojas ebenso wie die Nachgeschichte, die Gründung Roms durch Eneas, den Zug des Trojaners Franco an den Rhein und die Städtegründungen

Antenors (v. 16885-16917). Ansonsten greift Jans menschliche Beziehungen, wunderbare Ereignisse, spektakuläre Episoden heraus und erzählt sie in spannender, schwankhafter, unterhaltsamer Form, ohne Anspruch auf Geschichtsdeutung und ohne künstlerische Ambitionen: Geschichte als Geschichtchen.

Die Sabilon-Erzählung. In der Troja-Kompilation der 'Erweiterten Christherre-Chronik' und Heinrichs von München gilt das Interesse vor allem Konrads Vorgeschichte und damit seiner Perspektive vom Trojanischen Krieg als unaufhaltsamem Verhängnis. Hecubas Unheilstraum wird betont durch eine lange zusätzliche Erzählung vom Propheten und Traumdeuter Sabilon. Die Sabilon-Erzählung greift wohl das Motiv des 'Göttweiger Trojanerkriegs' auf, daß zur Auslegung des Fackeltraums nicht nur, wie bei Dictys und im 'Excidium Troie', fremde Traumdeuter herangezogen werden (nur bei Simon Aurea Capra und Konrad begreift Priamus selbst spontan die Bedeutung des Traums), sondern daß es besonders befähigter Weissager bedarf, die von weit her geholt werden. Sabilon ist ein Astronom und Prophet aus Babylon; seine Prophezeiungen vom Sohn einer Jungfrau, der die Welt erlösen werde, machen seinen Ruhm als Wahrsager aus, aufgrund dessen man ihn in Troja konsultiert. Sabilon deutet den Fackeltraum sogleich als Zeichen des Unheils, das Hecubas ungeborenes Kind über Troja bringen werde, und beweist den skeptischen Trojanern die Wahrheit seiner Auslegung, indem er die Zahl der Geburten und Todesfälle einer Nacht im ganzen Land genau anzugeben weiß. Als Priamus verärgert die Prophezeiungen vom Sohn der Jungfrau anzweifelt, beschwört Sabilon die Seele von Priamus' totem Bruder Malaus herauf. Dieser erscheint als von Teufeln gejagter Hirsch mit goldenem Geweih (der Hirsch als Allegorie der Seele, die es nach dem Heil verlangt, ist ein gängiges Motiv christlicher Ikonographie), offenbart sich als die Seele des toten Bruders und berichtet von den Schrecken der Hölle und von seiner Hoffnung auf den Erlöser. Die Trojaner sind nun überzeugt und entschließen sich nach Sabilons Abreise dazu, das Kind gleich nach der Geburt zu töten; dieser (vereitelte) Tötungsversuch wird dann wieder nach Konrad erzählt.

Die Sabilon-Figur steht in der Tradition des halbjüdischen Zauberers Zabulon/Savilon, der im 'Reinfried von Braunschweig' (nach 1291) und im 'Wartburgkrieg' (13. Jh.) vergeblich versucht, die Geburt Christi zu verhindern. Sabilon jedoch bringt, statt die Heilsgeschichte aufzuhalten, den antiken „Heiden" Heilsgeschichte eindringlich nahe. In Sabilon laufen die bekannten Traditionen von den gentilen Propheten Christi (Sibylle, Vergil) zusammen. Sabilon prophezeit dank seiner astronomischen Kenntnisse zweimal die Geburt eines Kindes. Paris und Christus (beide Namen sind nicht genannt) werden einander deutlich entgegengestellt: Dem Sohn der Hecuba, der Unheil über seine Stadt bringen wird, kontrastiert der Sohn der Jungfrau, der die ganze Welt erlösen wird. Paris, der Troja in den Untergang führen wird, erscheint so als „heidengeschichtliches" Pendant zu Adam, der durch seinen Sündenfall die ganze Menschheit ins Verderben gestürzt hat, Christus – ergänzend zur üblichen Typologie des *alter Adam* ('anderer Adam'), der die Schuld des ersten Adam wiedergutmacht – als *alter Paris* ('anderer Paris'). Die „Heiden"-Geschichte ist so – als Unheilsgeschichte – mit der alttestamentlichen Geschichte parallelisiert und in eine umfassende Heilsgeschichte eingebunden. Sie ist selbst den Folgen von Adams Sündenfall unterworfen, zum Untergang determiniert; auch sie ist – personalisiert in der Figur des trojanischen Prinzen Malaus – erlösungsbedürftig, und sie kann erlöst werden. Sabilon prophezeit beides: das von Paris heraufbeschworene Unheil und das vom Sohn der Jungfrau garantierte Heil. Die Erlösung, die die Prophezeiungen in Aussicht stellen, ist das Gegengewicht zur heillosen Welt der Heidengeschichte. Die Fatalität der trojanischen Ereignisse, die der Fackeltraum thematisiert, wird so relativiert und zurechtgerückt zum Signum der Heidengeschichte als *historia ante gratiam*.

Ulrich Fuetrers Trojanerkrieg. Die letzte Trojaerzählung in Versen, literaturgeschichtlich fast ein Anachronismus und nur aus der retrospektiven „Ritterrenaissance" an süddeutschen Fürstenhöfen Ende des 15. Jahrhunderts zu verstehen, ist die in Ulrich Fuetrers 'Buch der Abenteuer', die lange nach den meisten Trojaprosen entstanden ist und teilweise auf einer von ihnen fußt. Ulrich Fuetrer (gestorben wohl 1496), Dichter und Maler aus Landshut, wirkte vor allem für den Hof der Wittelsbacher in München. Er verfaßte außerdem einen strophischen und einen Prosa-'Lanzelot' und eine 'Bayerische Chronik'. Das 'Buch der Abenteuer' ist ein zweiteiliger zyklischer Versroman, eine Summe höfischer, zumeist arturischer Versromane (unter anderem Bearbeitungen des Parzival-, Lohengrin- und Merlinstoffes, sämtlich Nachdichtungen älterer Vorlagen) in 5644 Titurelstrophen, einer bewußt archaisierenden und zugleich höfisch-repräsentativen Strophenform, die dem repräsentativen und spätzeitlichen Charakter des Werks entspricht. Das 'Buch der Abenteuer' ist – laut Widmung – von Herzog Albrecht IV. von Bayern in Auftrag gegeben worden; die ältere Forschung datierte den ersten Teil (in dem der Trojanerkrieg zwischen der Geschichte der Gralsfamilie und der des Zauberers Merlin plaziert ist) in die Zeit zwischen 1473 und 1478; er könnte aber auch erst 1487 anläßlich der Vermählung Albrechts mit Kunigunde von Österreich entstanden sein. Für den ersten Teil des Trojanerkriegs gilt die direkte Benutzung von Konrads Roman als gesichert; für die Teile, die Konrads Torso nicht mehr bietet und die in den Prosen nach Guido de Columnis erzählt werden, folgt Fuetrer dem bairisch-österreichischen 'Buch von Troja II', mit dem er im wesentlichen die gleichen Auslassungen und Abweichungen gegenüber Guido und die gleichen Einschübe aus der 'Excidium Troie'-Tradition teilt.

Ulrichs Version des Trojanischen Kriegs umfaßt 573 Titurelstrophen (Strophe 130-702). Erzählt wird, stark verkürzt, aber ohne daß wesentliche Episoden wegfallen, was die Quellen bieten: Das ist zunächst Konrads Handlungsfolge von Hecubas Fackeltraum bis zur dritten Schlacht, d.h. die Jugend des Paris unter den Hirten und seine Liebe zu Oenone (*Egane*), Thetishochzeit und Parisurteil, die

Jugend Achills bei Schyron, die Argonautenfahrt und das unglückliche Ende der Jason-Medea-Liebe, erste Zerstörung und Wiederaufbau Trojas, Achills Aufenthalt auf Scyros und die Liebe zu Deidamia (*Dydomei*), die vergebliche Gesandtschaft Antenors um Rückgabe Hesiones, der Raub der Helena durch Paris, die Rüstung beider Seiten, die Ereignisse in Aulis, die Landungsschlacht und die ersten beiden Feldschlachten mit der Einholung Achills und dem Bericht vom Tod des Hercules während der Waffenruhen. Bereits in der vierten Schlacht fällt, nach Unheilsvorahnungen Andromaches, Hector, von Achill hinterlistig ermordet. Es folgen Achills Werbung um Polyxena, die Tötung des Troilus (auch er wird hinterrücks von Achill ermordet) und Achills Tod im Tempel, hier durch einen Giftpfeil in die Ferse. Der Rest der Handlung ist noch stärker verkürzt: die Einholung des Pyrrhus, der Tod des Paris, Ankunft und Tod der Amazonenkönigin Penthesilea durch Pyrrhus, der Verrat des Antenor und Eneas und die Einnahme Trojas mit der – leicht variierten – List des Scheinabzugs und des Trojanischen Pferds, das aus Metall gefertigt und, ähnlich Jansens Verdreifachung, verdoppelt ist. Knapp angedeutet ist die Nachgeschichte: die Gründung Passaus durch Antenor (auch das eine Parallele zu Jans) und das Schicksal des Eneas vom Aufenthalt bei Dido bis zur Gründung Roms. Auffällig ist die Einbindung in eine Vorgeschichte des Königs Artus (über Brutus, Str. 703-706), die die Integration des Trojanerkriegs in den ansonsten primär arturischen Erzählzyklus durch den genealogischen Zusammenhang von antiker und arturischer Welt erklärt. Von Troja seien

> *vil geschlächt chomen* [...] *in alle land, sunder die geschlächt auß Pritany und die messenney von dem edelen gral*
> ('viele Geschlechter in alle Länder gelangt, besonders die Geschlechter von Britannien und die Schar vom edlen Gral', Vorspann vor Str. 130).

Ulrichs Tendenz ist geprägt durch eine deutliche Abwertung Achills und der Griechen und durch offensichtliche politische und zeitgeschichtliche Bezüge. Der Auftraggeber, Herzog Albrecht IV., wird verherrlicht als ein zweiter Hector; typologische und genealogische Verbindungen setzen Hector und Albrecht, Troja und das Haus Wittelsbach, in Beziehung. Insgesamt dient das Werk hochadliger Repräsentation; die drei erhaltenen Handschriften des 'Buchs der Abenteuer', die wohl alle drei etwa gleichzeitig – um 1490-1500 – in Tegernsee entstanden sind, stammen aus dem Umkreis Albrechts und seiner hochadligen Verwandtschaft.

4.2.4. Trojaprosen

Etwa seit dem Ende des 14. Jahrhunderts setzt sich in historiographischer und erzählender Literatur auf breiter Front die Prosa gegenüber dem Vers durch. Ein gewichtiger Grund ist die höhere „Wahrheit", die der schlichten Prosa gegenüber dem fiktionsverdächtigen Versroman zugebilligt wurde. Die Trojaromane spielen beim Übergang vom Vers zur Prosa eine Vorreiterrolle; die beiden – bis auf wenige fragmentarische und vereinzelte Vorläufer – ersten deutschen Prosaromane sind Trojaprosen: das 'Elsässische Trojabuch' (früher: 'Buch von Troja I') (vor 1386) und Hans Mairs von Nördlingen Übertragung von Guidos de Columnis 'Historia destructionis Troiae' (1390/92).

Die frühneuhochdeutschen Trojaprosen sind sämtlich Bearbeitungen von Vorlagen. Unterschieden werden 1. Trojaprosen nach Konrad von Würzburg: zwei anonyme Texte, das 'Elsässische Trojabuch' (um 1380) und das 'Buch von Troja II' (besser: 'Bairisch-österreichisches Trojabuch', um 1450); 2. Trojaprosen nach Guidos de Columnis 'Historia destructionis Troiae' (1287): die Bearbeitungen Hans Mairs von Nördlingen (1390/92) und Heinrich Gutevrunts (wohl 1432) sowie sechs verschiedene anonyme Guido-Übertragungen des 15. Jahrhunderts. In drei Augsburger Druckkompilationen des 15. Jahrhunderts (1474, 1479, 1482) werden vor allem das 'Elsässische Trojabuch' und Hans Mairs 'Buch von Troja' verbunden. Hinzu kommen Trojaerzählungen in zum Teil weit verbreiteten Prosachroniken, in erster Linie in der Jakob Twingers von Königshofen (mehrere Fassungen seit den 1380er Jahren; nach dem 'Elsässischen Trojabuch'), in den 'Excerpta cronicarum' der beiden Nürnberger Johannes Platterberger d. Jüngere und Theoderich Truchseß (1459; nach Guido), in Konrad Bollstatters Bearbeitung von Sigismund Meisterlins deutscher Übersetzung der 'Cronographia Augustensium' (1479-1481; Einschübe aus dem 'Elsässischen Trojabuch' und aus Hans Mairs 'Buch von Troja'). Von ihrem knappen, faktengesättigten Erzählduktus und ihrem Wahrheitsanspruch her gehören die Trojaprosen in die Nähe der Historiographie; die überlieferungsmäßige Verflechtung mit der Chronistik unterstreicht ihren quasi historiographischen Status.

Die etwa gleichzeitig mit dem Abbruch von Konrads 'Trojanerkrieg'-Torso 1287 abgeschlossene lateinische 'Historia destructionis Troiae' des Guido de Columnis (wahrscheinlich nicht identisch mit dem sizilianischen Richter und Liederdichter Guido delle Colonne) ist, nach Benoîts de Sainte-Maure 'Roman de Troie', die zweite Hauptquelle der mittelalterlichen Trojaliteratur: in alle Volkssprachen wurde die 'Historia' übertragen. Es handelt sich um eine Übertragung von Benoîts de Sainte-Maure 'Roman de Troie' (oder von dessen Prosabearbeitung) in 35 Büchern; Guido selbst gibt Dares und Dictys als Quellen an. Erzählsubstrat und Handlungsführung übernimmt Guido weitgehend der Vorlage: die Argonautenhandlung, die erste Zerstörung Trojas und den Raub der Helena als Vorgeschichte des Trojanischen Kriegs (I-VII), den Trojanischen Krieg von der Mobilmachung beider Seiten bis zum Verrat des Aeneas und Antenor und den Greueln der siegreichen Griechen (VIII-XXX), die Unglücksschicksale der Sieger (XXXI-XXXV). Nach den Angaben im Prolog wollte er sein Werk als Geschichtsschreibung verstanden wissen; wohl aus diesem Grund beruft er sich auf die vermeintlichen Augenzeugen des Trojanischen Kriegs. In Buch II verweist er auf die trojanische Herkunft nicht nur der Römer, sondern (u.a.) auch der Franzosen, Venezianer und Sizilianer; der Epilog enthält einen fast „quellenkritischen“ Vergleich der Versionen von Dares und Dictys sowie Gefallenenlisten. Homer wird insbesondere für die Verherrlichung des grausamen und heimtückischen Achill kritisiert (nach der Tötung des Troilus, Buch XXVI). Gegen die antiken Mythen und die antike Religion wird aus christlicher Perspektive polemisiert. Höfische Züge, die Minnethematik, aber auch die Schilderung höfischer Pracht und ritterlichen Verhaltens, sind deutlich zurückgenommen. Die Liebe und die Frauen sind radikal abgewertet. In moralisierenden Kommentaren wird Troja zum Exempel für *superbia*, menschliche Hoffart, und für *vanitas*, die Nichtigkeit irdischen Daseins. Wo immer möglich wird die Erzählung angereichert mit gelehrten Exkursen über alle erdenklichen Wissensbereiche. Diese Tendenzen zur Enthöfisierung, Moralisierung und Gelehrsamkeit prägen ebenso die auf Guido beruhenden deutschen Trojaprosen. Auch die beiden Trojaprosen nach Konrad von Würzburg folgen nach Abbruch von dessen Torso hauptsächlich Guido de Columnis.

Auffällig ist das Phänomen, daß die verschiedenen Trojaprosen textgeographisch weitgehend komplementär verteilt sind: Die Trojaprosen nach Konrad (und Hans Mairs Guido-Bearbeitung) sind ausschließlich im oberdeutschen Sprachgebiet überliefert – das ‘Elsässische Trojabuch’ vor allem im alemannischen, das ‘Buch von Troja II’ im bairisch-österreichischen, Hans Mairs ‘Buch von Troja’ im nordbairisch-ostschwäbischen Raum. Die anderen Trojaprosen nach Guido gehören dagegen fast alle in den mitteldeutschen Raum, mit Ausnahme der von Martinus Opifex illustrierten anonymen bairischen Guido-Bearbeitung IV, eines mittelniederdeutschen Drucks (Bearbeitung III) und der in Nürnberg entstandenen Platterberger-Truchseßschen Weltchronik.

Die narrativen Grundlinien des Geschehens um Troja bleiben im wesentlichen dieselben wie bei Benoît de Sainte-Maure und Guido bzw. (für die auf Konrads Roman beruhenden Teile) dieselben wie bei Konrad von Würzburg – mit dem Spielraum für Einzelmotive, der sich aus der Konkurrenz klassischer und nicht-homerischer Traditionen ergibt. Die Trojaprosen nach Konrad beginnen mit dem Fackeltraum der Hecuba, der Jugend des Paris und des Achill, die Texte nach Guido erst mit der Argonautenfahrt und der ersten Zerstörung Trojas. Gemeinsam ist allen Trojaprosen eine Tendenz zur Kürzung, vor allem beim rhetorischen Ornatus, zur Reduktion auf äußere Fakten. Namen, Zahlen, Ereignisse der Vorlagen werden weitgehend beibehalten, Beschreibungen, Schilderungen, Reden dagegen vielfach gekürzt oder weggelassen. Diese Grundtendenz ist im Prinzip bei allen Prosaromanen des 15. Jahrhunderts zu beobachten. Zu Abweichungen und Besonderheiten kommt es immer im Detail. Grundsätzlich bedeutet Kürzung auch Enthöfisierung. Dieser Zug kennzeichnet schon Guidos Verhältnis zu Benoît, die Prosen nach Guido verstärken ihn weiter; noch deutlicher prägt Enthöfisierung die Trojaprosen nach Konrad von Würzburg. Ansonsten tendieren alle Trojaprosen zur Historisierung und/oder zur Moralisierung: Troja interessiert als wichtiges historisches Ereignis und/oder als moralisches Exempel. Tendenziell gilt ersteres eher für die Prosen nach Konrad, letzteres eher für die Prosen nach Guido.

Trojaprosen nach Konrad von Würzburg (und Guido de Columnis): 'Elsässisches Trojabuch' und 'Buch von Troja II'. Das 'Elsässische Trojabuch' und das (bairisch-österreichische) 'Buch von Troja II' folgen Konrads 'Trojanerkrieg' bis zu der Stelle, wo sein Torso abbricht, also bis zum Beginn der 4. Schlacht; danach sind andere Quellen benutzt, neben Guidos de Columnis 'Historia destructionis Troiae' als wichtigste Nebenquellen im 'Elsässischen Trojabuch' Dares, im 'Buch von Troja II' das 'Excidium Troie'.

Das anonyme 'Elsässische Trojabuch' ist wohl um 1380 in Südwestdeutschland entstanden, wohl im Umfeld von Straßburg. Der Text ist in fünfzehn – vorwiegend alemannischen – Handschriften vor allem des 15. Jahrhunderts überliefert (darunter ist der genannte Auszug Konrad Bollstatters in einer Augsburger Stadtchronik) und geht außerdem in die gedruckten Troja-Kompilationen ein. Die Bearbeitung zielt auf vollständige Wiedergabe der wichtigen Ereignisse: Erzählt wird in insgesamt 88 Kapiteln vom Fackeltraum der Hecuba und der verhinderten Tötung des Paris bis zur Zerstörung der Stadt und den Unglücksschicksalen der Sieger, d.h. bis zum Tod des Ulixes durch seinen Sohn Telegonus und der Tötung des Pyrrhus durch Orest. Konsequent ist Redundantes gestrichen, auch Nebenhandlungen und für den Handlungsfortgang unerhebliche Episoden wie etwa die Minnehandlung um Briseis und Diomedes, Orests Rache, Epitaphe auf den Grabmälern, Guidos Epilog ebenso wie Konrads Prolog; vieles wird zusammengezogen. Die verschiedenen Quellen sind umsichtig aufeinander abgestimmt. Am Ende übt der Bearbeiter sogar Quellenkritik, wenn er sorgfältig die wichtigsten Abweichungen Guidos von der nach Konrad erzählten Version der Vorgeschichte und des Kriegsanfangs sowie Dares' Version des Verrats an Troja (ohne Trojanisches Pferd) notiert und die verschiedenen Autoren von Trojaerzählungen auflistet. Stil und Übersetzungstechnik sind souverän und ausgereift. Romanhafte Elemente Konrads, Minnehandlungen und Deskriptionen, sind stark gekürzt, ebenso Guidos ausführliche Schlachtschilderungen und Moralisierungen. Besonderheiten beider Hauptquellen (insbesondere gattungsspezifische Elemente des höfischen Romans und der moralisierenden Historia) sind damit nivelliert; übrig bleibt der Stoff – und auf dessen vollständige Wiedergabe zielt die Bearbeitung in erster Linie. Die extreme Kürzung gerade der Kampfschilderungen wird damit begründet, daß dem Leser Langeweile erspart bleiben solle (LXXXIV). Ungekürzt bewahrt – und damit besonders ins Zentrum des Interesses gerückt – ist die Stadtbeschreibung: Troja erscheint als Urbild einer Stadt, als die Stadt schlechthin. Die Geschichtsperspektive ist, stark vereinfacht, die Konrads: der Fall der Stadt erscheint als von den Göttern verhängtes Schicksal. Auffällig ist – gerade im Verhältnis zu Guido – der fast vollständige Verzicht auf Moralisierung; die Ereignisse und Fakten werden korrekt und und recht teilnahmslos verzeichnet, gleichsam historiographisch notiert. Beigegeben sind wie in einem Anhang (LXXX-LXXXVI) Listen der prominenten Helden, unter denen Hector hervorgehoben ist (*das zů beiden parten keinre als frúm was als Hector von Troie* 'daß auf beiden Seiten keiner so tapfer war wie Hector von Troja', LXXXIV), und der von ihnen Getöteten sowie Zahlenangaben. Den Schluß bildet ein eigenständig hinzugefügtes superlativisches Städtelob – ein Hinweis auf ein spezifisch städtisches Rezeptionsinteresse am Trojastoff:

> *Die stat was die witeste an begriffe, die lútsęlegest an gezierde, die kostberste an gebuwe, die hoeheste an wurdikeit, die edelste an gesleht, die richste an gůt, die frumeste an burgern, die mechtigeste an lúten, die genuchtigeste an spisen, die schoenste vnd die beste an allen dingen, so man erwúnschen oder erdencken kan, das vormals noch sithar nie ir glich gesehen wart.*
> ('Die Stadt war die größte an Umfang, die wohlgefälligste an Schmuck, die kostbarste an Bauwerken, die höchste an Ansehen, die edelste von Herkommen, die reichste an Besitz, die mit den trefflichsten Bürgern, die mächtigste, was die Bevölkerung betrifft, die, die am besten mit Verpflegung versorgt war, die schönste und beste in jeder Hinsicht, die man nur wünschen oder ausdenken kann, so daß weder früher noch später ihresgleichen erblickt wurde', LXXXVII).

Das ebenfalls anonyme 'Buch von Troja II' ist wohl um die Mitte des 15. Jahrhunderts entstanden und – mit sieben Textzeugen – ausschließlich im bairisch-österreichischen Sprachraum überliefert. Auch das 'Buch von Troja II' zeigt die übliche generelle Kürzungstendenz der Prosen, vor allem einschneidende Kürzungen oder gar Streichungen von Beschreibungen, Minnedarstellungen, Kampfschilderungen, Reden und inneren Monologen sowie zahlreiche Streichungen von Erzählerkommentaren. Alle Einzelepisoden Konrads (auch Nebenhandlungen) werden jedoch im Faktischen vollständig übertragen. Erzählt wird trotz der Kürzungen anschaulich und konkret. Dieser für einen Prosaroman relativ ausführliche und detailfreudige Erzählduktus dürfte von Konrads Erzählweise beeinflußt sein. Der Guido-Teil beginnt hier nicht mit der vierten Schlacht, sondern erst mit Andromaches Traum und der neunten Schlacht (Konrads dritte Schlacht wird in die dritte bis achte Schlacht aufgespalten, der Beginn der vierten Schlacht nach Konrad fehlt). In diesem zweiten Teil wird zunehmend freier, aber auch flüchtiger erzählt, gegen Schluß begegnen auch Mißverständnisse. Guido ist dem Bearbeiter nur Stofflieferant. An die Nachgeschichte mit den Schicksalen der griechischen Sieger (nach Guido, der seinerseits Benoît folgt), sind eine Übertragung der Aeneashandlung aus dem 'Excidium Troie' bis zur Gründung Roms sowie ein Ausblick auf die Geschichte Roms bis zu Kaiser Octavian (Augustus) und damit eine Anbindung an die Heilsgeschichte angeschlossen. Das 'Buch von Troja II' bietet somit als einziger Prosaroman dieser Zeit (und als einer von nur wenigen Trojatexten überhaupt) konzeptionell eine Gesamtschau von Trojanischem Krieg, Aeneis und den Anfängen der römischen Geschichte bis zum Beginn der Heilsgeschichte. Um diese weltgeschichtliche Gesamtschau scheint es zu gehen; das 'Buch von Troja II' teilt mit dem – aus engerer „städtischer“ Sicht perspektivierenden – 'Elsässischen Trojabuch' ein primäres Interesse an Geschichte, nicht, wie die Prosen nach Guido, an Moral: Troja ist als Ausgangspunkt römischer Geschichte Teil eines welthistorischen Zusammenhangs, nicht partikulares Exempel. Der Bearbeiter hat den ganzen Trojastoff in seinen verschiedenen Überlieferungszweigen überblickt und für diese Gesamtschau genutzt; trotz gewisser Inkonsequenzen und Flüchtigkeiten ist der Umgang mit verschiedenen Quellen virtuos.

Trojaprosen nach Guido de Columnis. Weit häufiger als Konrads 'Trojanerkrieg' wird Guidos lateinische Prosa neu bearbeitet, durch Hans Mair von Nördlingen (1390/92), Heinrich Gutevrunt (1432?) und sechs anonyme Übersetzer (alle 15. Jh.). Mit Ausnahme des 'Buchs von Troja' des Hans Mair von Nördlingen ist indes, anders als bei den Prosen nach Konrad, keine der Guido-Übertragungen in mehr als einem oder zwei Textzeugen überliefert; von der Bearbeitung II gibt es außer der Vollhandschrift noch ein Fragment, von der Bearbeitung III zwei niederdeutsche Drucke, ansonsten nur jeweils eine Handschrift; im 2. Weltkrieg verloren ging die nicht neu edierte Bearbeitung VI.

Die Trojaprosen nach Guido sind zumeist nicht freie Bearbeitungen wie die Trojaprosen nach Konrad, sondern Übersetzungen (soweit bisher erforscht weitgehend ohne eigene Deutungsakzente); sie verfahren teils nach dem Wort-für-Wort-, teils nach dem Sinn-für-Sinn-Prinzip. Singgemäß übersetzen Hans Mair von Nördlingen (dieser relativ frei und geschickt) und im wesentlichen auch die anonymen Übersetzungen II, III und V; näher an der Vorlage bleibt die anonyme Übersetzung I; noch stärker am lateinischen Wortlaut orientiert, dabei häufig unverständlich und falsch übersetzt Heinrich Gutevrunt; nahezu unlesbar ist die Wort für Wort an den lateinischen Konstruktionen klebende Bearbeitung IV, wo der Text allenfalls als Beigabe zu den qualitativ herausragenden Illustrationen des Martinus Opifex erscheinen mag.

Am weitesten verbreitet – in neun Handschriften, einer Kurzfassung und als Bestandteil der Druckkompilationen in etlichen Druckauflagen – ist die Guido-Bearbeitung Hans Mairs von Nördlingen. Der Übersetzer nennt sich im Epilog; wahrscheinlich ist der jüngere von zwei am Ende des 14. Jahrhunderts im schwäbischen Nördlingen nachgewiesenen Ratsherren dieses Namens der Autor. Beendet wurde die Übertragung – je nachdem, wie man den Epilog versteht, der nicht ganz eindeutig formuliert – zwischen 1390 und 1392. Erzählt wird im wesentlichen die Trojahandlung der Benoît-Tradition mit der Argonautenhandlung als Vorgeschichte und dem Trojanischen Krieg; die Schicksale der Sieger allerdings sind fast ganz gestrichen: Mair endet mit der Unheilsprophezeiung Cassandras für die heimkehrenden Griechen. Wo das 'Buch von Troja II' um den welthistorischen Ausblick erweitert, kappt Hans Mair sogar die in der Quelle vorgegebene Nachgeschichte:

> *EZ gieng in allen übel, und daz man daz besunder von ieglichem solt schreiben, dez würd ze vil*
> ('Ihnen allen erging es schlecht, und es würde zu viel, wenn man das von jedem von ihnen einzeln schreiben sollte', 202,8f.).

Dies ist ein Indiz dafür, daß es nicht primär um geschichtliche Zusammenhänge geht. Mair erklärt, Guidos geblümten Stil nicht nachahmen zu können und zu wollen; er übersetzt seine Vorlage sinngemäß und frei in schlichter, alltagsnaher Sprache. Wieder begegnen die bekannten Tendenzen zur Kürzung – vor allem bei den Deskriptionen – und zur Reduktion auf das Faktische. Guidos Moralisierungen dagegen werden schwerpunktmäßig beibehalten, gelegentlich sogar ausgeweitet; seine Tendenz zur Enthöfisierung wird fortgeführt. Troja wird für Hans Mair vollends, noch mehr als für Guido, zum Exempel für die *hochfart*, die *superbia* der Welt. Auch hier läßt sich, deutlicher noch als beim 'Elsässischen Trojabuch', ein städtisches Interesse am Trojastoff fassen; die Stadtbeschreibung wird als einzige *descriptio* nicht gekürzt. Troja als Stadt, die von außen durch Feinde, von innen durch Verrat bedroht ist, bietet potentiell ein Deutungsmuster für nahezu jede Stadt. Die neueste Forschung hat Bezüge zur politischen Situation Nördlingens aufzeigen können, das im Spätmittelalter in ständiger Bedrängnis durch die benachbarten Grafen von Oettingen lebte.[12]

Gedruckte Trojabücher. In drei unterschiedlichen Druckfassungen wurden 'Elsässisches Trojabuch' und Hans Mairs 'Buch von Troja' kompiliert. Die 1. Druckfassung (1474, aus der Augsburger Werkstatt Johann Bämlers) reiht 'Elsässisches Trojabuch' (im wesentlichen für den Anfang von der Jugend des Paris bis zum Wiederaufbau Trojas nach der ersten Zerstörung) und Hans Mairs 'Buch von Troja' (im wesentlichen von der Beratung der Trojaner vor der Gesandtschaft Antenors bis zu Trojas Untergang); als Nebenquelle wird auch das 'Buch von Troja II' verwendet. Die verschiedenen Vorlagen sind sorgfältig und streckenweise ganz kleinteilig ineinander verzahnt. Am Schluß steht ein kurzer moralisierender Epilog, der Trojas Untergang als Exempel für menschliche Hoffart deutet. Die 2. Druckfassung (1479, aus der Augsburger Werkstatt des Ambrosius Keller), die anspruchsvollste, jedoch am wenigsten erfolgreiche, basiert auf dem Bestand der 1. Druckfassung, integriert aber zusätzlich weitere Teile aus Hans Mairs 'Buch von Troja' und die Nachgeschichte sowie die Quellenkritik nach dem 'Elsässischen Trojabuch'; dadurch erscheint – die augenfälligste Änderung – die Argonautenfahrt nach Hans Mair vor der Jugend des Paris. Die 3. Druckfassung (1482,

12 MEISCH (Nr. 375).

aus der Augsburger Werkstatt Anton Sorgs) kompiliert die 1. und die 2. Druckfassung (kaum, wie früher angenommen, nochmals Hans Mairs 'Buch von Troja'). Die immer neuen Anläufe zur Kompilation scheinen darauf zu zielen, die Geschichte von Troja immer weiter zu vervollständigen; die Troja-Druckkompilationen sind wahre Troja-Summen. Die beiden Grundtendenzen der Trojaprosen – historiographisches Interesse an Geschichte und moralisierende Ausdeutung (Troja als Exempel für Hoffart) – werden verknüpft (Geschichte liefert ja auch Exempla). Alle drei Druckfassungen sind in Augsburg entstanden und nicht zuletzt aus den merkantilen Interessen der Augsburger Drucker zu verstehen. Die Geschichte Trojas hat sich offenbar gut verkauft: Es gibt Druckauflagen bis ins 16. Jahrhundert (die Forschung führt Drucke bis zum Jahr 1599 auf; doch sind Exemplare der jüngsten Drucke heute nicht mehr nachzuweisen). In der Form der Druckkompilationen scheint die mittelalterliche Troja-Tradition die Wende zur humanistischen Antikerezeption noch um einige Jahrzehnte zu überdauern.

4.3. Deutsche Trojaromane des Mittelalters: Varianten und Konstanten

Außer in Trojaromanen lebt der Trojastoff im ausgehenden 15. und im 16. Jahrhundert fort in Fastnachtspielen, in Sangsprüchen und Meisterliedern und in verstreuten Anspielungen in Dichtungen unterschiedlicher Gattungen. Bis zum Ende des 15. Jahrhunderts dominiert die mittelalterliche Troja-Tradition: die zugleich pseudohistoriographische und mediaevalisierte Benoît-Tradition mit ihren verschiedenen „Ablegern", Konrad und der Konrad-Tradition in Deutschland, Guido und der Guido-Tradition in ganz Europa. Im 16. Jahrhundert kehren die Humanisten *ad fontes*, zu den vermeintlich authentischen Quellen zurück. Die Texte des Dares und Dictys werden neu übersetzt, ohne die höfisierende Aufschwellung der mittelalterlichen Antikenromane: Dares und Dictys 1536 durch Marcus Tatius Alpinus, Dictys 1554 durch Johannes Herold, Dares 1564 durch Caspar Adam Moser. Auch Guidos de Columnis 'Historia destructionis Troiae' wird noch 1599 durch David Förter neu ins Deutsche übertragen (er hielt sie für eine Kompilation von Dares und Dictys). Im 16. Jahrhundert beginnt auch die neuzeitliche Homer-Rezeption: mit den ersten Übersetzungen der 'Odyssee' (durch Simon Schaidenreisser bzw. Minervius, 1537) und der 'Ilias' (durch Johann Baptista Rexius, 1584, und Johann Spreng, 1610 postum veröffentlicht; Spreng starb 1601). Von da an wird der Trojanische Krieg wieder eher als große Dichtung, nicht mehr in erster Linie als historisches Ereignis gesehen (wobei sich im Bewußtsein der Humanisten die „literarische" und die „historiographische" Perspektive auf den Trojanischen Krieg nicht ausschließen). Die mittelalterliche Troja-Tradition mit ihrer Vereinnahmung der Antike für die eigene Gegenwart und ihrer Tendenz zu immer neuer produktiver Aneignung vor allem in Form von Kompilationen und in ständigem Wieder- und Weitererzählen, ist damit beendet. Aufgrund der Quellenlage für die Prosen des 15. Jahrhunderts, die direkt oder indirekt noch auf der Tradition mittelalterlicher volkssprachlicher Trojaromane fußen, hält sich in der Trojaliteratur die mittelalterliche (mediaevalisierende) Stoff- und Darstellungstradition vergleichsweise lange – zumal die Prosen in die Druckfassungen eingehen und so bis ins 16. Jahrhundert hinein tradiert und produktiv rezipiert werden. Die Meistersinger und Autoren von Dramen und Fastnachtspielen mit trojanischen Stoffen, in erster Linie Hans Sachs, die für andere Stoffe vielfach bereits auf die humanistische Antikerezeption zurückgreifen, zehren für den Trojastoff zum Teil immer noch von den Druckkompilationen.

Insgesamt scheint sich ein Kreis zu schließen: Ihren Ausgang nimmt die Trojaliteratur des Mittelalters in erster Linie von den knappen, faktenorientierten lateinischen Prosaberichten der Spätantike. Das Substrat dieser Quellen wird in den höfischen Trojaromanen höfisiert und erweitert: um Liebeshandlungen, Darstellungen ritterlicher Kämpfe, rhetorischen Ornatus – Konrad von Würzburg geht da noch weiter als seine Vorlage Benoît de Sainte-Maure; in gewisser Weise treibt die Verquickung poetologischer Muster von Antiken- und Artusroman im 'Gottweiger Trojanerkrieg' dieses Verfahren auf die Spitze. Freilich handelt es sich nicht um eine einsinnige Entwicklung: Herbort schon schert aus der Reihe, und Guido de Columnis, vollends dann die Prosen nehmen Erweiterungen und Höfisierung sehr weitgehend zurück – bis die Humanisten im 16. Jahrhundert die ursprünglichen Quellen selbst rezipieren. Der Umgang mit den höfischen, romanhaften „Zutaten“ ist die offensichtlichste Variable in der Geschichte des mittel- und frühneuhochdeutschen Trojaromans.

Entscheidende Konstante ist die (geglaubte) Geschichtlichkeit des Stoffs. Unabhängig vom Ausmaß der Erweiterungen oder Kürzungen, von romanhaftem oder historiographischem Erzählgestus der Texte wird die Historizität des Trojanischen Kriegs bis weit ins 16. Jahrhundert nicht in Frage gestellt. Dies gilt selbst dort, wo historische Anbindungen keine Rolle spielen, etwa für Konrad von Würzburg, der dennoch für Weltchroniken und Prosen wichtiger Wissenslieferant ist, und für den 'Göttweiger Trojanerkrieg', der trotz seiner burlesken Verdrehungen in Chroniken aufgenommen wurde. Rare Ausnahme ist die Bemerkung von einer Hand des 16. Jahrhunderts am Rand des Münchner Fragments Cgm 5153c von Konrads 'Trojanerkrieg': *Das ist nit wor.* Interesse an Troja ist im Antikenroman des Mittelalters immer auch Interesse an einer Geschichte, die letztlich als die eigene Geschichte begriffen ist.

Ansonsten ist der Trojastoff, wie der Alexanderstoff, polyfunktional: Es geht um Geschichtswissen vom bedeutendsten Ereignis antiker Historie und um Geschichtsdeutung; um Bereitstellung von Modellen idealen höfischen Lebens und damit von Identifikationsmustern für adlige Adressaten; um Urmuster verhängnisvoller Liebe und das Urbild von Krieg und Ritterschaft; um Troja als Urstadt, als Exempel für Vergänglichkeit, Hoffart, moralischen Verfall. Potentiell sind diese Deutungsperpektiven immer verfügbar; bevorzugt wurden – der literarhistorischen und literatursoziologischen Entwicklung entsprechend – in höfischer Zeit die höfischen Konzeptualisierungen (Troja als – mehr oder weniger – ideales Urbild höfischen Lebens, als Paradigma für Ritterschaft und Minne), zum Spätmittelalter hin eher Anknüpfungsmöglichkeiten für städtische Rezipienten und geistlich-moralische Funktionalisierungen: Troja wird mehr und mehr zum Exempel – für die Vergänglichkeit des Irdischen, für die verheerenden Folgen der Frauenliebe und des Ehebruchs, für menschliche Hoffart, aber auch für städtische Macht oder die Gefahren, die einem Gemeinwesen durch Verrat von innen drohen. Während der ganzen Rezeptionsgeschichte des Trojastoffes kommt, auch in mittelalterlicher und frühneuzeitlicher Literatur, das Faszinosum geradezu archetypischer Charaktere und Heldentypen hinzu (die freilich mittelalterlichen Idealen angepaßt werden): Helena als Inbegriff verhängnisvoller Schönheit, Achill als Prototyp des zu frühem Tod und unsterblichem Ruhm bestimmten, Hector als Urtyp des für seine Gemeinschaft agierenden und sterbenden Helden.

Vor allem mit drei Kernpunkten des Troja-Mythos setzen sich die Autoren immer wieder auseinander: mit einer rücksichtslos „großen“ Liebe (und so, allgemeiner, mit der Rolle der Frauen und der Liebe an sich); mit Glanz und Elend des Krieges; mit Katastrophe und Verhängnis. Die Positionen sind kontrovers, oft in sich selbst ambivalent: Die außerordentliche Liebe gewährt persönliches Glück (und sichert literarisches Nachleben), stürzt aber eine ganze Welt ins Verderben. Der mythische Urkrieg umschließt Großtaten paradigmatischer Helden ebenso wie Urbilder menschlichen Leidens. Die Katastrophe, die Troja trifft, kann als Strafe für konkretes moralisches Fehlverhalten oder grundsätzlich für menschliche *superbia*, aber auch als fatales Verhängnis aufgefaßt werden. Dann konkurrieren die aus den antiken Quellen übernommene, aber inhaltsleere Formel von Göttern, die die Katastrophe willkürlich verhängen, und christliches Geschichtsdenken, das Gottes Wirken in der Geschichte annimmt und das Verhängnis als Teil der Heidengeschichte, als *historia ante gratiam* begreift: Fatalität als Inbegriff menschlicher Geschichte, soweit sie nicht Heilsgeschichte ist. Der positive Ausblick auf den Fortgang der Weltgeschichte, die Gründung Roms durch Aeneas, wird relativ selten eröffnet (das ‘Buch von Troja II’ ist, neben dem ‘Excidium Troie’, eine Ausnahme). Trojadichtung ist Untergangsdichtung und als solche auch innerhalb der Antikenromane singulär.

Ausgewählte Literaturhinweise

Ausgaben der behandelten Texte und ihrer Quellen: vgl. Auswahlbibliographie Nr. 301-325; die meisten Ausgaben sind veraltet (fast unbenutzbar ist insbesondere FROMMANS Ausgabe von Herborts ‘Liet von Troye’, Nr. 316; zit.; Kürzel und Sonderzeichen sind aufgelöst, die Interpunktion wurde hinzugefügt, auf die Hinzufügung von Längenzeichen verzichtet.); neuere Ausgaben gibt es von Fuetrers Text (THOELEN, Nr. 313; zit.), von der Sabilon-Erzählung (KERTH/LIENERT, Nr. 322, S. 442-475), vom 'Elsässischen Trojabuch' (WITZEL, Nr. 308; zit.). Zitiert sind ferner die Ausgaben von VON KELLER (Nr. 319; Konrad), KOPPITZ (Nr. 314; 'Göttweiger Trojanerkrieg'), BUSCHINGER (Nr. 301; 'Basler Trojanerkrieg'), STRAUCH (Nr. 9; Jans), DRECKMANN (Nr. 320; Hans Mair).– Eine Neuausgabe des 'Buchs von Troja II' steht kurz vor dem Abschluß.

Überblicksdarstellungen: BRUNNER (Nr. 336; knappe Übersicht); zu den Quellen (besonders den lateinischen) immer noch EISENHUT (Nr. 343); SCHERER (Nr. 387), HOMEYER (Nr. 352); problematisch ist KNAPP (Nr. 361). Im Repertorium von ALFEN/FOCHLER/LIENERT (Nr. 328) sind die deutschen Texte (mit detaillierten Inhaltsübersichten und Angaben zu Quellen, Überlieferung und älterer Forschungsliteratur) zusammengestellt, die französischen bei JUNG (Nr. 356).

Herbort von Fritzlar: Zur Datierungsfrage zuletzt MEVES (Nr. 380; um 1195), anders die laufenden Forschungen von Ricarda Bauschke (Spätdatierung).– MENHARDT (Nr. 376; zu Herborts „subversivem" Umgang mit der Quelle); WORSTBROCK (Nr. 398; grundlegend; zur rhetorischen Tradition des *brevitas*-Ideals, zum Zusammenhang mit der lateinischen Schulliteratur, zur Aufwertung Achills und zur Wiederherstellung der klassischen Hector-Achill-Polarität); LENGENFELDER (Nr. 365; zum Text als Geschichtsdichtung); MERTENS (Nr. 379; zur Enthöfisierung als Reheroisierung).– Grundlegende neuere Interpretation: FROMM (Nr. 346; zur desillusionierenden Sicht vor allem des Krieges); SCHMID (Nr. 388; zur Zeitbehandlung).– Ältere Lit. siehe auch ²VL 3 (1981), Sp. 1027-1031 (STEINHOFF).– Die Habilitationsschrift von Ricarda Bauschke (Berlin) zu Herbort von Fritzlar („Herbort von Fritzlar, *Liet von Troye* – Antikerezeption als Diskursmontage und Literaturkritik") steht kurz vor dem Abschluß.

Konrad von Würzburg: Zur Überlieferung LIENERT (Nr. 368), BECKERS (Nr. 331).– LIENERT (Nr. 371; kurze Interpretation); ²VL 5 (1985), Sp. 272-304, hier 297-299 (BRUNNER).– Quellenverarbeitung, Deutungsansätze, Rezeption sind umfassend dargestellt von LIENERT (Nr. 372; dort auch ältere Lit.).– Wichtige Beobachtungen zu Konrads Ästhetik bei GREEN (Nr. 349) und v.a. MONECKE (Nr. 381; Ästhetik der *wildekeit*).– CORMEAU (Nr. 340; zur Idealisierung der Personen, zur Objektivität des Erzählers und zur Deutungsperspektive der Fatalität); PFENNIG (Nr. 386) und WORSTBROCK (Nr. 399) zu moralisierenden Aspekten und zur Problematisierung der Griechen.

'Trojanerkrieg-Fortsetzung': LIENERT (Nr. 372), S. 332-350 (dort ältere Lit.); ²VL 9 (1995), Sp. 1069-1072 (LIENERT).

'Göttweiger Trojanerkrieg': Zu den philologischen Grundlagen ²VL 3 (1981), Sp. 199-201 (STEINHOFF), LANGOSCH (Nr. 364; Sprache), GRAMATZKY (Nr. 348; Quellen; z.T. veraltet).– Zur Stellung innerhalb der mittelalterlichen Trojaliteratur (Bezüge zu Konrad von Würzburg, nicht unumstritten) LIENERT (Nr. 372), S. 352-377.– Die Deutungen sind kontrovers: EBENBAUER (Nr. 341, 342; anti-imperiale Tendenz); LIENERT (Nr. 372; zu den *laudationes temporis acti* und zur Entmythisierung des Troja-Mythos); KERN (Nr. 357; betont das poetologische Spiel); vgl. ferner BIRKHAN (Nr. 333); MÜLLER (Nr. 383; zur „liminalen" Ästhetik des Romans).

'Basler Trojanerkrieg': LIENERT (Nr. 372), S. 375-382 (dort ältere Lit.); ²VL 9 (1995), Sp. 1068f. (LIENERT); BUSCHINGER (Nr. 301), passim; BIRKHAN (Nr. 333), passim.

Weltchronistische Trojaerzählungen: LIENERT (Nr. 372), S. 382-396; LIENERT (Nr. 369); KERTH/LIENERT (Nr. 322).

Trojaprosen: SCHNEIDER (Nr. 391); ALFEN/FOCHLER/LIENERT (Nr. 328; grundlegend).– Eingehende neuere Untersuchungen liegen lediglich zum 'Buch von Troja' des Hans Mair (MEISCH, Nr. 375) und zum 'Elsässischen Trojabuch' (ALFEN, Nr. 327) vor – beide betonen die städtische Perspektive; zu Guido vgl. LexMA 4 (1989), Sp. 1775 (BRUNI); Hinweise zu den Augsburger Druckkompilationen bei MÜLLER (Nr. 382).– Eine Untersuchung der Trojaprosen, besonders der Druckfassungen bereitet Gertrud Beck (Bremen) vor.

Trojaliteratur des 16. Jahrhunderts: FOCHLER (Nr. 344).

Textübergreifende Einzelfragen: Vgl. etwa SCHÄFER-MAULBETSCH (Nr. 88) und LIENERT (Nr. 70) zur Kriegsdarstellung; SCHNELL (Nr. 91) zur Minnethematik.

5. Apolloniusromane

5.1. Die 'Historia Apollonii regis Tyri'

Antikenromane im engeren Sinn sind Romane mit Stoffen aus der antiken Geschichte: Troja-, Eneas-, Alexanderroman. Ihre Stoffe sind Bestandteil der geglaubten und tradierten Weltgeschichte und dementsprechend von hoher Dignität und hohem Verbindlichkeitsanspruch; sie gehen zumeist auf epische oder (pseudo-)historiographische antike Quellen zurück (nur im Fall des Alexanderstoffs auch auf romanhafte Vorlagen) und in die volkssprachliche Geschichtsschreibung ein. Antikenroman in einem weiteren Sinn ist auch der Apolloniusroman, die Geschichte des Apollonius von Tyrus.

Dem Mittelalter überliefert wurde der Apolloniusstoff in der spätantiken 'Historia Apollonii regis Tyri' (erhalten sind zwei lateinische Fassungen des 5./6. Jahrhunderts n. Chr.), die ihrerseits auf einen verlorenen hellenistischen Liebes- und Reiseroman (wohl 3. Jh. n. Chr.) zurückgehen dürfte. Anders als die Antikenromane im engeren Sinn behandelt der Apolloniusroman persönliche Ereignisse, letztlich eine Familiengeschichte, nicht das kollektiv-historische Geschick einer Gemeinschaft. Apollonius wird zwar als Gegenspieler, Opfer und Nachfolger des Königs Antiochus dargestellt, gehört also in die Geschichte der Diadochen (ein wichtiger Anknüpfungspunkt für die mittelalterliche Rezeption des Apolloniusstoffs). Aber es geht im spätantiken Apolloniusroman nicht um den Gang der Weltgeschichte, und entsprechend vage ist dort die zeitliche und räumliche Anbindung. Der Held ist zwar eine Standesperson, aber er ist nicht als Fürst, sondern in seinem persönlichen Schicksal interessant: seiner Heirat mit einer Königstochter, der unglücklichen Trennung von Frau und Tochter, seinen Irrfahrten und der glücklich-wundersamen Wiedervereinigung. Der spätantike Apolloniusroman ist schon romanhafte Erzählung, Darstellung von Liebeshändeln und Familiengeschichte; daher ist die Liebesthematik hier, anders als bei den anderen Antikenromanen, schon von der Quelle her vorgegeben und nicht erst mittelalterliche Neuerung gegenüber antiken nicht-romanhaften Quellen (die, wie die 'Aeneis', wie Curtius' Alexandervita oder die pseudohistoriographischen Berichte vom Trojanischen Krieg, auf Krieg und Geschichte fokussieren). Anders als bei Troja-, Eneas- und Alexanderroman, die kein einheitliches Erzählmodell haben, liefert im Fall des Apolloniusromans die Quelle ein reihenbildendes Erzählmuster mit: das Grundschema von Trennung – Suche und/oder Bewährung – Wiedervereinigung eines Liebespaares bzw. einer Familie, kurzum das übliche Schema des hellenistischen Romans.

Inhalt der 'Historia Apollonii'. Der spätantike Apolloniusroman erzählt Folgendes: Der verwitwete König Antiochus von Antiochien lebt mit seiner eigenen Tochter im Inzest. Um sie für sich behalten zu können, legt er allen Werbern ein vermeintlich unlösbares Rätsel vor; wer es nicht lösen kann, wird enthauptet. Apollonius von Tyrus, ein Jüngling aus königlichem Geschlecht, findet die richtige Lösung – sie enthüllt das blutschänderische Verhältnis von König und Königstochter. Antiochus leitet alles in die Wege, den unliebsamen Mitwisser heimlich beseitigen zu lassen. Apollonius wird jedoch gewarnt und flieht. Auf der Flucht gewinnt er durch eine Getreidelieferung die Freundschaft der hungernden Bürger von Tarsos, erleidet bei der Weiterreise jedoch Schiffbruch und wird nach Kyrene verschlagen. Als nackter Schiffbrüchiger kommt er an, ein armer Fischer schenkt ihm ein Gewand. Mit Geschick und dank seiner Musikkenntnisse führt Apollonius sich in Pentapolis am Hof des Königs Archistrates ein und avanciert zum Musiklehrer und Erzieher der Königstocher Lucina (auch: Archistratis). Die vielumworbene Lucina soll sich unter drei fürstlichen Werbern ihren Gatten wählen, entscheidet sich jedoch für ihren Musiklehrer; der königliche Vater stimmt zu. Nach der Hochzeit erreicht Apollonius die Nachricht, der verbrecherische König von Antiochien sei zur Strafe für sein himmelschreiendes Vergehen vom Blitz erschlagen, die Königsherrschaft Apollonius zugesprochen worden. Apollonius begibt sich auf die Reise, um die Herrschaft über Antiochien anzutreten; seine schwangere Frau und eine Amme begleiten ihn.

Mit dieser fatalen Seereise setzt der Hauptteil des antiken Apolloniusromans ein: Lucina bringt auf dem Schiff eine Tochter zur Welt; sie selbst ist durch Komplikationen bei der Geburt so geschwächt, daß man sie für tot hält. Scheintot wird sie (die Seeleute dulden keine Leiche an Bord) in einem Sarg ins Meer gesenkt. Der Sarg wird allerdings bei Ephesus an Land gespült, die scheintote Lucina durch einen Arzt wieder zum Leben erweckt. Als Priesterin der Diana wirkt sie fortan in Ephesus. Sein neugeborenes Töchterchen, Tarsia, übergibt Apollonius zusammen mit der treuen Amme einem befreundeten Paar in der ihm verpflichteten Stadt Tarsos zur Erziehung. Er schwört, Bart, Haare und Nägel nicht zu schneiden, bis er Tarsia verheiratet habe, und bricht als Kaufmann mit einem Schiff in Richtung Ägypten auf.

Tarsia wächst zu einem schönen, gebildeten, kunstreichen Mädchen heran und gilt als Tochter des Bürgerpaares. Nach vielen Jahren erzählt ihr die Amme kurz vor ihrem eigenen Tod von ihrer königlichen Herkunft und dem traurigen Schicksal der Mutter. Tarsia stellt durch ihre Schönheit und Bildung ihre Ziehschwester in den Schatten, so daß die Pflegemutter eifersüchtig wird und Tarsia heimlich töten lassen will. In letzter Minute wird der Mord verhindert, indem Seeräuber das Mädchen entführen. Die Piraten verkaufen die Geraubte in Mytilene an einen Bordellbesitzer, der alle anderen Kaufinteressenten überbietet, sogar den Landesfürsten Athanagoras (Athenagoras), weil er sich von der Schönen das Geschäft seines Lebens verspricht. Tarsia gelingt es jedoch, ihre Freier – der erste ist Athanagoras – durch ihre Tränen und die Erzählung von ihrem erbarmungswürdigen Schicksal so zu rühren, daß sie das geforderte Geld ohne entsprechende Gegenleistung zahlen. Trotz der Nachstellungen durch den rohen Zuhälter kann Tarsia durch ihre Sangeskunst und dank der Unterstützung durch die Bürger von Mytilene wie durch Athanagoras ihre Jungfräulichkeit bewahren.

Nach vierzehnjähriger Abwesenheit will Apollonius seine Tochter in Tarsos besuchen; man spielt ihm vor, sie sei tot. Schmerzerfüllt reist er weiter und gelangt zufällig nach Mytilene. Um den Trauernden aufzuheitern, schickt Athanagoras, der den Namen Apollonius aus Tarsias Erzählungen kennt, das kluge, kunstreiche Mädchen zu ihm. Tarsia singt für den Fremden und stellt ihm Rätsel. Apollonius, der sich in seinem Kummer nicht ablenken lassen will, wehrt sie ab. Tarsia stürzt, verletzt sich und beklagt weinend ihr eigenes Los. An den Namen, die fallen, erkennt sie ihr Vater. Apollonius läßt den Bordellbesitzer bestrafen; alle die, die Tarsia geholfen haben, werden belohnt. Tarsia wird mit dem Landesfürsten vermählt, der ihr erster mitleidiger „Freier" gewesen war. Eine Engelserscheinung im Traum weist Apollonius in den Dianatempel von Ephesus, wo ihn die Priesterin, seine totgeglaubte Frau Lucina, an seinen Erzählungen erkennt. Nunmehr ist die Familie wieder glücklich vereint. Den Abschluß der Handlung bilden die Bestrafung der treulosen Pflegeeltern, die Belohnung der Helfer und ein Ausblick auf die lange segensreiche Herrschaft des Apollonius.

Mittelalterliche Rezeption. Die lateinische 'Historia Apollonii' war im Mittelalter weit verbreitet und Grundlage lateinischer wie volkssprachlicher Bearbeitungen. Die erste volkssprachliche Version eines antiken epischen Stoffes überhaupt ist das altenglische 'Apollonius'-Bruchstück (10./11. Jh.). In Anspielungen ist der Stoff auch in der volkssprachlichen Romanliteratur präsent, lange vor den ersten deutschen Übertragungen. Schon im 12./13. Jahrhundert dürfte der Apolloniusroman in Einzelmotiven stark auf die volkssprachliche Erzählliteratur gewirkt haben, vor allem auf die Tristanromane Eilharts von Oberg (Tristrant wird während einer Schiffsreise geboren, bei der die Mutter stirbt) und Gottfrieds von Straßburg (der Held wird als Musiklehrer der Prinzessin engagiert). Strukturell hat der Apolloniusroman mit seinem Erzählmodell (das er selbst dem hellenistischen Liebesroman verdankt), der Folge von Trennung, Bewährung und Wiedervereinigung eines Liebespaares, einen ganzen Romantyp, den Minne- und Aventiureroman, beeinflußt.

Der Minne- und Aventiureroman ist, vom vereinzelten Vorläufer des frühhöfischen 'Trierer Floyris' (wohl um 1170) abgesehen, in der mittelhochdeutschen Erzählliteratur ab etwa 1220/30 vertreten. Zugrunde liegt den disparaten Handlungsfolgen dieser Romane (auch wenn sie keinen antiken Stoff haben) das genannte Grundschema von Trennung und Wiedervereinigung. Der Begriff „Minne- und Aventiureroman" sollte Romanen mit diesem Strukturmuster vorbehalten sein und nicht bloß als Sammelbegriff für Romane mit Liebes- oder Abenteuer-Thematik verwendet werden, die keinem anderen

Romantyp subsumierbar sind. Alle Minne- und Aventiureromane in diesem Sinn teilen ferner die äußerliche Anbindung an historische Personen und Ereignisse, eine Vorliebe für Reiseabenteuer, ein welthaltiges mittelmeerisches (antikes und/oder orientalisches) Ambiente, die ideologische Unverbindlichkeit des Erzählens, das nicht welthistorisches Handeln oder gesellschaftliche Werte vorführt, sondern um seiner selbst und um der Unterhaltung willen da ist, damit verbunden den Reiz des Stofflichen, des Phantastischen und Sensationellen, Erotischen und Sentimentalen.

Auch in Weltchroniken (etwa Gottfrieds von Viterbo 'Pantheon', 1185/87-1190/91) und lateinischen wie volkssprachlichen Exempelsammlungen (in erster Linie den 'Gesta Romanorum', seit dem 14. Jahrhundert) ist der Apolloniusstoff verbreitet. Der (späten) Aufnahme in die 'Gesta Romanorum' dürften das allegorische Potential des Stoffes und der dem Hiob-Thema nahestehende, leicht ins Christliche zu wendende Grundgedanke von der Bewährung des Menschen im Angesicht unberechenbarer Schicksalsschläge den Weg gebahnt haben: Der lateinische Druck der 'Gesta Romanorum' trägt ausdrücklich die Überschrift *de tribulacione temporali, que in gaudium sempiternum postremo commutabitur* ('Von zeitlicher Not, die letztlich in ewige Freude verkehrt werden wird'[1]). Entscheidend für die Aufnahme in die Weltchronistik ist das historische Potential des Stoffes. Der „historische" Apollonius interessiert schon im 12. Jahrhundert Autoren volkssprachlicher Romane: 'Vorauer' und 'Straßburger Alexander' erinnern an Apollonius als Opfer des Antiochus und als Gründer der Stadt Tyrus. Vollends Heinrich Steinhöwel (siehe unten) entwickelt, wenn auch nur in seiner *Vor red*, im Anschluß an Gottfried von Viterbo eine ausführliche Geschichte der Diadochen, die er auf Alexander den Großen bezieht und in die er Apollonius einbindet.

Als eigenständige Erzählung ist der Apolloniusstoff im Mittelalter nur dreimal in deutscher Sprache bearbeitet worden: in einem Versroman, Heinrichs von Neustadt 'Apollonius von Tyrland' (um 1300/1312?), und in zwei Prosen, dem anonymen 'Leipziger Apollonius' (1. H. 15. Jh.), einer Übersetzung des lateinischen Apolloniusromans, und Heinrich Steinhöwels 'Apollonius von Tyrus' (1461), nach den 'Gesta Romanorum' und Gottfried von Viterbo.

5.2. Deutsche Apollonius-„Romane"

5.2.1. Heinrich von Neustadt

Der erste (streng genommen: der einzige) deutsche Apolloniusroman ist der Anfang des 14. Jahrhunderts entstandene, in vier Handschriften des 15. Jahrhunderts überlieferte 'Apollonius von Tyrland' des Wiener Arztes Heinrich von Neustadt.

1 Gesta Romanorum (Nr. 7), S. 510.

Heinrich beruft sich im Epilog auf eine mehr als tausend Jahre alte lateinische *koronik* (v. 20643); diese, eine Version der 'Historia Apollonii regis Tyri', liefert jedoch nur den Stoff für gut ein Viertel der 20644 Reimpaarverse des Romans. Die Ereignisse der antiken Quelle bilden quasi eine Rahmenhandlung, in die phantastische Reiseabenteuer des Apollonius eingeschaltet sind, die die vierzehnjährige Lücke zwischen Apollonius' Aufbruch nach Ägypten und seiner Rückkehr nach Tarsos schließen. An den Abschluß der antiken Familiengeschichte, die glückliche Wiedervereinigung des Helden mit Tochter und Frau, wird zudem eine Fortsetzung angeschlossen, die Apollonius nicht nur zum Herrscher über zahlreiche Königreiche, sondern auch zum Kaiser von Rom, zum Christen und zum Begründer der Tafelrunde macht.

Inhalt und Aufbau des 'Apollonius von Tyrland'. Damit gliedert sich Heinrichs 'Apollonius' – nach dem Prolog (v. 1-96) – in vier ungleiche Teile: I. Ereignisse vom Inzest des Antiochus und der Lösung seines Rätsels durch Apollonius über die Heirat mit Lucina und deren Scheintod bei der Geburt einer Tochter bis zum Aufbruch des Helden nach Ägypten (v. 97-2905), im wesentlichen dem Handlungsgerüst der lateinischen Quelle entsprechend.

II. Reiseabenteuer (v. 2306-14927): Apollonius' Reise, in der 'Historia' lediglich als Aufbruch und vierzehnjährige Abwesenheit konstatiert, wird zu einer langen Reihe von Orientabenteuern ausphantasiert, die mit dem ursprünglichen antiken Stoff nichts mehr zu tun haben. Für diese Erweiterungen kann keine einheitliche Quelle nachgewiesen werden (Spekulationen der älteren Forschung über eine mögliche byzantinische Vorlage sind unbeweisbar). Verwendet werden in erster Linie Motive und Erzählmuster der mittelhochdeutschen Romanliteratur, ergänzt durch vielfältiges enzyklopädisches Wissen, aber auch durch isolierte biblische und antike Elemente. Zunächst befreit Apollonius das Land Warcilone (Barcelona?) von der Bedrängnis durch die halb menschlichen, halb tierischen Völker Gock, Magock und Kolk; der Königssohn Printzel von Warcilone, den er erzieht, wird sein Freund. Ein Astrologe, Albedacus, prophezeit ihm, er werde mehrere Länder erringen und einst seine Gemahlin Lucina wiedersehen. Auch das benachbarte Reich Galacides (Galatia in Kleinasien?) befreit Apollonius, nachdem er eine Sirene vor einem bösartigen Kentauren beschützt und dabei einen unsichtbar machenden Ring und einen alles durchdringenden Bogen erworben hat, von seinen Unterdrückern, den riesigen Ungeheuern Flata und Kolkan; Cirilla, die Schwester der vom Frauenschänder Kolkan zur Ehe gezwungenen Königstochter Formosa, nimmt er zur Frau (Lucina hält er nach wie vor für tot). Bei einem Turnier in Assyria erringt Apollonius den Sieg, verheiratet die als Turnierpreis ausgesetzte Witwe des Königs an seinen Gefährten, Graf Palmer, verirrt sich bei der Rückreise in einem Wald, wo er nur dank der Hilfe gutartiger Tiere überleben kann, und findet bei seiner Rückkehr Cirilla tot; sein zwischenzeitlich geborener Sohn wird einem Erzieher anvertraut. Nach einem Besuch in Warcilone steht Apollonius zusammen mit Printzel König Balthasar von Armenia gegen Abakuck von Wulgaria und Nemrot von Romania bei. Apollonius siegt zwar, gerät aber beim Feldzug gegen den flüchtigen Nemrot in einen Hinterhalt und in Gefangenschaft und muß sich widerwillig unter dem Namen Lonius mit dem Barte in Nemrots Dienste begeben, wo er weitere Abenteuer, unter anderem in einem verwunschenen Babylon und gegen eine wilde Frau besteht. Nachdem Lonius eine Schar entführter Kinder befreit hat, läßt Nemrot ihn widerwillig ziehen, jedoch nicht ohne Heimtücke in eine gefährliche Einöde voller Untiere. Ein Panther, dem der Held gegen einen Drachen beigestanden hat, trägt ihn über den Ganges nach Ninive, wo Apollonius' Onkel als Sultan regiert. Ein krönendes Abenteuer führt Apollonius, nachdem er die Ungeheuer Serpanta und Ydrogant getötet hat, die den Zugang versperren, ins Goldene Tal Chrysa. In Chrysa erwarten den Helden und seine Begleiter Tugendproben auf einem Wunderrad, in einem Wunderbrunnen und auf den Stufen einer Wundersäule. Apollonius erweist sich zwar als seinen Begleitern überlegen, aber nicht als völlig makellos; was man ihm vorwirft, ist aber letztlich banal, und der Held ist sich denn auch keiner Schuld bewußt. Nach geringfügiger Buße werden ihm die Hand der Königstochter Diomena, der schönsten Frau der Welt, und die Herrschaft über das Goldene Tal zuteil; ein Jungbrunnen verjüngt ihn um zwanzig Lebensjahre. Obwohl Diomena ihm einen Sohn gebiert, verläßt Apollonius sie, um nach seiner Tochter Tarsia zu sehen, die er auf der Wundersäule erblickt hat. Unterwegs trifft Apollonius auf die Mohrenkönigin Palmina, wird von dieser getäuscht und verführt, heiratet sie, läßt aber auch sie, mit einem Zwillingspärchen schwanger, zurück. Während der Heimreise passiert er unter anderem die Stadt des Lachens (wer über ihre Mauer sieht, springt lachend hinunter – oder stirbt, wenn man ihn davon abhält) und zu einer felsigen Insel, auf der Enoch und Elias auf die Ankunft des Herrn warten. Apollonius weiß ihnen von der Geburt und Passion Christi zu berichten. Von Galacides aus bricht er nach Tarsos auf.

III. Geschichte Tarsias, Wiedervereinigung der Familie (v. 14928-17467): Nachgetragen wird hier, jetzt wieder der 'Historia' entsprechend, das Schicksal Tarsias, der es durch Gesang und Harfenspiel, Klugheit und Disputationsfreudigkeit gelungen ist, selbst im Bordell, in das man sie verschleppt hat, ihre Unschuld zu bewahren. Nach sechzehnjähriger Trennung und vierzehnjähriger Orientreise findet Apollonius, den ein Sturm zufällig nach Metelin verschlägt, glücklich die Tochter wieder, verheiratet sie mit dem Fürsten Athanagoras, trifft, einem Traum folgend, in Ephesus seine Gattin unversehrt an und begibt sich mit dieser zum Schwiegervater nach Pentapolis.

IV. Nachgeschichte (v. 17468-20589): In einer wie die Binnenabenteuer nicht durch die 'Historia' abgedeckten Fortsetzung tritt Apollonius auch die Herrschaft über Tyrus und Antiochia an. Zweihundert Jahre vor König Artus (v. 18790) stiftet er eine erste Tafelrunde, die herrschaftsstabilisierende und soziale Funktionen hat, vor allem im Kampf für entrechtete Frauen und gegen Frauenschänder, anders als die arturische Tafelrunde jedoch strikt hierarchisch gegliedert und mit einer strengen Satzung geregelt ist. Nachdem ihm auch die Herrschaft über Jerusalem zugefallen ist, dessen feindlicher König Jeroboam vor ihm flieht, beherrscht Apollonius praktisch die ganze Welt. Später wird er Kaiser von Rom (v. 20557) und Christ (v. 20568). Nach fünfundvierzigjähriger Herrschaft stirbt Apollonius und erlangt die ewige Seligkeit.

Deutungsperspektiven. Durch die Zusätze tritt neben den leicht mediaevalisierten und verritterten antiken Mittelmeerraum eine trotz realer Orts- und Ländernamen phantastisch-märchenhafte Orientwelt. Strukturell am nächsten steht Heinrichs 'Apollonius' dem Alexanderroman, nicht nur wegen der stofflichen Anbindung an den Diadochenkönig Antiochus, der gemeinsamen Tradition des hellenistischen Romans, sondern vor allem wegen des gemeinsamen Interesses an fernen Räumen und wegen der Rahmenstruktur, in die diese eingebunden sind: In (mehr oder weniger) historische Ereignisse beim Alexanderroman, in Familienereignisse im „realistischen“ mittelmeerischen Ambiente beim Apolloniusroman sind Ketten von Orientreiseabenteuern eingeschaltet.

Mit den zumeist als ritterliche Aventiuren gestalteten Reiseabenteuern wird in das antike Modell des Familienromans das Modell des höfischen Aventiureromans hineingespiegelt. Diese Verschränkung zweier Romanmodelle führt zu einer Überlagerung zweier Minnekonzeptionen (Ehe und Familie einerseits, ritterlicher Frauenerwerb andererseits) und zweier verschiedener Heldentypen: Der Protagonist des hellenistischen Liebesromans ist ein leidender Held, dessen Tugend und Bewährung darin besteht, daß er die Schläge des Schicksals unerschütterlich hinnimmt, der Held des Aventiureromans (und damit der Apollonius der Orientabenteuer) ist aktiver *aventiure*-Ritter. So kommt es zu dem merkwürdigen Befund, daß die passive Bewährung durch unerschütterliche Treue nicht nur entfällt, sondern daß als Bestandteil aktiver ritterlicher Bewährung ausgerechnet auch amouröse Abenteuer inszeniert sind: der Erwerb einer Frau gehört im Artusroman zur ritterlichen Bewährung.

Die Binnenhandlung bezieht Erzählmaterial aus verschiedensten Quellen, etwa aus arturischen Romanen (unter anderem der Gahmurethandlung von Wolframs von Eschenbach 'Parzival'), aus den Orientdarstellungen des 'Herzog Ernst', des 'Wolfdietrich' und des Alexanderromans, aus Weltchroniken und Enzyklopädien. Typisch für den Roman scheint eine relativ wahllose Anhäufung solchen Materials. Die Reihe der Abenteuer vor der Rückkehr läßt sich zwar strukturieren zu einer Folge von Aufstieg (mit Befreiungsaktionen in Warcilone und Galacides und dem Turniersieg in Assyria: Abenteuer, bei denen Apollonius – teils für andere, teils für sich selbst – Herrschaft und Frauen erringt), Sturz (mit der Gefangenschaft bei Nemrot, die den Helden fast zum Identitätsverlust treibt, als Tiefpunkt) und Wiederaufstieg (mit der Erringung der Herrschaft über das Goldene Tal als Höhepunkt). Diese Struktur jedoch ist künstlich abstrahiert; im Roman selbst ist sie überlagert von einer Überfülle von Details, von Episoden, die eben nicht recht funktional sind, z.B. den jeweils eigenen Geschichten der

Nebenfiguren, ja sogar der Monster und Ungeheuer. Zudem entspricht dem keine Entwicklung des Helden; Apollonius ändert sich nicht, sondern hält nur wechselnden Anforderungen stand (ein Merkmal, in dem die statische Idealität des nachklassischen und das unerschütterliche, unveränderliche Dulden des hellenistischen Romanhelden zusammenfallen). „Tugend" wird zwar allseits propagiert und getestet, ist aber oberflächlich geworden und zugleich sentimental und sensationslüstern reduziert auf Sexualmoral, was indes nicht hindert, daß in der Gegenwelt der Monster bevorzugt Frauenschänder und Vergewaltiger ihr Unwesen treiben. Die Tochter des Apollonius bleibt selbst im Bordell Jungfrau, seine Ehefrau keusche Priesterin. Apollonius aber heiratet während seiner Reisen dreimal, Cirilla, Diomena und Palmina, alles jungfräuliche Königstöchter oder Königinnen, und zeugt mehrere Kinder; seine Polygamie, als heidnische Sitte gerechtfertigt und durch literarische Vorbilder aus Wolframs 'Parzival' entschuldigt, ist nur Sensation und hindert nicht die tränenreich-glückliche Wiedervereinigung mit der „eigentlichen" Ehefrau.

Dieses Telos des antiken Familienromans wird indes durch die Liebesabenteuer der Binnenhandlung problematisch, ja unglaubwürdig, denn für Apollonius waren Frauen beliebig ersetzbar; zudem kostet ihn die Rückkehr zur Familie nicht nur das paradiesische Goldene Tal, sondern auch seine künstliche Jugend. Diese „Entwertung" des ursprünglichen Endes durch die vorangegangene Inflation von Ehen und Erfolgen ist wohl der strukturelle und erzähltechnische Grund für die Fortsetzung: Die Vereinigung der Familie, ohnehin Zufall, Geschenk des Schicksals, das der Held nicht wirklich errungen hat, kann nach den Abenteuern der Binnenhandlung kaum mehr als Lebens- und Erzählhöhepunkt gelten. Einen solchen sucht Heinrich dann im Bereich der Herrschaft – die Gründung der Tafelrunde, die Weltherrschaft, römisches und gar christliches Kaisertum setzen einen unüberbietbaren Gipfelpunkt.

Der Apolloniusstoff liefert die Ereignisse der Rahmenhandlung, eine Liebes- und Familiengeschichte, und den antiken Mittelmeerraum als einen der Räume, in denen das Geschehen sich abspielt. Zudem bietet er einen Anknüpfungspunkt für die Herrschaftsthematik, den sündhaften Mißbrauch von Macht durch Antiochus, freilich ebenfalls im familiären, nicht im gesellschaftlichen Raum. Die historische Distanz, die grundsätzliche Situierung aller Ereignisse, auch der Binnenhandlung, in heidnisch-antiker Ferne, gestattet es, sensationelle Erzählmotive außerhalb geltender mittelalterlicher Moral (wie die Polygamie des Helden) als vergangene Sitte einzubinden.

Die Möglichkeit zu (pseudo-)historischer Anbindung ist ebenfalls durch den Apolloniusstoff vorgegeben, dessen Held als Nachfolger des Antiochus ja an Alexander und die Diadochen anschließt. Die Rahmenhandlung selbst nutzt jedoch diese Möglichkeit so wenig wie die antike Vorlage. Merkwürdigerweise sucht im Gegenteil gerade die scheinbar wirklichkeitsferne und geschichtsenthobene Binnenerzählung historische Anschlußmöglichkeiten – und zerschlägt zugleich einen historischen Zusammenhang in einzelne Splitter, Fragmente gleichsam von Geschichte und realer Geographie. Viele der als geographische Fixpunkte genannten Städte und Reiche sind „real", wenngleich (wie üblich) mehr durch literarische Überlieferung (in erster Linie wohl den Alexanderroman, für den Balkan auch 'Wolfdietrich') vertraut als durch Anschauung vermittelt: etwa Warcilone (Barcelona?), Galacides (Galatien oder Galicien?), Armenia, Romania, Wulgaria, Ninive, Tigris, Ganges. Ein geographisches Kontinuum stellt sich jedoch nicht her. Der Held „springt" gleichsam über das Mittelmeer. Spanien ist in den Orient verlegt, Syria mit Assyria gleichgesetzt, Libya mit Lydia verwechselt; Romania liegt anscheinend irgendwo zwischen Tigris und Ganges. Zwischendurch wird Apollonius verschlagen in bedrohliche oder glückhafte Räume jenseits aller Erfahrung. Das Goldene Tal liegt zugleich in Indien, vor den Kaspischen Bergen und am Tigris. Zusammenhanglos oder in ahistorische Zusammenhänge gerückt erscheinen die historischen und die Bildungssplitter: Die Monster und Wunderwesen des Romans sind fast alle miteinander verwandt und mit antiken Fabelwesen, Kentauren und Sirenen, in Verbindung gebracht. Apollonius besiegt unter anderem die apokalyptischen Völker Gock und Magock, aber in ganz anderem Zusammenhang als sie aus dem Alexanderroman vertraut sind. Wie Alexander gelangt Apollonius (in der Episode von der Stadt des Lachens) an die Grenzen eines irdischen Paradieses; bei der Begegnung mit Elias und Enoch wird er mit dem Erscheinen des Antichrist in Verbindung gebracht. Als Eroberer Jerusalems rückt er in einen Kreuzzugskontext. Der Sohn von Apollonius und Cirilla soll der berühmte antike Rhetor Hermogenes (2./3. Jh. n. Chr.) sein; zu den Söhnen seiner Freunde gehören unter anderem Yppocras (Hippokrates, 5. Jh. v. Chr.) und der Astronom Tholomeus (Ptolemäus, 2. Jh. n. Chr.). Der Sohn der Prinzessin von Warcilone (die Apollonius durch seinen Sieg über Gock, Magock und Kolk gerettet hatte) ist der Romgründer Aeneas, Priamus von Troye dagegen ein Onkel von Apollonius, der seinerseits über den Sultan von Ninive auch mit Darius von Persien verwandt ist. All das hindert nicht, daß Apollonius zur Zeit der Geburt und Passion Christi und zugleich zweihundert Jahre vor König Artus lebt. Wesentliche Eckdaten und wichtige Personen der Welt- und Heilsgeschichte spiegelt Heinrich von Neustadt in die Geschichte des Apollonius hinein, löst aber dadurch den historischen Zusammenhang auf und drängt Figuren und Ereignisse von rund dreizehn Jahrhunderten in der Lebensspanne des Helden zusammen.

Ob diese Klitterung einen Sinn hatte – und welchen – ist umstritten. Verwechslung aus Unkenntnis wird bei dem gelehrten Autor meist (im Einzelfall vielleicht etwas voreilig) ausgeschlossen. Die vielen disparaten pseudohistorischen Details bewirken eher Enthistorisierung, ein Abgleiten in die Unverbindlichkeit, literarisches Spiel mit einer Fülle beziehungsreicher, bunter Details. Heilsgeschichtliche Bezüge aber können wohl kaum beliebig verfügbar für literarisches Spiel gedacht werden. Mit seiner Gleichzeitigkeit des Ungleichzeitigen und der Versippung von Figuren, die in Wirklichkeit oder auch in der Überlieferung bislang nichts miteinander zu tun hatten, verfährt Heinrich von Neustadt zwar extrem, aber nicht ganz ohne Beispiel. Der „Synkretismus heilsgeschichtlicher Typen“[2], d.h. die Verbindung von Figuren und Episoden aus verschiedenen Phasen der Heilsgeschichte, knüpft an bei der typisch mittelalterlichen Denkform der Typologie, die – unbekümmert um zeitliche Abläufe – Episoden des Alten und des Neuen Testaments zueinander in Beziehung setzt. Die „Konzentration der Antike“[3], die wesentliche Figuren und Ereignisse in eine irisierende Gleichzeitigkeit zusammendrängt, läßt sich in Ansätzen bereits bei Konrad von Würzburg beobachten, der nicht nur Alexander den Großen Achill zeitlich vorausgehen, sondern auch Vertreter der beiden ersten Weltreiche ebenso wie die deutsche Ritterschaft am Trojanischen Krieg teilnehmen läßt. In Ansätzen vergleichbar ist insbesondere der ‘Göttweiger Trojanerkrieg’, der nicht nur, wie Heinrich von Neustadt, Gattungsmuster mischt (hier Artus- und Trojaroman), sondern ebenfalls Elemente antiker Mythologie und römischer Geschichte umarrangiert und verfremdet. Nicht in gelehrter Geschichtsschreibung, wohl aber in der Geschichtsüberlieferung oraler Kulturen – auch in mittelalterlicher heroischer Überlieferung – sind die Versippung prominenter Helden gegen die historische Evidenz (wie bei Dietrich von Bern und seinem „Onkel“ Ermrich, den durch rund anderthalb Jahrhunderte getrennten Ostgotenkönigen Theoderich und Ermanarich) und die „Synchronisierung“ des Ungleichzeitigen (etwa Dietrich und Etzel-Attila, gegen deren ahistorische Verbindung in der Dietrichüberlieferung die ‘Kaiserchronik’ polemisiert) ganz gängig und ein wichtiges Mittel, sich ferne geschichtliche Abläufe zu erklären und nahezubringen. Es ist nicht undenkbar, daß Heinrich von Neustadt in diesem Kontext zu sehen ist. Der Typus „Antikenroman“ selbst ist ja – mit seiner Tendenz zum „Anachronismus“, zu gegenwartsbezogener Vergangenheitskonstruktion – ein Phänomen der Gleichzeitigkeit des Ungleichzeitigen, antiker Geschichte und mittelalterlicher Ritterschaft. Heinrich von Neustadt treibt dies (wie der ‘Göttweiger Trojanerkrieg’) auf die Spitze. Insbesondere die pseudohistorische Konstruktion, die Apollonius zum Begründer der Tafelrunde macht, kann durchaus anknüpfen an der in höfischer Literatur verbreiteten Vorstellung einer antiken Vor- und Frühgeschichte idealer Ritterschaft:

Den hoff den Artus hett erdacht,
Der was von disem hoff pracht,
Auß der haidenschaft genommen

(‘Der Hof, den König Artus erdacht hatte, war von diesem [Apollonius’] Hof hergebracht worden und aus der Heidenwelt übernommen’, v. 18777-18779).

Freilich scheint diese Vorstellung selbst zum Gegenstand literarischen Spiels geworden zu sein; eine in sich geschlossene Geschichtskonzeption wird man für

2 EBENBAUER (Nr. 409), S. 332.

3 Ebd., S. 335.

den disparaten Roman nicht annehmen. Trotzdem steht Heinrichs 'Apollonius' in der Geschichte des Antikenromans nicht so isoliert, wie es auf den ersten Blick scheinen mag.

5.2.2. Apolloniusprosen

Die frühneuzeitlichen Bearbeitungen des Apolloniusstoffes sind Übertragungen lateinischer Vorlagen; mit Heinrichs von Neustadt phantastischer Binnengeschichte verbindet sie nichts.

'Leipziger Apollonius'. In der Leipziger Handschrift Ms. 1279 (1. H. 15. Jh.) hat ein anonymer Schreiber, wohl ein Augustinerchorherr des Leipziger Thomasklosters, verschiedene *historien*, *fabeln* und *merechyn* (fol 5^r) zusammengestellt, für 'Leipziger Apollonius', 'Leipziger Äsop' und 'Leipziger Griseldis' wird der Schreiber selbst als Verfasser angesehen. Als Vorlage für den 'Leipziger Apollonius' gilt eine (nicht erhaltene) Handschrift der spätantiken lateinischen 'Historia Apollonii', die zur Stuttgarter Rezension gehörte und offenbar einer sehr fehlerhaften Wiener Handschrift (A) der 'Historia' nahestand. Soweit rekonstruierbar, scheint der Übersetzer seiner Vorlage treu gefolgt zu sein, mit dem Bemühen freilich, Unverständliches zu erläutern. Schilderungen sind bisweilen lebendiger, formelhaft wertende Epitheta der Personen ergänzt; großen rhetorischen Aufwand jedoch betreibt die mitteldeutsche Prosa nicht. Eine eigene Deutungsperspektive ist nicht erkennbar. Gewirkt hat der 'Leipziger Apollonius', anders als Steinhöwels 'Apollonius', nicht, obwohl diese Bearbeitung des Apolloniusstoffs einen moderneren Rezeptionstypus vertritt: die direkte Übertragung einer spätantiken Quelle, nicht die Kompilation verschiedener mittelalterlicher Vorlagen.

Heinrich Steinhöwels 'Apollonius'. Heinrich Steinhöwel, ein humanistisch gebildeter schwäbischer Arzt und Literat (1411/12-1479), hat – neben vielen anderen Werken, unter anderem ebenfalls einer 'Griseldis'-Novelle nach Petrarca und dem 'Esopus' – den 'Apollonius' übersetzt (1461, gedruckt seit 1471), in dem von ihm auch programmatisch vertretenen Verfahren der Sinn-für-Sinn-Übersetzung. *Ettlich alt hystoryn* und Gottfried von Viterbo sind als Quellen genannt: die 'Gesta Romanorum' und die Apolloniuserzählung in der Redaktion 2 von Gottfrieds von Viterbo 'Pantheon'. Die genaue Vorlage ist freilich unbekannt; möglicherweise hat Steinhöwel einige Einzelheiten, die Gottfried und die 'Gesta' nicht bieten, der spätantiken 'Historia Apollonii regis Tyri' selbst entnommen. Die geistlich-allegorische Dimension des Stoffes in den 'Gesta Romanorum' spielt für Steinhöwel keine Rolle. Stärker als andere Autoren bindet er – im Anschluß an Gottfried von Viterbo – den Apolloniusstoff pseudohistoriographisch an Alexander den Großen und die Geschichte der Diadochen an. Steinhöwels Prosa-Vorrede entwickelt geradezu eine kleine Geschichte des Hellenismus, die Geschichte Alexanders des Großen, der Ptolemäer und Seleukiden, bis ins Jahr 268 v. Chr., in das der Beginn der Apolloniusgeschichte datiert wird. Die eigentliche Erzählung indes ist davon nicht betroffen, sie bleibt weitgehend geschichtsenthoben, zeitlich und räumlich abstrakt wie die antike Vorlage. Auch sonst wird nur leicht umakzentuiert. Der Handlungsablauf, zusammenkompiliert aus der Version der 'Gesta Romanorum' und der – bei Abweichungen favorisierten – Erzählung Gottfrieds von Viterbo, ist im wesentlichen der gleiche wie in der spätantiken 'Historia'.

Steinhöwel scheint bei seiner Kompilation darauf zu zielen, die Summe aller überlieferten Episoden und Motive zu erfassen. Mediaevalisiert wird wenig; allerdings sind Rätsel versifiziert, Tarsia singt Lieder in einem Ton des Mönchs von Salzburg. Der Gedanke der Bewährung rückt noch stärker in den Vordergrund; dabei scheint die in der antiken Geschichte nur passiv als unerschütterliches Dulden begriffene Bewährung ansatzweise zur aktiven Tugend zu avancieren; Ansätze zu einer Entwicklung des Helden allerdings sind kaum faßbar. Die Schicksalsschläge werden nicht nur einfach hingenommen, der Mensch – mehr noch als Apollonius seine Tochter Tarsia – stellt ihnen aktiv die eigenen Fähigkeiten und die eigene Tugend entgegen. Tugend ist auch Herrschertugend, meist aber (und für die Frauen ausschließlich) verkürzt auf Ehe- und Sexualmoral. Der Gegensatz von *fortuna* und *virtus*, unberechenbarem Schicksal und menschlicher Tugend, ist tendenziell in einen schlichten Gegensatz von Gut und Böse überführt. Dementsprechend häufig wird moralisiert. Im Zentrum steht vor allem der Gedanke, daß Tugend irgendwann belohnt werde – ein Aspekt, den Hans Sachs in einem Meisterlied aufgegriffen hat (RSM ²S/3965a). Der 'Apollonius' ist in fünf Handschriften des 15. und 16. Jahrhunderts bezeugt, wurde in (mindestens) sechs Inkunabelauflagen gedruckt und als „Volksbuch" in zehn Druckauflagen des 16. und 17. Jahrhunderts verbreitet. Neben der handfesten und tröstlichen Moral, die lebenspraktische Orientierung verspricht, spielt dafür wohl vor allem der stoffliche Reiz der verwickelten Geschichte eine Rolle, die Häufung sensationeller Ereignisse wie Inzest, Schiffbruch, Scheintod, Mordversuch, Entführung durch Piraten, Mädchenhandel und Zwangsprostitution, verbunden mit rührenden Elementen wie der (komisch-sentimentalen) „Bekehrung" der Freier durch Tarsia, der Wiedervereinigung von Vater und Tochter, Mann und Frau.

Ausgewählte Literaturhinweise

Ausgaben der genannten Texte enthält die Auswahlbibliographie (Nr. 400-406); von der antiken 'Historia Apollonii regis Tyri' liegen mehrere Ausgaben vor, mit Berücksichtigung beider lateinischer Fassungen KORTEKAAS (Nr. 403); vgl. die Übersetzung von WAIBLINGER (Nr. 402); von der mittelhochdeutschen (SINGER, Nr. 400; zit.) und den frühneuhochdeutschen Bearbeitungen (beide in SCHRÖDER, Nr. 405; zit.) gibt es nur veraltete Ausgaben.

Eine neuere grundlegende Untersuchung der *Quellenverhältnisse* fehlt, die älteren Untersuchungen (KLEBS, Nr. 412; BOCKHOFF/SINGER, Nr. 408; SINGER, Nr. 417) sind vielfach spekulativ; vgl. daher die einschlägigen Artikel in ²VL, LexMA, Pauly.

Heinrich von Neustadt: ²VL 3 (1981), Sp. 838-845 (OCHSENBEIN, dort ältere Lit.), hier 840-842 (zur Überlieferung Sp. 840); KNAPP (Nr. 66), S. 280-292 (kurze Einführung und literarhistorische Einordnung); EBENBAUER (Nr. 409; ausführlichste neuere Analyse, besonders zu höfischen Erzählmustern in der Binnenhandlung und zur „Konzentration" der Antike); vgl. EBENBAUER (Nr. 410; zum Sirenenmotiv); EBENBAUER (Nr. 341, 342; zur Problematik pseudohistorischer Anbindungsversuche im spähöfischen Erzählen); RÖCKE (Nr. 413; zur Raumerfahrung und zur Zufälligkeit der Apollonius widerfahrenden Abenteuer), WACHINGER (Nr. 419; zur Veräußerlichung der Tugend, zur Gestaltung der Gegenwelt und zur Liebesthematik).

Apolloniusprosen: Auf neuestem Stand sind nur die Artikel im ²VL (dort ältere Lit.): ²VL 5(1985), Sp. 684-686 (KNAPP); ²VL 9 (1995), Sp. 258-278 (DICKE), hier 262-264; einzelne Beobachtungen zur Historisierung bei Steinhöwel (ohne Berücksichtigung der Quelle, die diese vorgibt) bei RÖCKE (Nr. 414).

Einzelfragen: Zur Rezeption des Apolloniusstoffes in anderen Erzählkontexten TOMASEK (Nr. 418); zur geistlich-allegorischen Ausdeutung des Apolloniusstoffes in den 'Gesta Romanorum' WEISKE (Nr. 420).

6. Antikenroman und Literaturgeschichte

6.1. Zur literarhistorischen Bedeutung der Antikenromane

Antikenromane im engeren Sinn, Romane mit Stoffen aus der antiken Geschichte, nehmen in vielem eine Zwischenstellung ein. Es ist dies zum einen eine Zwischenstellung zwischen Geschichtsschreibung und Roman: Nähe zur Historiographie zeigen die ständig behauptete und (mit Augenzeugenfiktionen und Quellenverweisen, durch die enorme Rolle des „Faktischen", durch Techniken historiographischen Erzählens wie Einbindung in Raum und Zeit, Detailversessenheit, Schiffs-, Heerführer- und Gefallenenkataloge) vielfach beglaubigte Wahrheit des Erzählten und die vor allem an der Überlieferung ersichtliche Querverbindung zur Chronistik: Weltchroniken enthalten Auszüge aus Antikenromanen, Antikenromane in Prosa verstehen sich als *historia* (vorbehalten freilich ist diese Bezeichnung den Prosen mit antiken Stoffen nicht). Zum zweiten kennzeichnet die Antikenromane ein „zwittriges" Erscheinungsbild zwischen antikem Stoff, Darstellung von nicht-christlicher Vergangenheit einerseits, Mediaevalisierung und Höfisierung andererseits: In allen Antikenromanen wird das Erzählte zumindest in Äußerlichkeiten höfisch-mittelalterlicher Welt angeglichen, und doch bleibt ein wenigstens rudimentäres Bewußtsein von historischer Differenz – einer Differenz vor allem in Glaubensdingen. Zum dritten stehen die Antikenromane zwischen historischem Wahrheitsanspruch und unhistorischer (aber sich in einer fingierten Geschichte vergewissernder) Ideologie: die Antike als säkulare Kultur dient der sich im 12. Jahrhundert etablierenden höfischen Kultur des europäischen Adels als Bezugsgröße, als imaginärer Ursprung der eigenen Möglichkeiten. Zum vierten stehen die (hochmittelalterlichen) Antikenromane zwischen Epos und Roman: eposhaft im kollektiven Charakter des Geschehens, speziell der Kämpfe, und in der kollektiv-historischen Rolle der Helden, romanhaft in der Darstellung höfischen Lebens, höfischer Etikette und in der Behandlung der Minnethematik.

Gerade wegen der mit dieser vielfältigen Zwischenstellung verbundenen Polyfunktionalität der antiken Stoffe – weniger des Eneas-, aber doch des Alexander- und Trojastoffes – werden die Antikenromane in drei entscheidenden Phasen der Romanentwicklung immer wieder aktuell: 1. bei der „Geburt des Romans" um die Mitte des 12. Jahrhunderts (entscheidend sind da einerseits die historische Verbindlichkeit des weltlichen Stoffes und andererseits die Retroprojektion höfischer Ideale in die Antike, Minne, Darstellung höfischen Lebens und adliger Krieger- und Herrscherexistenz); 2. ab dem fortschreitenden 13. Jahrhundert, als in allen Bereichen der Großepik eine Tendenz zur Historisierung erkennbar wird (da empfiehlt die Antikenromane die höhere Verbindlichkeit ihrer als historisch begriffenen Stoffe, an die zugleich enzyklopädisches Wissen und unterschiedliche Ansätze von Geschichtsperspektive angebunden werden können); 3. beim Übergang zur Prosa (im Zentrum steht da, neben der historische Dignität, der didaktische Wert, die Exempelfunktion der antiken Geschichten).

Zwischen Heilsgeschichte und adliger Selbstdarstellung: Die Geburt des Romans in den Antikenromanen des 12. Jahrhunderts. Die grundsätzliche Funktion der Antikenromane für die Entstehung einer weltlichen Erzählliteratur verdeutlicht Lambrechts 'Alexander' – die erste mittelalterliche deutsche Großerzählung mit einem profanen, nicht-biblischen Stoff (voran geht allerdings um 1140/50 die 'Kaiserchronik', die, anders als in der Tradition mittelalterlicher Universalchronistik üblich, nicht in erster Linie die Ereignisse der Bibel, sondern weltliche Geschichte erzählt). Erstmals wird eine französische, nicht eine lateinische Vorlage zugrunde gelegt – ein für die nächsten Jahrzehnte typischer Entlehnungsweg in der Geschichte des höfischen Romans, freilich nicht für die deutschen Alexanderromane des Mittelalters, die später nicht mehr auf französische, sondern auf lateinische Quellen zurückgreifen. Erstmals wird von einem einzelnen Helden und seiner Vita her erzählt. Das Interesse schon der frühmittelhochdeutschen Literatur an Geschichte ('Annolied', 'Kaiserchronik') bahnt somit über Alexander als historisch handelnden Einzelhelden einer weltlichen Erzählung der Entstehung des Romans den Weg. Der Verfasser ist freilich Geistlicher; Alberics kühner Anspruch an die Antike, den biblischen *vanitas*-Pessimismus außer Kraft zu setzen, wird zurückgenommen, der weltliche Stoff im 'Vorauer' und in den Anfangsteilen des 'Straßburger Alexander' durch Bibelzitate an geistliches Erzählen gebunden. Alexanders heilsgeschichtliche Rolle steht im Vordergrund. Insbesondere der 'Vorauer Alexander' macht ihn durch eine konsequent historiographisch-geistliche Deutungsperspektive im Text wie im Überlieferungskontext zum Werkzeug Gottes einerseits, zum heidnisch-unidealen Herrscher als Teil der *civitas terrena* andererseits. Hier dient der weltliche Stoff nicht der Selbstvergewisserung der neuen laikalen Führungsschicht, sondern geistlicher Geschichtsdeutung. In der Straßburger Fassung allerdings deutet sich neben der nach wie vor dominierenden geistlich-heilsgeschichtlichen Perspektive Höfisierung an, Anpassung an den Geschmack eines adligen Publikums: in zaghaften Ansätzen zu Minneepisoden, im relativ glatten Versfluß, in Tendenzen zur Reimreinheit, in ausführlicheren *descriptiones*, vor allem aber im Interesse am Helden als Herrscher.

Die altfranzösischen Antikenromane liefern nicht zuletzt narrative und stilistische Muster für die Artusromane Chrétiens de Troyes, der der *matière de Bretagne* und der pseudohistoriographischen Artus-Tradition den Stoff, poetologische Vorbilder indes den *romans antiques* verdankt. Im deutschsprachigen Raum ist die literarhistorische Funktion der Antikenromane insofern anders zu bewerten, als deutsche Artusromane sich poetologisch nicht in erster Linie aus den Antikenromanen als „Vorläufern" speisen, sondern direkt auf altfranzösische Artusromane zurückgehen. Dennoch nimmt Heinrich von Veldeke mit seinem 'Eneas' eine literaturhistorische Schlüsselrolle als „Begründer" des deutschsprachigen höfischen Romans ein. Hartmann von Aue und Wolfram von Eschenbach rezipieren Veldeke; mit seiner Verstechnik (reiner Reim) setzt er Maßstäbe, von seiner Schilderungstechnik und seiner Technik der Darstellung höfischen Lebens und der Minnesymptomatik zehren nachfolgende Romane bis weit ins 13. Jahrhundert; Gottfried von Straßburg nennt ihn um 1210 im Literaturkatalog des 'Tristan' als Gründerheros deutscher Dichtkunst:

er inpfete daz erste rîs
in tiutischer zungen
('er propfte das erste Reis in deutscher Sprache', 'Tristan', v. 4738f.).

Aber auch für Veldeke spielen nicht nur Ritterschaft und Liebe eine Rolle, sondern wenigstens punktuell auch Probleme der Herrschaft (Verbindung von Liebe und Herrschaft, Legitimation von Macht und Bewährung des Herrschers); Genealogie (Gründung und Fortgang der von Eneas gegründeten Dynastie) und Geschichtliches (der Fortgang von Eneas zum Imperium Romanum und der Übergang zur Heilsgeschichte).

In der deutschen wie in der französischen Literatur wird die Gattung „Antikenroman" nach ihren ersten bahnbrechenden Vertretern zunächst nur am Rande des literaturhistorischen *mainstream* weitergepflegt. Auf die altfranzösischen Antikenromane folgt literaturgeschichtlich Chrétien de Troyes; auf Heinrich von Veldeke folgen Hartmann von Aue, Wolfram von Eschenbach, Gottfried von Straßburg. Antikenromane entstehen im deutschen Sprachgebiet nur am Rande, Herborts von Fritzlar 'Liet von Troye' in der Sondersituation des Thüringer Landgrafenhofs, wo man anscheinend, neben dem speziellen Interesse an der Vorgeschichte des Aeneasstoffs, ein besonderes Interesse an der Antike hatte, wie es auch die 'Metamorphosen'-Übersetzung Albrechts von Halberstadt und antike Motive bei dem thüringischen Minnesänger Heinrich von Morungen bezeugen. Vielfach hat die ältere Forschung den Artusroman, als den „eigentlichen" höfischen Roman gesehen (darauf ist auch die Metapher vom „Geburtshelfer" Antikenroman zurückzuführen): Kampf ist im Artusroman nicht mehr kollektiver Krieg wie im Epos und in den Antikenromanen, sondern ritterliche Einzeltat; die Stoffe der Artusromane sind fiktiv (zumindest für den deutschen Sprachraum scheint das zu gelten), nicht historisch. Gesamtromangeschichtlich ist diese Einschätzung des Antikenromans als einer „dienenden", unvollständigen Vorform des Artusromans indes verfehlt: Der Artusroman dominiert zwar die literarische Landschaft um 1200 vollständig, hat sich jedoch nach wenigen Jahrzehnten weitgehend überlebt. Der Antikenroman dagegen bleibt produktiv.

Rehistorisierung des Romans: Antikenromane des fortgeschrittenen 13. Jahrhunderts. Ab etwa dem 2. Drittel des 13. Jahrhunderts spielen Antikenromane wieder eine Rolle. Die beiden bedeutendsten Romanautoren des fortgeschrittenen 13. Jahrhunderts – Rudolf von Ems und Konrad von Würzburg – meiden den Artusroman, der sich weitgehend in intertextueller Variation und literarischem Spiel erschöpft, und verfassen neben legendenhaften und pseudohistorischen Romanen auch Antikenromane. Tendenzen zur Historisierung – um 1200 noch Ausnahme (Herbort) – prägen im übrigen alle Typen des späthöfischen Romans, sogar den Artusroman: Albrechts 'Jüngerer Titurel' zieht eine welt- und heilsgeschichtliche Summa des Artusstoffes. Die Gattung der Reimchronik erlebt im fortgeschrittenen 13. und im 14. Jahrhundert außerordentliche Verbreitung; die Großepik geht etwa seit dem 2. Drittel des 13. Jahrhunderts den Weg zur neuen „Leitform"[1] der Chronik. Diese Entwicklung wird nicht zuletzt von den antiken Stoffen mitgetragen. In die deutschen gereimten Weltchroniken des 13./14. Jahrhunderts gehen auch antike Stoffe ein; Troja spielt in der 'Weltchronik' Rudolfs von Ems eine entscheidende Rolle als Vorläuferin Roms und Ausgangspunkt einer säkulargeschichtlichen Linie, die von Troja über Rom bis zu den Stauferkaisern führt; Troja- und Alexandererzählungen sind unter anderem in den Weltchroniken des Jans (letztes Drittel 13. Jh.) und Heinrichs von München (um 1370) enthalten. Jans liefert Motive für einen Alexanderroman (den 'Basler Alexander'), Heinrich von München zehrt von Exzerpten aus Antikenromanen (Konrads von Würzburg 'Trojanerkrieg', Ulrichs von Etzenbach 'Alexander').

In den Kontext dieser Historisierung der späthöfischen Erzählliteratur gehört die zweite Blüte des Antikenromans. Typisches Beispiel für die „nachklassische" Tendenz zur Historisierung des Romans, die Wende vom Unverbindlich-Fiktionalen hin zum Historischen, ist Rudolfs 'Alexander'. Rudolf erzählt ausgeprägt von Alexander her, wenn auch ohne individuelle Besonderheiten und ohne Entwicklung: Rudolfs Alexander ist ein Held von statischer Idealität und nicht als einmalige Figur interessant, sondern als Exemplum. Die statische Idealität teilt er mit den typischen Helden des nachklassischen Artusromans; im Gattungssystem der erzählenden Literatur des 13. Jahrhunderts (soweit es eines gibt) ist kein Unterschied zwischen historischer Biographie und einzelheldenorientem Roman vorgesehen. Der Minnethematik zollt Rudolf – in der Beinahe-Minneehe mit Roxane, der flüchtigen, nahezu „pflichtgemäßen" Minnebindung an die Amazonenkönigin Talistria – nur verhalten Tribut. Rudolf folgt damit den Konventionen des höfischen Romans, in dessen Tradition er sich programmatisch stellt, und vollzieht inhaltlich zugleich eine Wende zum historischen Stoff, die ihn selbst über die Gattung Roman hinaus weiterführt zur 'Weltchronik'.

Rudolfs von Ems und Ulrichs von Etzenbach 'Alexander' wie auch Konrads von Würzburg und der 'Göttweiger Trojanerkrieg' weisen, bei allen Unterschieden

1 HEINZLE (Nr. 55), S. 172.

im Detail, höfische Züge auf. Dies widerspricht einem Interesse an Geschichte nicht: Ausgerechnet der 'Göttweiger Trojanerkrieg' datiert den Trojanischen Krieg fast archäologisch genau und führt eine, wenn auch etwas phantastische, Geschichte Roms weiter bis zum Beginn christlicher Heilsgeschichte. Konrads Text, der auf welthistorische Einbindungen weitgehend verzichtet, erfährt diese indirekt, indem er in die Chronistik integriert wird; zwar thematisiert Konrad die trojanisch-römische Geschichte in ihrem Gesamtablauf nicht, doch garantiert der welthistorisch gewichtige und unzweifelhaft wahre Stoff seinem Erzählen Dignität; zum Thema werden die fatalen Gesetzmäßigkeiten von Geschichte. Für den Alexanderroman ist die heilsgeschichtliche Einbindung ohnehin eine Konstante (stärker als für den Trojaroman die Einbindung in eine Geschichte des Imperium Romanum) – dies gilt auch und gerade für den zugleich höfisierten und fast schlüsselromanartig an die Gegenwart adaptierten 'Alexander' Ulrichs von Etzenbach. Der 'Basler Alexander' ist ein Sonderfall insofern, als er nicht nur Minne- und Kampfthematik sowie romanspezifische Schilderungen und Szenen reduziert, sondern auch das Interesse an Alexanders Wirken in der Heilsgeschichte – genau diese Tendenz aber teilt der 'Basler Alexander' mit Jansens Weltchronik: moderne Vorstellungen von Historizität bedürfen selbst der Historisierung.

Die Wahrheit der Prosa. Etwa seit dem Ende des 14. Jahrhunderts setzt sich in historiographischer und erzählender Literatur die Prosa gegenüber dem Vers durch. Die Gründe für den Übergang vom Vers zur Prosa sind vielfältig: sprachliche Veränderungen vom Mittelhochdeutschen zum Frühneuhochdeutschen, die die alten Reimbindungen zerstören; andere Formen der Rezeption von Literatur, bei denen die Schmuck- und Vortragsform des Verses eine geringere Rolle spielte (Privatlektüre); die Neubewertung der Tradition der Prosa in Bibel, geistlicher Literatur und Fachliteratur. Ein gewichtiger Grund ist die höhere „Wahrheit", die der schlichten, schmucklosen Prosaform gegenüber der fiktions- und lügenverdächtigen Versform zugebilligt wurde. Antikenromane spielen da eine Vorreiterrolle; die wahrscheinlich ältesten deutschen Prosaromane sind das 'Elsässische Trojabuch' (um 1380) und Hans Mairs von Nördlingen Trojabuch (1390/92). Wahrheit zeichnet ja bevorzugt die als historisch begriffenen antiken Stoffe aus. Das Interesse an „wahrer" Geschichte scheint auch den Alexanderprosen und Steinhöwels „historisiertem" 'Apollonius' ihre Weiterüberlieferung über das 15. Jahrhundert hinaus zu sichern.

6.2. Gibt es eine Gattung Antikenroman? Konstanten und Varianten des Typus

Der antike Stoff scheint das einzige gemeinsame Merkmal so verschiedener Texte wie z.B. 'Vorauer Alexander', Heinrichs von Veldeke 'Eneas', Konrads von Würzburg 'Trojanerkrieg', Heinrichs von Neustadt 'Apollonius von Tyrland' und Johann Hartliebs 'Alexander' zu sein. Damit stellt sich die Frage, ob es eine Gattung Antikenroman gibt und ob sie ihre eigene, von der allgemeinen Romangeschichte zu trennende Geschichte hat. Zwar steht, anders als etwa bei Märe oder Prosaroman, deren Gattungshaftigkeit der Forschung besondere Probleme bereitet hat, ein gattungskonstitutives Merkmal zur Verfügung. Es gibt, wenn man, wie üblich, geistliche Erzählstoffe der Spätantike und des Frühmittelalters ausschließt, beim Antikenroman keine Abgrenzungs- und Zuordnungsprobleme; auch hybride Mischformen von Artus- und Antikenroman ('Göttweiger Trojanerkrieg') fallen unter den kleinsten gemeinsamen Nenner „Romane mit Stoffen aus der Antike". Abgrenzungsprobleme zur Geschichtsdichtung und zur Exempelliteratur, in denen antike Stoffe ebenfalls behandelt werden, bestehen nur theoretisch. Der enge Zusammenhang von Antikenroman und Weltchronistik in Vers und Prosa freilich wäre stärker als bisher geschehen zu reflektieren. Nicht von einer Dichotomie von „historischem" und „fiktionalem" Erzählen ist auszugehen, sondern von einem Kontinuum, dessen eines Extrem die Chronik, dessen anderes der Artusroman darstellt – Antikenromane stehen in der Mitte, von ihrem Stoff und Verbindlichkeitsanspruch her näher an der Chronik, formal und poetologisch, aber auch in der Thematik von Kampf und Liebe näher am Roman.

Anders als bei den anderen narrativen Großgattungen volkssprachlicher mittelalterlicher Literatur, Artusroman und Heldenepik, scheint sich der Antikenroman über den gemeinsamen Stoff hinaus weder durch weitere gattungsspezifische Merkmale in Struktur, Personal, Szenentypik noch durch eine gattungstypische Kohärenz und Intertextualität der Textgruppe als Gattung zu konstituieren. Zwischen den Texten bestehen zum Teil kategoriale Unterschiede: zum einen zwischen (mehr oder weniger) höfisch aufgeschwellten Versromanen und faktenorientierten Prosen; zum anderen zwischen dem (pseudo-)historischen Troja-, Eneas- und Alexanderroman und dem phantastisch-märchenhaften Apolloniusroman. Unterschiede zwischen Antikenromanen in Versen und Antikenromanen in Prosa sind indes aufgehoben in der Gattungsproblematik von höfischem Vers- und frühneuhochdeutschem Prosaroman: Im System der epischen Gattungen nimmt der Prosaroman im 15. und 16. Jahrhundert die Stellung ein, die von der Mitte des 12. bis zum Ende des 14. Jahrhunderts der höfische Versroman innehatte; die Romane mit antiken Stoffen teilen jeweils die poetologischen Bedingungen ihrer Entstehungszeit – insofern ist der Antikenroman keine Gattung eigenen Rechts, sondern Subtypus des (höfischen bzw. Prosa-)Romans. Auch die Frage, inwieweit die Prosen mit antiken Stoffen als Romane gelten können (und nicht etwa als Übersetzungen oder „Historien", wie sie sich selbst bezeichnen), betrifft den Prosaroman insgesamt, der sich grundsätzlich als *histori* sieht und für den sich ebenfalls die Dichotomie von „Fiktionalität" und „Historizität" im modernen Sinn als irrelevant erwiesen hat.

Daß der Apolloniusroman den anderen Antikenromanen recht fernsteht, ist zum einen Folge der literarhistorischen Randstellung der Apolloniusdichtungen; der Versroman Heinrichs von Neustadt ist ein spätes Experiment der Romantypenmischung, die beiden Apolloniusprosen sind bereits vorhumanistische bzw. humanistische Übersetzungsliteratur, die keine Anbindung an die frühere Romangeschichte sucht. Zum anderen ist fraglich, trotz wechselseitiger Bezüge von Alexander- und Apolloniusstoff, ob der Apolloniusroman die historische Verbindlichkeit der anderen Antikenromane teilt. Die punktuellen Historisierungen und pseudohistorischen Konstruktionen in Heinrichs von Neustadt 'Apollonius' sind problematisch, trotz der Anknüpfung an die verbreitete Vorstellung von einer antiken Frühgeschichte idealer Ritterschaft; die dezidierte Historisierung der Apolloniusgeschichte, die Heinrich Steinhöwel im Anschluß an Gottfried von Viterbo vornimmt, ist sekundär.

Mittelalterliche Kriterien historiographischer Exaktheit[2] erfüllen indes alle Antikenromane, insofern Ort, Zeit, Personal (im Apolloniusroman zumindest in der Rahmenhandlung, punktuell auch in der Binnengeschichte bei Heinrich von Neustadt) aus den antiken Quellen übernommen und in einem identifizierbaren historischen Raum (Mittelmeerraum) und in einer identifizierbaren historischen Zeitspanne situiert sind. Antikenromane sind in diesem Sinn „historische" Erzählungen, und ihr Aneinanderanknüpfen ist eine Form quasi-historiographischer Selbstvergewisserung: Eneas ist in allen Traditionen der prominenteste Troja-Flüchtling; Alexander stattet in manchen Versionen Troja (und Achills Grab) einen Besuch ab; Apollonius lebt zur Zeit des Diadochenkönigs Antiochus.

Interesse an Geschichte ist dabei Interesse an zeitlicher und an räumlicher Ferne zugleich. Wie die antike Vergangenheit, ihre Ereignisse und gelegentlich ihre Gebräuche (Götter, Orakel, Bestattungsriten, Heiratsgewohnheiten und ähnliches) interessieren die antik-mittelmeerischen Räume und besonders der fernere Orient der Alexander- und Apolloniusgeschichten. Die Räume des Antikenromans sind immer Räume gehobener Kultur, Räume irrealer höfischer Pracht (so in den höfischen Antikenromanen, auch im Troja- und Eneasroman) und/oder Welten voller Wunder, Luxus und Sensationen – so wird ja generell der Orient in mittelalterlicher Erzählliteratur dargestellt, nicht zuletzt aufgrund der Schilderungen des Alexanderromans. Daß die Irrealität der Räume und ihrer menschlichen und tierischen Bewohner ihrer geglaubten Wirklichkeit keinen Abbruch tut, belegen die Querverbindungen zwischen Alexanderroman und Universalkartographie, die geographische Präsenz Trojas im mittelalterlichen Weltbild, aber auch das sich „wissenschaftlich" gerierende geographische Interesse von Hartliebs 'Alexander' an den Mirabilia des Ostens.

Außer dem antiken Stoff und dessen geglaubter Historizität und Verbindlichkeit gibt es selbst bei der enger verbundenen Textgruppe der Alexander-,

---

2 Vgl. MELVILLE (Nr. 71), S. 106f.

Eneas- und Trojaromane kein Merkmal (geschweige denn Merkmalsbündel), das alle Antikenromane miteinander teilen und/oder das sie von Texten anderer Gattungen unterscheiden würde: Fast alle Merkmale außer dem antiken Stoff, alle formalen und erzähltechnischen Merkmale teilt der Antikenroman in Versen mit den anderen Subtypen des höfischen Romans: die schriftliterarische Qualität, das Selbstverständnis der Autoren, metrische Form und Sprechvortrag, an lateinischer Poetik und an rhetorischen Mustern geschulte Erzähltechnik, Liebesthematik und Darstellung adlig-höfischen Lebens. Lediglich Merkmale der Kriegsdarstellung und die pseudohistorische Qualität der Thematik verbinden den Antikenroman mit dem Heldenepos. Für die Prosen mit antiken Stoffen gelten andere poetologische Bedingungen (Kürzung, Konzentration auf das Faktische), und auch diese decken sich sehr weitgehend mit allgemeinen Kennzeichen des frühneuhochdeutschen Prosaromans. Erzählmuster sind zudem sehr weitgehend durch den Stoff mitgegeben und nicht einzeltextübergreifend strukturbildend: Kennzeichnend für den Alexanderroman ist das biographische Schema, für den Trojaroman die Dreiteilung von Vorgeschichte, Krieg und Nachgeschichte, mit einer Binnenstrukturierung des Krieges in Schlachten und Waffenruhen; für den Eneasroman ist entweder Zwei- oder Dreiteiligkeit anzusetzen, jedenfalls kein gattungskonstitutives Muster. Lediglich das Erzählmodell des hellenistischen Liebesromans wird gattungskonstitutiv – aber gerade nicht für den Antikenroman, sondern für einen anderen Subtypus des höfischen Romans, den Minne- und Aventiureroman.

Die Bedeutung des antiken Stoffs ist jedoch insofern nicht zu unterschätzen, als konstante Leitfragestellungen an den Stoff geknüpft sind. Die verschiedenen Stoffkreise fokussieren auf bestimmte Vorzugsthemen: Am Alexanderstoff werden in der Regel die Herrschaftsthematik (mit dem Akzent auf richtigem oder falschem Herrscherverhalten), das Verhältnis von Weltgeschichte und Heilsgeschichte, die Wunder des Orients, die Problematik menschlicher Grenzüberschreitung und die Grenzerfahrung der Sterblichkeit aufgezeigt; am Eneasstoff die Entfaltung einer personalen, konstruktiven Liebeskonzeption, die Begründung und Legitimation von Herrschaft und die Bewährung des Helden in Liebe und Krieg; am Trojastoff die Problematik eines fragwürdigen Kriegs, verhängnisvoller Liebe und des unwiederbringlichen Untergangs einer ganzen Welt; am Apolloniusstoff Orienterfahrung und Bewährung des – meist duldenden, bei Heinrich von Neustadt auch ritterlich agierenden – Helden. Durchgängige Aspekte sind (fast) immer, bei aller unterschiedlichen Perspektivierung im Detail, die Vermittlung von Wissen über ferne Zeiten und Räume, die Auseinandersetzung mit den antik-heidnischen Göttern und mit einem – konstruktiv oder destruktiv – begriffenen Verhängnis, schließlich die Schuld und/oder Bewährung des bzw. der Helden. Alle diese Themen freilich werden auch in anderen Gattungen verhandelt.

Historisch gewachsene Traditionszusammenhänge (als die die Forschung üblicherweise mittelalterliche Gattungen begreift – Gattungsdefinition ausschließlich über Merkmalsbündel ist obsolet) sind beim mittelhochdeutschen Antikenroman indes nur rudimentär festzustellen. Die Mitüberlieferung rückt die Antikenromane zwar zumeist aus dem Umfeld anderer höfischer Romane heraus, weist aber nicht auf einen spezifischen Gattungszusammenhang nur der Antikenromane, sondern auf Nähe zur Chronik: Zusammenstellungen mehrerer Antikenromane, etwa die Überlieferungsgemeinschaft von Herborts Trojaroman mit Veldekes 'Eneas' in der Heidelberger Handschrift Cpg 368, die Basler Handschrift E. VI. 26 mit 'Basler Alexander' und 'Basler Trojanerkrieg' im Rahmen der 'Sächsischen Weltchronik', die Aufnahme von Passagen aus Troja- und Alexanderromanen in die Reimchronistik und die Verflechtung von Trojaprosen und Prosachronistik deuten auf ein Rezeptionsinteresse an „kompletter" Weltgeschichte, in der die antiken Stoffe und damit die Antikenromane ihren Ort haben.

Zyklusbildung und eine quasi „exklusive", gattungstypische Intertextualität kennzeichnen alle anderen großepischen Formen – Artusroman, deutsche *Chansons de geste*, Heldenepik –, die Antikenromane aber kaum. Ereignisse und Personen anderer Antikenromane erscheinen nicht als literarisierte Zitate, sondern lediglich als gattungsübergreifende Exempelfiguren oder als quasi „lebensweltliche" Elemente antiker Geschichte: Eneas im Trojaroman, Troja und trojanische Helden im Eneasroman, Alexander im Apollonius- und Apollonius im Alexanderroman. (Nur anachronistische Anspielungen auf andere antike Figuren und Ereignisse können als bewußt literarisiertes Zitat, als intertextuelle Anspielung im engeren Sinn gewertet werden: wenn etwa Achill sich in Konrads 'Trojanerkrieg' bei seiner Unterwasserfahrt mit Alexander vergleicht. Solche Anspielungen sind jedoch selten.) Antikenromane suchen ihre Muster in der Regel nicht in anderen Antikenromanen, sondern in lateinischer Rhetorik, in der Historiographie und in höfischen Romanen anderen Typs. Die Intertextualität des Antikenromans ist – anders als die der Heldenepik und die des Artusromans – nicht texttypspezifisch, sondern gattungsübergreifend: antike Exempelfiguren begegnen in allen Gattungen; Verfasser von Antikenromanen – in erster Linie Heinrich von Veldeke – werden auch und gerade in Romanen anderen Typs zitiert, bei Hartmann, Wolfram, Gottfried. Antikenromane sind für alle anderen Romantypen verfügbar – nur sich selbst zitieren sie wenig. Dies ist der Hauptunterschied zu Heldenepik und Artusroman, die fast ausschließlich auf sich selbst und ihr eigenes Personal, ihre eigenen Geschichten und Konventionen Bezug nehmen und sich selbst dadurch eigene, fast hermetische Erzählwelten konstituieren.

Infolgedessen gibt es kaum einen spezifischen Traditionszusammenhang der (mittelhochdeutschen) Antikenromane, kaum kohärente Reihen innerhalb der jeweiligen Stoffkreise. Nur in der Rezeption von Konrads von Würzburg 'Trojanerkrieg' stellt sich ein Zusammenhang mehrerer deutscher Trojaromane her. Dies ist indes ein Sonderfall aufgrund der überragenden ästhetischen Qualität von Konrads Erzählen oder der nie zuvor und nie wieder erreichten Vollständigkeit des Erzählten. Ansonsten greift jeder Antikenroman immer wieder neu auf nicht-deutsche Quellen zurück. Kein anderer deutscher Trojaroman, kein einziger deutscher Alexander- oder Apolloniusroman bezieht sich je auf einen anderen deutschen Troja-, Alexander-, Apolloniusroman als Quelle oder Muster. Jeder deutsche Alexanderroman orientiert sich einzeln für sich neu an den meist lateinischen Quellen. Rudolf stellt sich, als Nachfahre, in die Tradition der „Klassiker" des höfischen Romans, gerade nicht in die Tradition des Antikenromans. Konrad greift nicht auf einen deutschen Trojaroman zurück, obwohl er Herbort zu kennen scheint; intertextuelle Anspielungen beziehen seinen Trojaroman hauptsächlich auf Gottfrieds 'Tristan', z.B. nicht, wie angesichts zeitlicher und geographischer Nähe denkbar wäre, auf Rudolfs von Ems 'Alexander' (die Tiefseefahrt, die Achill zitiert, kommt bei Rudolf nicht vor). Im Bereich des Antikenromans gibt es also lediglich stoffliche Zusammenhänge. Die Geschichte des mittel- und frühneuhochdeutschen Antikenromans ist eine Geschichte von Diskontinuitäten und immer neuen Ansätzen. Die Antikenromane stellen keine Werkreihe dar, die nach innen einige Kohärenz, nach außen einige Abgrenzung zu anderen großepischen Formen aufweist. Die meisten sind Einzelstücke, letztlich ohne reihenbildenden Effekt. Wirkung erzielen die Antikenromane in der allgemeinen Romangeschichte einerseits, im Kontext der Weltchronistik andererseits. Kohärenz ergibt sich im gesamteuropäischen Zusammenhang, zumeist in der gelehrten lateinischen Tradition der Stoffe und Quellentexte.

Gemeinsam haben die mittel- und frühneuhochdeutschen Romane mit antiken Stoffen im Lauf der fast vier Jahrhunderte ihrer Existenz wenig: keine gemeinsame Gestalt, keine gemeinsamen Merkmalsbündel; auch die Stellung im System der epischen Gattungen ist nur teilweise konstant, da die im 12. Jahrhundert texttypspezifische Zwischenstellung zwischen Epos und Roman sich nicht lange über 1200 hinaus hält. Signifikant bleibt die Zwischenstellung zwischen Geschichtsdichtung und Roman, und konstant ist die literaturgeschichtliche Funktion der Antikenromane, Vorreiter zu sein in den entscheidenden Phasen der Romanentwicklung: bei der „Geburt" des Romans um die Mitte des 12. Jahrhunderts; im Zuge der Rehistorisierung des Romans im 13. Jahrhundert; beim Übergang zur Prosa ab dem Ende des 14. Jahrhunderts. In diesen drei Phasen werden unterschiedliche Aspekte des polyfunktionalen Antikenromans aktualisiert, und zwar stets die Merkmale, die jeweils die Romanentwicklung prägen. Konstant sind dabei im wesentlichen zwei Aspekte: zum einen die geglaubte Historizität des Geschehens und die daraus resultierende Dignität; zum anderen (für die Alexanderromane gilt das allerdings nur teilweise) die säkulare Qualität so disparater Themen wie Ritterschaft, Minne, Fürstenlehre, Welterfahrung, Lebenslehre. Die Geschichte des mittelhochdeutschen Romans ist – außerhalb der fast geschlossenen Geschichte des Artusromans, die von einigen kanonischen Werken zehrt – eine Geschichte sich selbst vergewissernden Experimentierens.

Dieses Experimentieren scheint bei den fraglos wahren und hochgradig verbindlichen antiken Stoffen leichter möglich. Der Antikenroman bleibt immer Experimentierfeld für die Romanform, die im Mittelalter (und nicht nur im Mittelalter) eben eine Experimentierform war. Insofern ist eine Geschichte des Antikenromans konstitutiver Teil der Geschichte des mittelalterlichen Romans ebenso wie Teil der Geschichte europäischer Antikerezeption. Mehr als jeder andere Romantyp spiegelt der Antikenroman im kleinen die Variabilität der Gattung Roman; er erscheint quasi als Paradigma der Gattung in einem jahrhundertelangen Probier-Stadium. Gattungen haben keine Teleologie: der fiktionale Artusroman ist nicht die Zielform des mittelalterlichen Romans, sondern ein vergleichsweise schnell überlebtes Zwischenstadium. Antikenromane gibt es immer wieder – bis das Paradigma der mittelalterlichen Antikerezeption zusammenbricht.

6.3. Das Ende des Antikenromans

Kennzeichnend für Renaissance und Humanismus (14.-16. Jahrhundert) ist die programmatische „Wiedergeburt" der Antike, die nunmehr als vergangene, in sich geschlossene Epoche begriffen und auf Kosten des Mittelalters idealisiert wird. Wiedererweckung der Antike wird auf verschiedenen Ebenen angestrebt: auf der Ebene des Sprachgebrauchs, im Umgang mit den Quellen, in der Geschichtsschreibung, in neuen Bildungseinrichtungen und Bildungszielen. Man orientiert sich am klassischen Latein, entwickelt philologische Methoden, eine Art Textkritik, propagiert die Rückkehr *ad fontes*, zu den antiken Quellen; in der Geschichtsschreibung gibt es Ansätze zum Historismus; das Programm der *studia humanitatis* zielt auf das antike Ideal des sprachlich und literarisch gebildeten, moralisch verantwortlich handelnden und schöpferisch tätigen individuellen Menschen. Das mittelalterliche Rezeptionsverhalten produktiver Aneignung und Anverwandlung der Antike, das sich in Mediaevalisierung einerseits, in immer neuen Kompilations- und Adaptationsprozessen andererseits äußert, wird abgelehnt.

Humanistische Antikerezeption schlägt sich vor allem in der neulateinischen Dichtung exklusiver, hochgebildeter Kreise an Fürstenhöfen, Kanzleien, Universitäten nieder. Seit der zweiten Hälfte des 15. Jahrhunderts entsteht auch eine umfangreiche humanistische Übersetzungsliteratur. Inwieweit der Begriff „Übersetzung" für alle Bearbeitungen angebracht ist, wäre freilich noch zu untersuchen – er sollte Texten vorbehalten bleiben, die bewußt eine an der Aussageintention des Ausgangstextes orientierte Übertragung in die Zielsprache vornehmen. Neben Übersetzungen zeitgenössischer Texte italienischer Humanisten stehen Übersetzungen antiker (lateinischer, zunehmend auch griechischer) Originale: in erster Linie Übersetzungen von Kleinformen wie der Fabel, von Dramen und Geschichtsschreibung. Hingewiesen sei hier nur auf einige wenige Beispiele:

Heinrich Steinhöwel überträgt – allerdings nach wie vor kompilatorisch, d.h. nach verschiedenen spätantiken und mittelalterlichen Fabeltraditionen, ohne humanistisches Streben nach der originalen antiken Quelle – das Corpus der (nicht nur) äsopischen Fabeln ('Esopus', gedruckt 1476/77), Albrecht von Eyb (1420-1475) zwei Komödien von Plautus ('Menaechmi' und 'Bacchides', gedruckt 1511). Die Livius-Bearbeitung des württembergischen Juristen Bernhard Schöfferlin ('Romische Historie / vß Tito liuio gezogen', gedruckt 1505, zahlreiche Nachdrucke und Fortsetzungen durch verschiedene Autoren) erschließt dem 16. Jahrhundert die Stoffe der frühen römischen Geschichte.

Einige Jahrzehnte lang laufen „alte" und „neue" Antikerezeption nebeneinander her: *ad fontes*-Bearbeitungen, d.h. Übersetzungen der originalen antiken Quellen, und Bearbeitungen, die in der mittelalterlichen Tradition des Kompilierens und Weitererzählens stehen. Vom Augenschein her sind sie nicht in jeder Hinsicht offensichtlich verschieden: Auch die humanistische Antikerezeption ist von einem didaktischen Impetus getragen; auch sie bemüht sich um Verständlichkeit und damit um Anpassung an Rezeptionsmöglichkeiten der Gegenwart. Die allegorische Ausdeutung antiker Mythologie hält sich nicht nur in der bildenden Kunst und der Emblematik bis weit in die Barockzeit, sondern auch in humanistischer Literatur. Darstellungen des Parisurteils etwa präsentieren auch im 16. Jahrhundert die Göttinnen als Allegorien bestimmter Werte bzw. Lebenseinstellungen; das Motiv von Hercules am Scheideweg, das unter anderem Sebastian Brant im 'Narrenschiff' behandelt, das aber auch zu einem beliebten Sujet der dramatischen Literatur und der bildenden Kunst wird, stellt den Menschen allegorisch zwischen Tugend und Laster.

Prosaromane des 15. Jahrhunderts mit antiken Stoffen, in erster Linie die Trojaprosen, aber auch die Alexanderprosen und Steinhöwels 'Apollonius', der in der Forschung gelegentlich allzu unreflektiert als Beispiel „humanistischer" Antikerezeption geführt wird, benutzen die mittelalterlichen Stofftraditionen noch weiter. Lediglich der 'Leipziger Apollonius', eine Übersetzung der spätantiken 'Historia Apollonii', kann faktisch – nicht programmatisch – als frühe, wenn auch folgenlose *ad fontes*-Bearbeitung gelten. Die Alexanderprosen und Steinhöwels 'Apollonius' mediaevalisieren kaum mehr, und auch für die Trojadichtung laufen allmählich die mittelalterlichen Stofftraditionen aus. Allerdings bearbeitet Jörg Wickram noch 1545, im Rezeptionsmodus anachronistisch, Albrechts von Halberstadt 'Metamorphosen'-Verdeutschung, nicht Ovids Original; nach wie vor christlich allegorisierend und moralisierend verfährt Johann Sprengs neue Übersetzung von Ovids 'Metamorphosen' (1571).

Humanistische Übersetzungen erschließen auch für die im Mittelalter verbreiteten epischen Stoffe der Antike die lateinischen und zunehmend auch die griechischen Originale: Vergils 'Aeneis' (Thomas Murner, 1515, sechs Neuauflagen bis 1606), Homers 'Odyssee' (Simon Schaidenreisser, 1537, Neudrucke 1538 und 1570) und 'Ilias' (Johann Baptista Rexius, 1584; Johann Spreng, postum gedruckt 1610). Troja und Aeneas werden nunmehr aus bewußter Distanz rezipiert, nicht mehr mediaevalisierend anverwandelt. Als Romanthemen sind Troja-, Aeneas- und Alexanderstoff im 16. Jahrhundert nicht mehr verfügbar.

Betroffen vom Ende des Antikenromans sind nur die Romane mit Stoffen aus der antiken Geschichte bzw. dem antiken Epos, nicht die Tradition des hellenistischen Romans. Während die mediaevalisierten Antikenromane ersetzt werden durch historiographische *ad fontes*-Darstellungen oder neue Übersetzungen der antiken Epen, setzt die Rezeption des antiken Liebes- und Reiseromans, die in der volkssprachlichen Literatur des Mittelalters auf den späten, bereits christlich geprägten Apolloniusroman beschränkt war, erst in der Frühen Neuzeit auf breiter Front ein. Rezipiert werden sowohl .der Liebesroman als auch der komisch-realistische Schelmenroman. Bereits Niklas von Wyle verdeutschte als 13. seiner 'Translatzen' (gesammelt gedruckt 1478) nach Poggios lateinischer Version Lukians 'Eselsroman' (unter Auslassung erotisch allzu gewagter Passagen). Im 16. Jahrhundert werden weitere Romane übersetzt: 1538 überträgt Johann Sieder Apuleius' 'Metamorphoses' bzw. 'Der goldene Esel' (lat., um 155 n. Chr.), 1554 Johann Zschorn Heliodors 'Aithiopica' bzw. 'Theagenes und Charikleia' (um 300 n.Chr), den Prototyp des hellenistischen Liebes- und Reiseroman für die Frühe Neuzeit; diese nach einer lateinischen Übersetzung gefertige Übertragung geht in Siegmund Feyerabends Sammlung beliebter Prosaerzählungen 'Buch der Liebe' (1559) ein. Motive und Erzählmuster des hellenistischen Romans, insbesondere der Romane des Heliodor und des Longos, liegen zahlreichen (vor allem höfisch-historischen, aber auch historisch-galanten und schäferlichen) Romanen noch des 17. Jahrhunderts zugrunde. Um antike Geschichte geht es da nicht mehr, sondern – zeitenthoben – um das schon im Apolloniusroman zentrale Erzählmuster von Trennung, Bewährung und Wiedervereinigung Liebender im Angesicht eines widrigen, aber durch unerschütterliches Dulden überwindbaren Verhängnisses.

Ausgewählte Literaturhinweise

Zur *Gattungsgeschichte* siehe Hinweise zu Kapitel 1.– Allgemein zu *gattungstheoretischen Fragen* (am Beispiel von Märe und Prosaroman) vgl. MÜLLER (Nr. 74); GRUBMÜLLER (Nr. 51).– Zur *humanistischen Antikerezeption:* WORSTBROCK (Nr. 102; grundlegend); WORSTBROCK (Nr. 101); RIEDEL (Nr. 83), S. 13-48 (Überblick; Lit.); FOCHLER (Nr. 344).– Zum *antiken Roman:* HOLZBERG (Nr. 61; grundlegend; Lit.); vgl. ferner zum *Liebes- und Reiseroman der frühen Neuzeit*: RÖCKE (Nr. 415).

Anhang

Abkürzungen

Archiv	Archiv für das Studium der neueren Sprachen und Literaturen
Dn	Daniel (Bibelbuch)
DTM	Deutsche Texte des Mittelalters
DU	Der Deutschunterricht
DVjS	Deutsche Vierteljahrsschrift für Literaturwissenschaft und Geistesgeschichte
FS	Festschrift (für)
GAG	Göppinger Arbeiten zur Germanistik
GLL	German Life and Letters
GRM	Germanisch-romanische Monatsschrift
Hs.	Handschrift
IASL	Internationales Archiv für Sozialgeschichte der Literatur
Jb	Jahrbuch
JOWG	Jahrbuch der Oswald von Wolkenstein-Gesellschaft
lat.	lateinisch
LexMA	Lexikon des Mittelalters (Nr. 68)
Mcc	Makkabäer (Bibelbuch)
MGH	Monumenta Germaniae Historica
Mt	Matthäus (Bibelbuch)
MTU	Münchener Texte und Untersuchungen zur deutschen Literatur des Mittelalters
N. F.	Neue Folge
Pauly	Der Neue Pauly (Nr. 81)
PBB	Beiträge zur Geschichte der deutschen Sprache und Literatur
PL	Patrologiae cursus completus (Nr. 17)
RSM	Repertorium der Sangsprüche und Meisterlieder. Hg. von HORST BRUNNER [u.a.]. 16 Bde. Tübingen 1986-1996.
S	'Straßburger Alexander' (nur in nicht eindeutigen Stellenangaben)
StLV	Bibliothek des litterarischen Vereins in Stuttgart
V	'Vorauer Alexander' (nur in nicht eindeutigen Stellenangaben)
v.	Vers(e)
^{2}VL	Die deutsche Literatur des Mittelalters. Verfasserlexikon (Nr. 35)
ZfdA	Zeitschrift für deutsches Altertum
ZfdPh	Zeitschrift für deutsche Philologie
ZfrPh	Zeitschrift für romanische Philologie

Auswahlbibliographie

Die Auswahlbibliographie führt Textausgaben (möglichst mit Übersetzung) sowie grundlegende und weiterführende neuere Forschungsliteratur auf. Vollständigkeit ist, vor allem im Hinblick auf die Forschungsgeschichte, nicht angestrebt. Aus Platzgründen nicht eigens aufgeführt sind einzelne Artikel aus den gängigen Nachschlagewerken (^{2}VL, LexMA, Pauly). Ausgewählte Literaturhinweise zum ersten Einstieg und zu zentralen Forschungsfragen stehen am Ende der einzelnen Kapitel.

1. Allgemeines

1.1. Quellen

1 [Albrecht von Halberstadt, 'Metamorphosen':] KARL BARTSCH: Albrecht von Halberstadt und Ovid im Mittelalter. Quedlinburg/Leipzig 1861 (Bibliothek der gesammten deutschen National-Literatur 38). Nachdruck Amsterdam 1965.

2 [Albrecht von Halberstadt, 'Metamorphosen', in der Bearbeitung von] Georg Wickram: Werke. Bd. 7/8: Ovids Metamorphosen. Hg. von JOHANNES BOLTE. Tübingen 1905/1906 (StLV 237/241). Nachdruck Hildesheim/New York 1974.

3 [Albrecht von Halberstadt, 'Metamorphosen', in der Bearbeitung von] Georg Wickram: Sämtliche Werke. Hg. von HANS-GERT ROLOFF. Bd. 13,1/2. Ovids Metamorphosen. Textredaktion LOTHAR MUNDT. Berlin [u.a.] 1990 (Ausgaben deutscher Literatur des 15. und 16. Jahrhunderts 134/135).

4 Das Annolied. Mittelhochdeutsch/Neuhochdeutsch. Hg., übersetzt und kommentiert von EBERHARD NELLMANN. 4. Aufl. Stuttgart 1996.

5 Biblia sacra iucta vulgatam versionem. Hg. von ROBERTUS WEBER/ROGER GRYSON. 4. Aufl. Stuttgart 1994.

6 Chrétien de Troyes: Cligès. Hg. von ALEXANDRE MICHA. Paris 1975 (Classiques français du Moyen Age 84).

7 Gesta Romanorum. Hg. von HERMANN OESTERLEY. Berlin 1872. Nachdruck Hildesheim/New York 1980.

8 Gottfried von Straßburg: Tristan. Nach dem Text von FRIEDRICH RANKE neu hg., ins Neuhochdeutsche übersetzt, mit einem Stellenkommentar und einem Nachwort von RÜDIGER KROHN. 3 Bde. Stuttgart 1980 (mehrere Neuauflagen).

9 [Jans, Weltchronik:] Jansen Enikels Werke. Hg. von PHILIPP STRAUCH. Hannover/Leipzig 1891/1900. Nachdruck Dublin/Zürich, 2. Aufl. 1972 (MGH Deutsche Chroniken 3), S. 1-596.

10 Kaiserchronik eines Regensburger Geistlichen. Hg. von EDWARD SCHRÖDER. Hannover 1892 (MGH Deutsche Chroniken 1/1).

11 Mauricius von Craûn. Mittelhochdeutsch/Neuhochdeutsch. Nach dem Text von EDWARD SCHRÖDER hg., übersetzt und kommentiert von DOROTHEA KLEIN. Stuttgart 1999.

12 Otfrid von Weißenburg: Evangelienbuch. Althochdeutsch/Neuhochdeutsch. Hg., übersetzt und kommentiert von GISELA VOLLMANN-PROFE. Stuttgart 1987.

13 Otte: Eraclius. Hg. von WINFRIED FREY. Göppingen 1983 (GAG 348).

14 Ovidius Naso, Publius: Ars Amatoria. Liebeskunst. Hg. und übersetzt von NIKLAS HOLZBERG. München/Zürich 1985 (Sammlung Tusculum).

15 Ovidius Naso, Publius: Heroides. Briefe der Leidenschaft. Im Urtext mit deutscher Übertragung hg. von WOLFGANG GERLACH. München 1952.

16 Ovidius Naso, Publius: Metamorphosen. In deutsche Hexameter übertragen und hg. von ERICH RÖSCH. Mit einer Einführung von NIKLAS HOLZBERG. 13. Aufl. München/Zürich 1992 (Sammlung Tusculum).

17 Patrologiae cursus completus. Series latina. Hg. von JACQUES-PAUL MIGNE. Paris 1844-1974.

18 Le Roman de Thèbes. Hg. von GUY RAYNAUD DE LAGE. 2 Bde. Paris 1968/1971 (Les Classiques français du Moyen Age 94/96) (französische Übersetzung von AIMÉ PETIT. Paris 1991).

1.2. Allgemeine Forschungsliteratur

19 ASSMANN, JAN: Das kulturelle Gedächtnis. Schrift, Erinnerung und politische Identität in frühen Hochkulturen. München 1992.

20 BENSON, ROBERT L./GILES CONSTABLE (Hgg.): Renaissance and Renewal in the Twelfth Century. Los Angeles 1982.

21 BERTAU, KARL: Deutsche Literatur im europäischen Mittelalter. 2 Bde. München 1972/1973.

22 BEZOLD, FRIEDRICH VON: Das Fortleben der antiken Götter im mittelalterlichen Humanismus. Bonn/Leipzig 1922.

23 BLUMENFELD-KOSINSKI, RENATE: Old French Narrative Genres. Towards the Definition of the Roman Antique. Romance Philology 34 (1980), S. 143-159.

24 BOLGAR, ROBERT RALPH: The Classical Heritage and its Beneficiaries. Cambridge 1954. Nachdruck 1977.

25 BRUNNER, HORST: Antikenromane. In: HORST ALBERT GLASER (Hg.), Deutsche Literatur. Eine Sozialgeschichte. Bd. 1. Reinbek bei Hamburg 1988, S. 204-215.

26 BRUNNER, HORST (Hg.): Mittelhochdeutsche Romane und Heldenepen. Interpretationen. Stuttgart 1993.

27 BUCK, AUGUST (Hg.): Die Rezeption der Antike. Zum Problem der Kontinuität zwischen Mittelalter und Renaissance. Hamburg 1981 (Wolfenbütteler Abhandlungen zur Renaissanceforschung 1).

28 BUMKE, JOACHIM: Mäzene im Mittelalter. Die Gönner und Auftraggeber der höfischen Literatur in Deutschland 1150-1300. München 1979.

29 BUSCHINGER, DANIELLE (Hg.:) Le roman antique au Moyen Age. Göppingen 1992 (GAG 549).

30 BUSCHINGER, DANIELLE/ANDRÉ CRÉPIN (Hgg.): La représentation de l'antiquité au moyen âge. Wien 1982.

31 CHANCE, JANE: Medieval Mythography. From Roman North Africa to the School of Chartres A.D. 433-1177. Gainesville [u.a.] 1994.

32 CHOLEVIUS, KARL LEO: Geschichte der deutschen Poesie nach ihren antiken Elementen. Teil 1: Von der christlich-römischen Cultur des Mittelalters bis zu Wieland's französischer Gräcität. Repr. Nachdruck der 1. Aufl. Leipzig 1854. Darmstadt 1968.

33 COMPARETTI, DOMENICO: Virgilio nel medio evo. 2 Bde. Livorno 1872. Neuaufl. hg. von GIORGIO PASQUALI. Florenz 1955.

34 CURTIUS, ERNST ROBERT: Europäische Literatur und lateinisches Mittelalter. Bern 1948. 11. Aufl. Bern/München 1993.

35 Die deutsche Literatur des Mittelalters. Verfasserlexikon. 2., völlig neu bearb. Aufl. hg. von KURT RUH/BURGHART WACHINGER [u.a.]. Berlin/New York 1978ff.

36 EBENBAUER, ALFRED: Antike Stoffe. In: MERTENS/MÜLLER (Nr. 73), S. 247-289.

37 ERZGRÄBER, WILLI (Hg.): Kontinuität und Transformation der Antike im Mittelalter. Veröffentlichung der Kongreßakten zum Freiburger Symposion des Mediävistenverbandes. Sigmaringen 1989.

38 FARAL, EDMOND: Recherches sur les sources latines des contes et romans courtois du moyen âge. Paris 1913. Neudruck 1967.

39 FECHTER, WERNER: Lateinische Dichtkunst und deutsches Mittelalter. Forschungen über Ausdrucksmittel, poetische Technik und Stil mittelhochdeutscher Dichtungen. Berlin 1964 (Philologische Studien und Quellen 23).

40 FEISTNER, EDITH: Ottes 'Eraclius' vor dem Hintergrund der französischen Quelle. Göppingen 1987 (GAG 470).

41 FRANZ, HERTHA: Das Bild Griechenlands und Italiens in den mittelhochdeutschen epischen Erzählungen vor 1250. Berlin 1970 (Philologische Studien und Quellen 52).

42 FRAPPIER, JEAN/GUY RAYNAUD DE LAGE: Les romans antiques. In: Grundriß der romanischen Literaturen des Mittelalters. Hg. von HANS ROBERT JAUSS/ERICH KÖHLER [u.a.]. Bd. IV,1. Heidelberg 1978, S. 145-182.

43 FÜSSEL, STEPHAN (Hg.): Deutsche Dichter der frühen Neuzeit (1450-1600). Ihr Leben und Werk. Berlin 1993.

44 GANZ, PETER: Tristan, Isolde und Ovid. Zu Gottfrieds 'Tristan' Z. 17182ff. In: Mediaevalia litteraria. FS Helmut de Boor. Hg. von URSULA HENNIG/HERBERT KOLB. München 1971, S. 397-412.

45 GARBER, JÖRN: Trojaner – Römer – Franken – Deutsche. „Nationale" Abstammungstheorien im Vorfeld der Nationalstaatsbildung. In: KLAUS GARBER (Hg.), Nation und Literatur im Europa der Frühen Neuzeit. Akten des I. Internationalen Osnabrücker Kongresses zur Kulturgeschichte der Frühen Neuzeit. Tübingen 1989 (Frühe Neuzeit 1), S. 108-163.

46 GENTRY, FRANCIS G.: „Ex oriente lux". 'Translatio'-Theory in Early Middle High German Literature. In: Spectrum Medii Aevi. FS George Fenwick Jones. Hg. von WILLIAM C. MCDONALD. Göppingen 1983 (GAG 362), S. 119-137.

47 Geschichte der Textüberlieferung der antiken und mittelalterlichen Literatur. Bd. 1: HERBERT HUNGER [u.a.]: Antikes und mittelalterliches Buch- und Schriftwesen.

Überlieferungsgeschichte der antiken Literatur. Zürich 1961. Bd. 2: KARL LANGOSCH [u.a.]: Überlieferungsgeschichte der mittelalterlichen Literatur. Zürich 1964.

48 GLAUCHE, GÜNTER: Schullektüre im Mittelalter. Entstehungen und Wandlungen des Lektürekanons bis 1200 nach den Quellen dargestellt. München 1970 (Münchener Beiträge zur Mediävistik und Renaissance-Forschung 5).

49 GOEZ, WERNER: Translatio imperii. Ein Beitrag zur Geschichte des Geschichtsdenkens und der politischen Theorien im Mittelalter und in der frühen Neuzeit. Tübingen 1958.

50 GRAUS, FRANTIŠEK: Troja und trojanische Herkunftssage im Mittelalter. In: Kontinuität und Transformation (Nr. 37), S. 25-43.

51 GRUBMÜLLER, KLAUS: Gattungskonstitution im Mittelalter. In: Mittelalterliche Literatur und Kunst im Spannungsfeld von Hof und Kloster. Ergebnisse der Berliner Tagung 9.-11. Oktober 1997. Hg. von NIGEL F. PALMER/HANS-JOCHEN SCHIEWER. Tübingen 1999, S. 193-210.

52 Handbuch der antiken Gestalten in den mittelhochdeutschen Texten. Hg. von ALFRED EBENBAUER/MANFRED KERN/SILVIA KRÄMER (erscheint Berlin/New York 2001).

53 HASKINS, CHARLES HOMER: The Renaissance of the Twelfth Century. Cambridge/Mass. 1927. 7. Aufl. Cambridge/Mass./London 1976.

54 HAUG, WALTER: Literaturtheorie im deutschen Mittelalter. Von den Anfängen bis zum Ende des 13. Jahrhunderts. Eine Einführung. Darmstadt 1985. 2. Aufl. 1992 (Germanistische Einführungen).

55 HEINZLE, JOACHIM: Geschichte der deutschen Literatur von den Anfängen bis zum Beginn der Neuzeit. Bd. 2: Vom hohen bis zum späten Mittelalter. Teil 2: Wandlungen und Neuansätze im 13. Jahrhundert (1220/30-1280/90). Königstein/Ts. 1984. 2., durchgesehene Aufl. Tübingen 1994.

56 HEINZMANN, GÜNTHER: Albrecht von Halberstadt und Jörg Wickram. Studien zu einer Rekonstruktion von Albrechts Metamorphosen. Diss. München 1969.

57 HEITMANN, KLAUS: Typen der Deformierung antiker Mythen im Mittelalter. Am Beispiel der Orpheussage. Romanistisches Jb 14 (1963), S. 45-77.

58 HELLMUTH, LEOPOLD: Zur Entstehungszeit der Weltchronik des Jans Enikel. Österreich in Geschichte und Literatur 29 (1985), S. 163-170.

59 HENKEL, NIKOLAUS: Deutsche Übersetzungen lateinischer Schultexte. Ihre Verbreitung und Funktion im Mittelalter und in der frühen Neuzeit. Mit einem Verzeichnis der Texte. München 1988 (MTU 90).

60 HEXTER, RALPH J.: Ovid and Medieval Schooling. Studies in Medieval School Commentaries on Ovid's *Ars amatoria*, *Epistulae ex Ponto*, and *Epistulae Heroidum*. München 1986 (Münchener Beiträge zur Mediävistik und Renaissance-Forschung 38).

61 HOLZBERG, NIKLAS: Der antike Roman. Eine Einführung. München/Zürich 1986.

62 HOMEYER, HELENE: Beobachtungen zum Weiterleben der Trojanischen Abstammungs- und Gründungssagen im Mittelalter. Res Publica Litterarum 5/2 (1982), S. 93-123.

63 HUCHET, JEAN-CHARLES: Le roman médiéval. Paris 1984.

64 HUPPERT, GEORGE: The Trojan Franks and Their Critics. Studies in the Renaissance 12 (1965), S. 227-241.

65 KERN, MANFRED: Edle Tropfen vom Helikon. Zur Anspielungsrezeption der antiken Mythologie in der deutschen höfischen Lyrik und Epik von 1180-1300. Amsterdam/Atlanta 1998 (Amsterdamer Beiträge zur Sprache und Literatur 135).

66 KNAPP, FRITZ PETER: Die Literatur des Spätmittelalters in den Ländern Österreich, Steiermark, Kärnten, Salzburg und Tirol von 1273 bis 1439. I. Halbband: Die Literatur in der Zeit der frühen Habsburger bis zum Tod Albrechts II. 1358. Graz 1999 (Geschichte der Literatur in Österreich von den Anfängen bis zur Gegenwart 2/1).

67 KUGLER, HARTMUT: Das Eigene aus der Fremde. Über Herkunftssagen der Franken, Sachsen und Bayern. In: Interregionalität der deutschen Literatur im europäischen Mittelalter. Hg. von HARTMUT KUGLER. Berlin/New York 1995, S. 175-193.

68 Lexikon des Mittelalters. 9 Bde. und Registerbd. München/Zürich 1980-1999.

69 LIEBESCHÜTZ, HANS: Fulgentius metaforalis. Ein Beitrag zur Geschichte der antiken Mythologie im Mittelalter. Leipzig/Berlin 1926 (Studien der Bibliothek Warburg 4).

70 LIENERT, ELISABETH: Zwischen Detailverliebtheit und Distanzierung. Zur Wahrnehmung des Krieges in den deutschen Antikenromanen des Mittelalters. In: Die Wahrnehmung und Darstellung von Kriegen im Mittelalter und in der Frühen Neuzeit. Hg von HORST BRUNNER. Wiesbaden 2000 (Imagines Medii Aevi. Interdisziplinäre Beiträge zur Mittelalterforschung 6), S. 31-48.

71 MELVILLE, GERT: Wozu Geschichte schreiben? Stellung und Funktion der Historie im Mittelalter. In: REINHART KOSELLECK/HEINRICH LUTZ/JÖRN RÜSEN (Hgg.), Formen der Geschichtsschreibung. München 1982 (Theorie der Geschichte. Beiträge zur Historik 4), S. 86-146.

72 MELVILLE, GERT: Troja: Die integrative Wiege europäischer Mächte im ausgehenden Mittelalter. In: FERDINAND SEIBT/WERNER EBERHARDT (Hgg.), Europa 1500. Integrationsprozesse im Widerstreit. Staaten – Regionen – Personenverbände – Christenheit. Stuttgart 1987, S. 415-432.

73 MERTENS, VOLKER/ULRICH MÜLLER (Hgg.): Epische Stoffe des Mittelalters. Stuttgart 1984.

74 MÜLLER, JAN-DIRK: Volksbuch/Prosaroman im 15./16. Jahrhundert – Perspektiven der Forschung. IASL 1 (1985), S. 1-128.

75 MUNARI, FRANCO: Ovid im Mittelalter. Zürich/Stuttgart 1960.

76 MUNK OLSEN, BIRGER: L'étude des auteurs classiques latins au XIe et XIIe siècles. Catalogue des manuscrits classiques latins copiés du IXe au XIIe siècle. 3 Bde. Paris 1982-1987.

77 MUNK OLSEN, BIRGER: La recéption de la litterature classique au moyen âge. Kopenhagen 1995.

78 NEWALD, RICHARD: Nachleben des antiken Geistes im Abendland bis zum Beginn des Humanismus. Eine Überschau. Tübingen 1960.

79 PANOFSKY, ERWIN: Renaissance and Renascenses in Western Art. Stockholm 1960.

80 Der kleine Pauly. Lexikon der Antike auf der Grundlage von Paulys Realencyclopädie der classischen Altertumswissenschaft. Bearbeitet und hg. von KONRAT ZIEGLER/WALTHER SONTHEIMER [u.a.]. 5 Bde. Stuttgart 1964-1975. Nachdruck München 1979.

81 Der Neue Pauly. Enzyklopädie der Antike. Hg. von HUBERT CANCIK/HELMUTH SCHNEIDER. Stuttgart/Weimar 1996ff.

82 PETIT, AIMÉ: Naissances du roman. Les techniques littéraires dans les romans antiques du XIIè siècle. 2 Bde. Paris/Genf 1985.

83 RIEDEL, VOLKER: Antikerezeption in der deutschen Literatur vom Renaissance-Humanismus bis zur Gegenwart. Eine Einführung. Stuttgart [u.a.] 2000.

84 RÜCKER, BRIGITTE: Die Bearbeitung von Ovids Metamorphosen durch Albrecht von Halberstadt und Jörg Wickram und ihre Kommentierung durch Gerhard Lorichius. Göppingen 1997 (GAG 641).

85 RUH, KURT: Höfische Epik des deutschen Mittelalters. Bd. 1. Berlin [2]1977 (Grundlagen der Germanistik 7).

86 RUH, KURT: Epische Literatur des deutschen Spätmittelalters. In: WILLI ERZGRÄBER (Hg.), Europäisches Spätmittelalter. Wiesbaden 1978 (Neues Handbuch der Literaturwissenschaft 8), S. 117-188.

87 RUPPRICH, HANS: Vom späten Mittelalter bis zum Barock. 2 Bde. München 1970 ([2]1994)/1973 (Geschichte der deutschen Literatur von den Anfängen bis zur Gegenwart. Von HELMUT DE BOOR/RICHARD NEWALD. Bd. IV/1 und IV/2).

88 SCHÄFER-MAULBETSCH, ROSE BEATE: Studien zur Entwicklung des mittelhochdeutschen Epos. Die Kampfschilderungen in 'Kaiserchronik', 'Rolandslied', 'Alexanderlied', 'Eneide', 'Liet von Troye' und 'Willehalm'. 2 Bde. Göppingen 1972 (GAG 22/23).

89 SCHNELL, RÜDIGER: Ovids *Ars amatoria* und die höfische Minnetheorie. Euphorion 69 (1975), S. 132-159.

90 SCHNELL, RÜDIGER: Die Rezeption der Antike. In: HENNING KRAUSS (Hg.), Europäisches Hochmittelalter. Wiesbaden 1981 (Neues Handbuch der Literaturwissenschaft 7), S. 217-242.

91 SCHNELL, RÜDIGER: Causa amoris. Liebeskonzeption und Liebesdarstellung in der mittelalterlichen Literatur. Bern/München 1985 (Bibliotheca Germanica 27).

92 SCHÖNING, UDO: Thebenroman – Eneasroman – Trojaroman. Studien zur Rezeption der Antike in der französischen Literatur des 12. Jahrhunderts. Tübingen 1991 (Beihefte zur ZfrPh 235).

93 SCHÖNING, UDO (Hg.): Internationalität nationaler Literaturen. Beiträge zum ersten Symposion des Göttinger Sonderforschungsbereichs 529. Göttingen 2000 (Veröffentlichungen aus dem Göttinger Sonderforschungsbereich 529 „Internationalität nationaler Literaturen“, Sonderband).

94 SEZNEC, JEAN: Das Fortleben der antiken Götter. Die mythologische Tradition im Humanismus und in der Kunst der Renaissance. Aus dem Französischen von HEINZ JATHO. München 1990 (frz. London 1940).

95 STACKMANN, KARL: Ovid im deutschen Mittelalter. Arcadia 1 (1966), S. 231-254.

96 TREADGOLD, WARREN (Hg.): Renaissances before the Renaissance. Cultural Revivals of Late Antiquity and the Middle Ages. Stanford 1984.

97 WANDHOFF, HAIKO: Gemalte Erinnerung. Vergils 'Aeneis' und die Troja-Bilddenkmäler in der deutschen Artusepik. In: Poetica 28 (1996), S. 66-96.

98 WEHRLI, MAX: Antike Mythologie im christlichen Mittelalter. DVjS 57 (1983), S. 18-32.

99 WHITE, HAYDEN: Auch Klio dichtet, oder: Die Fiktion des Faktischen. Studien zur Tropologie des historischen Diskurses. Einführung von Reinhart Koselleck. Stuttgart 1986 (Sprache und Geschichte 10).

100 WORSTBROCK, FRANZ JOSEF: Translatio artium. Über die Herkunft und Entwicklung einer kulturhistorischen Theorie. Archiv für Kulturgeschichte 47 (1965), S. 1-22.

101 WORSTBROCK, FRANZ JOSEF: Zur Einbürgerung der Übersetzung antiker Autoren im deutschen Humanismus. ZfdA 99 (1970), S. 45-81.

102 WORSTBROCK, FRANZ JOSEF: Deutsche Antikerezeption 1450-1550. Boppard a. Rh. 1976 (Veröffentlichungen zur Humanismusforschung 1).

103 WORSTBROCK, FRANZ JOSEF: Wiedererzählen und Übersetzen. In: Mittelalter und frühe Neuzeit: Übergänge, Umbrüche und Neuansätze. Hg. von WALTER HAUG. Tübingen 1999 (Fortuna vitrea 16), S. 128-142.

104 WÜRTH, STEPHANIE: Der „Antikenroman“ in der isländischen Literatur des Mittelalters. Eine Untersuchung zur Übersetzung und Rezeption lateinischer Literatur im Norden. Basel/Frankfurt a.M. 1998 (Beiträge zur nordischen Philologie 26).

2. Alexanderroman

2.1. Quellen

105 [Alberic:] MÖLK, ULRICH/GÜNTER HOLTUS: Alberics Alexanderfragment. Neuausgabe und Kommentar. ZfrPh 115 (1999), S. 582-625.

106 Der Alexanderroman mit einer Auswahl aus den verwandten Texten. Übersetzt von FRIEDRICH PFISTER. Meisenheim 1978 (Beiträge zur klassischen Philologie 92).

107 [Alexanderroman:] Leben und Taten Alexanders von Makedonien. Der griechische Alexanderroman nach der Handschrift L. Hg. und übersetzt von HELMUTH VAN THIEL. 2., durchges. und erg. Aufl. Darmstadt 1983 (Texte zur Forschung 13).

108 Alexandre de Paris: Le Roman d'Alexandre (avec le texte édité par EDWARD C. ARMSTRONG), traduction, présentation et notes de LAURENCE HARF-LANCNER. Paris 1994.

109 Curtius Rufus: Historiae Alexandri Magni. Hg. von HENRY BARDON. 2 Bde. Paris 1947/1948.

110 Curtius Rufus, Quintus: Geschichte Alexanders des Großen. Lateinisch und deutsch. Hg. von KONRAD MÜLLER, übersetzt von HERBERT SCHÖNFELDT. München 1954.

111 [Supplement zu Curtius Rufus:] A Medieval Supplement to the Beginning of Curtius Rufus's Historia Alexandri. Hg. von EDMÉ R. SMITS. Viator 18 (1987), S. 89-124.

112 Der Große Alexander aus der Wernigeroder Handschrift. Hg. von GUSTAV GUTH. Berlin 1908 (DTM 13).

113 Der Große Seelentrost. Ein niederdeutsches Erbauungsbuch des vierzehnten Jahrhunderts. Hg. von MARGARETE SCHMITT. Köln/Graz 1959 (Niederdeutsche Studien 5).

114 [Hartlieb:] Johann Hartliebs Alexanderroman. Edition des Cgm 581. Hg. von RUDOLF LECHNER-PETRI. Hildesheim/New York 1980 (Germanistische Texte und Studien 9).

115 Johann Hartliebs 'Alexander'. Eingeleitet und hg. von REINHARD PAWIS. München/ Zürich 1991 (MTU 97).

116 Die Historia de preliis Alexandri Magni (Der lateinische Alexanderroman des Mittelalters). Synoptische Edition der Rezensionen des Leo Archipresbyter und der

interpolierten Fassungen J^1, J^2, J^3 (Buch I und II). Hg. von HERRMANN-JOSEF BERGMEISTER. Meisenheim 1975 (Beiträge zur klassischen Philologie 65).

117 Historia Alexandri Magni (Historia de preliis) Rezension J^1. Hg. von ALFONS HILKA/KARL STEFFENS. Meisenheim 1979 (Beiträge zur klassischen Philologie 107).– Rezension J^2 (Orosius-Rezension). Hg. von ALFONS HILKA. 1. Teil zum Druck besorgt durch HANS-JOSEF BERGMEISTER. Meisenheim 1976 (Beiträge zur klassischen Philologie 79). 2. Teil zum Druck besorgt durch RÜDIGER GROßMANN. Meisenheim 1977 (Beiträge zur klassischen Philologie 89).– Rezension J^3. Hg. von KARL STEFFENS. Meisenheim 1975 (Beiträge zur klassischen Philologie 73).

118 [Historia de preliis J^2:] Das Buch von Alexander, dem edlen und weisen König von Makedonien. Mit den Miniaturen der Leipziger Handschrift hg. [d.h. übersetzt] von WOLFGANG KIRSCH. Leipzig 1991.

119 Hrabanus Maurus: Commentaria in libros Machabeorum. In: PL, Bd. 109, Sp. 1126-1256.

120 Iter ad Paradisum. Hg. von HELMUT VAN THIEL. In: PFISTER (Nr. 194), S. 359-365.

121 Julius Valerius: Epitome. Hg. von JULIUS ZACHER. Halle 1867.

122 Julius Valerius: Res gestae Alexandri Macedonis translatae ex Aesopo Graeco. Hg. von MICHAELA ROSELLINI. Stuttgart/Leipzig 1993.

123 Lamprechts Alexander. Nach den drei Texten mit dem Fragment des Alberic von Besançon und den lateinischen Quellen. Hg. und erklärt von KARL KINZEL. Halle/S. 1884 (Germanische Handbibliothek 6).

124 Die Basler Bearbeitung von Lambrechts Alexander. Hg. von RICHARD MARIA WERNER. Tübingen 1881 (StLV 154).

125 [Leo Archipresbyter:] Der Alexanderroman des Archipresbyters Leo. Untersucht und hg. von FRIEDRICH PFISTER. Heidelberg 1913.

126 Orosius: Historiae adversum paganos I-III. Hg. und übers. von MARIE-PIERRE ARNAUD-LINDET. Paris 1990.

127 Quilichinus de Spoleto: Historia Alexandri Magni. Nebst dem Text der Zwickauer Handschrift der Historia de preliis Alexandri Magni (Rezension J^3). Hg. von WOLFGANG KIRSCH. Skopje 1971.

128 Petrus Comestor: Historia Scholastica. In: PL, Bd. 198, Sp. 1049-1722.

129 [Roman d'Alexandre:] The Medieval French *Roman d'Alexandre*. 7 Bde. Hg. von MILAN S. LA DU [u.a.] (Elliott Monographs 36-41). Princeton/Paris 1937-1955. Nachdruck New York 1965.

130 Rudolf von Ems: Alexander. Ein höfischer Versroman des 13. Jahrhunderts. Hg. von VICTOR JUNK. 2 Bde. Stuttgart 1928/1929 (StLV 272/274). Nachdruck Darmstadt 1970.

131 Seifrits Alexander. Aus der Straßburger Handschrift hg. von PAUL GEREKE. Berlin 1932 (DTM 36)

132 Ulrich von Eschenbach: Alexander. Hg. von WENDELIN TOISCHER. Tübingen 1888 (StLV 183). Nachdruck 1974.

133 [Walter von Châtillon:] Galteri de Castellione Alexandreis. Hg. von MARTIN L. COLKER. Padua 1978 (Thesaurus mundi 17).

134 Walter von Châtillon. Alexandreis. Das Lied von Alexander dem Großen. Übersetzt, kommentiert und mit einem Nachwort versehen von GERHARD STREK-

KENBACH unter Mitwirkung von OTTO KLINGER. Mit einer Einführung von WALTER BERSCHIN. Heidelberg 1990.

135 [Wichwolt:] Die Alexanderchronik des Meister Babiloth. Ein Beitrag zur Geschichte des Alexanderromans. Hg. von SIGMUND HERZOG. Programm des Eberhard-Ludwig-Gymnasiums in Stuttgart. Stuttgart 1897/1903.

2.2. *Forschungsliteratur*

136 AERTS, WILLEM J./JOSEPH M. M. HERMANS (Hgg.): Alexander the Great in the Middle Ages. Ten Studies on the Last Days of Alexander in Literary and Historical Writing. Nijmegen 1978 (Mediaevalia Groningana 1).

137 BACHORSKI, HANS-JÜRGEN: Briefe, Träume, Zeichen. Erzählperspektivierung in Johann Hartliebs 'Alexander'. In: Erzählungen in Erzählungen. Phänomene der Narration in Mittelalter und Früher Neuzeit. Hg. von HARALD HAFERLAND/ MICHAEL MECKLENBURG. München 1996 (Forschungen zur Geschichte der älteren deutschen Literatur 19), S. 371-391.

138 BÄRMANN, MICHAEL: Biterolf. Ein Versuch zur Rezeption des Alexanderstoffes im ehemals Zähringischen Herrschaftsgebiet. In: Mittelalterliche Literatur im Lebenszusammenhang. Ergebnisse des Troisième Cycle Romand 1994. Hg. von ECKART CONRAD LUTZ. Freiburg 1997, S. 147-190.

139 BEHR, HANS JOACHIM: Literatur und Politik am Böhmerhof: Ulrich von Etzenbach, 'Herzog Ernst D' und der sogenannte 'Anhang' zum 'Alexander'. ZfdPh 96 (1977), S. 410-429.

140 BEHR, HANS-JOACHIM: Alexander am Prager Königshof oder Das Prinzip der Machtlegitimation durch Leistung. In: Höfische Literatur, Hofgesellschaft, höfische Lebensformen um 1200. Hg. von GERT KAISER/JAN-DIRK MÜLLER. Düsseldorf 1986 (Studia humaniora 6), S. 491-511.

141 BEHR, HANS-JOACHIM: Literatur als Machtlegitimation. Studien zur Funktion der deutschsprachigen Dichtung am böhmischen Königshof im 13. Jahrhundert. München 1989 (Forschungen zur Geschichte der älteren deutschen Literatur 9).

142 BERTELSMEIER-KIERST, CHRISTA/DOROTHEA HEINIG: Neue Überlieferungszusammenhänge zum 'Alexander' Ulrichs von Etzenbach. ZfdA 124 (1995), S. 436-456.

143 BRACKERT, HELMUT: Rudolf von Ems. Dichtung und Geschichte. Heidelberg 1968 (Germanische Bibliothek, 3. Reihe. Untersuchungen und Einzeldarstellungen).

144 BRACKERT, HELMUT: Androgyne Idealität. Zum Amazonenbild in Rudolfs von Ems 'Alexander'. In: Philologie als Kulturwissenschaft. Studien zur Literatur und Geschichte des Mittelalters. FS Karl Stackmann. Göttingen 1987, S. 164-178.

145 BRUMMACK, JÜRGEN: Die Darstellung des Orients in den deutschen Alexandergeschichten des Mittelalters. Berlin 1966 (Philologische Studien und Quellen 29).

146 BUNTZ, HERWIG: Die deutsche Alexanderdichtung des Mittelalters. Stuttgart 1973 (Sammlung Metzler 123).

147 CARY, GEORGE: The Medieval Alexander. Hg. von D[AVID] J[OHN] A[THOLE] ROSS. Cambridge 1956.

148 CÖLLN, JAN: Der Heide als Vorbild für christliche Weltherrschaft. Zur geistlichen Funktionalisierung Alexanders in Lambrechts Dichtung. In: Internationalität nationaler Literaturen (Nr. 93), S. 86-101.

149 CÖLLN, JAN: Arbeit an Alexander. Lambrecht, seine Fortsetzungen und die handschriftliche Überlieferung. In: Alexanderdichtungen im Mittelalter (Nr. 150), S. 162-207.

150 CÖLLN, JAN/SUSANNE FRIEDE/HARTMUT WULFRAM (Hgg.): Alexanderdichtungen im Mittelalter. Kulturelle Selbstbestimmung im Kontext literarischer Beziehungen. Göttingen 2000 (Veröffentlichungen aus dem Göttinger Sonderforschungsbereich 529 „Internationalität nationaler Literaturen" A,1).

151 VAN DAM, JAN: Zur Vorgeschichte des höfischen Epos. Lamprecht, Eilhart, Veldeke. Bonn/Leipzig 1923 (Rheinische Beiträge und Hülfsbücher zur germanischen Philologie und Volkskunde 8).

152 EHLERT, TRUDE: Die Aufwertung der theoretischen Neugierde. Johann Hartliebs 'Alexander' zwischen theologischer Legitimation und rationaler Selbstbehauptung. Saeculum 38 (1987), S. 178-192.

153 EHLERT, TRUDE: Deutschsprachige Alexanderdichtung des Mittelalters. Zum Verhältnis von Literatur und Geschichte. Bern/Frankfurt a.M. 1989 (Europäische Hochschulschriften I,1174).

154 EHLERT, TRUDE: Alexander und die Frauen in spätantiken und mittelalterlichen Alexander-Erzählungen. In: Kontinuität und Transformation (Nr. 37), S. 81-103.

155 EHLERT, TRUDE: Alexanders Kuriositäten-Kabinett. Oder: Reisen als Aneignung von Welt in Ulrichs von Etzenbach 'Alexander'. In: Reisen und Reiseliteratur im Mittelalter und in der frühen Neuzeit. Beiträge des internationalen Symposions Gießen 1991. Hg. von XENJA VON ERTZDORFF/DIETER NEUKIRCH. Amsterdam 1992 (Chloe. Beihefte zum Daphnis 13), S. 313-328.

156 EHLERT, TRUDE: Der Alexanderroman. In: Interpretationen (Nr. 26), S. 21-42.

157 EHLERT, TRUDE: Die Rolle des Frühdrucks bei der Edition der 'Cronica Allexandri des grossen konigs' des Meister Wichwolt (Babiloth). In: Editionsberichte zur mittelalterlichen deutschen Literatur. Beiträge der Bamberger Tagung „Methoden und Probleme der Edition mittelalterlicher deutscher Texte" 26.-29. Juni 1991. Hg. von ANTON SCHWOB unter Mitarbeit von ROLF BERGMANN [u.a.]. Göppingen 1994 (Litterae 17), S. 15-32.

158 EHLERT, TRUDE: Zu den Quellen des 'Waldecker Alexander'-Fragments. ZfdA 125 (1996), S. 87-92.

159 FINCKH, RUTH: Ulrichs von Etzenbach *Alexander*: ein böhmisches Lehrstück. In: Alexanderdichtungen im Mittelalter (Nr. 150), S. 355-406.

160 FISCHER, WOLFGANG: Die Alexanderliedkonzeption des Pfaffen Lambreht. München 1964 (Medium Aevum 7).

161 FRIEDRICH, UDO: Überwindung der Natur. Zum Verhältnis von Natur und Kultur im 'Straßburger Alexander'. In: WOLFGANG HARMS/C. STEPHEN JAEGER (Hgg.), Fremdes wahrnehmen – fremdes Wahrnehmen. Studien zur Geschichte der Wahrnehmung und zur Begegnung der Kulturen in Mittelalter und früher Neuzeit. Stuttgart/Leipzig 1997, S. 119-136.

162 FÜRBETH, FRANK: Johannes Hartlieb. Untersuchungen zu Leben und Werk. Tübingen 1992 (Hermaea N.F. 64).

163 GRAMMEL, ELISABETH: Studien über den Wandel des Alexanderbildes in der deutschen Dichtung des 12. und 13. Jahrhunderts. Limburg 1931.

164 GAULLIER-BOUGASSAS, CATHERINE: Les Romans d'Alexandre. Aux frontières de l'épique et du romanesque. Paris 1998 (Nouvelle Bibliothèque du Moyen Âge 42).

165 GOSMAN, MARTIN: La légende d'Alexandre le Grand dans la littérature française du 12e siècle. Une réécriture permanente. Amsterdam/Atlanta 1997.

166 GREEN, D[ENNIS], E[DWARD]: The 'Alexanderlied' and the Emergence of the Romance. GLL 28 (1974/75), S. 246-262.

167 GRUBMÜLLER, KLAUS: Die Vorauer Handschrift und ihr *Alexander*. Die kodikologischen Befunde: Bestandsaufnahme und Kritik. In: Alexanderdichtungen im Mittelalter (Nr. 150), S. 208-221.

168 HAMPE, THEODOR: Über die Quellen der Straßburger Fortsetzung von Lamprechts Alexanderlied und deren Benutzung. Diss. Bonn 1890.

169 HARF-LANCNER, LAURENCE/CLAIRE KAPPLER/FRANÇOIS SUARD (Hgg.): Alexandre le Grand dans les littératures occidentales et proche-orientales. Paris 1999.

170 HAUPT, BARBARA: Alexander, die Blumenmädchen und Eneas. ZfdPh 112 (1993), S. 1-36.

171 HAUPT, BARBARA: Welterkundung in der Schrift. 'Brandans Reise' und der 'Straßburger Alexander'. ZfdPh 114 (1995), S. 321-348.

172 HERWEG. MATHIAS: Literarischer Anspruch und heilsgeschichtliche Wahrheit. Ulrichs von Etzenbach Alexanderroman in der 'Weltchronik' Heinrichs von München. In: HORST BRUNNER (Hg.), Studien zur 'Weltchronik' Heinrichs von München. Bd. 1. Wiesbaden 1999 (Wissensliteratur im Mittelalter 29), S. 476-521.

173 KLINGENBÖCK, URSULA: *doch weiz ich es von wârheit niht.* Fiktionalisierung und Historisierung im 'Alexander' Rudolfs von Ems. Wien 1994.

174 KOHLMAYER, RAINER: Formkunst und Politik in den Werken Ulrichs von Etzenbach. Zahlenkomposition und politische Thematik in der 'Alexandreis', im 'Herzog Ernst D', im 'Wilhelm von Wenden' und im 'Anhang' der 'Alexandreis'. ZfdPh 99 (1980), S. 355-384.

175 KOKOTT, HARTMUT: Literatur und Herrschaftsbewußtsein. Wertstrukturen der vor- und frühhöfischen Literatur. Vorstudien zur Interpretation mittelhochdeutscher Texte. Frankfurt/Bern/Las Vegas 1978 (Europäische Hochschulschriften I,232).

176 KÜHNHOLD, INGEBURG: Seifrits Alexander. Diss. Berlin 1939.

177 KUGLER, HARTMUT: Alexanders Greifenflug. Eine Episode des Alexanderromans im deutschen Mittelalter. IASL 12 (1987), S. 1-25.

178 KUGLER, HARTMUT: Alexander der Große und die Idee der Weltherrschaft bei Rudolf von Ems. In: HANS HECKER (Hg.), Der Herrscher. Leitbild und Abbild in Mittelalter und Renaissance. Düsseldorf 1990 (Studia humaniora 13), S. 99-120.

179 KUGLER, HARTMUT: Alexander und die Macht des Entdeckens. Das 10. Buch im Alexanderroman Ulrichs von Etzenbach. In: The Problematics of Power. Eastern and Western Representations of Alexander the Great. Hg. von MARGARET BRIDGES/JOHANN CH. BÜRGEL. Frankfurt a.M. [u.a.] 1996, S. 27-44.

180 KUGLER, HARTMUT: Der *Alexanderroman* und die literarische Universalgeographie. In: Internationalität nationaler Literaturen (Nr. 93), S. 102-120.

181 MACKERT, CHRISTOPH: Die Alexanderdichtungen des Alberich von Bisinzo und des *pfaffen* Lambrecht und die 'Historia de preliis': Zur möglichen Bedeutung von

Quellenuntersuchungen für die Frage nach dem „Sitz im Leben". In: *Ze hove und an der strâzen*. FS Volker Schupp. Hg. von ANNA KECK/THEODOR NOLTE. Stuttgart/Leipzig 1999, S. 43-60.

182 MACKERT, CHRISTOPH: Die Alexandergeschichte in der Version des 'Pfaffen' Lambrecht. Die frühmittelhochdeutsche Bearbeitung der Alexanderdichtung des Alberich von Bisinzo und die Anfänge weltlicher Schriftepik in deutscher Sprache. München 1999 (Beihefte zu Poetica 23).

183 MACKERT, CHRISTOPH: Eine Schriftprobe aus der verbrannten 'Strassburg-Molsheimer Handschrift'. ZfdA 130 (2001), S. 143-165.

184 MEDERT, CLAUDIA: Der 'Alexander' Ulrichs von Etzenbach. Studien zur Erzählstruktur und Gattungsproblematik. Göttingen 1989 (Palaestra 287).

185 MEINEKE, BIRGIT: Krakauer Neufund zum Alexanderroman des Ulrich von Etzenbach. Göttingen 1999 (Nachrichten der Akademie der Wissenschaften in Göttingen. Phil.-Hist. Klasse 1999,7).

186 MERKELBACH, REINHOLD: Die Quellen des griechischen Alexanderromans. 2., neubearbeitete Aufl. unter Mitwirkung von JÜRGEN TRUMPF. München 1977.

187 MEYER, PAUL: Alexandre le Grand dans la littérature française du Moyen Age. 2 Bde. Paris 1886.

188 MINIS, COLA: Zum Schluß von Lambrehts 'Alexander', zur Geschichte der Blumenmädchen im Straßburger 'Alexander' und zu dessen Verhältnis zu der 'Eneide' von Veldeke. In: THOMAS KLEIN/COLA MINIS, Zwei Studien zu Veldeke und zum Straßburger Alexander, Amsterdam 1985 (Amsterdamer Publikationen zur Sprache und Literatur 61), S. 123-158.

189 MÖLK, ULRICH: *stuzel*. 'Vorauer Alexander' 1034, 1043, 1111. PBB 122 (2000), S. 74f.

190 MÖLK, ULRICH: Alberics Alexanderlied. In: Alexanderdichtungen im Mittelalter (Nr. 150), S. 21-36.

191 NEULING, ERNST: Die deutsche Bearbeitung der Alexandreis des Quilichinus de Spoleto. PBB 10 (1885), S. 315-383

192 OTT, NORBERT H.: Ulrichs von Etzenbach 'Alexander' illustriert. Zum Alexanderstoff in den Weltchroniken und zur Entwicklung einer deutschen Alexander-Ikonographie im 14. Jahrhundert. In: Zur deutschen Literatur des 14. Jahrhunderts. Dubliner Colloquium 1981. Hg. von WALTER HAUG. Heidelberg 1983, S. 155-172.

193 PFISTER, FRIEDRICH: Dareios von Alexander getötet. Rheinisches Museum N.F. 101 (1958), S. 97-104.

194 PFISTER, FRIEDRICH: Kleine Schriften zum Alexanderroman. Meisenheim 1976 (Beiträge zur klassischen Philologie 61).

195 RÖCKE, WERNER: Die nackten Weisen der fremden Welt. Bilder einer utopischen Gesellschaft in Johann Hartliebs 'Alexander'-Roman. Zeitschrift für Germanistik N.F. 6 (1996), S. 21-34.

196 ROSS, D[AVID] J[OHN] A[THOLE]: Alexander Historiatus. A Guide to Medieval Illustrated Alexander Literature. London 1963 (Warburg Institute Surveys 1).

197 ROSS, D[AVID] J[OHN] A[THOLE]: Illustrated Medieval Alexander-Books in Germany and the Netherlands. A study in comparative iconography. Cambridge 1971 (Publications of the Modern Humanities Research Association 3).

198 SCHÄNZER, RENATE: Die Erziehung und Bildung Alexanders des Großen in den Alexanderdichtungen des Mittelalters. Diss Braunschweig 1996.

199 SCHNELL, RÜDIGER: Rudolf von Ems. Studien zur inneren Einheit seines Gesamtwerkes. Bern 1969 (Basler Studien zur deutschen Sprache und Literatur 41).

200 SCHNELL, RÜDIGER: Seifrits Alexander und die Reichspublizistik des späten Mittelalters. DVjS 48 (1974), S. 448-477.

201 SCHNELL, RÜDIGER: Hartliebs Alexanderroman. Politisierung und Polyfunktionalität eines spätmittelalterlichen Textes. In: AERTS (Nr. 136), S. 267-292

202 SCHNELL, RÜDIGER: Liber Alexandri Magni. Die Alexandergedichte der Handschrift Paris, Bibliothèque Nationale, n. a. l. 310. Untersuchungen und Textausgabe. München 1989 (MTU 96).

203 SCHNELL, RÜDIGER: Der 'Heide' Alexander im christlichen Mittelalter: In: Kontinuität und Transformation (Nr. 37), S. 45-63.

204 SCHÖLLER, ROBERT: Seifrits 'Alexander'. Form und Gehalt einer historischen Utopie des Spätmittelalters. Wien 1997.

205 SCHOUWINK, WILFRIED: Fortuna im Alexanderroman Rudolfs von Ems. Studien zum Verhältnis von Fortuna und Virtus bei einem Autor der späten Stauferzeit. Göppingen 1977 (GAG 212).

206 SCHRÖDER, EDWARD: Die deutschen Alexander-Dichtungen des 12. Jahrhunderts. Nachrichten von der Gesellschaft der Wissenschaften zu Göttingen. Phil.-hist. Klasse. Berlin 1928, S. 45-92.

207 SCHRÖDER, WERNER: Zum *vanitas*-Gedanken im deutschen Alexanderlied. ZfdA 91 (1961), S. 38-55.

208 SCHULZ-GROBERT, JÜRGEN: Höfischer Glanz und Gönnerdämmerung. Zur Diskussion um die literarhistorische Bedeutung des Mäzenatentums im 12. Jahrhundert. Wolfram-Studien 16 (2000), S. 175-191.

209 SCHULZ-GROBERT, JÜRGEN: *Von quâdresteine geworhte*... Bautechnische 'Detailrealismen' in Architekturphantasien der höfischen Epik? ZfdA 129 (2000), S. 275-295, hier S. 286f.

210 SCHULZ-GROBERT, JÜRGEN: 'Gesichtspunkte' der Blütezeit. Rhetorische Porträtkunst und das Motiv der Bildnisbegegnung im 'Alexanderlied' und im 'Parzival'. In: Blütezeit. FS L. Peter Johnson. Hg. von MARK CHINCA/JOACHIM HEINZLE/CHRISTOPHER YOUNG. Tübingen 2000, S. 321-334.

211 SHAW, FRANK: Das historische Epos als Literaturgattung in frühmittelhochdeutscher Zeit. In: Studien zur frühmittelhochdeutschen Literatur. Cambridger Colloquium 1971. Hg. von L. PETER JOHNSON [u.a.]. Berlin 1974, S. 275-291.

212 STACKMANN, KARL: *Der Alten werdekeit.* Rudolfs 'Alexander' und der Roman des Q. Curtius Rufus. In: K.S., Mittelalterliche Texte als Aufgabe. Kleine Schriften I. Hg. von JENS HAUSTEIN. Göttingen 1997, S. 141-156.

213 STACKMANN, KARL: Die Gymnosophisten-Episode in deutschen Alexander-Erzählungen des Mittelalters. Ebd., S. 120-140.

214 STEIN, PETER K.: Ein Weltherrscher als *vanitas*-Exempel in imperial-ideologisch orientierter Zeit? Fragen und Beobachtungen zum 'Straßburger Alexander'. In: Stauferzeit. Hg. von RÜDIGER KROHN/BERND THUM/PETER WAPNEWSKI. Stuttgart 1979 (Karlsruher kulturwissenschaftliche Arbeiten 1), S. 144-180.

215 STOCK, MARKUS: Vielfache Erinnerung. Universaler Stoff und partikulare Bindung in Ulrichs von Etzenbach *Alexander*. In: Alexanderdichtungen im Mittelalter (Nr. 150), S. 407-448.

216 STROHSCHNEIDER, PETER/HERFRIED VÖGEL: Flußübergänge. Zur Konzeption des 'Straßburger Alexander'. ZfdA 118 (1989), S. 85-108.

217 URBANEK, FERDINAND: Umfang und Intention von Lamprechts Alexanderlied. ZfdA 99 (1970), S. 96-120.

218 VOLLMANN, BENEDIKT KONRAD: Ulrich von Etzenbach, 'Alexander'. In: WALTER HAUG/BURGHART WACHINGER (Hgg.), Positionen des Romans im späten Mittelalter. Tübingen 1991 (Fortuna vitrea 1), S. 54-66.

219 VORDERSTEMANN, JÜRGEN: Johann Hartliebs Alexanderbuch. Eine unbekannte illustrierte Handschrift von 1461 in der hessischen Landes- und Hochschulbibliothek Darmstadt (Hs. 4256). Mit Abbildungen und einem neuen Handschriftenverzeichnis. Göppingen 1976 (GAG 182).

220 WISBEY, R[OY] A.: A Complete Concordance to the Vorau und Strassburg *Alexander*. With a Reverse Index to the Graphic Forms, an Index of Rhymes and a Ranking List of Frequencies. Leeds 1968.

221 WISBEY, ROY: Das Alexanderbild Rudolfs von Ems. Berlin 1968 (Philologische Studien und Quellen 31).

222 WOLF, ALOIS: *Solaz nos faz antiquitas*: Erwägungen zum Prolog des Alexanderliedes und zur Entwicklung volkssprachlicher Erzählweise. In: VOLKER HONEMANN (Hg.), German Narrative Literature of the Twelfth and Thirteenth Centuries. FS Roy Wisbey. Tübingen 1994, S. 123-137.

223 WUNDERLICH, WERNER: Ekphrasis und Narration. Die Grabmalerei des Apelles und ihre 'Weiberlisten' in Walters von Châtillon und Ulrichs von Etzenbach Alexanderepen. In: Erzählungen in Erzählungen (vgl. Nr. 137), S. 259-271.

3. Eneasroman

3.1. Quellen

224 Enéas. Roman du XIIe siècle. Hg. von JACQUES SALVERDA DE GRAVE. 2 Bde. Paris 1925/1929 (Les Classiques français du Moyen Age 44/62). Nachdruck 1973/1968.

225 Le Roman d'Eneas. Übersetzt und eingeleitet von MONICA SCHÖLER-BEINHAUER. München 1972 (Klassische Texte des romanischen Mittelalters in zweisprachigen Ausgaben 9).

226 Henric van Veldekes Eneide. Hg. von GABRIELE SCHIEB/THEODOR FRINGS. 3 Bde. (DTM 58/59/62).

227 Heinrich von Veldeke: Eneasroman. Nach dem Text von LUDWIG ETTMÜLLER ins Neuhochdeutsche übersetzt, mit einem Stellenkommentar und einem Nachwort von DIETER KARTSCHOKE. Stuttgart 1986, 2. Aufl. 1997.

228 Heinrich von Veldeke: Eneasroman. Die Berliner Bilderhandschrift mit Übersetzung und Kommentar. Hg. von HANS FROMM. Mit den Miniaturen der Handschrift und einem Aufsatz von DOROTHEA und PETER DIEMER. Frankfurt a.M. 1992 (Bibliothek des Mittelalters 4).

229 Heinrich von Veldeke. Eneas-Roman. Vollfaksimile des Ms. germ. fol. 282 der Staatsbibliothek zu Berlin, Preußischer Kulturbesitz. Einführung und kodikologi-

sche Beschreibung von NIKOLAUS HENKEL. Kunsthistorischer Kommentar von ANDREAS FINGERNAGEL. Wiesbaden 1992.

230 Heinrich von Veldeke. Eneas-Roman. Farbmikrofiche-Edition der Hs. Wien, Österreichische Nationalbibliothek, Cod. 2861. Einführung und Beschreibung der Handschrift von MARCUS SCHRÖTER. München 2000 (Codices illuminati medii aevi 59).

231 Servius Grammaticus: Servianorvm In Vergilii Carmina Commentariorvm Editio Harvardiana. Hg. von EDWARD K. RAND [u.a.]. Lancaster/Penns. 1946/1965ff.

232 Vergil: Aeneis. Hg. und übersetzt von JOHANNES GÖTTE. 6. Aufl. München/Zürich 1983 (Sammlung Tusculum).

3.2. Forschungsliteratur

Vgl. auch VAN DAM (Nr. 151), HAUPT (Nr. 170), KOKOTT (Nr. 175), MINIS (Nr. 188), SCHÄFER-MAULBETSCH (Nr. 88), SCHÖNING (Nr. 92).

233 ALBRECHT, MICHAEL VON: Vergil – bewundert, aber ungeliebt? Probleme der Poetologie, Anthropologie und Hermeneutik im Lichte der „Vergilrezeption". Jb für Internationale Germanistik 29 (1997), S. 38-58.

234 AUERBACH, ERICH: Camilla oder über die Wiedergeburt des Erhabenen. In: E.A., Literatursprache und Publikum in der lateinischen Spätantike und im Mittelalter. Bern 1958, S. 135-176.

235 BASTERT, BERND: *Dô si der lantgrâve nam.* Zur „Klever Hochzeit" und der Genese des Eneas-Romans. ZfdA 123 (1994), S. 253-273.

236 BECKERS, HARTMUT: Literatur am klevischen Hof von 1174 bis 1542: Zeugnisse, Spuren, Mutmaßungen. ZfdPh 112 (1993), S. 426-434.

237 BEER, ELLEN J.: Die Bilderzyklen mittelhochdeutscher Handschriften aus Regensburg und seinem Umkreis. In: Regensburger Buchmalerei. Von frühkarolingischer Zeit bis zum Ausgang des Mittelalters. Ausstellung der Bayerischen Staatsbibliothek München und der Museen der Stadt Regensburg. München 1987, S. 69-74.

238 BLASK, DIRK JÜRGEN: Geschehen und Geschick im altfranzösischen Eneasroman. Tübingen 1984 (Romanica et Comparatistica 2).

239 BLUME, DOROTHEA: Motivierungstechnik im *Roman de Thèbes* und im *Roman d'Enéas*. Eine Studie vor dem Hintergrund ihrer antiken Vorlagen. Frankfurt a.M. [u.a.] 1996 (Europäische Hochschulschriften XIII,209).

240 BRANDT, WOLFGANG: Die Erzählkonzeption Heinrichs von Veldeke in der 'Eneide'. Marburg 1969 (Marburger Beiträge zur Germanistik 29).

241 CORMIER, RAYMOND J.: One Heart One Mind: The Rebirth of Vergil's Hero in Medieval French Romance. Mississippi 1973.

242 DEIST, ROSEMARIE: The kiss of Ascanius in Vergil's *Aeneide*, the *Roman d'Eneas* and Heinrich von Veldeke's *Eneide*. German Quarterly 67 (1994), S. 463-469.

243 DITTRICH, MARIE-LOUISE: *gote* und *got* in Heinrichs von Veldeke 'Eneide'. ZfdA 90 (1960/61), S. 85-122, 198-240, 274-302.

244 DITTRICH, MARIE-LOUISE: Die 'Eneide' Heinrichs von Veldeke. Erster Teil. Quellenkritischer Vergleich mit dem Roman d'Eneas und Vergils Aeneis. Wiesbaden 1966.

245 DOBOZY, MARIA: The Chronicles, the Poet and the Minstrel as Interpreters of History in Heinrich von Veldeke's *Eneide*. Mediaevistik 2 (1989), S. 81-96.

246 EMBERSON, JANE: Speech in the Eneide of Heinrich von Veldeke. Göppingen 1981 (GAG 319).

247 FISHER, RODNEY W.: Didos *êre unde gemach*. Zu Veldekes 'Eneas' 66,4 ff. Archiv 228 (1991), S. 11-25.

248 FISHER, RODNEY W.: Heinrich von Veldeke, 'Eneas'. A comparison with the 'Roman d'Eneas' and a Translation into English. Bern/Frankfurt a.M. [u.a.] 1992 (Australian and New Zealand Studies in German Language and Literature 17).

249 FRIEDRICH, UDO: Die Zähmung des Heros. Der Diskurs der Gewalt und Gewaltregulierung im 12. Jahrhundert. In: Mittelalter. Neue Wege durch einen alten Kontinent. Hg. von JAN-DIRK MÜLLER/HORST WENZEL. Stuttgart/Leipzig 1999, S. 149-179.

250 FRINGS, THEODOR/GABRIELE SCHIEB: Drei Veldekestudien. Berlin 1949.

251 FROMM, HANS: Der Eneasroman Heinrichs von Veldeke. In: H.F., Arbeiten zur deutschen Literatur des Mittelalters. Tübingen 1989, S. 80-100.

252 FROMM, HANS: Die Unterwelt des Eneas. Topographie und Seelenvorstellung. Ebd., S. 101-121.

253 FROMM, HANS: Doppelweg. Ebd., S. 122-136.

254 FROMM, HANS: Eneas der Verräter. In: FS Walter Haug und Burghart Wachinger. Hg. von JOHANNES JANOTA [u.a.]. Bd. 1. Tübingen 1992, S. 139-163.

255 FROMM, HANS: Die mittelalterlichen Eneasromane und die Poetik des *ordo narrandi*. In: Erzählungen in Erzählungen (vgl. Nr. 137), S. 27-39.

256 GAUNT, SIMON: From Epic to Romance: Gender and Sexuality in the *Roman d'Enéas*. Romanic Review 83 (1992), S. 1-27.

257 GOSEN, RENATE VON: Das Ethische in Heinrichs von Veldeke Eneide. Formen, Inhalte und Funktionen. Frankfurt a.M. 1985 (Europäische Hochschulschriften I,829).

258 HAHN, REINHARD: *unz her quam ze Doringen in daz lant*. Zum Epilog von Veldekes Eneasroman und den Anfängen der höfischen Dichtung am Thüringer Landgrafenhof. Archiv 237 (2000), S. 241-266.

259 HEINZE, RICHARD: Virgils epische Technik. 4. Aufl. Darmstadt 1957.

260 HENKEL, NIKOLAUS: Bildtexte. Die Spruchbänder in der Berliner Handschrift von Heinrichs von Veldeke Eneasroman. In: Poesis et pictura. Studien zum Verhältnis von Text und Bild in Handschriften und alten Drucken. FS Dieter Wuttke. Hg. von STEPHAN FÜSSEL/JOACHIM KNAPE. Baden-Baden 1989, S. 1-47.

261 HUBY, MICHEL: L'adaptation des Romans courtois en Allemagne au XIIe et au XIIIe siècle. Paris 1968.

262 KARTSCHOKE, DIETER: Didos Minne – Didos Schuld. In: Liebe als Literatur. Aufsätze zur erotischen Dichtung in Deutschland. Hg. von RÜDIGER KROHN [u.a.]. München 1983, S. 99-116.

263 KARTSCHOKE, DIETER: Eneas – Erec – Tristrant. Zur relativen Chronologie der frühen höfischen Versromane. In: FS Elfriede Stutz. Hg. von ALFRED EBENBAUER. Wien 1984, S. 312-322.

264 KASTEN, INGRID: Herrschaft und Liebe. Zur Rolle und Darstellung des „Helden“ im 'Roman d'Eneas' und in Veldekes 'Eneasroman'. DVjS 62 (1988), S. 227-245.

265 KASTEN, INGRID: Heinrich von Veldeke, 'Eneasroman'. In: Interpretationen (Nr. 26), S. 75-96.

266 KEILBERTH, THOMAS: Die Rezeption der antiken Götter in Heinrichs von Veldeke 'Eneide' und Herborts von Fritzlar 'Liet von Troye'. Diss. Berlin 1975

267 KERN, PETER: Beobachtungen zum Adaptionsprozeß von Vergils 'Aeneis' im Mittelalter. Wolfram-Studien 14 (1996), S. 109-133.

268 KISTLER, RENATE: Heinrich von Veldeke und Ovid. Tübingen 1993 (Hermaea N.F. 71).

269 KLEIN, THOMAS: Heinrich von Veldeke und die mitteldeutschen Literatursprachen. Untersuchungen zum Veldeke-Problem. In: KLEIN/MINIS (vgl. Nr. 187), S. 1-121.

270 KNAPP, FRITZ PETER: Der Selbstmord in der abendländischen Epik des Hochmittelalters. Heidelberg 1979 (Germanistische Bibliothek, R. 3).

271 KRAß, ANDREAS: Die Mitleidfähigkeit des Helden. Zum Motiv der *compassio* im höfischen Roman des 12. Jahrhunderts ('Eneit' – 'Erec' – 'Iwein'). Wolfram-Studien 16 (2000), S. 282-304.

272 KRATZ, BERND: Die Pferde des Mesapus in Veldekes 'Eneit' und im französischen 'Roman d'Eneas'. ZfdA 117 (1988), S. 97-104.

273 LACHER, ROLF-PETER: Die integumentale Methode in mittelhochdeutscher Epik. Frankfurt a.M./Bern/New York 1988.

274 LIEBERTZ-GRÜN, URSULA: Geschlecht und Herrschaft. Multiperspektivität im Roman d'Enéas und in Veldekes Eneasroman. In: Variationen der Liebe. Historische Psychologie der Geschlechterbeziehung. Hg. von THOMAS KORNBICHLER/WOLFGANG MAAZ. Tübingen 1995 (Forum Psychohistorie 4), S. 51-93.

275 LOGIÉ, PHILIPPE: L'*Énéas*, une traduction au risque de l'invention. Paris 1999 (Nouvelle Bibliothèque du Moyen Âge 48).

276 MARTIN, RENE: Enée et Didon. Naissance, fonctionnement et survie d'un mythe. Paris 1990.

277 MAURER, FRIEDRICH: 'Rechte' Minne bei Heinrich von Veldeke. Archiv 187 (1950), S. 1-9.

278 MIKLAUTSCH, LYDIA: Mutter-Tochter-Gespräche. Konstituierung von Rollen in Gottfrieds 'Tristan' und Veldekes 'Eneide' und deren Verweigerung bei Neidhart. In: Personenbeziehungen in der mittelalterlichen Literatur. Hg. von HELMUT BRALL/BARBARA HAUPT/URBAN KÜSTERS [u.a.]. Düsseldorf 1994 (Studia humaniora 25), S. 89-107.

279 OONK, GERRIT JOHAN: Die Darstellung und Auffassung der Minne in Heinrichs von Veldeke 'Eneide'. Eine Studie zur Rezeption der Antike im Mittelalter. Diss. Washington 1970.

280 OPITZ, KAREN: Geschichte im höfischen Roman. Historiographisches Erzählen im 'Eneas' Heinrichs von Veldeke. Heidelberg 1998 (GRM Beiheft 14).

281 PASTRÉ, JEAN-MARC: Die Auffindung des Pallas-Grabes in Veldekes *Eneide* und die *renovatio* und *translatio imperii*. In: DANIELLE BUSCHINGER (Hg.), Zum Traditionsverständnis in der mittelalterlichen Literatur. Funktion und Wertung. Amiens 1991 (Wodan 4, 3,3.), S. 107-116.

282 PASTRÉ, JEAN-MARC: Esthétique médiéval et portrait littéraire: le Roman d'Eneas et L'Eneide de Heinrich von Veldeke. In: BUSCHINGER (Nr. 29), S. 161-171.

283 PETERS, URSULA: Fürstenhof und höfische Dichtung. Der Hof Hermanns von Thüringen als literarisches Zentrum. Konstanz 1981 (Konstanzer Universitätsreden 113).

284 PETIT, AIMÉ: Eneas dans le *Roman d'Eneas*. Le Moyen Age 96 (1990), S. 67-79.

285 QUINT, JOSEF: Der 'Roman d'Eneas' und Veldekes 'Eneit' als frühhöfische Umgestaltungen der 'Aeneis' in der „Renaissance" des 12. Jahrhunderts. ZfdPh 73 (1954), S. 241-267.

286 RASMUSSEN, ANN MARIE: Mothers and Daughters in Medieval German Literature. Syracuse 1997.

287 RUSINEK, BERND A.: Veldekes 'Eneide'. Die Einschreibung der Herrschaft in das Liebesbegehren als Unterscheidungsmerkmal der beiden Minne-Handlungen. Monatshefte für deutschen Unterricht, deutsche Sprache und Literatur 78 (1986), S. 11-25.

288 SAIBENE, MARIA GRAZIA ANDREOTTI: Rapporti fra L'Eneide di Virgilio e l'Eneide di Heinrich von Veldeke. Florenz 1973 (Publicazioni della Facoltà di Lettere e Filosofia dell'Università di Milano 64).

289 SCHRÖDER, WERNER: Dido und Lavine. In: W.S., Veldeke-Studien. Berlin 1969 (Beihefte zur ZfdPh 1), S. 13-51.

290 SCHRÖDER, WERNER: Veldekes 'Eneit' in typologischer Sicht. Ebd., S. 60-103.

291 SCHRÖDER, WERNER: Der Eneasroman Heinrichs von Veldeke deutsch. Stuttgart 1994 (Sitzungsberichte der Wissenschaftlichen Gesellschaft der Johann Wolfgang Goethe-Universität Frankfurt am Main 32,1).

292 SCHULZE, URSULA: *Sie ne tet niht alse ein wîb*. Intertextuelle Variationen der amazonenhaften Camilla. In: Deutsche Literatur und Sprache von 1050-1200. FS Ursula Hennig. Hg. von ANNEGRET FIEBIG/HANS-JOCHEN SCHIEWER. Berlin 1995, S. 235-260.

293 SHAW, FRANK: Kaiserchronik und Eneide. GLL 24 (1971), S. 295-303.

294 STEBBINS, SARA: Studien zur Tradition und Rezeption der Bildlichkeit in der 'Eneide' Heinrichs von Veldeke. Frankfurt a.M./Bern 1977 (Mikrokosmos 3).

295 SYNDIKUS, ANETTE: Dido zwischen Herrschaft und Minne. Zur Umakzentuierung der Vorlagen bei Heinrich von Veldeke. PBB 114 (1992), S. 57-107.

296 THOMAS, HEINZ: Matière de rome – Matière de Bretagne. Zu den politischen Implikationen von Veldekes 'Eneide' und Hartmanns 'Erec'. ZfdPh 108 (1989), Sonderheft, S. 65-104.

297 WEICKER, TINA SABINE: *Do wart daz bûch ze Cleve verstolen*. Neue Überlegungen zur Entstehung von Veldekes 'Eneas'. ZfdA 130 (2001), S. 1-18.

298 WENZELBURGER, DIETMAR: Motivation und Menschenbild in der Eneide Heinrichs von Veldeke als Ausdruck der geschichtlichen Kräfte ihrer Zeit. Göppingen 1984 (GAG 135).

299 WOLFF, LUDWIG: Die mythologischen Motive in der Liebesdarstellung des höfischen Romans. ZfdA 84 (1952), S. 47-70.

300 WUTH, HENNING: *was, strâle unde permint*. Mediengeschichtliches zum Eneasroman Heinrichs von Veldeke. In: Gespräche – Boten – Briefe. Körpergedächtnis und Schriftgedächtnis im Mittelalter. Hg. von HORST WENZEL/PETER GÖHLER. Berlin 1997 (Philologische Studien und Quellen 143), S. 63-76.

4. Trojaroman

4.1. *Quellen*

301 ['Basler Trojanerkrieg':] BUSCHINGER, DANIELLE: Le poème de *La Guerre de Troie* consigné dans le manuscrit E VI,26 de la bibliothèque universitaire de Bâle. In: BUSCHINGER/CRÉPIN (Nr. 30) , S. 121-139.

302 [Benoît:] Le Roman de Troie par Benoît de Sainte-Maure. Hg. von LÉOPOLD CONSTANS. 6 Bde. Paris 1904-1912.

303 Le roman de Troie de Benoît de Sainte-Maure. Traduction et présentation par EMMANUELLE BAUMGARTNER. Paris 1987 (Bibliothéque médiévale 10/18).

304 [Buch von Troja II:] KNAPP, GERHARD PETER (Hg.): Hystoria Troyana. Ein frühneuhochdeutscher Prosaroman. Textedition und Einführung in den Text. Diss. Berlin 1970.

305 Das Buch von Troja II. Hg. von CHRISTINE MARIE KALLINGER. Ann Arbor/Mich. 1995 [Microfiche-Auszug].

306 Daretis Phrygii de excidio Troiae historia. Hg. von FERDINAND MEISTER. Leipzig 1873.

307 Dictys Cretensis Ephemeridos belli Troiani libri a Lucio Septimio ex Graeco in Latinum sermonem translati. Accedunt Papyri Dictys Graeci in Aegypto inventae. Hg. von WERNER EISENHUT. Leipzig 2. Aufl. 1973.

308 Das Elsässische Trojabuch ('Buch von Troja I'). Kritische Ausgabe von CHRISTOPH WITZEL. Wiesbaden 1995 (Wissensliteratur im Mittelalter 21).

309 Excidium Troiae. Hg. von ELMAR BAGBY ATWOOD/VIRGIL K. WHITAKER. Cambridge/Mass. 1944.

310 Excidium Troie. Hg. von ALAN KEITH BATE. Frankfurt a.M./Bern/New York 1986 (Lateinische Sprache und Literatur des Mittelalters 23).

311 FRAZER, R. M. Jr.: The Trojan War. The Chronicles of Dictys of Crete and Dares the Phrygian. (Translation with an Introduction and Notes.) Bloomington Indiana Univ. Press 1966.

312 Füetrer, Ulrich: Der Trojanerkrieg. Aus dem 'Buch der Abenteuer' mit einer Einleitung kritisch hg. von EDWARD G. FICHTNER. München 1968.

313 Füetrer, Ulrich: Das Buch der Abenteuer. Teil 1. Die Geschichte der Ritterschaft und des Grals. Von den Templeysen – Vom Kampf um Troja – Von Mörlin – Von Gamoreth – Von Tschionachtolander – Von Parzival und Gaban – Von Lohargrim. Nach der Handschrift A (Cgm. 1 der Bayerischen Staatsbibliothek) in Zusammenarbeit mit BERND BASTERT hg. von HEINZ THOELEN. Göppingen 1997 (GAG 638).

314 Der Göttweiger Trojanerkrieg. Hg. von ALFRED KOPPITZ. Berlin 1926 (DTM 29).

315 Guido de Columnis Historia destructionis Troiae. Hg. von NATHANIEL E. GRIFFIN. Cambridge/Mass. 1936. Engl. Übersetzung: MARY ELIZABETH MEEK: *Historia destructionis Troiae* Guido delle Colonne. Translation with an Introduction and Notes. Bloomington/London 1974.

316 Herbort's von Fritslâr liet von Troye. Hg. von KARL FROMMANN. Quedlinburg/Leipzig 1837 (Bibliothek der gesammten deutschen National-Literatur 5). Nachdruck Amsterdam 1966.

317 Homer: Ilias. Mit Urtext, Anhang und Register übertragen von HANS RUPÉ. München 1983 (Sammlung Tusculum).

318 [Ilias latina:] Baebii Italici Ilias latina. Hg. von MARCO SCAFFAI. Bologna 1982, 2. Aufl. 1997 (Edizioni e saggi universitari di filologia classica 28).

319 Konrad von Würzburg: Der Trojanische Krieg. Hg. von ADELBERT VON KELLER. Stuttgart 1858 (StLV 44). Nachdruck Amsterdam 1965.

320 [Mair, Hans:] Das „Buch von Troia" von Hans Mair. Kritische Textausgabe und Untersuchung von HANS DRECKMANN. München 1970.

321 [Simon Aurea Capra: Ilias:] A. BOUTEMY: La version Parisienne du poème de Simon Chèvre d'Or sur la Guerre de Troie (Ms. lat. 8430). Scriptorium 1 (1946/47), S. 267-288.

322 [Sabilon-Erzählung:] KERTH, SONJA/ELISABETH LIENERT: Die Sabilon-Erzählung der 'Erweiterten Christherre-Chronik' und der 'Weltchronik' Heinrichs von München. In: Studien zur 'Weltchronik' Heinrichs von München (vgl. Nr. 172), S. 421-475.

323 [Statius, 'Achilleis':] CLOGAN, PAUL M.: The Medieval Achilleid of Statius. Edited with Introduction, Variant Readings, and Glosses. Leiden 1968.

324 [Statius:] RUPPRECHT, HERMANN: Publius Papinius Statius, Achilleis. Das Lied von Achilles. Lateinischer Text mit Einleitung, Übersetzung, kurzen Erläuterungen, Eigennamenverzeichnis und Nachwort. Diss. Mitterfels 1984.

325 STOHLMANN, JÜRGEN (Hg.): Anonymi Historia Troyana Daretis Frigii. Untersuchungen und kritische Ausgabe. Ratingen 1968 (Beihefte zum mittellateinischen Jb 1).

4.2. Forschungsliteratur

326 ADLER, ALFRED: *Militia et Amor* in the *Roman de Troie*. Romanische Forschungen 72 (1960), S. 14-29.

327 ALFEN, KLEMENS: Der Trojanische Krieg in der Stadt. JOWG 7 (1992/93), S. 11-23.

328 ALFEN, KLEMENS/PETRA FOCHLER/ELISABETH LIENERT: Deutsche Trojatexte des 12. bis 16. Jahrhunderts. Repertorium. In: BRUNNER (Nr. 337), S. 7-197.

329 ALFEN, KLEMENS/PETRA FOCHLER/ELISABETH LIENERT: Entstehungssituation und Publikum der deutschen Trojaliteratur des 12. bis 16. Jahrhunderts. In: HORST BRUNNER/NORBERT RICHARD WOLF (Hgg.), Wissensliteratur im Mittelalter und in der Frühen Neuzeit. Bedingungen, Typen, Publikum, Sprache. Wiesbaden 1993 (Wissensliteratur im Mittelalter 13), S. 177-208.

330 ATWOOD, E. BAGBY: The Rawlinson *Excidium Troie*. A Study of Source Problems in Mediaeval Troy Literature. Speculum 9 (1934), S. 379-404.

331 BECKERS, HARTMUT: Brüsseler Bruchstücke aus Konrads 'Trojanerkrieg'. ZfdA 124 (1995), S. 319-327.

332 BESCHORNER, ANDREAS: Untersuchungen zu Dares Phrygius. Tübingen 1992 (Classica Monacensia 4).

333 BIRKHAN, HELMUT: Quelques remarques sur *La Guerre de Troie* conservée à Göttweig. In: BUSCHINGER/CRÉPIN (Nr. 30), S. 103-120.

334 BOKOVÁ, HILDEGARD/VÁCLAV BOK/KURT GÄRTNER: Neue Herbortfragmente aus Krumau. PBB 118 (1996), S. 333-357.

335 BRANDT, RÜDIGER: Konrad von Würzburg. Darmstadt 1987 (Erträge der Forschung 249).

336 BRUNNER, HORST: *Von der stat Troya vrsprung, päwung, streyten vnd irer zerstörung*. Literarische Formen der Vermittlung historischen Wissens an nichtlateinkundiges Publikum im Hoch- und Spätmittelalter und in der Frühen Neuzeit. DU 41 (1989), S. 55-73.

337 BRUNNER, HORST (Hg.): Die deutsche Trojaliteratur des Mittelalters und der Frühen Neuzeit. Materialien und Untersuchungen. Wiesbaden 1990 (Wissensliteratur im Mittelalter 3).

338 BUCHTHAL, HUGO: Historia Troiana. Studies in the History of Medieval Secular Illustration. London/Leiden 1971 (Studies of the Warburg Institute 32).

339 BUMKE, JOACHIM: Die Herbort-Fragmente aus Skokloster. Mit einem Exkurs zur Textkritik der höfischen Romane. ZfdA 120 (1991), S. 275-304.

340 CORMEAU, CHRISTOPH: Quellenkompendium oder Erzählkonzept? Eine Skizze zu Konrads von Würzburg 'Trojanerkrieg'. In: Befund und Deutung. FS Hans Fromm. Tübingen 1979, S. 303-319.

341 EBENBAUER, ALFRED: Spekulieren über Geschichte im höfischen Roman um 1300. In: Philologische Untersuchungen. FS Elfriede Stutz. Wien 1984 (Philologica Germanica 7), S. 151-166.

342 EBENBAUER, ALFRED: Das Dilemma mit der Wahrheit. Gedanken zum 'historisierenden Roman' des 13. Jahrhunderts. In: CHRISTOPH GERHARDT/NIGEL F. PALMER/BURGHART WACHINGER (Hgg.), Geschichtsbewußtsein in der deutschen Literatur des Mittelalters. Tübinger Kolloquium 1983. Tübingen 1985, S. 52-71.

343 EISENHUT, WERNER: Spätantike Troja-Erzählungen – mit einem Ausblick auf die mittelalterliche Troja-Literatur. Mittellateinisches Jb 18 (1983), S. 1-28.

344 FOCHLER, PETRA: Fiktion als Historie. Der Trojanische Krieg in der deutschen Literatur des 16. Jahrhunderts. Wiesbaden 1990 (Wissensliteratur im Mittelalter 4).

345 FREYTAG, WIEBKE: Zur Logik *wilder aventiure* in Konrads von Würzburg Paris-Urteil. JOWG 5 (1988/89), S. 373-395.

346 FROMM, HANS: Herbort von Fritslar. Ein Plädoyer. PBB 115 (1993), S. 244-278.

347 GÄRTNER, THOMAS: Klassische Vorbilder mittelalterlicher Trojaepen. Stuttgart [u.a.] 1999 (Beiträge zur Altertumskunde 133).

348 GRAMATZKY, VALERIA: Quellenstudien zum Göttweiger Trojanerkrieg. Diss. Berlin 1935.

349 GREEN, DENNIS HOWARD: Konrads 'Trojanerkrieg' und Gottfrieds 'Tristan'. Vorstudien zum Gotischen Stil in der Dichtung. Diss. Basel 1949.

350 HAHN, REINHARD: Zur Kriegsdarstellung in Herborts von Fritzlar 'Liet von Troye'. In: Spannungen und Konflikte menschlichen Zusammenlebens in der deutschen Literatur des Mittelalters. Bristoler Colloquium 1993. Hg. von KURT GÄRTNER [u.a.]. Tübingen 1996 (Publication of the Institute of Germanic Studies 63), S. 102-112.

351 HANSEN, INEZ: Zwischen Epos und höfischem Roman. Die Frauengestalten im Trojaroman des Benoît de Sainte-Maure. München 1971 (Beiträge zur romanischen Philologie des Mittelalters 8).

352 HOMEYER, HELENE: Die spartanische Helena und der Trojanische Krieg. Wandlungen und Wanderungen eines Sagenkreises vom Altertum bis zur Gegenwart. Wiesbaden 1977 (Palingenesia 12).

353 JACKSON, TIMOTHY R.: Außen und Innen bei Konrad von Würzburg. Die Achill-Deidamia-Episode im *Trojanischen Krieg*. In: BRALL/HAUPT/KÜSTERS (vgl. Nr. 278), S. 219-249.

354 JACKSON, W.H.: The Concept of Knighthood in Herbort von Fritzlar's *Liet von Troye*. In: W.H. JACKSON (Hg.), Knighthood in Medieval Literature. Woodbridge 1981, S. 39-53.

355 JUERGENS, ALBRECHT: Über den Umgang mit 'Geschichte' in Konrads von Würzburg 'Trojanerkrieg'-Fragment. JOWG 5 (1988/89), S. 431-442.

356 JUNG, MARC-RENÉ: La légende de Troie en France au moyen âge. Analyse des versions françaises et bibliographie raisonnée des manuscrits. Basel/Tübingen 1996 (Romanica Helvetica 114).

357 KERN, MANFRED: *Agamemnon weint* oder arthurische Metamorphose und trojanische Destruktion im 'Göttweiger Trojanerkrieg'. Erlangen 1995 (Erlanger Studien 104).

358 KESTING, PETER: Hectors Erbe. In: BRUNNER (Nr. 337), S. 469-490.

359 KILLER, ULRIKE: Untersuchungen zu Ulrich Füetrers 'Buch der Abenteuer'. Diss. Würzburg 1971.

360 KNAPE, JOACHIM: Geschichte bei Konrad von Würzburg? JOWG 5 (1988/89), S. 421-430.

361 KNAPP, GERHARD P.: Hector und Achill: Die Rezeption des Trojastoffes im deutschen Mittelalter. Personenbild und struktureller Wandel. Bern/Frankfurt a.M. 1974 (Utah Studies in Literature and Linguistics 1).

362 KOKOTT, HARTMUT: Konrad von Würzburg. Ein Autor zwischen Auftrag und Autonomie. Stuttgart 1989.

363 KRAß, ANDREAS: Achill und Patroclus. Freundschaft und Tod in den Trojaromanen Benoîts de Sainte-Maure, Herborts von Fritzlar und Konrads von Würzburg. Zeitschrift für Literaturwissenschaft und Linguistik 29 (1999), S. 66-99.

364 LANGOSCH, KARL: Die Sprache des Göttweiger Trojanerkriegs. Leipzig 1933 (Palaestra 187).

365 LENGENFELDER, HELGA: Das 'Liet von Troyge' Herborts von Fritzlar. Untersuchungen zur epischen Struktur und geschichtsmoralischen Perspektive. Frankfurt/M./Bern 1975 (Europäische Hochschulschriften I,133).

366 LIENERT, ELISABETH: Helena – thematisches Zentrum von Konrads von Würzburg 'Trojanerkrieg'. JOWG 5 (1988/89), S. 409-420.

367 LIENERT, ELISABETH: Ritterschaft und Minne, Ursprungsmythos und Bildungszitat – Troja-Anspielungen in nicht-trojanischen Dichtungen des 12. bis 14. Jahrhunderts. In: BRUNNER (Nr. 337), S. 199-243.

368 LIENERT, ELISABETH: Die Überlieferung von Konrads von Würzburg 'Trojanerkrieg'. Ebd., S. 325-406.

369 LIENERT, ELISABETH: Antikenroman als Geschichtswissen. Zu den kompilierten Trojanerkriegen in der 'Erweiterten Christherre-Chronik' und in der 'Weltchronik' Heinrichs von München. Ebd., S. 407-456.

370 LIENERT, ELISABETH: Der Trojanische Krieg in Basel. Interesse an Geschichte und Autonomie des Erzählens bei Konrad von Würzburg. In: JOACHIM HEINZLE (Hg.), Literarische Interessenbildung im Mittelalter. DFG-Symposion 1991. Stuttgart/Weimar 1993, S. 266-279.

371 LIENERT, ELISABETH: Konrad von Würzburg, Trojanerkrieg. In: Interpretationen (Nr. 26), S. 391-411.

372 LIENERT, ELISABETH: Geschichte und Erzählen. Studien zu Konrads von Würzburg 'Trojanerkrieg'. Wiesbaden 1996 (Wissensliteratur im Mittelalter 22).

373 MAYER, HARTWIG: Erzählerfigur und Erzählerkommentar in Herborts von Fritzlar 'Liet von Troye'. In: *De consolatione philologiae*. FS Evelyn S. Firchow. Hg. von ANNA GROTANS/HEINRICH BECK/ANTON SCHWOB. Göppingen 2000 (GAG 682/I), S. 245-254.

374 MECKLENBURG, MICHAEL: *So horet wie vlixes sprach*. Die Erzählung des Ulysses in Herborts von Fritzlar 'Liet von Troye'. In: Erzählungen in Erzählungen (vgl. Nr. 137), S. 41-57.

375 MEISCH, RAINER: Troja und die Reichsstadt Nördlingen. Studien zum 'Buch von Troja' (1390/92) des Hans Mair. Wiesbaden 1994 (Wissensliteratur im Mittelalter 18).

376 MENHARDT, HERMANN: Herbortstudien. ZfdA 65 (1928), S. 225-254; 66 (1929), S. 173-200; 77 (1940), S. 256-264.

377 MERKLE, STEFAN: Die Ephemeris belli Troiani des Diktys von Kreta. Frankfurt a.M. [u.a.] 1989 (Studien zur Klassischen Philologie 44).

378 MERKLE, STEFAN: *Troiani belli verior textus* – Die Trojaberichte des Dictys und Dares. In: BRUNNER (Nr. 337), S. 491-522.

379 MERTENS, VOLKER: Herborts von Fritzlar *Liet von Troie* – ein Anti-Heldenlied? In: Heldensage – Heldenlied – Heldenepos. Ergebnisse der II. Jahrestagung der Reineke-Gesellschaft Gotha. 16.-20. Mai 1991. Wodan Bd. 12. 2. Jb der Reineke-Gesellschaft 1992, S. 151-171.

380 MEVES, UWE: Der *graue von Liningen* als Vermittler der französischen Vorlage des Troja-Romans Herborts von Fritzlar. In: Akten des VIII. internationalen Germanisten-Kongresses Tokyo 1990. Begegnung mit dem 'Fremden'. Grenzen – Traditionen – Vergleiche. Bd. 6. München 1991, S. 173-182.

381 MONECKE, WOLFGANG: Studien zur epischen Technik Konrads von Würzburg. Das Erzählprinzip der *wildekeit*. Stuttgart 1968 (Germanistische Abhandlungen 24).

382 MÜLLER, JAN-DIRK: Augsburger Drucke von Prosaromanen im 15. und 16. Jahrhundert. In: HELMUT GIER/JOHANNES JANOTA (Hgg.), Augsburger Buchdruck und Verlagswesen von den Anfängen bis zur Gegenwart. Wiesbaden 1997, S. 338-352.

383 MÜLLER, MARIA E.: Traditions- und Zivilisationsbrüche im 'Göttweiger Trojanerkrieg'. DVjS 69 (1995), S. 427-493.

384 PASTRÉ, JEAN-MARC: Herbort de Fritslar, Konrad de Würzburg et la ville de Troie. In: BUSCHINGER/CRÉPIN (Nr. 30), S. 141-155.

385 PASTRÉ, JEAN-MARC: Typologie und Ästhetik: Das Porträt der Helena im 'Trojanerkrieg' Konrads von Würzburg. JOWG 5 (1988/89), S. 397-408.

386 PFENNIG, MARTIN: *erniuwen* – Zur Erzähltechnik im Trojaroman Konrads von Würzburg, Frankfurt a.M. [u.a.] 1995 (Europäische Hochschulschriften I,1537).

387 SCHERER, MARGARET R.: The Legends of Troy in Art and Literature. New York/London 1963.

388 SCHMID, ELISABETH: Ein trojanischer Krieg gegen die Langeweile. In: Mediävistische Komparatistik. FS Franz Josef Worstbrock. Hg. von WOLFGANG HARMS/JAN-DIRK MÜLLER. Stuttgart/Leipzig 1997, S. 199-220.

389 SCHMID, ELISABETH: Benoît de Sainte-Maure und Herbort von Fritslar auf dem Schlachtfeld. Zwei Stichproben aus dem Trojanischen Krieg. In: INGRID KASTEN/ WERNER PARAVICINI/RENÉ PÉRENNEC (Hgg.), Kultureller Austausch und Literaturgeschichte im Mittelalter. Sigmaringen 1998 (Beihefte der Francia 43), S. 175-184.

390 SCHMID-CADALBERT, CHRISTIAN (Hg.): Das ritterliche Basel. Zum 700. Todestag Konrads von Würzburg. Katalog der Ausstellung Basel/Würzburg. Basel 1987.

391 SCHNEIDER, KARIN: Der 'Trojanische Krieg' im späten Mittelalter. Deutsche Trojaromane des 15. Jahrhunderts. Berlin 1968 (Philologische Studien und Quellen 40).

392 SCHNELL, RÜDIGER: Andreas Capellanus, Heinrich von Morungen und Herbort von Fritslar. ZfdA 104 (1975), S. 131-151.

393 SCHRÖDER, WERNER: Beobachtungen und Überlegungen zum 'Göttweiger Trojanerkrieg'. Stuttgart 1990 (Abhandlungen der Akademie der Wissenschaften und der Literatur Mainz. Geistes- und sozialwissenschaftliche Klasse. Jahrgang 1990, Nr. 2).

394 SCHRÖDER, WERNER: Namen-Brücken zwischen dem 'Göttweiger Trojanerkrieg' und dem 'Trojanerkrieg' Konrads von Würzburg. Beiträge zur Namenforschung 26 (1991), S. 282-296.

395 SCHRÖDER, WERNER: Über die Scheu vor der Tragik in mittelalterlicher Dichtung. Jason und Medea im 'Trojanerkrieg' Konrads von Würzburg. München 1992 (Abhandlungen der Marburger gelehrten Gesellschaft 22).

396 SCHRÖDER, WERNER: Die Namen im 'Trojanerkrieg' Konrads von Würzburg. Stuttgart 1992 (Abhandlungen der Akademie der Wissenschaften und der Literatur Mainz. Geistes- und sozialwissenschaftliche Klasse. Jahrgang 1992, Nr. 3).

397 Troia. Traum und Wirklichkeit [Ausstellungskatalog]. Stuttgart 2001.

398 WORSTBROCK, FRANZ JOSEF: Zur Tradition des Trojastoffes und seiner Gestaltung bei Herbort von Fritzlar. ZfdA 92 (1963), S. 248-274.

399 WORSTBROCK, FRANZ JOSEF: Der Tod des Hercules. Eine Problemskizze zur Poetik des Zerfalls in Konrads von Würzburg ‚Trojanerkrieg'. In: Erzählungen in Erzählungen (vgl. Nr. 137), S. 273-284.

5. Apolloniusroman

5.1. Quellen

400 Heinrichs von Neustadt 'Apollonius von Tyrland'. Nach der Gothaer Handschrift. 'Gottes Zukunft' und 'Visio Philiberti' nach der Heidelberger Handschrift. Hg. von SAMUEL SINGER. Berlin 1906 (DTM 7). Nachdruck Dublin/Zürich 1987.

401 Historia Apollonii regis Tyri. Hg. von ALEXANDER RIESE. Nachdruck Stuttgart 1973.

402 Historia Apollonii regis Tyri. Die Geschichte vom König Apollonius. Übersetzt und eingeleitet von FRANZ PETER WAIBLINGER. München 1978.

403 KORTEKAAS, GEORGIUS ARNOLDUS ANTONIUS: Historia Apollonii regis Tyri. Prolegomena, Text Edition of the two Principal Latin Recensions, Bibliography, Indices and Appendices. Groningen 1984.

404 KYTZLER, BERNHARD: Im Reiche des Eros. Sämtliche Liebes- und Abenteuerromane der Antike. 2 Bde. München 1983.

405 ['Leipziger Apollonius', Heinrich Steinhöwel, 'Apollonius':] Griseldis. Apollonius von Tyrus. Aus Handschriften hg. von CARL SCHRÖDER. Leipzig 1873 (Mittheilungen der deutschen Gesellschaft zur Erforschung vaterländischer Sprache und Alterthümer in Leipzig 5, H. 2).

406 Appollonius von Tyrus. Mit einem Nachwort von HELMUT MELZER. In: Appollonius von Tyrus. Griseldis. Lucidarius. Hildesheim 1975 (Deutsche Volksbücher in Faksimile-Drucken A,2).

5.2. *Forschungsliteratur*

407 BERNSTEIN, ECKHARD: Die Literatur des deutschen Frühhumanismus. Stuttgart 1978 (Sammlung Metzler 168).

408 BOCKHOFF, ALBRECHT/SAMUEL SINGER: Heinrichs von Neustadt 'Apollonius von Tyrland' und seine Quellen. Ein Beitrag zur mittelhochdeutschen und byzantinischen Literaturgeschichte. Tübingen 1911.

409 EBENBAUER, ALFRED: Der „Apollonius von Tyrlant" des Heinrich von Neustadt und die bürgerliche Literatur im spätmittelalterlichen Wien. In: Die österreichische Literatur. Ihr Profil von den Anfängen im Mittelalter bis 18. Jahrhundert (1050-1750). Teil 1. Hg. von FRITZ PETER KNAPP/HERBERT ZEMAN. Graz 1986, S. 311-347.

410 EBENBAUER, ALFRED: Apollonius und die Sirene. Zum Sirenenmotiv im 'Apollonius von Tyrlant' des Heinrich von Neustadt – und anderswo. In: Classica et Mediaevalia. FS Joseph Szövérffy. Hg. von IRENE VASLEF/HELMUT BUSCHHAUSEN. Washington/Leyden 1986 (Medieval Classics: Text and Studies 20), S. 31-56.

411 KASPER, CHRISTINE: Von miesen Rittern und sündhaften Frauen und solche, die besser waren. Tugend- und Keuschheitsproben in der mittelalterlichen Literatur vornehmlich des deutschen Sprachraums. Göppingen 1995 (GAG 547).

412 KLEBS, ELIMAR: Die Erzählung von Apollonius aus Tyrus. Eine geschichtliche Untersuchung über ihre lateinische Urform und ihre späteren Bearbeitungen. Berlin 1899.

413 RÖCKE, WERNER: Die Wahrheit der Wunder. Abenteuer der Erfahrung und des Erzählens im 'Brandan'- und 'Apollonius'-Roman. In: Wege in die Neuzeit. Hg. von THOMAS CRAMER. München 1988 (Forschungen zur Geschichte der älteren deutschen Literatur 8), S. 252-269.

414 RÖCKE, WERNER: Mentalitätsgeschichte und Literarisierung historischer Erfahrung im antiken und mittelalterlichen Apollonius-Roman. In: HARTMUT EGGERT/ULRICH PROFITLICH/KLAUS R. SCHERPE (Hgg.): Geschichte als Literatur. Formen und Grenzen der Repräsentation von Vergangenheit. Stuttgart 1990, S. 91-103.

415 RÖCKE, WERNER: Antike Poesie und *newe Zeit*. Ästhetisierung des Interesses im griechisch-deutschen Roman der frühen Neuzeit. In: Literarische Interessenbildung im Mittelalter (vgl. Nr. 370), S. 337-354

416 SCHÜRENBERG, WALTER: Apollonius von Tyrland. Fabulistik und Stilwille bei Heinrich von Neustadt. Diss. Göttingen 1934.

417 SINGER, SAMUEL: Apollonius von Tyrus. Untersuchungen über das Fortleben des antiken Romans in spätern Zeiten. Halle/S. 1895. Nachdruck Hildesheim 1974.

418 TOMASEK, TOMAS: Über den Einfluß des Apolloniusromans auf die volkssprachliche Erzählliteratur des 12. und 13. Jahrhunderts. In: Mediävistische Komparatistik (vgl. Nr. 388), S. 221-239.

419 WACHINGER, BURGHART: Heinrich von Neustadt, 'Apollonius von Tyrland' . In: Positionen des Romans (vgl. Nr. 218). S. 97-115.

420 WEISKE, BRIGITTE: Die Apollonius-Version der 'Gesta Romanorum'. Ebd., S. 116-122.

Register